Jennifer Louden

Tut euch gut!

Das Wohlfühlbuch für Paare

Jennifer Louden

Tut euch gut!

Das Wohlfühlbuch für Paare

Verlag Hermann Bauer
Freiburg im Breisgau

Die Deutsche Bibliothek – CIP-Einheitsaufnahme

Louden, Jennifer:
Tut euch gut! : Das Wohlfühlbuch für Paare /
Jennifer Louden. [Übers. von Martina Penz-Koch]. –
1. Aufl. – Freiburg im Breisgau : Bauer, 1996
   Einheitssacht.: The couple's comfort book ⟨dt.⟩
   ISBN 3-7626-0525-4

Die amerikanische Originalausgabe erschien 1994 bei
HarperSanFrancisco unter dem Titel
The Couple's Comfort Book. A Creative Guide
for Renewing Passion, Pleasure & Commitment
© 1994 by Jennifer Louden

Übersetzung: Martina Penz-Koch
Lektorat: Christine Schrödl

1. Auflage 1996
ISBN 3-7626-0525-4
© für die deutsche Ausgabe 1996 by
Verlag Hermann Bauer KG, Freiburg im Breisgau
Alle Rechte der deutschen Ausgabe vorbehalten
Einband: Schiller & Partner GmbH, Merzhausen
Satz: CSF · ComputerSatz GmbH, Freiburg im Breisgau
Druck und Bindung: Kösel GmbH, Kempten
Printed in Germany

Gedruckt auf chlorfrei gebleichtem Papier

*Für meinen geliebten
Christopher Martin Mosio*

INHALT

Worum es in diesem Buch geht und warum ich es geschrieben habe . . .	9
Liebling, ich hab' da ein tolles Buch für uns	15
Entspannen	21
Etwas für die Beziehung tun	24
Wenn euch der Anfang schwerfällt . .	30
Euer Beziehungstagebuch	35
Ich höre dir zu	43
Das tägliche Gespräch	50
Was du wirklich brauchst	57
Wenn euch alles zuviel wird	63
Zeit zu zweit	67
Den Tag bewußt gestalten	73
Eure Rhythmen sind nicht gleich . .	83
Das Wechselspiel von Nähe und Distanz	91
Anteil nehmen	98
Was Männer und was Frauen brauchen	102
Wenn die Hausarbeit nicht wäre . . .	115
Die eigene Welt erschaffen	122
Auch Geld spielt eine Rolle	128
Tu was für dich	136
Mehr Spaß am Leben	143
Was tun, wenn euch nichts Konstruktives einfällt?	150
Einander besser kennenlernen	156
Die Liebe neu beleben	162

Die Kunst des Akzeptierens	166
Wie schön, daß es dich gibt!	171
Ich habe etwas auf dem Herzen . . .	179
Die Sache mit dem Schenken	183
Feste feiern	188
Was die Natur euch geben kann . . .	196
Nahrung für die Sinne	204
Erotische Genüsse	210
Wohltuende Berührungen	222
Den Körper spüren	227
Was Musik bewirkt	234
Ein gemütliches Zuhause	240
Ein Ort für euch allein	246
Achtung, romantische Vorstellungen oder: Weißt du, was Liebe ist?	252
Nahrung für die Seele	260
Gemeinsam kreativ sein	268
Krisen, Verluste und andere Belastungsproben	273
Loslassen	279
Weg mit dem aufgestauten Ärger . .	285
Konstruktive Auseinandersetzungen .	290
Vergeben	299
Verhandeln	305
Wenn ihr in der Krise steckt	312
Helfen und sich helfen lassen	321
Eure persönliche Vision	329
Euer eigenes Wohlfühlbuch	335
Noch ein paar abschließende Worte .	339

Tut euch gut! Das Wohlfühlbuch für Paare

WORUM ES IN DIESEM BUCH GEHT UND WARUM ICH ES GESCHRIEBEN HABE

Du hast eine anstrengende Woche hinter dir, und auf dem Heimweg spürst du dieses Kratzen im Hals und weißt, daß dich eine Erkältung erwischt hat. Das hat dir gerade noch gefehlt! Du stellst dir vor, wie dich daheim dein Partner tröstend in den Arm nimmt. Doch kaum hast du die Haustür hinter dir zugemacht, da beginnt ihr auch schon zu streiten, wer von euch heute mehr zu bedauern ist. Enttäuscht und ärgerlich ziehst du dich ins Bett zurück und fragst dich, was bloß schiefgegangen ist.

Oder: Du liebst diesen wunderbaren Menschen, mit dem du zusammenlebst, weißt aber nicht, wie du es zeigen sollst. Also greifst du auf das zurück, was schon deine Eltern machten: ein schönes Abendessen vorbereiten oder Blumen mitbringen.

Oder: Du schaust in mieser Stimmung die Rechnungen durch, die sich angesammelt haben, und dein Blick fällt auf plötzlich deinen Partner, der dir doch so viel bedeutet, und du fragst dich, wann ihr zum letzten Mal spontan etwas Lustiges oder Ausgeflipptes unternommen habt. Du malst dir gerade etwas Schönes aus, da reißt dich Babygeschrei jäh aus deinen Träumen, und der Geruch der Windel, die du jetzt wechseln mußt, holt dich vollständig in die Gegenwart zurück.

Was tust du?

A: Du seufzt und fügst dich in dein Schicksal. (Das tun die meisten.)

B: Du schaltest ab und nimmst in Kauf, daß die Beziehung leidet. (Das tun auch sehr viele.)

C: Du wanderst nach Tahiti aus und machst dort eine Strandbar auf. (Tut gut, sich so etwas vorzustellen.)

D: Du nimmst dieses Buch zur Hand, weil du etwas für die Beziehung tun willst. (Was kann schon schiefgehen?)

Tut euch gut! Das Wohlfühlbuch für Paare

Worum es in diesem Buch geht und warum ich es geschrieben habe

Was heisst »etwas für die Beziehung tun«?

Etwas für die Beziehung tun kann vieles heißen: ein Begrüßungskuß, wenn der andere nach Hause kommt; eine Überraschungsparty zum Geburtstag; ein kleiner Liebesbrief; dem anderen regelmäßig sagen, daß er dir viel bedeutet. Etwas für die Beziehung tun heißt, ihr laßt einander Anteil nehmen an dem, was ihr erlebt; ihr sorgt für Abwechslung; ihr gebt euch Mühe, miteinander liebevoll und respektvoll umzugehen; dankbar zu sein, daß es den anderen gibt, und vieles mehr. Etwas für die Beziehung tun heißt, ihr so viel Aufmerksamkeit zu schenken wie eurer Arbeit, euren Kindern oder eurem Hobby. *Es heißt, die Voraussetzung zu schaffen, daß eure Beziehung und jeder von euch beiden wachsen kann.*

Dem Partner Zuwendung zu schenken heißt, ihn so zu akzeptieren, wie er ist. Es heißt, das zu sehen, was an Wunderbarem in ihm oder ihr steckt. Es heißt, den anderen auf *seinem* Weg zu unterstützen. Es heißt, daß es dir wichtig ist, was er denkt und fühlt, und daß du seine Wünsche und Bedürfnisse achtest. Es heißt, daß *beide* geben. Wenn nur einer gibt, führt das früher oder später zu Verbitterung, Ermüdung und Entfremdung.

Eines sollte klar sein: Eine destruktive oder demütigende Beziehung hinzunehmen hat *nichts* mit Zuwendung zu tun. Körperliche, emotionale oder verbale Demütigungen sind durch nichts zu rechtfertigen. Wenn du versuchst, eine destruktive Beziehung aufrechtzuerhalten, dann heißt das nicht, daß du etwas Liebevolles tust, sondern es heißt, daß du den Märtyrer spielst.

Ist das alles denn so wichtig?

Viele der Probleme, die Paare miteinander haben, sind die Folge von zuwenig Zuwendung. Wie immer ihr es nennen mögt: »Er will nicht reden«, »Sie ist mit nichts zufrieden«, »Sie verführt mich nie«, »Er denkt nur an Sex« – all das sind Zeichen dafür, daß eurer Beziehung etwas fehlt. All der Frust, die Langeweile und die Streitereien – ihr werdet sie nur los, wenn ihr lernt, den anderen zu akzeptieren und zu achten und euch zu freuen, daß es ihn/sie gibt. Ihr werdet sie nur los, wenn ihr lernt, euch

Worum es in diesem Buch geht und warum ich es geschrieben habe

zu entspannen und euch bewußt und regelmäßig einander zu widmen und miteinander zu reden.

Psychologen haben es bestätigt: Eine Beziehung bleibt nur dann lebendig, wenn *beide* etwas dafür tun. In ihrem Buch *Zusammenbleiben wäre eine gute Alternative* schreiben Dr. Lonnie Barbach und ihr Mann David Geisinger: »Eine Beziehung ist ein komplexer, lebender Organismus. Wie alles Lebendige kann sie sich nur entfalten, wenn sie bekommt, was die elementare Grundlage allen Lebens ist: ein angemessenes Maß an Schutz und Nahrung.« Und sie sagen auch, daß das nicht viel Zeit und Energie kostet, sondern »es reicht schon, einfach kontinuierlich auf die Dinge zu achten, die eine Beziehung lebendig halten . . .« *Tut euch gut! Das Wohlfühlbuch für Paare* hilft euch, diese Dinge zu entdecken und zu leben.

Wir alle wissen, was geschieht, wenn wir nichts für unsere Beziehung tun: Sie wird vom Alltag aufgefressen, die Gewohnheit siegt, die Leidenschaft geht mehr und mehr verloren, wir meckern nur noch aneinander herum, und wir verlernen, die schönen Augenblicke wahrzunehmen. Warum etwas für die Beziehung tun? Weil sie sonst zugrunde geht.

Eine Freundin hat mir neulich folgendes erzählt: »Ich gebe ihm noch eine Chance, ich will mit ihm zusammenbleiben, aber er hat einfach keine Ahnung, was ich brauche. Ich tue soviel für ihn, aber wenn ich ihn mal um etwas bitte, fällt ihm nichts ein. Das geht nun schon neun Jahre so. Ich habe genug davon. Ich brauche auch ein bißchen Zuwendung.« Das gibt zu denken.

ZUWENDUNG HEISST ZWEIERLEI

Während meiner Arbeit an *Tu dir gut! Das Wohlfühlbuch für Frauen* und im Zuge meiner Workshops ist mir klargeworden, daß Zuwendung mehr heißt, als den anderen zu verwöhnen, zu trösten oder zu umsorgen. Das ist nur ein Aspekt. Wir sehnen uns nach dieser Art der Zuwendung, wenn wir von der Arbeit müde heimkommen, wenn wir enttäuscht oder traurig sind oder wenn wir uns in einer Wachstumsphase befinden. Aber Zuwendung heißt noch viel mehr: Es heißt, den anderen zu lassen und sich nicht in seine Angelegenheiten einzumischen, auch wenn er

Siehe: *Nahrung für die Seele: Der Beziehung Opfer bringen*. Hier findet ihr Näheres zu diesem Thema.

Worum es in diesem Buch geht und warum ich es geschrieben habe

vielleicht Fehler macht. Es heißt, hier und da die eigenen Wünsche zurückzustellen und auf etwas zu verzichten. Es heißt, die Seiten deines Partners anzunehmen, die dir nicht gefallen. Das ist nicht immer angenehm, und es kann schmerzhaft sein, aber eines ist sicher: Eure Beziehung profitiert davon.

Zuwendung ist nicht nur Frauensache

Siehe: *Was Männer und was Frauen brauchen*

Hat man dir beigebracht, daß Zuwendung Frauensache sei und daß nur Kinder und schwache, alte oder kranke Menschen Zuwendung brauchen? *Das ist völlig falsch!* Zuwendung heißt nicht Bemuttern, und es ist nichts, was Männer nicht genauso geben können. Jeder kann Zuwendung schenken, und jeder braucht sie – egal wie groß und stark er ist. Das hat mit Schwäche nichts zu tun. Bedürfnisse zu haben gehört zum Menschsein! Wir alle sehnen uns nach Liebe. Doch wir neigen dazu, solche Wünsche zu verdrängen. Wenn wir unsere Bedürfnisse verneinen, verneinen wir uns selbst, und wir verlernen, einander ehrlich zu begegnen.

Warum ich dieses Buch geschrieben habe

Es ging mir wie bei meinem ersten Buch: Ich mußte mich einfach hinsetzen und meine Ideen niederlegen. Schreiben ist für mich eine Art Selbsterfahrung. Zu Anfang glaubte ich, dieses Buch sei einfach eine Fortsetzung des ersten. Doch so einfach war es nicht. Das Schreiben fiel mir schwer. Es floß nicht so wie beim ersten Buch. Ich geriet in Panik. Zur selben Zeit begannen mein Mann Chris und ich eine Paartherapie. Es dauerte, bis ich begriff, was wirklich meinem Bedürfnis, dieses Buch zu schreiben, zugrunde lag. Langsam, sehr langsam wurde mir bewußt, daß wir selbst betroffen waren: *Es ging uns wie so vielen Paaren: Wir wußten nicht, wie wir unsere Beziehung vor dem Abstumpfen bewahren sollten.* Das war eine schmerzhafte Erkenntnis. Wir kümmerten uns immer weniger um die Beziehung; die Karriere und Ablenkungen wie Fernsehen waren wichtiger. Wir erkannten, wieviel Angst wir davor hatten, einander offen zu begegnen und uns dem anderen in unserer Verletzlichkeit zu zeigen. Diese Erkenntnis traf uns beide tief. Wie so viele andere Beziehungen schien auch unsere der Gewohnheit zum Opfer zu fallen. Wir wußten keinen Rat.

Worum es in diesem Buch geht und warum ich es geschrieben habe

Nach neun Jahren Beziehung waren Chris und ich an dem Punkt angelangt, an den die meisten Paare früher oder später einmal kommen: Man kann entweder versuchen, gemeinsam durch diese Krise bewußt hindurchzugehen, oder man kann das tun, was wohl die meisten Paare machen – und was in unserer Kultur gang und gäbe ist: resignieren und sich hinter den Kindern, der Karriere oder hinterm Fernseher verstecken und nur noch negative Gedanken produzieren. Doch ihr verliert damit die Nähe, die euch einst verband. Was bleibt da noch? Ein farbloses Leben und zunehmende Verbitterung.

Wenn ihr Kinder habt

Paare mit Kindern, die Teile dieses Buchs gelesen haben, während ich es schrieb, sagten vor allem zwei Dinge. Erstens: »Wir haben keine Zeit für so etwas.« Zweitens: »Wenn wir nicht bald etwas tun, ist unsere Beziehung im Eimer.« Whitney Kershaw, eine Mutter, die sich für Mütter engagiert, sagt: »Ihr könnt euren Kindern kaum etwas Besseres geben als eine gute Beziehung. Wenn ihr ihnen eine gesunde, liebevolle, glückliche Beziehung vorlebt, vertrauen sie darauf, daß auch sie solche Beziehungen haben werden.« Anne Mayer schrieb: »Wir tun unseren Kindern nichts Gutes, wenn wir ihnen so viel Zeit und Energie widmen, daß für uns und unsere Beziehung nichts mehr übrigbleibt . . . Wenn wir unsere Bedürfnisse vernachlässigen, dann leiden nicht nur wir, auch unsere Kinder leiden. Sie leiden unter unserer Unzufriedenheit und darunter, daß die Beziehung ihrer Eltern keine ist.« Doch eines ist sicher richtig: Wenn ihr Kinder habt, ist es ungleich schwerer, Zeit für den Partner rauszuschlagen, auch wenn es nur zehn Minuten sind. Aber es ist wichtiger denn je! Früher wart ihr »nur« für euer Glück verantwortlich, jetzt seid ihr es auch für das eurer Kinder, und die brauchen Wärme und Geborgenheit. Eine tote Ehe macht keine glückliche Familie.

Worum es in diesem Buch geht und warum ich es geschrieben habe

WIE IHR DIESES BUCH VERWENDEN KÖNNT

Ihr könnt es auszugsweise lesen, systematisch von vorn bis hinten studieren oder einfach darin blättern. Lest, was euch anspricht, laßt euch inspirieren. Es ist wie ein Nachschlagewerk aufgebaut. Querverweise zwischen den einzelnen Kapiteln sind am Rand vermerkt. So könnt ihr rasch die Dinge finden, die euch interessieren. Wenn ihr ein Thema vertiefen wollt, findet ihr am Ende des Kapitels weiterführende Literatur.

Ihr braucht euch nicht sklavisch an das zu halten, was vorgegeben ist. Versteht es eher als Anregung. Wandelt ab, was ihr anders machen wollt, das gilt auch für die Übungen. Versteht die Dinge nicht als starre Instruktionen, sondern laßt euch inspirieren. Was dieses Buch vor allem will: euch auf Ideen bringen. Was könnt ihr tun, um eure Liebe lebendig zu erhalten?

Seht dieses Buch als ein Angebot. Es kann euch helfen, eure Beziehung wieder flottzumachen. Es kann euch helfen, euch aus den Fängen des grauen Alltags zu befreien – damit ihr nicht unter einem Haufen von Verpflichtungen erstickt; damit ihr euch nicht zuviel vornehmt und euren Terminen nur noch hinterherhetzt; damit ihr euch nicht selbst verliert, weil ihr keine Zeit mehr habt, etwas für euch zu tun. Wie könnt ihr dem begegnen? Indem ihr Zeit füreinander findet, in innigem Kontakt bleibt und trotzdem auf eigenen Füßen steht. Ich hoffe, dieses Buch hilft euch dabei.

Ich glaube, daß dieses Buch euch einiges zu bieten hat. Es hilft euch, einander mit Respekt und Achtung zu begegnen, und es kann gut sein, daß es zudem eurem Liebesleben neuen Schwung verleiht. *Der erste Schritt ist der schwierigste.* Wenn ihr den geschafft habt, kommt vielleicht der Tag, an dem ihr lieber zusammen ein paar Übungen aus diesem Buch macht, statt vor der Glotze zu sitzen. (So unwahrscheinlich das auch klingen mag.) Macht einen kleinen Schritt in diese Richtung gleich jetzt: Lest das nächste Kapitel.

»Liebling, ich hab' da ein tolles Buch für uns«

Wie wird dein Partner reagieren, wenn du mit diesem Buch nach Hause kommst? Wird er sich freuen, weil er glaubt, dir liegt etwas an der Beziehung? Wird er sich ärgern, weil er denkt, daß du an der Beziehung zweifelst? Wird er zynisch reagieren? (»Ein Selbsthilfebuch – haben wir das denn nötig?«) Bekommt er Angst, daß du unzufrieden sein könntest oder mehr Nähe willst? Oder findet er es aufregend, weil ein Buch über bessere Beziehungen sicher einiges zum Thema »Sex« enthält? Schreib auf, wie er deiner Meinung nach reagieren wird: _____

Auch wenn ihr öfter Bücher über persönliches Wachstum lest: Dein Schatz wird sich womöglich angegriffen fühlen, wenn du mit diesem Buch nach Hause kommst. Geht es nicht darum, daß er/sie sich ändern soll? Hier ein paar Vorschläge, wie du dem anderen sagen kannst, was es mit diesem Buch auf sich hat.

Lies bitte weiter, auch wenn ihr dieses Buch zufällig am gleichen Tag gekauft oder es gemeinsam ausgesucht habt. Eure Beziehung wird in eine neue Phase eintreten, wenn ihr anfangt, an ihr zu arbeiten. Die folgenden Ideen verhelfen euch zu einem guten Start.

Geh einmal in dich: Was erwartest du?

Was wünschst du dir? Wovor hast du Angst? Stell dir diese Fragen, sonst bleibst du vielleicht enttäuscht – und glaubst, dein Partner sei an allem schuld. Ihr könnt die folgende Übung gemeinsam oder einzeln machen, aber bitte tut es. (Vorher solltest du deinem Partner natürlich von diesem Buch erzählen und sein/ihr Interesse wecken.)

Ergänzt die folgenden Sätze schriftlich oder mündlich, so oft ihr könnt (wenn möglich mindestens zehnmal). Sagt oder schreibt, *alles, was kommt,* so schnell wie möglich. Denkt nicht darüber nach, bewertet nichts, und ändert auch nichts ab. Je weniger ihr nachdenkt, desto besser. Nehmt

Tut euch gut! Das Wohlfühlbuch für Paare

Liebling, ich hab' da ein tolles Buch für uns

eure Widerstände an. Laßt nicht locker, auch wenn ihr das Gefühl habt, daß euch nichts mehr einfällt. Bleibt einfach dran.

Ich wünsche mir von diesem Buch . . .

Ich erwarte, daß . . .

Ich habe Angst, daß . . .

Das Buch zur Sprache bringen

Wie kannst du dieses Buch zur Sprache bringen? Wie kannst du das Interesse deines Partners wecken? Was tust du, wenn er zunächst skeptisch ist? Hier ein paar Tips von Paaren, die ich interviewte:

Ken aus Illinois sagte, er wäre bereit, dieses Buch zu lesen, »wenn meine Frau mich darum bittet oder wenn ich das Bedürfnis habe, die Beziehung zu vertiefen, und glaube, daß dieses Buch uns dabei hilft«. Seine Frau Helen sagte: »Er müßte mir erklären, wo ich die Zeit hernehmen soll, die Übungen zu machen.«

Siehe: *Zeit zu zweit. Wie ihr mehr Zeit füreinander finden könnt.*

Sag deinem Partner, warum es dir am Herzen liegt, eure Beziehung zu vertiefen. Sprich über *deine* Bedürfnisse, über *deine* Wünsche und Gefühle, z. B.: »Ich habe dieses Buch heute in der Buchhandlung gesehen. Es macht sicher Spaß, sich gemeinsam damit zu beschäftigen. Ich liebe dich, und ich möchte dir noch näherkommen. Es ist sicher spannend, zusammen solche Übungen zu machen.« Wenn du die Ichform verwendest und deine Worte nicht nach Vorwurf klingen, hast du gute Chancen, das Interesse deines Partners zu wecken.

Siehe: *Das tägliche Gespräch: Die Ich-Aussage*

Mach deinem Partner klar, daß etwas für die Beziehung tun *nicht* heißt, daß eure Beziehung schlecht ist oder unbefriedigend. Es geht hier nicht darum, Beziehungen zu kitten, sondern um die Frage, wie ihr auf spielerische und angenehme Weise etwas füreinander tun könnt. Auch die Beziehung braucht Pflege, nicht nur euer Auto. Dieses Buch ist mehr als bloßer »Psychokram«, und es geht hier nicht um abgehobene »New-Age-Psychospiele«, wie mein Partner diese Dinge nennt.

Ein anderes Paar gibt euch den Rat: »Redet euch nicht ein, daß ihr nur mit Hilfe dieses Buches glücklich werden könnt. Greift es eher als Anregung auf.« Liebling, ich hab' da ein tolles Buch für uns

Christina und Steve: »Nehmt das Buch nicht allzu ernst. Macht euch ruhig mal darüber lustig.« (Das ist ganz in meinem Sinne.)

Sag deiner Partnerin: »Der Buchhändler hat mir heute dieses Buch empfohlen. Es ist ein Bestseller in den USA. Es soll sehr gut sein.« (Das hoffe ich.) Sie ist wahrscheinlich eher bereit, sich darauf einzulassen, wenn es ihr von jemandem empfohlen wird, dem sie vertraut. (Du kannst es z. B. eurem Arzt oder guten Freunden ausleihen oder schenken, und sie bitten, es ihr zu empfehlen.)

Wähl einen schönen, stillen Augenblick, wenn du dieses Buch zum ersten Mal mit deinem Partner ansiehst.

Sophie und Ben aus Chicago: »Erzähl deinem Schatz von diesem Buch. Ein, zwei Tage später kannst du fragen, ob er daran Interesse hat. Ein paar Tage darauf kannst du ihn bitten, ein bestimmtes Kapitel zu lesen und am nächsten oder übernächsten Tag die eine oder andere Übung zu machen.«

Viele Männer, die ich interviewt habe, sagten, sie wären gern bereit, das Buch mit ihrer Partnerin zu lesen, wenn sie wüßten, daß sie dann öfter miteinander schlafen würden. So einfach ist das aber nicht. Es hat keinen Sinn, Gegenleistungen zu fordern (»Ich tu dir den Gefallen, wenn du dies und jenes für mich tust.«) – vor allem dann nicht, wenn es um Zuwendung geht. Der Grund ist einfach: Wir wünschen uns, daß unser Partner etwas für uns tut, weil er uns liebt, nicht weil er etwas zurückbekommen möchte. Mehr Nähe kann natürlich dazu führen, daß ihr öfter und leidenschaftlicher miteinander schlaft, aber sie entsteht nur dann, wenn ihr keine Forderungen stellt. (Paare, die die Übungen in diesem Buch regelmäßig ausprobierten, haben das bestätigt. – Und dann gibt es natürlich auch Kapitel, in denen es direkt um Sex geht.)

Fang klein an. Sag deinem Partner, daß du zehn oder fünfzehn Minuten mit ihm üben möchtest. Es muß ja nicht gleich ein Wochenendseminar sein.

Liebling, ich hab' da ein tolles Buch für uns

Nancy erzählte, daß ihr Mann Bob Interesse zeigte, dieses Buch zu lesen, weil er ihr gern mehr geben würde, aber nicht wußte, wie. Das Buch bietet viele Anregungen. Wenn es euch also an Ideen mangelt: Hier findet ihr genug.

Ein Paar aus Virginia: »Frag den anderen einfach.«

Mach es deinem Partner schmackhaft. Sag ihm, daß es sich lohnt, dieses Buch zu lesen: mehr Nähe, mehr Verständnis füreinander und weniger Streß – was immer für euch zutrifft.

Siehe: *Etwas für die Beziehung tun: Literatur und Tips*

Faith Boyle: »Je mehr du investierst, desto befriedigender wird die Beziehung. Überleg dir mal, was du alles tust, wenn du frisch verliebt bist: was ihr unternehmen würdet, wie du dich anziehen und was du alles tun würdest, um ihm/ihr zu gefallen. Tu das auch für deinen Partner. Mach ihn/sie zum Geliebten.

Wenn der andere nicht will

Was tust du, wenn er nein sagt? Du kannst die Übungen allein machen (auch wenn das komisch klingt); du kannst ihm von Zeit zu Zeit eine Übung vorschlagen, ohne lange zu erklären, woher du sie hast; du kannst das Buch verschenken; du kannst dich fragen, warum er kein Interesse hat.

Es gibt immer eine Lösung. Sieh das Ganze positiv, und sag dir immer wieder, daß du dich selbst um deine Bedürfnisse kümmern kannst. Schränk dich nicht durch negatives Denken ein.

Wenn du Angst hast

Hast du Angst, genauer hinzusehen? Da bist du nicht die oder der einzige. (»Was ist, wenn sich herausstellt, daß wir gar nicht zueinander passen?«, »Was ist, wenn sie mich nicht wirklich liebt?«, »Was ist, wenn unsere Bedürfnisse und Wünsche grundverschieden sind?«) In meinen Interviews hat sich gezeigt, daß sich viele Paare vor der Wahrheit fürchten. Wir sehnen uns nach Sicherheit, aber das schadet der Beziehung. Wir sehnen uns danach, daß alles stets beim alten bleibt, wir halten am Gewohnten fest, wir wollen es uns schön bequem machen (»Bitte sag, daß es immer so bleiben wird«). Wir fürchten uns vor Veränderungen, aber sie sind unausweichlich. Das Leben *ist* Veränderung.

Liebling, ich hab' da ein tolles Buch für uns

Wenn ihr anfangt, aktiv an eurer Beziehung zu arbeiten, kann es sein, daß plötzlich Ärger hochkommt. Ihr fangt an, den anderen zu verwöhnen, und ein paar Tage später streitet ihr darüber, warum sie dich nie verführt oder warum er dir nie etwas Vernünftiges zum Geburtstag schenkt. Ihr fragt euch wahrscheinlich, warum ihr euch plötzlich in die Haare kriegt, aber das geschieht nicht von ungefähr. Wenn wir beginnen, aufeinander einzugehen, kommen unbefriedigte Bedürfnisse hoch. Eine ärgerliche Stimme sagt: »Das fühlt sich gut an. Warum hast du das früher nicht getan?« Oder dieselbe Stimme sagt: »Das fühlt sich einfach *zu* gut an. Das halte ich nicht aus.« Und dann beginnen wir zu streiten, um mehr Distanz zu kriegen, denn wir haben Angst, daß es nicht immer so bleiben wird.

Deine Ängste, dieses Streiten, deine Furcht vor Veränderung – wie kannst du lernen, damit umzugehen? *Gesteh dir ein, daß es sie gibt.* Rede über deine Ängste, mach dir bewußt, daß du dich gegen Neuerungen wehrst. Oft machen wir uns selbst etwas vor und stürzen uns in etwas Neues, ohne unsere Ängste zu beachten. Laß deine Angst und deine Widerstände zu. Wenn du sie verdrängst, werden sie nur um so größer. Gib ihnen Raum. Schreib auf, was dir zu schaffen macht. Nenn deine Angst beim Namen. Nimm zu Hause einfach ein Möbelstück, z. B. einen Stuhl, und vertrau ihm an, warum du dich fürchtest. Dann kannst du dich künftig immer an ihn wenden, wenn du Angst vor Neuem hast oder das Bedürfnis verspürst, dich am Alten festzuklammern. Nimm deine Gefühle wahr und die Stimmen in deinem Inneren. Rede über das, was dich bedrückt. Hab Geduld mit dir. Laß dich nicht von deiner Angst beherrschen, und auch nicht von dem Gefühl, nicht zu bekommen, was du brauchst. Lerne, selbst etwas für dich zu tun, besonders dann, wenn dein Partner sich zurückzieht.

Was du auch tust, versuch nicht, es perfekt zu machen. Der Wunsch nach Perfektion führt meist zu *Mißerfolgen*, vor allem wenn es um Liebe geht. Veränderungen brauchen Zeit, Rückschläge mit inbegriffen. Vielleicht gelingt es dir ein paar Tage lang, dem anderen zu zeigen, was er dir bedeutet, vielleicht schafft ihr es, euch ein paar schöne Abende zu machen, statt den Fernseher einzuschalten; aber dann kommen wieder Tage,

Tut euch gut! Das Wohlfühlbuch für Paare

Liebling, ich hab' da ein tolles Buch für uns

an denen ihr euch nur berieseln laßt und einander ignoriert. Wenn ihr wirklich etwas ändern wollt, braucht ihr Zeit und viel Geduld, und ihr dürft nicht lockerlassen. Erinnere dich und deinen Partner immer wieder daran, was ihr euch vorgenommen habt. Lernt zu akzeptieren, daß es auf und ab geht, eurer Beziehung kommt es zugute: mehr Leidenschaft, mehr Verständnis, mehr Verbundenheit. Das klingt nicht schlecht, nicht wahr?

ENTSPANNEN

Ihr werdet immer wieder den Worten

Entspann dich bzw. **Entspannt euch**

begegnen. Ich verwende sie als Kürzel, damit ihr nicht ständig dieselbe Entspannungsübung lesen müßt. Wenn du **Entspann dich** liest, weißt du später, was gemeint ist. Du kannst natürlich auch eine andere Entspannungsübung wählen, wenn du möchtest.

Du kannst die folgende Entspannungsübung vor jeder Beziehungsübung machen, die du in diesem Buch findest, du kannst sie auch zur täglichen Entspannung nutzen. Unser Leben wird von Streß geprägt. Er macht uns schwer zu schaffen, und er zersetzt die Liebe – langsam, aber stetig. Etwas gegen Streß zu unternehmen ist der erste Schritt, dir selbst und deinem Partner gutzutun. Ein paar Minuten regelmäßiger Entspannung können Wunder wirken.

Es gibt zahlreiche Studien, die belegen, wie wichtig Atmen und Entspannen sind. In Literatur und Tips findet ihr ein paar Bücher zu diesem Thema.

Wenn du die folgende Übung nicht entspannend findest, gehörst du vielleicht zu den Menschen, die Bewegung zum Entspannen brauchen. Im Kapitel »Den Körper spüren« findest du mehr darüber.

Entspann dich

Lest euch die folgende Entspannungsübung gegenseitig vor, oder sprecht sie auf Band und spielt als Hintergrundmusik etwas Entspannendes, z. B. *The Source* von Osami Kitajima. Lies sehr, sehr langsam, und laß dem anderen genügend Zeit, wenn eine Pause vorgesehen ist (. . .). (20 Sekunden oder mehr, manchmal vielleicht sogar eine Minute.) Stell dir vor, daß du selbst jetzt diese Übung machst, dann fällt es dir leichter, das Tempo zu halten.

In Literatur und Tips findet ihr verschiedene Entspannungskassetten – falls ihr keine Lust habt, selbst eine aufzunehmen.

Setz dich oder leg dich hin, und mach es dir bequem. Ist dein Rücken gut gestützt? Ist deine Lage angenehm? Arme oder Beine sollten nicht gekreuzt sein. Schließ deine Augen. Atme tief, so tief du kannst, atme in den

Tut euch gut! Das Wohlfühlbuch für Paare

Entspannen

Bauch. Atme langsam aus . . . Atme tiefer, tief in deinen Bauch hinein . . . Atme langsam aus . . . Nimm dir Zeit. Nichts anderes ist jetzt von Bedeutung, du brauchst nur zu entspannen.

Stell dir eine Farbe vor. Irgendeine Farbe. Stell dir vor, daß du diese Farbe einatmest . . . Stell dir vor, wie diese Farbe durch deinen ganzen Körper fließt . . . Sie strömt ganz sanft in alle verkrampften Körperstellen . . . Sie löst die Spannung auf . . . Spür, wie du beim Ausatmen alle Spannung losläßt. Mach das eine Zeitlang: Atme deine Farbe ein, und atme alle Spannung aus.

Stell dir nun vor, wie diese wunderschöne Farbe deinen Geist durchströmt . . . Alle störenden Gedanken werden fortgeschwemmt . . . Du atmest aus und fühlst, wie deine Sorgen, dein Dich-selbst-Verurteilen und all die Erwartungen, die dich so belasten, weggewaschen werden . . . Mach so lange weiter, bis dein Geist ganz ruhig geworden ist – wie ein Stein am Meeresgrund oder ein Museum am Montagmorgen.

Stell dir vor, wie deine Farbe in dein Herz fließt . . . Spür, wie sie dein Herz massiert, es heilt und öffnet. Spür die Wärme und die Energie, spür, wie du alle unterdrückten Emotionen losläßt . . . Und die alten Schmerzen und die Wunden . . . Du atmest aus und gibst alles frei, was dich belastet . . . Jetzt atmest du noch tiefer, offen und frei . . . Frei und entspannt . . . Du fühlst dich sehr, sehr wohl, du bist entspannt und in deiner Mitte. Du bist bereit zu tun, was immer du jetzt tun möchtest.

Literatur und Tips:

Borysenko, Joan: *Gesundheit ist lernbar. Hilfe zur Selbsthilfe.* Knaur, 1991. Ein Buch zum Thema »Geist und Körper« aus medizinischer Sicht. Mit leichtverständlichen Meditationsübungen.

Dass, Ram: *Reise des Erwachens. Handbuch zur Meditation.* Knaur, 1986. Eine Einführung in die Meditation unter Berücksichtigung der verschiedenen Meditationsformen.

Easwaran, Eknath: *Der Ruf des Universums. Neue Sensibilität für das Leben.* Herder, 1992. Ein Buch zum Thema »Meditation und Spiritualität«.

Entspannen

Adamek, Karl: *Die Stimme – Quelle der Selbstheilung.* 3 MCs. Verlag Hermann Bauer.

Dahlke, Rüdiger: *Elemente-Rituale. Geführte Meditation.* MC und CD. Verlag Hermann Bauer.

Kraaz von Rohr, Ingrid S.: *Die sieben Heiler. Mit Bachblüten die Gefühle heilen.* MC. Verlag Hermann Bauer.

Müller, Else: *Oasen im Alltag. Jahreszeiten-Meditationen.* MC und CD. Verlag Hermann Bauer.

Sivananda Radha, Swami: *Relaxation. Tiefenentspannung zur Verbindung mit dem kosmischen Bewußtsein.* MC und CD. Verlag Hermann Bauer.

ETWAS FÜR DIE BEZIEHUNG TUN

IHR BRAUCHT:

Eure Anschauungen, was Beziehungen anbelangt.

Euer Beziehungstagebuch (s. u.) oder Papier und Stifte.

Kleine, selbsthaftende Zettel, wie man sie in jedem Schreibwarengeschäft bekommt.

Dauer: Für die beiden Übungen benötigt man zehn bis zwanzig Minuten. (Ihr müßt sie aber nicht auf einmal machen.) Für den dritten Punkt braucht ihr ein bis zwei Minuten täglich.

Mehr dazu in *Worum es in diesem Buch geht und warum ich es geschrieben habe: Was heißt »etwas für die Beziehung tun«?*

WANN . . . ?

- Wenn du nicht weißt, was das bedeuten soll.

- Wenn du glaubst, sich um andere zu kümmern, sei reine Frauensache.

- Wenn sich bei euch nur einer von beiden um die Beziehung kümmert.

- Wenn du lernen willst, dem anderen mehr Zuwendung zu schenken.

WORUM GEHT'S?

Sich dem Partner zuzuwenden, das heißt für jeden etwas anderes. Überlegt euch allein und gemeinsam, was ihr unter Zuwendung versteht. Situationen, in denen wir uns über solche Dinge klar werden, sind wichtige Momente. Wir können sehr viel daraus lernen. Wenn ihr wißt, was ihr vom anderen erwartet, beugt ihr Mißverständnissen vor. Zuwendung heißt für jeden etwas anderes. Was heißt es für dich? Was heißt es für deinen Partner? Diese Übung hilft euch, mehr über die Wünsche und Bedürfnisse des anderen herauszufinden.

Eine weise Frau formulierte es so: »Jede gute Beziehung ist eine Beziehung, in der Zuwendung an erster Stelle steht.« Überlegt euch, was ihr bisher für den anderen getan habt und was ihr in Zukunft ausprobieren wollt.

WAS IHR FÜREINANDER TUN KÖNNT:

Geh einmal in dich: Was verstehst du unter Zuwendung?

Ergänzt die folgenden Sätze sooft ihr könnt schriftlich oder mündlich. Versucht, euch in den anderen hineinzufühlen, und hört einander zu.

Tut euch gut! Das Wohlfühlbuch für Paare

Etwas für die Beziehung tun

Etwas für die Beziehung tun heißt für mich . . .

Nähe heißt für mich . . .

Anteilnahme heißt für mich . . .

Zärtlichkeit heißt für mich . . .

Zu dir stehen heißt für mich . . .

Ein Opfer bringen heißt für mich . . .

Diese Fragen helfen euch, Dinge anzusprechen, über die die wenigsten Paare offen miteinander reden. Was ist euch klargeworden? Sprecht darüber.

Wieviel Zuwendung schenkt ihr einander?

Die folgenden Fragen helfen euch herauszufinden, in welchen Bereichen ihr einander bisher genügend Zuwendung geschenkt habt und in welchen nicht. Sie helfen euch, in Zukunft besser aufeinander einzugehen. *Es gibt kein Richtig oder Falsch.* Es geht auch nicht darum, wer besser ist. Diese Übung hilft bewußtzumachen, wo eure Stärken liegen, als einzelner und als Paar. Eines möchte sie auf keinen Fall: dir das Gefühl vermitteln, daß du versagst. Und sie möchte auch ganz sicher nicht, daß ihr nachher streitet.

Wenn eine Frage für dich keinen Sinn macht, dann laß sie einfach aus. Du kannst die Fragen auch nur für dich beantworten. Tut, was sich für *euch* am besten anfühlt, und nehmt euch Zeit.

Etwas für die Beziehung tun

1 = nie   2 = manchmal   3 = oft   4 = immer

Partner 1   Partner 2

_____   _____   Wie oft entspannt ihr euch gemeinsam?

_____   _____   Wie oft zeigst du dem anderen, daß du ihn/sie magst?

_____   _____   Wie oft fühlt ihr euch verbunden?

_____   _____   Wann steht eure Beziehung an erster Stelle?

_____   _____   Wie oft gönnst du dem anderen Zeit für sich?

_____   _____   Fällt es dir schwer, dem anderen eine Bitte abzuschlagen? Bekommst du Schuldgefühle?

_____   _____   Kannst du verstehen, wie er/sie die Dinge sieht? Kannst du es auch, wenn ihr streitet?

_____   _____   Hilfst du deinem Partner, wenn er/sie zuviel am Hals hat oder befürchtet, etwas nicht zu schaffen?

_____   _____   Kannst du die Höhen und Tiefen eurer Beziehung akzeptieren? Kannst du akzeptieren, daß sie sich verändert?

_____   _____   Hälst du deinen Partner/deine Partnerin für gleichberechtigt?

_____   _____   Verwendet ihr Kosenamen?

| 1 = nie | 2 = manchmal | 3 = oft | 4 = immer | Etwas für die Beziehung tun |

——————— ——————— Wie oft zeigt ihr einander körperlich, daß ihr euch mögt (Händchenhalten, Umarmen und so weiter)?

——————— ——————— Wie oft kümmerst du dich um dich und deine eigenen Bedürfnisse?

——————— ——————— Ist es für dich in Ordnung, wenn dein Partner/deine Partnerin anderer Meinung ist?

——————— ——————— Kannst du die Schwächen deines Partners/deiner Partnerin akzeptieren?

——————— ——————— Wie oft wendest du dich Freunden, Familienmitgliedern, den Nachbarn oder anderen Menschen zu, die dich unterstützen, wenn du Hilfe brauchst?

——————— ——————— Wie oft tust du etwas für deine sinnlichen Bedürfnisse?

——————— ——————— Wie oft spielt ihr miteinander? Wie oft tut ihr etwas, was euch beiden Spaß macht?

——————— ——————— Wie oft tust du etwas für deine spirituellen Bedürfnisse?

——————— ——————— Wie oft vertraust du dich dem anderen an?

——————— ——————— Fällt es dir leicht, dem anderen zu verzeihen, wenn er/sie dich verletzt?

Gratuliert einander für die Vieren, die ihr eingetragen habt. In welchen Punkten seid ihr sehr verschiedener Ansicht? Sprecht darüber. Was fällt euch dazu ein? Wie steht es mit den Fragen, bei denen »nie« die Antwort ist? Möchtet ihr in diesen Bereichen etwas ändern?

Tut euch gut! Das Wohlfühlbuch für Paare

Etwas für die Beziehung tun

Was ihr füreinander tut

Wir neigen dazu, die negativen Dinge zu betonen, und die positiven übersehen wir. Die folgende Übung hilft dir, das zu sehen, was dein Partner jetzt schon für dich tut. Sie wurde von Mark Kane Goldstein angeregt, einem Psychologen an der Universität von Florida.

Du brauchst kleine selbstklebende Zettel und einen Platz, wohin du sie heften kannst, z. B. die Wand neben deinem Telefon im Büro oder neben dem Spülbecken in der Küche, auf die Innenseite deiner Aktentasche oder deines Terminkalenders. Wenn dein Partner etwas tut, was du als Zuwendung empfindest, klebst du einen Zettel an. Mach das eine Woche lang. Setzt euch dann zusammen, zählt eure Punkte, und dankt dem anderen für das, was er/sie für euch getan hat. (Macht bitte keinen Wettkampf aus dem Ganzen. Macht ein Fest daraus, und freut euch über das, was ihr einander geben könnt.)

Was Paare mir geschrieben haben

Was heißt »etwas für die Beziehung tun« für euch? Ich habe diese Frage unzähligen Paaren gestellt. Hier sind Zitate aus Briefen, die ich erhalten habe:

> *»Es heißt, den anderen jeden Tag zu unterstützen, einander zuzuhören und liebevoll miteinander umzugehen!«*

> *»Ihm die Nahrung geben, die ihn wachsen und gedeihen läßt – den Garten eures Lebens. Ihr könnt Unkraut oder Blumen ernten.«*

> *»Die Freiheit, ich selbst zu sein.«*

> *»Präsent zu sein in der Beziehung ist sehr, sehr wichtig.«*

> *»Die Beziehung zu verstehen und zu akzeptieren, daß jeder seine eigene Persönlichkeit besitzt. Und nicht versuchen, die eigenen Erwartungen in der Beziehung durchzusetzen. Das Beste, was ihr machen könnt, ist, eure Beziehung so zu nehmen, wie sie ist.«*

Etwas für die Beziehung tun

»Den anderen zu akzeptieren und zu schätzen. . . . Sagt einander immer wieder, was ihr alles könnt und was ihr aneinander schätzt.«

»Sich füreinander Zeit zu nehmen. Wir legen soviel Wert auf Leistung, doch wenn es in der Beziehung kriselt, weil wir sie vernachlässigt haben, dann heißt es: Denk nicht nur an den Job und so weiter, denk an dich und die Beziehung.«

»Die Maske, hinter der du dich im Alltag gern versteckst, loszulassen und offen und ehrlich über alles zu reden, besonders über Dinge, die dir zu schaffen machen, über unbewältigte Probleme und so weiter«

»Die Eigenheiten des anderen annehmen lernen und einander voll unterstützen, was die Karrierepläne anbelangt. Einander besser kennenlernen und verstehen, was der andere denkt und fühlt. Körperliche Nähe (Sex, Schmusen usw.). Und: einander genügend Freiraum geben und die Stimmungen des anderen akzeptieren.«

Beantwortet die Frage: Was heißt »etwas für die Beziehung tun« für euch? Was fällt euch dazu ein? Schreibt es auf, und legt das Blatt an einen Ort, wo ihr es täglich seht. Ihr könnt jederzeit etwas ergänzen oder ändern. Wir verändern uns, und unsere Vorstellungen tun es auch.

LITERATUR UND TIPS:

Barbach, Lonnie/Geisinger, David L: *Zusammenbleiben wäre eine gute Alternative*. Knaur, 1995. Besonders empfehlenswert.

Hendricks, Gay/Hendricks, Kathlyn: *Liebe macht stark. Von der Abhängigkeit zur engagierten Partnerschaft*. Mosaik, 1992. Äußerst hilfreich. Mit guten Übungen.

Moore, Thomas: *Der Seele Flügel geben. Das Geheimnis von Liebe und Freundschaft*. Knaur, 1995. Ein Buch, das alle Arten von Beziehungen untersucht und zeigt, wie sie uns bereichern.

Pines, Ayala M.: *Auf Dauer. Überlebensstrategien der Liebe*. Kabel, 1989. Wie ihr dem Burnout-Syndrom beggnen könnt.

Wenn euch der Anfang schwerfällt

Ihr braucht:

Dinge, die der andere sich wünscht: ein paar nette Worte, eine zärtliche Umarmung, einen Kuß, einen liebevollen Blick.

Dauer: zwei Minuten oder so lange, wie ihr möchtet.

Wann . . . ?

- Wenn dir die Vorstellung, dich mehr um deinen Partner/deine Partnerin zu kümmern, Angst einjagt.

- Wenn ihr euch zwar immer wieder vornehmt, füreinander da zu sein, aber nie die Zeit aufbringt.

- Wenn du keine Ahnung hast, was dein Partner/deine Partnerin braucht.

Worum geht's?

Wie geht es dir, wenn du dir vorstellst, mehr für deinen Partner da zu sein? Kriegst du weiche Knie? Fühlst du dich überfordert? Ist dir nicht ganz wohl dabei? Damit stehst du nicht allein da. Von den Paaren, die ich interviewte, sagten einige, das Thema löse Angst in ihnen aus. Sie reagierten auch mit Angst auf dieses Buch: »Was ist, wenn ich auf Dinge stoße, die ich nicht wissen will?« Oder: »Bloß nicht reparieren, was nicht kaputt ist.«

Wir fürchten uns vor Veränderung. Wir fürchten uns davor, unseren Partner mit unseren Wünschen und Bedürfnissen zu konfrontieren. Wenn ich den anderen um etwas bitte, bin ich nicht länger Teil des scheinbar gar so angenehmen »Wir«, bei dem wir gern Zuflucht suchen. Beziehungen haben eine Eigendynamik, und wenn sich etwas ändert, sorgen wir unbewußt für einen Ausgleich, damit der Status quo erhalten bleibt. Das macht all das kompliziert, was doch so leicht und auch so schön sein könnte.

Mehr dazu in »Liebling, ich hab' da ein tolles Buch für uns«: Wenn du Angst hast

Da hilft nur eines: klein anfangen. Versucht ganz langsam, die Beziehung bewußter und liebevoller zu gestalten. Erwartet nicht, daß sie morgen nachmittag perfekt ist. Redet über eure Ängste. Gebt ihnen Raum. Versucht, nichts zu erzwingen. Laßt die wohltuende Verbundenheit langsam wachsen.

Was ihr füreinander tun könnt:

Wenn euch der Anfang schwerfällt

Wonach sehnst du dich?

Ergänze den folgenden Satz sooft wie möglich: zehn-, zwanzig- oder dreißigmal. Was ist es, wonach du dich sehnst? Was es auch sein mag, übe bitte keine Selbstzensur. Schreib *alles* auf, auch wenn es dir verrückt oder unmöglich erscheint.

Das Gefühl, daß du mich liebst und für mich da bist, habe ich, wenn du . . .

   meine Hand im Kino hältst.

   gleich am Morgen Liebe mit mir machst.

   mir öfter zulächelst, wenn wir unter Leuten sind.

   sexy Unterwäsche anziehst und für mich tanzt.

Tauscht eure Listen aus, und überrascht den anderen jeden Tag mit einem von den Dingen, die er aufgeschrieben hat – auch wenn euch nicht danach zumute ist. Du mußt jedoch nichts tun, was du absolut nicht tun möchtest, und was du gern tust, kannst du ruhig wiederholen. Macht das zwei Wochen lang. Setzt euch dann zusammen, und besprecht, wie es euch ergangen ist. Merkt euch, was dem anderen gefällt.

Siehe: *Was du wirklich brauchst: Ein Vorwurf ist in Wahrheit ein Bedürfnis;* und *Die Liebe neu beleben: Erinnert euch daran*

Den anderen mit neuen Augen sehen

Geht es dir auch manchmal so? Du blickst den anderen an, ohne ihn wirklich wahrzunehmen. Das ist keine gute Sache. Wir sollten lernen, den anderen wieder neu zu sehen. Konzentrier dich auf ein Detail: die Haare, die Nase oder den kleinen Finger. Hör dem anderen mit geschlossenen Augen zu, und lausch seiner Stimme; studiere die Linien in seiner Hand; beobachte ihn aus der Ferne. Entdeckt die Schönheit eures Partners neu. Seht den anderen nicht länger aus dem Blickwinkel der Gewohnheit.

Siehe: *Gemeinsam kreativ sein: Dein wunderbarer Körper*

Was ich an dir mag

Wenn euch der Anfang schwerfällt

Sag dem anderen, was du alles an ihm magst: ihr Lachen; wenn er dir eine heiße Schokolade macht; wie sie ihre Beine um dich schlingt, wenn ihr miteinander schlaft; daß sie Tomaten auf dem Balkon zieht; wenn er dir eine Suppe kocht. Daphne Rose Kingma schreibt: »Komplimente laden denjenigen, dem sie gemacht werden, dazu ein, sich selbst in einem neuen Licht zu sehen. So, wie viele Schichten Perlmutt über einem Sandkorn mit der Zeit eine Perle ergeben, sammeln sich Komplimente rund um uns herum an und bewirken, daß wir uns in unserer ganzen Schönheit entwickeln.«

Siehe: *Den Tag bewußt gestalten* und *«Wie schön, daß es dich gibt!«* Hier findet ihr mehr zu diesem Thema.

Heute nehme ich dich so an, wie du bist

Siehe: *Die Kunst des Akzeptierens*

Probier einmal, deinen Partner einen Tag lang voll und ganz anzunehmen, so wie er ist. Wenn du spürst, daß du dabei bist, ihn/sie zu kritisieren, zu beschwatzen, zu drängen oder anzuklagen, dann mach halt, und schließ die Augen. Stell dir vor, daß der andere von einem sanften goldenen Licht umstrahlt ist, oder sieh ihn als Kind, heil und unschuldig. Bleib eine Zeit bei diesem Bild.

Nehmt das Alphabet zu Hilfe

Siehe: *Euer eigenes Wohlfühlbuch*. Dort findet ihr weitere Anregungen.

Ordnet jeder Woche einen Buchstaben zu, und überlegt, was ihr in dieser Woche füreinander tun könnt. Fangt an mit A (warum auch nicht?), dann geht weiter zu B usw. In der ersten Woche kannst du deinem Schatz z. B. einen Apfelkuchen backen, ihm viel Zuspruch geben oder eine Antistreßbehandlung anbieten (eine Umarmung und einen trockenen Martini, eine kalte Kompresse und fünfzehn Minuten Musik von Bach). Macht ein Spiel daraus. Seid erfinderisch. Fangt klein an, damit ihr euch nicht überfordert.

König oder Königin für eine Stunde

In *»Wie schön, daß es dich gibt!«* findet ihr weitere Anregungen.

Werft eine Münze, wer als erstes drankommt. Der, der gewinnt, ist in der nächsten Stunde König beziehungsweise Königin. Ihr dürft euch wünschen, was ihr wollt, euer Partner wird es euch erfüllen. Wenn die Stunde um ist (am besten stellt ihr eine Uhr), ist der andere dran.

Wenn euch der Anfang schwerfällt

Unterstützt einander

Fragt einander am nächsten Montagmorgen: »Wie kann ich dich diese Woche unterstützen?« Hör deinem Partner zu, und überleg dir, was du für ihn/sie tun kannst. (Nimm dir nicht zuviel vor.)

Erlaubt einander, nichts zu tun

Legt euch zehn Minuten hin, nehmt euch in die Arme, und gebt einander die Erlaubnis, nichts zu tun: »Herb, ich erlaube dir, jetzt hier zu liegen und nichts zu tun«, »Diana, ich erlaube dir, jetzt hier zu liegen und nichts zu tun«. Spürt euren Atem, und freut euch, daß ihr zusammen seid. Wenn euch plötzlich irgendwelche Sorgen, wichtige Termine oder ellenlange Einkaufslisten durch den Kopf gehen, dann schmiegt euch enger aneinander, und seht dem anderen in die Augen.

Siehe: *Zusammen Atmen* in *Das tägliche Gespräch: Nonverbale Kommunikation*

Dem anderen eine Freude machen

Eure Geschmäcker sind verschieden. Ihr könnt daraus einen Machtkampf machen oder eine nette Überraschung. John sieht gern Nachrichten, seine Frau Anita am liebsten Naturvideos. John tut ihr gern den Gefallen. Anstatt sein Programm einzuschalten, legt er eine Videokassette über die Wunderwelt des Meeres ein. »So etwas mache ich ein paarmal in der Woche. Dann weiß sie, daß mir ihre Wünsche wichtig sind.« Das ist eine simple Sache, aber wir sind leider oft zu unaufmerksam, sie in die Tat umzusetzen.

Siehe: *Die Kunst des Akzeptierens*

Mit Nähe umgehen lernen

Nach jeder Übung oder nach einer Phase intensiver Nähe braucht ihr Abstand voneinander. Geht bewußt und vorsichtig mit der neuen Nähe um: Sprecht über eure Ängste. Sag deinem Partner, wie es für dich ist, sich ihm/ihr zuzuwenden. Sagt beides: was euch gut daran gefällt und was euch schwerfällt. Gefühle sind oft widersprüchlich, und vielleicht hast du das Bedürfnis, dich zurückzuziehen. Erlaub es dir, und sei dir bewußt, was in dir vorgeht. Echte Nähe löst vieles in uns aus, und wir brauchen Zeit für uns allein, um alles zu verarbeiten – sonst fangen wir womöglich an zu streiten, um die nötige Distanz herzustellen.

Mehr dazu in *Das Wechselspiel von Nähe und Distanz* und *Tu was für dich*

Wenn euch der Anfang schwerfällt

Literatur und Tips:

Fossum, Maves/Fossum, Merle: *Liebe ist ein Geschenk*. Heyne, 1993. Ein Meditationsbuch für Paare.

Kingma, Daphne R.: *Die kleinen Gesten der Liebe. Glücklich sein und glücklich bleiben*. Integral, 1994. Führt uns klar vor Augen, warum wir etwas für unsere Liebe tun müssen. Sehr inspirierend.

Prather, Hugh/Prather, Gayle: *A Book for Couples*. Doubleday, 1988. Durch dieses Buch wurde die Übung »Den anderen in Licht einhüllen« angeregt.

Stuart, Richard: *Helping Couples Change*. Guilford Press, 1980. Dieses Buch hat »Wonach sehnst du dich?« angeregt.

EUER BEZIEHUNGSTAGEBUCH

WANN . . . ?

- Wenn ihr wenig Zeit für Gespräche habt.

- Wenn es um heikle Themen geht und Schreiben leichter ist als Reden.

- Wenn ihr bei gewissen Themen immer streitet.

WORUM GEHT'S?

In diesem Tagebuch könnt ihr eure Gedanken und Gefühle zum Ausdruck bringen. Hier könnt ihr euren Ärger, euren Frust und eure Ängste niederschreiben. Oft hilft allein schon das. Hier lernt ihr euren Liebsten kennen, besser als anderswo. Wenn wir an Tagebücher denken, verbinden wir damit meist Rückzug und Geheimnisse, aber dieses Tagebuch bietet euch weit mehr: Es bietet euch die Chance, euch besser zu verstehen.

Wenn wir schreiben, kommen wir mit tiefen Schichten in Verbindung und mit Gefühlen, zu denen wir durch Reden keinen Zugang haben. Es gibt verschiedene Techniken, die dir helfen, die inneren Kontrollinstanzen zu umgehen und in diese Schichten vorzudringen: mit der linken Hand schreiben (beziehungsweise mit der rechten, wenn du sonst links schreibst), Brainstorming (schreiben, was dir einfällt, ohne irgend etwas zu verändern und ohne lange nachzudenken), schnelles Schreiben für eine genau festgelegte kurze Zeitspanne (wenn du dazu eine Stoppuhr benutzt, steigt die Spannung).

Dieses Tagebuch hilft euch, in Kontakt zu bleiben, auch wenn euer Terminkalender voll ist. Es gibt Tage, an denen wir uns nur ein paar Minuten sehen: wenn Chris die ganze Nacht arbeitet und erst ins Bett kommt, wenn ich aufstehen muß. Da bleibt nur Zeit für einen Kuß. Aber unabhängig voneinander haben wir die Zeit, uns ein paar Minuten hinzusetzen und Tagebuch zu schreiben. Das hält unsere Beziehung lebendig.

IHR BRAUCHT:

Ein geeignetes Buch. Ich mag die einfachen gebundenen; Ringbücher halte ich für weniger geeignet, weil sie euch dazu verleiten könnten, Blätter herauszunehmen. Nehmt ein schlichtes Buch ohne Verzierungen, sonst habt ihr vielleicht das Gefühl, daß ihr nur nette Dinge schreiben sollt.

Ihr könnt auch auf einzelnen Blättern schreiben und sie sammeln.

Stifte, mit denen ihr gern schreibt.

Dauer: fünf bis zehn Minuten täglich und ein Gespräch von Zeit zu Zeit.

Tut euch gut! Das Wohlfühlbuch für Paare

Euer Beziehungstagebuch

Euer Beziehungstagebuch ist wie eine Chronik. Hier könnt ihr die Dinge festhalten, die ihr als Paar erlebt, z. B. wie es euch beim Wohnungseinrichten ergangen ist oder wie dir plötzlich klargeworden ist, warum ihr beim Autofahren immer streitet. Wenn ihr Lust habt, könnt ihr euer Tagebuch mit euren Antworten zu den Übungen beginnen, die ihr in diesem Buch findet. Das ist ein guter Einstieg.

Was ihr füreinander tun könnt:

Worauf ihr achten solltet

Ein gemeinsames Tagebuch zu führen erfordert Mut und Feingefühl. Wenn du nur für dich schreibst, kannst du alles mögliche zu Papier bringen; hier mußt du auch auf die Gefühle deines Partners Rücksicht nehmen. Trotzdem solltest du ehrlich sein. Die folgenden Punkte helfen dir, beides zu beachten:

1. Mach dich nicht lustig über das, was der andere geschrieben hat. Verwende es nicht gegen ihn, auch nicht, wenn ihr streitet. Was ihr schreibt, bleibt unter euch. Erzählt es keinem Dritten.

2. Was ihr schreibt, ist »Rohmaterial«. Geschriebenes wiegt schwerer als Gesprochenes, aber denkt daran: Das, was der andere schreibt, liegt ihm/ihr am Herzen. Es ist die ungeschminkte Wahrheit. Sei nicht gleich eingeschnappt. Gefühle sind mitunter eruptiv, und vieles glättet sich mit der Zeit.

3. Wenn du dir nicht sicher bist, ob du etwas schreiben sollst, dann frag dich, was du erreichen willst. Worauf du unbedingt verzichten solltest: zu manipulieren, zu verletzen oder dich wichtig zu machen.

4. Sei ehrlich, und zeig dem anderen, daß dir an ihm/ihr etwas liegt. Das ist das Allerwichtigste.

Euer Beziehungstagebuch

Wann und wieviel schreiben?

Macht aus, wie oft und wieviel ihr ungefähr schreiben wollt. Einmal täglich drei Monate lang? Zweimal in der Woche einen Monat lang? Einmal die Woche im nächsten halben Jahr? Besprecht es, und schreibt es auf die erste Seite. Haltet euch daran!

Wann ist die beste Zeit zum Schreiben? Beispielsweise ruhst du nach der Arbeit in der Regel eine Viertelstunde aus. Während dieser Zeit schreibst du auch gern Tagebuch. Dein Partner/deine Partnerin schreibt am liebsten vor dem Schlafengehen. Du wählst ein Thema aus und schreibst es auf. Dann schreibst du, was dir dazu einfällt. (Du hältst dich an eure Vereinbarung was das »Wieviel« anbelangt.) Du stellst das Buch an seinen Platz zurück. Am selben Abend liest dein Partner, was du geschrieben hast, und fügt etwas hinzu. Wenn du das nächste Mal mit Schreiben dran bist, liest du, was er/sie geschrieben hat. Wenn du möchtest, kannst du darauf antworten oder es ergänzen. Wenn nicht, kannst du ein neues Thema wählen. So wächst euer Tagebuch.

»Wie geht es dir mit dem, was ich geschrieben habe?«

Bevor ihr euer Tagebuch beginnt, solltet ihr besprechen, wann und wie ihr darüber reden wollt, was ihr geschrieben habt. Wollt ihr einmal in der Woche reden oder jederzeit, wenn euch danach zumute ist? Besprecht das klar und deutlich. Daß ihr über eure Gefühle schreiben könnt, heißt nicht, daß ihr auch gern darüber redet. Wenn es euch schwerfällt, dann denkt euch ein kleines Ritual aus, das euch das Reden erleichtert. Andere Paare beziehen sich vielleicht oft und gern auf ihr Tagebuch. Macht, was für euch das Beste ist. Sprecht darüber, *bevor* ihr mit dem Schreiben anfangt.

Siehe: »*Liebling, ich hab' da ein tolles Buch für uns*«; *Was du wirklich brauchst*; *Was Männer und was Frauen brauchen*; *Auch Geld spielt eine Rolle*; *Tu was für dich*; *Die Sache mit dem Schenken*; *Erotische Genüsse*; *Ein gemütliches Zuhause* und *Nahrung für die Seele*. Dort findet ihr weitere Themen, über die ihr schreiben könnt.

Widerstände überwinden

Ein Beziehungstagebuch zu führen heißt auch, daß ihr euch manchmal überwinden müßt. In der ersten oder zweiten Woche könnt ihr auf Widerstände stoßen. Mach dir deinen Widerstand zunutze: Schreib auf, was dich vom Schreiben abhält. Tu im Anschluß etwas, was dir Freude macht: Geh Fußball spielen, iß etwas Gutes, oder leg deine Lieblingsplatte auf. Tu das *sofort*.

Tut euch gut! Das Wohlfühlbuch für Paare

Euer Beziehungstagebuch

Worüber schreiben?

Im folgenden sind ein paar Themen angeführt, die euch helfen, mit dem Schreiben loszulegen. Sie sind als Anregung gedacht. Ihr könnt euch auch etwas anderes überlegen.

Sätze ergänzen

Ergänze jeden Satz, sooft du kannst. Schreib auf, was kommt, auch das, was dir unhöflich oder verrückt erscheint. Schreib alles auf. Diese Sätze helfen dir, in Gang zu kommen, wenn dir sonst nichts einfällt oder wenn du zu beschäftigt bist und wenig Lust zum Schreiben hast.

Ich fühle mich wohl, wenn . . .

Ich fühle mich nicht wohl, wenn . . .

Ich ärgere mich, wenn . . .

Ich freue mich, wenn . . .

Wenn du krank bist, dann . . .

Wenn du an mir herummeckerst, dann . . .

Wenn ich an dir herummeckere, dann . . .

Wenn du dich um die Kinder kümmerst, dann . . .

Wenn wir miteinander schlafen, dann . . .

Ich wünsche mir, du würdest es mehr schätzen, daß ich . . .

Ich wünsche mir, du würdest verstehen, daß ich . . .

Wenn wir mit Freunden ausgehen, würde ich mir wünschen, daß du . . .

Als wir uns kennenlernten, war ich fasziniert von . . .

Mein ganzes Leben lang . . .

Was bedeutet Zuwendung für dich?

Welche Kindheitserinnerungen fallen dir zu diesem Thema ein? Denk an ein bestimmtes Alter. Was fällt dir ein, wenn du an Zuwendung denkst? Fällt es dir schwer, Zuwendung anzunehmen? Was fällt dir leichter, Zuwendung zu geben oder zu empfangen?

Hat Freude Platz in deinem Leben?

Welche Rolle spielen Freude und Vergnügen in deinem Leben? Gibt es viel davon? Wie stehst du zu den Themen »Es sich gutgehen lassen«, »Lust empfinden«, »Genießen« und »Ekstase«? Fällt es dir leicht, etwas für dich zu tun? Stellst du deine Bedürfnisse immer an die letzte Stelle? Die Arbeit immer an die erste? Fällt es dir schwer, dich zu entspannen? Kannst du lockerlassen? Schreib, ohne lange nachzudenken, 20 Dinge auf. Was kannst du tun, um mehr Freude in dein Leben einzuladen? Schreib mit der linken Hand (Linkshänder mit der rechten). Bitte deinen Partner/ deine Partnerin, deine Liste um 20 Dinge zu ergänzen (mit der linken Hand).

Wenn du unter Druck stehst

Schreib über das, was dich belastet. Nimm deinen Körper wahr. Schreib langsam und bedächtig. Spür, wie deine Hand die Worte zu Papier bringt. Atme tief, und komm zur Ruhe.

Dankbar sein

Stell eine Stoppuhr auf fünf Minuten, und schreib alles auf, was du an deinem Partner magst. Notiere all die schönen Dinge, die du ihm/ihr viel zu selten sagst.

Schreib auf, wofür du dankbar bist: Erfolge, schöne Stunden, daß deine Lieben bei Gesundheit sind. Lies diese Liste, wenn es dir schlechtgeht, und ergänze sie von Zeit zu Zeit. Schreib auf, was dir Freude macht, was dich befriedigt, was dir wichtig ist. Und noch eine schöne Liste: Schreib all die schönen Dinge auf, die ihr zu zweit erlebt.

Euer Beziehungstagebuch

Siehe: *Einander besser kennenlernen: Was haben deine Eltern dir gegeben?* Dort erfahrt ihr mehr darüber, wie das, was ihr unter Zuwendung versteht, mit eurer Kindheit zusammenhängt.

Mehr dazu in *Wenn euch der Anfang schwerfällt: Nehmt das Alphabet zu Hilfe; Was tun, wenn euch nichts Konstruktives einfällt?* und *Euer eigenes Wohlfühlbuch*

Zuvor zur Unterstützung: *Entspann dich*

Siehe: *Wenn euch der Anfang schwerfällt: Was ich an dir mag* und *Den Tag bewußt gestalten: Den Abend bewußt genießen*

Tut euch gut! Das Wohlfühlbuch für Paare

Euer Beziehungstagebuch

Die kleinen Dinge

Oft vergessen wir, dem anderen die kleinen Dinge zu erzählen, die wir erleben. Aber gerade das ist wichtig. Sie machen einen Großteil unseres Alltags aus. Schreib diese Dinge auf: den Witz, den du gehört hast; wie es heute mit dem Baby war; was dich verletzt hat. Nichts ist zu belanglos.

Weißt du, was Liebe ist?

Siehe: *Die eigene Welt erschaffen: Das ist eure Welt*

Weise, Mystiker und Liebende haben versucht, sie zu beschreiben, und es gibt eine Menge Bücher zum Thema »Liebe«. Was verstehst *du* unter Liebe? Was hat man dir in deiner Kindheit beigebracht? War es bei euch zu Hause üblich, Zuneigung zu zeigen? Wie drückst du deine Liebe aus? Sagst du gern: »Ich liebe dich«, oder bist du eher der Typ, der es vorzieht, Taten sprechen zu lassen? Wie oft sagst du: »Ich liebe dich«, wenn du eigentlich meinst: »Ich bewundere dich«, »Ich brauche etwas von dir« oder »Danke schön«?

Beschreib ein sinnliches Erlebnis, an das du gern zurückdenkst (es muß nicht Sex gewesen sein): wie du in der Sonne gesessen und genüßlich einen besonders guten Apfel gegessen hast; wie du die Wäsche gefaltet und ihren Duft und ihre Frische wahrgenommen hast; wie du dich beim Nachhausekommen wohlig an deinen Partner geschmiegt hast. Laß den anderen daran Anteil haben.

Was mir zu schaffen macht

Schreib auf, was dich zur Zeit bedrückt. Was war heute schwer für dich? Und gestern? Schreib mehr als eine Sache auf. Wann hast du dich zum letzten Mal über deinen Partner geärgert und warum? Kannst du etwas tun, um diese Dinge in Zukunft zu umgehen oder zu entschärfen? Kann dein Partner dir helfen?

Siehe: *Weg mit dem aufgestauten Ärger*

Gibt es ein Thema, über das ihr immer wieder streitet? Beschreib es aus deiner Sicht, und mach einen Vorschlag, wie ihr in Zukunft damit umgehen könnt. Mach dem anderen keinen Vorwurf. Sag, wie es *dir* mit diesem Thema geht, was *du* dir wünschen würdest und warum.

Euer Beziehungstagebuch

Um Hilfe bitten

Fällt es dir leicht, andere um Hilfe zu bitten? Wie geht es dir, wenn jemand etwas für dich tut? Versuchst du, möglichst bald etwas zurückzugeben? Gibt es Dinge, um die du eher nicht bitten möchtest? Welche? Gibt es Dinge, um die du deinen Partner leicht bitten kannst, andere, bei denen dir das Bitten schwerfällt?

Siehe: *Helfen und sich helfen lassen: Geh einmal in dich: Welche Unterstützung ist für dich da?*

Was euch außerdem beim Schreiben hilft

Lest ein Buch zum Thema »Tagebuch schreiben«, und laßt euch inspirieren.

Nehmt eine Uhr zu Hilfe, besonders wenn ihr wenig Zeit habt. Einer wählt ein Thema aus, schreibt es auf und sagt, wieviel Zeit ihr zum Schreiben habt, z. B. fünf Minuten. Das nächste Mal ist der andere an der Reihe.

Schreibt abwechselnd an einem Brainstorming. Als Anfang könnt ihr eine Schlagzeile aus der Zeitung nehmen oder einen Satz aus eurem Lieblingsbuch. Ihr könnt natürlich auch über eure Beziehung schreiben, über die Liebe, eure Kinder, wie es euch heute geht, über eure Arbeit, euren Körper, den Garten, das letzte Wochenende oder euren letzten Streit. Egal worüber ihr schreibt, wichtig ist, das Ganze nicht zu steuern. Laßt euren Gedanken freien Lauf, und seht, wohin sie euch führen.

Stellt eine Themenliste zusammen, und ergänzt sie, wenn ihr auf etwas Neues stoßt. Laßt euch von eurem Alltag inspirieren, vom aktuellen Weltgeschehen, von euren Urlaubsplänen, von einem Film, den ihr gesehen habt. Schreibt die Themen auf die erste Seite. Wenn ihr mal nicht wißt, worüber ihr schreiben sollt, findet ihr hier Anregung.

Das Wichtigste von allem ist: Schreibt über das, was euch betrifft. Was möchtest du dem anderen sagen? Was soll er/sie über deine Sorgen, deine Wünsche und dein Innenleben wissen? Tauscht euch *regelmäßig* aus, ihr könnt nichts Besseres für eure Beziehung tun.

Euer Beziehungstagebuch

LITERATUR UND TIPS:

Branden, Nathaniel: *Ich liebe mich auch. Selbstvertrauen lernen*. Rowohlt, 1989. Ein Buch vom Erfinder der Methode, mit Aussagesätzen, die ergänzt werden müssen, zu arbeiten.

Johnson, Richard L.: *Ich schreibe mir die Seele frei . . . Wege zur Harmonisierung des ganzen Gehirns*. Verlag Hermann Bauer, 1993.

Scheidt, Jürgen vom: *Kreatives Schreiben. Wege zu sich selbst und anderen*. Fischer, 1993.

»ICH HÖRE DIR ZU«

WANN . . . ?

- Wenn du dich trotz Beziehung einsam fühlst.

- Wenn du deinem Partner öfter vorhältst: »Wir können nicht vernünftig miteinander reden.«

- Wenn du der Ansicht bist, daß es zwischen Männern und Frauen keine ehrlichen Gespräche geben kann.

- Wenn dein Beruf dich so sehr in Anspruch nimmt, daß du deinen Partner übersiehst oder ihn anfährst, wenn er von der Arbeit kommt (»Mach gefälligst deinen Anteil an der Hausarbeit, bevor du zum Tennisspielen gehst«).

IHR BRAUCHT:

Zeit zu zweit.

Geduld und etwas Übung.

Eine Uhr, deren Ticken euch nicht stört.

Dauer: zehn Minuten oder so lange, wie ihr reden wollt.

WORUM GEHT'S?

Das Beste, was ihr für eure Beziehung tun könnt, ist, einander zuzuhören. Gehört zu werden ist ein Grundbedürfnis. Ihr müßt nicht einer Meinung sein, aber willens, einander zuzuhören.

Das wäre zwar so einfach, aber leider tun wir es so selten. Ihr könnt das ändern. Ihr könnt *täglich* miteinander in Verbindung treten: durch das Gespräch. Dieses Kapitel zeigt euch, wie. Es hilft euch, Schluß zu machen mit dem ewigen: »Er will nicht reden« oder »Sie kann nicht zuhören«. Es geht hier nicht darum, Probleme zu lösen oder recht zu haben. Es geht darum, sich angehört und anerkannt zu fühlen.

Regelmäßig und offen miteinander reden ist das Beste, was ihr tun könnt. Tamera Smith Allred, Autorin und Mutter von sechs Kindern, schreibt: »Wir versuchen, uns jeden, wirklich jeden Tag, eine halbe Stunde Zeit zu nehmen, um zu reden und dem anderen zu sagen, wie es uns geht. Ohne Kinder. Wir vermeiden es, den anderen zu beeinflussen oder zu kritisieren. Wir hören ihm zu und versuchen, seine Gefühle zu verstehen. Wir

Tut euch gut! Das Wohlfühlbuch für Paare

Ich höre dir zu

glauben, daß wir Menschen uns nach nichts so sehnen wie danach, gehört und verstanden zu werden.« Paare, deren Beziehung funktioniert, nehmen sich täglich Zeit für sich. Untersuchungen zeigen jedoch, daß das nicht die Regel ist. Die meisten Paare reden weniger als eine halbe Stunde pro Woche über Persönliches. Nichts zerstört eine Beziehung so schnell wie zuwenig reden.

Wenn du dir jetzt denkst, daß du für solche Sentimentalitäten keine Zeit hast, dann solltest du dich fragen, *wie wichtig dir die Beziehung ist.* Ist sie dir eine Stunde in der Woche wert? Oder 15 Minuten jeden Tag? Du hast Zeit für Sport, für Fernsehen und für viele andere Dinge. Nimm dir endlich Zeit für deinen Partner/deine Partnerin!

Dieses Kapitel zeigt euch, wie ihr täglich in Verbindung treten könnt. Macht Schluß mit dem ewigen »Ich will reden, aber er/sie nicht«. Ihr werdet sehen: Täglich miteinander reden bringt Nähe und Verbundenheit.

WAS IHR FÜREINANDER TUN KÖNNT:

»Ich höre dir zu« - sechs Punkte

Das folgende »Programm« hilft euch, einander besser zu verstehen. Laßt keinen dieser Punkte aus. Es mag zunächst verwirrend sein, aber ihr gewöhnt euch bald daran. Am Ende dieses Abschnitts findet ihr eine stichwortartige Zusammenfassung, die ihr als Gedankenstütze nehmen könnt, bis euch der Ablauf ganz vertraut ist.

Punkt 1: Die Wahl des Ortes und der Zeit. Es hat keinen Sinn, wenn du anfängst, mit deiner Partnerin zu diskutieren, wenn sie hektisch nach dem Autoschlüssel sucht. Wählt einen Zeitpunkt, zu dem ihr beide weder müde noch gereizt, noch mit etwas anderem beschäftigt seid. Und der richtige Ort ist der, an dem ihr einander zuhören und mit ganzem Herzen bei der Sache sein könnt, ohne gestört zu werden.

Punkt 2: Präsent sein. Ein Gespräch ist nur dann befriedigend, wenn ihr beide ganz aufmerksam seid. Das ist es, was eine Beziehung zu einer bewußten Beziehung macht. Wirklich präsent zu sein ist gar nicht einfach. Atmet ein paarmal tief ein und aus, bevor ihr beginnt, und stellt euch vor, daß ihr beim Ausatmen alles loslaßt, was euch belasten könnte. Wenn ihr Lust habt, könnt ihr auch gemeinsam **entspannen**.

Ich höre dir zu

Siehe: *Entspannen*

Präsent bleiben, während der andere spricht. Vielleicht fällt es dir schwer, aufmerksam zu bleiben, vielleicht ist dir plötzlich nach Gähnen oder nach Aufstehen zumute. Vielleicht bekommst du plötzlich Hunger auf ein Eis, das Bedürfnis, deinen Hund zu baden oder Ordnung in deinen Schrank zu bringen. Ganz gleich, was es ist, bleib sitzen! Das sind Anzeichen dafür, daß das, was der andere sagt, dir eben *nicht* egal ist. Nimm einen tiefen Atemzug, und konzentrier dich auf deinen Partner.

Keine Vorwürfe. Fangt nicht an zu streiten, macht einander keine Vorwürfe, versucht nicht, jetzt irgendein Problem zu lösen. Vermeidet Formulierungen, die dem anderen etwas unterschieben. Verzichtet auf Du-Aussagen (»Es macht mich verrückt, daß du immer . . .«). Verwendet die Ichform, und sprecht darüber, wie es euch persönlich geht.

Anteilnahme. »Wie fühlt sich mein Partner jetzt?« Stellt euch diese Frage, bevor ihr beginnt. Öffnet euch dem anderen, und versucht, das Ganze aus seiner/ihrer Sicht zu sehen. Wenn du bemerkst, daß du nicht bei der Sache bist oder daß du dich innerlich zur Wehr setzt, dann mach die Augen zu, und frag dich: »Wie fühlt er/sie sich jetzt?«

Mehr dazu in *Anteil nehmen*

Punkt 3: Ein Thema wählen. Ein Standardthema wird wohl sein: »Was tut sich momentan in meinem Leben?« Ihr könnt natürlich auch ein anderes Thema nehmen, solange es nicht um Vorwürfe geht.

Beim Thema bleiben. Einer von euch wählt ein Thema aus, der andere sagt, was er sich darunter vorstellt. Es kann sein, daß ihr das mehrmals wiederholen müßt, bis ihr euch beide einig seid, was das Thema ist. *Bleibt bei diesem Thema.* Das ist besonders wichtig, denn ein plötzlicher Themenwechsel kann sehr frustrierend sein. Dann fühlt ihr euch beide unverstanden.

Punkt 4: Mit einem Lob beginnen. Euch beiden ist jetzt klar, was das Thema ist. Bevor ihr eurer Gespräch beginnt, solltet ihr einander etwas Nettes sagen, etwas, was euch heute positiv an eurem Partner aufgefallen ist, z. B.: »Toll, daß du heute nachmittag mit den Kindern spazieren warst.« Oder: »Schön, daß du mir heute einen Gutenmorgenkuß gegeben hast.« Oder: »Du hast mich heute im Auto so lieb angelächelt.«

Ich höre dir zu

Übrigens: Man kann jedes Gespräch mit ein paar netten Worten oder einem Dankeschön beginnen, auch Diskussionen.

Punkt 5: Mach deinem Herzen Luft. Sag alles, was du über euer Thema sagen willst. Halte nichts zurück. Genieß es, daß dein Partner zuhört.

Laß den anderen reden, *ohne zu unterbrechen.* Sei ganz Ohr. Gib dir Mühe, auch wenn es dir schwerfällt. Das ist das Wichtigste daran. Sei präsent, und schau dem anderen in die Augen. Wenn du deine Fingernägel feilst, seufzt oder anfängst, die Sätze deines Partners zu beenden, verliert euer Gespräch seine positive Wirkung.

Tauscht dann die Rollen. Wenn du eben zugehört hast, bekommst du jetzt die Chance, deine Sicht der Dinge darzulegen. Du hast genauso viel Zeit, wie dein Partner. Weich nicht vom Thema ab.

Wenn ihr wollt, könnt ihr beliebig lange weitermachen und immer wieder zu dem Stellung nehmen, was der andere gesagt hat.

Punkt 6: Nehmt einander in die Arme. Versucht es, selbst wenn euch nicht danach zumute ist. Ihr gebt einander ein wichtiges Zeichen: »Ich liebe dich trotz allem«, auch wenn ihr momentan nicht viel davon spürt.

Zusammenfassung:

1. Ort und Zeitpunkt: Nicht, wenn ihr müde oder abgelenkt seid.

2. Präsenz: Nehmt ein paar tiefe Atemzüge; werdet nicht verletzend; macht einander keine Vorwürfe; versucht nicht, Probleme zu lösen; sagt, was ihr zu sagen habt, und hört einander zu. Zeigt Anteilnahme.

3. Thema: Vergewissert euch, daß ihr beide über dasselbe Thema sprecht, und bleibt bei diesem Thema.

4. Beginnt mit einem Lob.

5. Macht eurem Herzen Luft: Hört zu, *ohne zu unterbrechen,* und *seid ganz Ohr.*

6. Umarmt euch. (Habt ihr Lust auf einen Kuß?)

Wenn dir nichts einfällt

Es kommt vor, daß du nicht weißt, was du sagen sollst. Dann könnt ihr folgendes tun:

Meidet kritische, angstbesetzte Themen.

Hab Geduld mit deinem Partner, und sei ihm/ihr ein gutes Vorbild: Sei offen, und zeig deine Schwächen. Nimm das Risiko auf dich. In manchen Fällen muß einer sehr viel von sich zeigen, bevor der andere sich öffnen kann.

Macht die Meditation im Kapitel »Die Liebe neu beleben«, bevor ihr beginnt.

Macht die Übungen im Kapitel »Weg mit dem aufgestauten Ärger«, und klärt euch damit.

Greift eine der Ideen auf, die ihr im nächsten Abschnitt findet.

Worüber sprechen?

Hier ein paar Tips, was ihr zum Thema eurer täglichen oder wöchentlichen Gespräche machen könnt:

Ein Standardthema ist natürlich: »Was war heute los?« Es ist immer aktuell. Denkt daran: keine Vorwürfe und kein Selbstmitleid.

Macht die Übung: »Ich fühle, ich brauche, ich will«, die ihr im Kapitel »Den Tag bewußt gestalten« findet. Das hilft euch warmzuwerden.

Nenn fünf Dinge, die du an deinem Partner schätzt, oder drei Dinge, die er/sie heute getan hat, über die du dich gefreut hast.

»Ich würde gern reden, aber er/sie will nicht.« Wenn es dir bzw. euch so geht, dann macht die folgende Übung: Setzt euch einander gegenüber, und ergänzt die angeführten Sätze. *Laßt euren Gedanken freien Lauf.* Sagt das, was euch gerade einfällt, ohne es zu bewerten oder abzuändern. Je weniger ihr nachdenkt, desto eher gelingt es euch, wirklich das zu sagen,

Tut euch gut! Das Wohlfühlbuch für Paare

Ich höre dir zu

In »*Liebling, ich hab' da ein tolles Buch für uns*«; *Was heißt »etwas für die Beziehung tun«?*; *Was du wirklich brauchst* und *Euer Beziehungstagebuch* findet ihr weitere Anregungen.

In *Was Männer und was Frauen brauchen*; *Auch Geld spielt eine Rolle*; *Die Sache mit dem Schenken*; *Einander besser kennenlernen*; *Ein gemütliches Zuhause*; *Erotische Genüsse* und *Nahrung für die Seele* findet ihr weitere Themen, über die ihr sprechen könnt.

was ihr meint. Laßt eure Widerstände zu, macht trotzdem weiter Laßt nicht locker, auch wenn ihr das Gefühl habt, daß nichts mehr kommt.

Es würde mir leichter fallen, über meine Gefühle zu reden, wenn du . . .

Wenn es mir egal wäre, was du denkst, dann würde ich . . .

Manchmal habe ich Angst davor, mit dir zu reden, weil . . .

Ich möchte, daß du weißt, daß ich . . .

Ich möchte, daß du es zu schätzen weißt, daß ich . . .

Wenn es mir leichter fallen würde, dir zu zeigen, wieviel du mir bedeutest, . . .

Wenn es mir leichter fallen würde, offen über meine Gefühle zu sprechen, . . .

Mir ist in letzter Zeit klargeworden, daß ich . . .

Feedback

Manche Paare gehen gern noch einen Schritt weiter. Sie machen eine Feedback-Runde und sagen einander, wie es ihnen beim Zuhören bzw. Sprechen gegangen ist. Versucht es einmal, vor allem wenn euch »Ich höre dir zu« einseitig vorkommt. Die folgenden Sätze helfen euch dabei:

Beim Zuhören ist es mir . . . gegangen. Ich . . .

Beim Sprechen ist es mir . . . gegangen. Ich . . .

Übung macht den Meister

Probiert es aus. Nehmt euch vor, diese Übung eine Woche lang jeden Tag zu machen. Je öfter ihr sie wiederholt, desto besser klappt sie. Sagt nicht, daß ihr nichts ändern könnt. Gebt euch nicht mit dem zufrieden, was ihr habt. Tut etwas für die Beziehung.

 Ich höre dir zu

Literatur und Tips:

Schmitt, Karl H./Neysters, Peter: *Zeiten der Liebe. Ein Ehe und Partnerschaftsbuch.* Kösel, 1991.

Smith Allred, Tamera: *On the Homefront.* Homefront Productions, 1992. Kluges zu den Themen »Beziehungen« und »Familie«.

DAS TÄGLICHE GESPRÄCH

IHR BRAUCHT:

Sinn für Humor.

Dauer: ein paar Minuten für jeden Abschnitt. Der Rest ist Übungssache.

WANN . . . ?

- Wenn ihr regelmäßig wegen Kleinigkeiten streitet: über deinen Fahrstil, welche Müllbeutel die besseren sind, wer das Wohnzimmer aufräumen soll usw.

- Wenn du davon überzeugt bist, daß dein Partner dich mit seinen blöden Bemerkungen zum Wahnsinn treiben will.

- Wenn du rein zufällig erfährst, was ihr am Wochenende macht – weil du hörst, wie dein Partner es einem Freund am Telefon erzählt.

WORUM GEHT'S?

Stell dir vor: Dein Partner kommt müde von der Arbeit, das Baby schreit, der Hund bellt, das Telefon hört nicht auf zu läuten. Ihr habt beide hart gearbeitet, und euer Magen knurrt. Dein Schatz wirft sich auf die Couch und sagt: »Ich bin geschafft!« Wie reagierst du? Ziehst du ihm die Schuhe aus? Massierst du ihm die Füße? Bestehst du darauf, daß er das Abendessen macht, denn schließlich arbeitest du genauso hart wie er, und auch du bist hundemüde? Oder antwortest du: »Gute Idee. Ich würde auch gern essen gehen«?

Es ist nicht leicht, sich miteinander zu verständigen. Wie oft verstehen wir den anderen falsch, wie oft fühlen wir uns unverstanden? Wir begegnen uns nicht frei und unvoreingenommen. Aufgestauter Ärger, Mißtrauen, überzogene Erwartungen, die Angst, in Beschlag genommen zu werden, und die Tatsache, daß wir oft viel zuwenig miteinander reden, all das beeinträchtigt unsere Verständigung und macht es uns so schwer, uns offen auszusprechen. Dazu der Streß. Und so kommt es, daß wir ein einfaches »Ich bin geschafft« als Vorwurf auffassen, als Hilfeschrei oder als Einladung zum Essen.

Wie können wir solche Mißverständnisse vermeiden? Setzt euch zweimal in der Woche oder öfter zu einem »Ich höre dir zu« zusammen, und

Tut euch gut! Das Wohlfühlbuch für Paare

macht die Übungen, die ihr in diesem Kapitel kennenlernt, um eure tägliche Kommunikation zu verbessern. Voraussetzung für eine gute Beziehung ist, daß wir auch die scheinbar kleinen Dinge meistern. Wir ersparen uns so eine Menge Ärger.

Das tägliche Gespräch
Siehe: *»Ich höre dir zu«*

WAS IHR FÜREINANDER TUN KÖNNT:

Offen und ehrlich sein

Lernt, liebevoll und offen miteinander umzugehen. Geht davon aus, daß euer Partner/eure Partnerin es nicht böse meint. Wie oft sind wir geneigt zu glauben, daß sie uns auf die Palme bringen will, daß er schweigt, um uns eins auszuwischen, oder daß sie uns im stillen haßt? *Versuch doch mal zu glauben, daß dein Schatz es ehrlich meint.* Stell dir vor, ihr seid auf einer Party, du fühlst dich pudelwohl, und plötzlich sagt dein Liebster: »Ich will jetzt heim.« Nimm einen tiefen Atemzug, und sag dir, daß das ehrlich gemeint ist − und nicht, daß er dir den Spaß verderben will. Laß dich auf keine Spekulationen ein. Dann fällt es dir viel leichter, Verständnis aufzubringen oder mit deinem Schatz zu reden und einen Kompromiß zu finden. *Unterstellt einander keine bösen Absichten, geht davon aus, daß der andere es ehrlich meint.*

Siehe: *Anteil nehmen* und *Die Kunst des Akzeptierens*. Dort findet ihr mehr zum Thema »Sich einander öffnen«.

In Verbindung bleiben

Das Leben ist nicht einfach. Trotzdem kannst du leicht etwas für deinen Partner tun: Laß ihn/sie an deinem Leben Anteil nehmen. Erzähl von dir, sag, wie es dir geht. Setzt euch *täglich* zusammen. Richtet irgendwo ein Plätzchen ein, an dem ihr eine Nachricht hinterlassen könnt: nicht nur die Post und Telefonnotizen, sondern auch euren gemeinsamen Kalender. Hier könnt ihr Dinge eintragen, die ihr gemeinsam tun wollt, und Dinge, die euch wichtig sind − auch die kleinen Dinge. Hinterlaßt einander Nachrichten wie »Denk an mein Vorstellungsgespräch am Freitag« oder »Eric kriegt am Donnerstag sein Zeugnis«.

In *Zeit zu zweit: Macht euch einen Zeitplan* findet ihr ein Beispiel, wie ihr einen gemeinsamen Kalender erstellen könnt. Siehe auch: *Wenn euch der Anfang schwerfällt: Unterstützt einander* und *Euer Beziehungstagebuch: Die kleinen Dinge*

Tragt Termine für eure täglichen Gespräche ein. Sprecht über Persönliches. Erzählt einander von einem Gefühl, von einer Körperwahrnehmung oder von etwas, was euch heute klargeworden ist.

Siehe: *»Ich fühle«*, *»Ich brauche«*, *»Ich will«* in *Den Tag bewußt gestalten: Zeiten des Übergangs*

Tut euch gut! Das Wohlfühlbuch für Paare

Das tägliche Gespräch

Keine Verallgemeinerungen

Vermeidet es, euch gegenseitig Dinge vorzuwerfen wie: »Du hörst mir *nie* zu.« (So etwas paßt bestenfalls in schlechte Fernsehserien. Nehmt euch kein Beispiel an *Denver* oder *Dallas*). Daß er dir nicht zugehört hat, als du ihm am Freitag abend von deinem Konzert erzähltest, heißt noch lange nicht, daß er nicht ganz Ohr war, als du dich am Dienstag morgen über deinen Chef beschwert hast. Auch du hörst ihm nicht immer zu. Es ist nicht fair, den anderen anzuklagen, nur weil er manchmal auf den Ohren sitzt oder weil sie gerade einen Krimi liest.

»Hast du Zeit?«

Wenn du deinen Partner um etwas bittest, fragst du am besten: »Hast du Zeit?« Wenn du sagst: »Kannst du mir helfen?«, meint der andere womöglich, daß er keine Wahl hat. Wenn du sagst: »Ich möchte den Hund baden. Hast du Zeit, mir zu helfen?«, kann er/sie sich frei entscheiden.

Keine Suggestivfragen

»Freust du dich auf unsere Tour?« fragst du sie gutgelaunt, während du den Rucksack für euren 30-Kilometer-Marsch packst, zu dem du sie überredet hast. Ist dir schon einmal aufgefallen, wie manipulativ solche Formulierungen sind? Was soll dein Partner sagen, wenn er sich nicht auf den Ausflug freut? Wenn er die Wahrheit sagt, bist du verletzt, denn die Antwort, die du gern hören möchtest, ist: »Natürlich freue ich mich. Ich bin ganz wild darauf! Ich kann es kaum noch erwarten!«

Du machst es euch beiden sehr viel leichter, wenn du das Ganze in der Ichform bringst: »Ich freue mich sehr auf unseren Ausflug. Ich hoffe, du freust dich auch, aber bitte sag mir, wie es dir wirklich geht.« Oder: »Ich freue mich auf unsere Tour. Wie geht es dir?«

Nonverbale Kommunikation

Über Gefühle zu sprechen fällt Frauen in der Regel leichter. Frauen haben darin viel mehr Übung. »Gefühle« und »Beziehungen« sind bzw.

waren Frauenthemen. Frauen wünschen sich, daß Männer endlich lernen, ihre Gefühle in Worte zu fassen. Männer haben da sicher etwas nachzuholen – und viele geben sich auch redlich Mühe –, aber wir Frauen sollten nicht so tun, als ob wir in dieser Hinsicht nichts mehr zu lernen hätten. Wir können lernen, männliche Kommunikationsformen zu verstehen, sie zu schätzen und uns ihrer zu bedienen. Und Männer lernen, über Gefühle zu reden. Versucht einmal die folgenden Übungen:

Zusammen atmen: Setzt euch Rücken an Rücken, wenn möglich nackt, schließt eure Augen, und **entspannt**. Achtet auf den Atem eures Partners. Findet einen gemeinsamen Rhythmus. Atmet langsam ein, haltet euren Atem an, atmet langsam wieder aus, und macht auch hier ein paar Sekunden Pause. Spürt euren Atem, wie er durch die Nase einströmt und in eure Lunge fließt, und stellt euch vor, daß er durch den Rücken in die Lunge eures Partners fließt und zurück zu euch. Dann atmet langsam wieder aus. Wenn eure Gedanken wandern, dann konzentriert euch wieder auf den Atemkreis. Diese Übung tut besonders gut, wenn ihr von der Arbeit müde seid.

Zeichen setzen: Vereinbart, daß ihr einander eine Woche lang eure Liebe nicht in Worten, sondern in Taten beweisen wollt. Setzt euch am Ende dieser Woche zusammen, und schreibt auf, was der andere getan hat, um »Ich hab dich lieb« zu sagen. Was hat dein Partner übersehen? Sag es ihm/ihr bitte liebevoll.

Zusammen schweigen: Auch wenn wir schweigen, können wir einander nahe sein. Wenn einer von euch reden möchte, der andere aber nicht, dann probiert es einmal aus: Setzt euch zusammen, nehmt einander bei der Hand, und schließt die Augen. Bleibt so lange schweigend sitzen, bis ihr das Gefühl habt, einander alles »mitgeteilt« zu haben beziehungsweise »gehört« worden zu sein.

Die Ich-Aussage

Gewöhn dir an, Dinge in der Ichform auszudrücken. Wenn du sagst: »Ich bin glücklich«, statt »Du machst mich glücklich«, dann übernimmst du die Verantwortung für deine Gefühle – für die guten wie die schlechten. Vermeide »es«, »man«, »du«, »wir«, »jeder«, »immer«, »alle«, aber insbesondere »du«. Die meisten Du-Aussagen klingen vorwurfsvoll und führen

---

Sidenotes:

Das tägliche Gespräch

Siehe: *Was Frauen und was Männer brauchen.* Hier findet ihr mehr zum Thema »Weibliche und Männliche Kommunikationsmuster«.

Siehe: *Entspannen*

Siehe: *Gemeinsam kreativ sein: Malen statt reden; Die Liebe neu beleben* und *Den Körper spüren: Den Körper sprechen lassen* und *Loslassen.* Dort findet ihr mehr zum Thema »Nonverbale Kommunikation«.

Das tägliche Gespräch

dazu, daß der andere sich angegriffen fühlt. »Es war mir unangenehm, daß ich heute verschlafen habe«, statt: »Du hast mich nicht geweckt«. »Ich möchte die Garage reparieren. Hast du Zeit, mir zu helfen?«, statt: »Wir müssen dringend die Garage reparieren«. »Ich hatte heute auf der Party das Gefühl, daß du mich nicht beachtet hast«, statt: »Du beachtest mich nie, wenn wir auf einer Party sind.« Denk auch daran, daß deine Stimme und dein Körper sehr viel zum Ausdruck bringen. Wenn deine Stimme vermittelt: »Ich mag dich momentan nicht leiden«, dann kannst du noch so nette Dinge sagen («Schön, daß du da bist, Liebling«), der andere hört die wahre Botschaft aus deiner Stimme heraus.

Frag nicht: »Warum?«

Stell keine Fragen, die mit »warum« beginnen. Drück dich lieber in der Ichform aus, und schließ dann eine neutrale Frage an. »Warum kommst du so spät?« kann deinen Partner in die Defensive drängen, während: »Ich habe mir Sorgen gemacht. Was war los?« eine neutrale Atmosphäre schafft.

Kommunikation ohne Fußangeln

Vermeide »entweder/oder« und Formulierungen wie: »Das ist gut und schön, aber . . .« Sag nicht: »Entweder du gehst öfter mit dem Hund spazieren, oder ich gebe ihn weg!«, sondern: »Bitte kümmere auch du dich um den Hund. Ich tue meinen Teil.« Sag nicht: »Danke, daß du das Bad geputzt hast, *aber* du hast die Toilette vergessen«, sondern: »Danke, daß du das Bad geputzt hast. Würdest du bitte noch an die Toilette denken?« Versuch die Dinge so zu formulieren, daß der andere sich nicht angegriffen fühlt. (Denkst du nun, daß das alles zwar schön und gut ist, *aber* . . .? Etwas zu verändern ist nicht so schwierig, wie es scheinen mag! Probier es einfach aus. Oder willst du alles beim alten lassen? Du weißt doch, was das heißt: Mißverständnisse, Kränkungen, Entfremdung.)

Was redest du dir ein?

Wir gehen ihm nur allzu gern auf den Leim: dem Monolog, der sich in unserem Kopf abspult. Daher die vielen Mißverständnisse. Die folgende

Das tägliche Gespräch

Übung zeigt, wie du dem begegnen kannst. Wenn du sie regelmäßig machst und bereit bist, dem anderen eine Chance zu geben, wird dir früher oder später klar: Dein Partner meint es gar nicht so. Wie oft verurteilst du den anderen? Wie oft gibst du ihm die Schuld? Das geschieht, wenn du nur noch auf die Stimmen in deinem Kopf hörst. Ein Beispiel:

Hans: »Ich bin furchtbar müde. Mir ist heute nicht nach Kochen.«

In Sekundenschnelle spukt es Susanne durch den Kopf: »Er will mir ein schlechtes Gewissen machen, weil ich nicht für ihn koche. Er will essen gehen, aber er sagt es nicht, weil wir für ein neues Auto sparen. Er hat die Nase voll, auch von mir. Sein Job geht ihm auf die Nerven, und er läßt es an mir aus.«

Susanne weiß nichts von diesem inneren Monolog. Er ist ihr nicht bewußt. Was sie spürt, sind die Gefühle, die er auslöst. Sie fühlt sich plötzlich schuldig, wütend und alleingelassen und weiß nicht, wieso. Vielleicht beginnt sie, mit Hans zu streiten, vielleicht zieht sie sich zurück, vielleicht geht sie in die Defensive – wie immer sie auch reagieren mag, ihr ist nicht bewußt, *warum* sie so reagiert.

Halt! Wenn du spürst, daß du sehr emotional wirst, dann versuch, die Situation zu klären. Frag den anderen, was er meint: »Heißt das . . .?« Susanne könnte Hans z. B. fragen:

Susanne: »Heißt das, du wünschst dir, *ich* würde heute abend kochen?«

Die Antwort ist ein Ja oder Nein. Hans wird sich nicht angegriffen fühlen, und er braucht sich nicht zu verteidigen oder einen Gegenangriff zu starten. Susanne kann so lange weiterfragen, bis sie herausgefunden hat, was Hans ausdrücken wollte. Wenn sie es weiß, kann sie sagen: »Jetzt verstehe ich, was du meinst.« Sie kann ihn auch um ein »Ich höre dir zu« bitten, wenn ihr das Thema zu schaffen macht. (In der Wirklichkeit läuft oft alles anders ab, ja ich weiß, aber trotzdem: Die Methode *funktioniert* – auch im wirklichen Leben.) Gebt ihnen keine Chance, den kleinen Mißverständnissen, denn sie sind wie Parasiten, und sie wachsen sehr, sehr schnell. Bist du dir sicher, daß du im entscheidenden Moment an diese Übung denkst? Wenn nicht, dann häng ein paar Merkzettel auf, die dich daran erinnern.

Tut euch gut! Das Wohlfühlbuch für Paare

Das tägliche Gespräch

Übrigens

Mehr dazu in *Wenn euch der Anfang schwerfällt: Heute nehme ich dich so an, wie du bist*

Viele Verständigungsprobleme sind darauf zurückzuführen, daß einer von euch beiden das Gefühl hat, zuwenig geliebt zu werden. Gewöhnt euch an, zu Beginn jedes Gesprächs etwas Nettes zu sagen («Ich mag dich», »Ich schätze dein . . .«). Dann fällt euch das Reden leichter.

LITERATUR UND TIPS:

Napier, Augustus Y.: *Ich dachte meine Ehe sei gut, bis mir meine Frau sagte, wie sie sich fühlt. Wie Mann und Frau gemeinsam ihre Beziehung verändern können.* Goldmann, 1995.

Schloff, Laurie/Yudkin, Marcia: *Er sagt, sie sagt. Die Kunst, miteinander zu reden.* dtv, 1996.

Tannen, Deborah: *Das hab ich nicht gesagt. Kommunikationsprobleme im Alltag.* Goldmann, 1995.

Tannen, Deborah: *Du kannst mich einfach nicht verstehen. Warum Männer und Frauen aneinander vorbeireden.* Goldmann, 1995.

WAS DU WIRKLICH BRAUCHST

WANN . . . ?

- Wenn du dich unverstanden oder ungeliebt fühlst oder meinst, zuwenig Unterstützung zu bekommen.

- Wenn du die Beziehung frustrierend findest und nicht weißt, wieso.

- Wenn du nicht weißt, was ein Wunsch und was ein Bedürfnis ist.

- Wenn du nicht weißt, was du brauchst.

WORUM GEHT'S?

Wenn wir unsere Bedürfnisse beschneiden, leiden wir. Wünsche wollen auch befriedigt werden, doch man kann im Notfall auf sie verzichten. Wünsche können uns sehr wichtig sein, aber in der Regel sind wir in der Lage, hier Abstriche zu machen. Wenn wir hingegen unsere Bedürfnisse beschneiden, geht es uns schlecht. Bedürfnisse sind wichtig. Sie sind ein Teil von uns selbst.

Du schaffst dir also Klarheit über deine Wünsche und Bedürfnisse. Das ist der leichtere Teil. Schwieriger wird es, wenn du dir die Fragen stellst: »Wie kann ich meine Bedürfnisse befriedigen, ohne die Bedürfnisse meines Partners zu ignorieren? Ist es nicht längst unmodern, Bedürfnisse zu haben? Bin ich ein Egoist, wenn ich meine Bedürfnisse befriedige? Versuchen uns die Psychologen da etwas einzureden?«

Nein! Wie wollt ihr etwas für die Beziehung tun, wenn ihr nicht wißt, was ihr selbst und was euer Partner braucht? Mit der Psychowelle hat das nichts zu tun. Wenn du mehr zu diesem Thema wissen willst, brauchst du nur weiterzulesen.

IHR BRAUCHT:

Euer Beziehungstagebuch oder Papier und Stifte.

Entspannende Musik und Kerzen, wenn ihr wollt.

Dauer: Eine Übung dauert zehn bis zwanzig Minuten. Ihr könnt sie auch einzeln machen, wenn ihr wollt.

Tut euch gut! Das Wohlfühlbuch für Paare

Was du wirklich brauchst

WAS IHR FÜR EUCH TUN KÖNNT:

Geh einmal in dich: Was brauchst du?

Neben unseren physischen Bedürfnissen nach Sicherheit, Nahrung, einem Zuhause und Ruhe haben wir auch emotionale Bedürfnisse, die mindestens genauso wichtig sind. Wir sehnen uns danach,

> von dem Menschen, den wir lieben, gehört, verstanden und akzeptiert zu werden.

> berührt zu werden.

> wir selbst zu sein.

> so geliebt zu werden, wie wir sind.

> Zuwendung und Unterstützung zu bekommen.

> anderen zu vertrauen und danach, daß man uns vertraut.

> unsere Sexualität zu leben.

> Dinge zu tun, die uns Freude machen.

> zu wissen, daß unser Leben einen Sinn hat.

> geliebt zu werden.

Die folgende Übung hilft euch, mehr über eure Bedürfnisse herauszufinden. Ergänzt die folgenden Sätze schriftlich oder mündlich, sooft ihr könnt. *Sprecht alles aus oder schreibt alles nieder, was euch einfällt.* Macht das ganz spontan, ohne lange nachzudenken und ohne irgend etwas zu bewerten.

> Ich brauche . . .

> Schon als Kind habe ich mich danach gesehnt, . . .

> Ich finde es schön, daß ich dich brauche, um . . .

Tut euch gut! Das Wohlfühlbuch für Paare

Was du wirklich brauchst

Es ist für mich ein Problem, daß ich dich brauche, um . . .

Um deine Zuwendung annehmen zu können, brauche ich . . .

Um selbst etwas für mich zu tun, brauche ich . . .

Vielleicht findet ihr heraus, daß eure Bedürfnisse sehr ähnlich sind. Sprecht darüber, was euch bei dieser Übung klargeworden ist.

Siehe: *Das Wechselspiel von Nähe und Distanz: Grenzen setzen*

Erlaub dir, Bedürfnisse zu haben

Bedürfnisse kannst du nur befriedigen, wenn du dir erlaubst, welche zu haben. Welche Gefühle ruft das Wort »Bedürfnis« in dir wach? Ist es dir unangenehm, Bedürfnisse zu haben? Es ist nicht »in«, etwas zu brauchen. Der neue Trend heißt Unabhängigkeit. Aber: Wenn wir uns nicht eingestehen, daß wir andere brauchen, machen wir uns selbst das Leben schwer: Wir verdrängen unsere Bedürfnisse, und das läßt uns erst recht bedürftig werden. Je mehr wir sie verdrängen, desto intensiver werden sie, und die Angst, nicht zu bekommen, was wir brauchen, steigt. Das ist ein Teufelskreis, der eure Beziehung schwer belastet: Ihr macht euch gegenseitig Vorwürfe, ihr geht auf Distanz, die Liebe bleibt auf der Strecke. Kennst du das? Du wirfst deinem Partner vor, daß er sich nicht mehr um dich kümmert, und er sagt: »Ich würde alles für dich tun, wenn du mir endlich einmal sagen würdest, was du brauchst.« Wenn es euch so geht, dann versucht folgendes: Setzt euch zusammen, seht einander in die Augen, und sagt abwechselnd: »Bedürfnisse, ich heiße euch willkommen.« Und als nächstes: »Ich lasse zu, daß du mir hilfst, meine Bedürfnisse zu befriedigen.« Wiederholt zum Abschluß: »Ich bin bereit, mich selbst um meine Bedürfnisse zu kümmern.« Wie war es, das zu sagen? Sprecht darüber. Wiederholt diese Übung immer dann, wenn es euch schwerfällt, eure Bedürfnisse zu akzeptieren.

Gewöhnt euch an, einander folgendes zu fragen: »Wonach sehnst du dich tief in deinem Inneren?« Diese Frage spricht die beiden Pole in euch an: euer Erwachsenen-Ich (das Ego) und euer tiefes Selbst. Unser Leben ist geprägt von ihrer Spannung. Wenn wir lernen, sie zuzulassen, profitiert unsere Beziehung ungemein, denn wir erlauben unseren unbewußten Bedürfnissen, sich zu Wort zu melden.

Siehe: *Gemeinsam kreativ sein: Das Innerste berühren*

Tut euch gut! Das Wohlfühlbuch für Paare

Was du wirklich brauchst

Ein Vorwurf ist in Wahrheit ein Bedürfnis

Was wirfst du deinem Partner regelmäßig vor? Wenn du diese Vorwürfe näher betrachtest, findest du heraus, welche unbefriedigten Bedürfnisse dahinterstecken. Die folgende Übung wurde von Dr. Harville Hendrix, Autor des Buches *Soviel Liebe, wie du brauchst* angeregt. Stellt eine Liste eurer Standard-Nörgeleien zusammen. Jeder für sich. Sie enthalten häufig Worte wie »immer«, »nie«, »warum nicht« und so weiter, beispielsweise:

Du hörst mir nie zu, wenn ich mit dir rede.

Du willst freitags abends immer ausgehen.

Warum bist du nicht wie Barbaras Mann?

Warum tust du nichts für deinen Körper?

Es kann sein, daß du dazu ein paar Tage brauchst. Nimm ein neues Blatt Papier, wenn deine Liste fertig ist, und formuliere jeden Vorwurf zu einem Satz um, in dem du das dahinterstehende Bedürfnis klar ausssprichst, z. B.:

Ich brauche das Gefühl, daß du mir zuhörst, wenn ich mit dir rede.

Ich würde freitags abends manchmal gern zu Hause bleiben, ein Video ansehen, mit den Kindern spielen und mit dir schmusen.

Ich sehne mich danach, daß du mich hin und wieder in den Arm nimmst, wenn wir auf einer Party sind, sonst habe ich das Gefühl, daß du mich übersiehst.

Ich möchte, daß du dich um deine Gesundheit kümmerst, weil in eurer Familie so viele unter Herzbeschwerden leiden.

Siehe: *Verhandeln*. Dort findet ihr Näheres zu diesem Thema.

Vermeide Bitten wie »Bitte hilf mir mehr im Haushalt«, sie sind zu unspezifisch, oder Bitten, die schwer in Erfüllung gehen, wie »Ich wünsche mir, daß du jeden Tag mit mir schläfst«. Der andere kann dich falsch verstehen, oder er fühlt sich überfordert und kriegt Angst, daß er deine Bedürfnisse nicht befriedigen kann. Je konkreter du dich ausdrückst,

Was du wirklich brauchst

desto besser, z. B.: »Ich möchte mit dir über die Hausarbeit sprechen. Wie wär's mit Mittwoch abend?« Oder: »Ich würde gern zweimal in der Woche mit dir schlafen. Können wir darüber reden?«

Ihr wißt jetzt also mehr darüber, was ihr euch wünscht. Wie sieht es in der Praxis aus? Die folgende Übung wird euch weiterhelfen. Während dieser Übung kann einiges an Ärger oder Frust hochkommen. (So war es jedenfalls bei uns.) Wenn das der Fall ist, könnt ihr die Übung im Kapitel »Weg mit dem aufgestauten Ärger« machen.

Kompromisse schließen

Wenn es um Grundbedürfnisse geht, kannst du keine Kompromisse schließen. Du kannst nicht darauf verzichten, geliebt, verstanden oder akzeptiert zu werden. Doch wo kannst du Kompromisse machen? Was passiert, wenn eure Bedürfnisse kollidieren? Wie könnt ihr eure Bedürfnisse in Einklang bringen? Wie entsteht ein ausgewogenes Verhältnis zwischen Geben und Nehmen? Wichtig ist, daß ihr lernt zu unterscheiden, was Bedürfnisse und was Wünsche sind.

In unserer Kultur dreht sich alles um das Wollen. Wir lassen uns so sehr davon beherrschen, daß wir nicht mehr in der Lage sind, auf das zu hören, was unsere innere Stimme sagt. Sie sagt uns, was wir *brauchen*. Unsere Beziehungen leiden unter dieser Unfähigkeit. Wenn wir lernen wollen, zwischen Bedürfnissen und Wünschen zu unterscheiden, müssen wir uns immer wieder fragen: »Worauf kann ich zur Not verzichten und worauf nicht?« Dann wissen wir, wann wir Kompromisse schließen können, die uns weder weh tun noch beschneiden.

Achte ein paar Tage auf Aussprüche wie: »Ich will«, »Ich brauche«, »Ich muß«, »Ich wünsche mir«, »Ich möchte gern«, »Es wäre toll, wenn«, »Ich kann nicht widerstehen« usw. Schreib diese Dinge auf.

Versuch zu unterscheiden, was Bedürfnisse und was Wünsche sind. Frag dich: »Brauche ich das wirklich?« Wenn die Antwort »ja« ist oder »ja, vielleicht«, dann frag weiter: »Warum brauche ich das? Was bringt dieser Wunsch zum Ausdruck?« Und: »Bin ich bereit, einen Kompromiß zu schließen, und wenn ja, welchen?«

Wenn ihr die Übungen in *Geh einmal in dich: Was brauchst du?* und *Ein Vorwurf ist in Wahrheit ein Bedürfnis* gemacht habt, dann nehmt die Bedürfnisse, die ihr dort aufgeschrieben habt, und setzt sie in dieser Übung ein.

Tut euch gut! Das Wohlfühlbuch für Paare

Was du wirklich brauchst

Ein Beispiel: Du möchtest, daß dein Partner dir mehr im Haushalt hilft. Du fragst dich: »Brauche ich das wirklich?« Die Antwort ist ein Ja. Dann fragst du dich, warum du dir das wünschst. Laß die Antwort einfach kommen, z. B.: »Sonst habe ich das Gefühl, daß alles an mir hängenbleibt. Ich möchte spüren, daß unser Zuhause dir wichtig ist.« Dann stellst du dir die Frage: »Bin ich bereit, einen Kompromiß zu schließen, und wenn ja, welchen?« Die Antwort könnte sein: »Ich will versuchen, das zu sehen und zu schätzen, was du von dir aus tust. Ich will versuchen, nicht länger herumzunörgeln, sondern liebevoller mit mir umzugehen, und das kann durchaus heißen, daß ich dich hin und wieder bitte, mir zu helfen.«

Noch ein Beispiel: Du brauchst mehr Zeit für dich allein. Du fragst dich: »Brauche ich das wirklich?« Die Antwort ist »meistens«. »Warum brauche ich es, mit mir allein zu sein?« Die Antwort ist: »Ich möchte nachdenken, ich möchte malen und schreiben, ich möchte meine Mitte finden.« Schließlich fragst du dich: »Bin ich bereit, einen Kompromiß zu schließen, und wenn ja, welchen?« Und du faßt folgenden Entschluß: »Ich weiß, daß wir beide von unserem Beruf und unserem Kind gefordert werden. Ich bin bereit, weniger Geld fürs Essengehen auszugeben und dafür öfter einen Babysitter zu bestellen, damit ich ein paar Stunden für mich haben kann. (Ja, ich weiß, mal wieder so ein schönes Beispiel aus der Theorie. Dein Leben ist viel komplizierter. Meines auch. Aber eines ist sicher: Wenn wir unsere Bedürfnisse vernachlässigen, leiden wir, und die Beziehung tut es auch. Wir müssen also etwas unternehmen.)

Mehr dazu in *Verhandeln* und *Vergeben*

Literatur und Tips:

Hendrix, Harville: *Soviel Liebe, wie du brauchst. Das Therapiebuch für eine erfüllte Beziehung.* Econ, 1992. Ein gutes Buch zu dem Thema »Das Unbewußte in der Beziehung«.

Maslow, Abraham A.: *Psychologie des Seins. Ein Entwurf.* Fischer, 1994. Maslows Definition von »Bedürfnis« ist die beste, die ich kenne.

WENN EUCH ALLES ZUVIEL WIRD

WANN . . . ?

- Wenn du deinen Schatz umarmst und plötzlich auf ihn/sie einschlagen möchtest.

- Wenn du nur noch schreien könntest.

- Wenn du glaubst, daß du es in diesem Leben nicht mehr schaffst, dich deinem Partner in Ruhe zuzuwenden.

WORUM GEHT'S?

Das Telefon läutet; dein Schatz ist spät dran; deine kleine Tochter hat gerade ihre Milch auf euren neuen Wohnzimmerteppich geschüttet; deine große Tochter motzt, weil sie am Freitag nicht mit ihren Freunden ausgehen darf; du hast nächste Woche einen Besprechungstermin, der dir schwer im Magen liegt; in der Küche türmt sich das Geschirr; seit Tagen eßt ihr nur noch Pizza; das Dach ist undicht; du hast schreckliche Kopfschmerzen; das Telefon läutet immer noch. − Was könnt ihr an einem solchen Abend füreinander tun?

Gar nichts. Wir dürfen uns nichts vormachen. Es gibt Tage, an denen wir nichts tun können. Wenn du glaubst, daß es Paare gibt, die *immer* all das beherzigen, was in diesem Buch steht, liegst du falsch. Das ist eine Illusion. Fühl dich nicht als Versager, wenn du dieser Idealvorstellung nicht entsprichst. So etwas gibt es nur im Fernsehen. Es ist sehr wichtig, das Leben und die Beziehung so zu sehen, wie sie sind. Und es ist auch wichtig zu wissen, daß die Übungen und Vorschläge in diesem Buch nicht immer funktionieren. Wenn wir perfekt sein wollen, werden wir nur um so mehr mit unseren Schwächen konfrontiert.

Wir dürfen also nicht zuviel erwarten, wenn wir uns fragen: Was können wir tun, wenn mal wieder alles zusammenkommt? Wie können wir einander helfen durchzuhalten? Hier ein paar Tips:

IHR BRAUCHT:

Ein gutes Gedächtnis oder eine Gedächtnisstütze. (Wenn wir im Streß sind, vergessen wir, was uns guttut.)

Dieses Buch.

Natur.

Freunde.

Engel.

Tut euch gut! Das Wohlfühlbuch für Paare

Wenn euch alles zuviel wird

Was ihr füreinander tun könnt:

»Auszeit!«

Amerikanische Football-Trainer haben ein Patentrezept: Wenn es während eines Trainings hart auf hart geht, unterbrechen sie das Spiel. Probiert es aus! Es funktioniert besonders gut bei Kindern, während einer langen Autofahrt oder wenn ein Streit zu eskalieren droht. Alles kommt zum Stillstand, wenn einer »Auszeit!« ruft: Keiner bewegt sich, niemand spricht oder schreit. Alles kommt zur Ruhe. Am besten sprecht ihr *vor* dem nächsten Streit darüber, wie ihr es machen wollt. Vereinbart, daß sich alle daran halten müssen, egal was ist. (Ihr könnt auch ein anderes Wort nehmen, wenn ihr wollt.)

In *»Ich höre dir zu«* oder *Verhandeln* findet ihr Anregungen, wie ihr darüber reden könnt. In *Den Körper spüren: Loslassen* findet ihr eine Übung, die euch hilft, Spannungen abzubauen.

Jeder kann »Auszeit!« rufen. (Im Sport geht es sehr demokratisch zu.) Wenn es soweit ist, frieren alle ein, als ob der Film gerissen wäre, und jeder hat 30 Sekunden Zeit, tief durchzuatmen. Wenn die Zeit um ist, beginnt der, der »Auszeit!« gerufen hat, ein Gespräch zum Thema: »Was können wir jetzt anders machen?«

Weitere Anregungen findet ihr in *Erotische Genüsse: In Stimmung kommen* (Der »Partnerstrich« ist eine wunderbare Massageübung) und in *Den Tag bewußt gestalten: In Verbindung bleiben* und *Eure Rhythmen sind nicht gleich: Wieder zueinanderfinden.*

Der Ein-Minuten-Urlaub

Und noch ein guter Trick: Wenn dicke Luft herrscht oder wenn ihr euch entsetzlich auf die Nerven geht, dann macht einen Ein-Minuten-Urlaub. *Genau in dem Moment.* Seht einander in die Augen, und sagt beide: »Ich bin in meiner Mitte« oder »Alles ist in Ordnung«. Massiert dem anderen den Nacken (jeweils eine halbe Minute); umarmt euch; schließt die Augen, und erinnert euch an einen schönen, friedlichen Moment, den ihr gemeinsam erlebt habt; oder legt eine schöne Platte auf, reicht euch die Hände, und lauscht der Musik.

Die Natur genießen

Die Natur bietet uns die beste Möglichkeit für einen solchen Kurzurlaub. Sie hilft uns, die Dinge anders zu sehen und uns zu erden. Wenn euch alles nur noch auf die Nerven geht, wenn ihr nur noch schreien wollt, dann nehmt euch einen Augenblick Zeit, und geht ins Freie. Schaut in den Himmel, schaut euch einen Baum an, einen Busch, eine Blume oder einen Stein. Schaut einfach. Nehmt einander bei den Händen, wenn ihr wollt. Ihr müßt nicht in den Alpen wohnen; ein Garten, ein Park oder euer Balkon genügen.

Wenn euch alles zuviel wird

Das Tempo herunterfahren

Wenn wir angespannt sind, werden wir immer schneller. Wir bewegen uns schneller, wir reden schneller, und dadurch wird unsere Anspannung nur um so größer. Macht einander darauf aufmerksam, und versucht, wirklich langsamer zu werden. Sprecht langsamer, bewegt euch langsamer, lächelt einander zu.

Siehe: *Euer Beziehungstagebuch: Wenn du unter Druck stehst* und *Zusammen atmen* in *Das tägliche Gespräch: Nonverbale Kommunikation*

»Komm, ich helfe dir«

Unterstützt euch gegenseitig. Wenn dein Partner müde und erschöpft ist oder einfach mal die Nase voll hat, hast du vielleicht noch Kraft, ihm/ihr etwas Arbeit abzunehmen. Das ist ein wirkliches Geschenk. Geh mit den Kindern eisessen, und laß ihn in der Badewanne dösen. Schick deinen Schatz früh ins Bett, und mach die Küche sauber. Erweist einander diesen Liebesdienst – ohne Gegenforderung.

Siehe: *Wenn euch der Anfang schwerfällt: Was ich an dir mag*

Im Notfall

Was macht ihr, wenn ihr beide nicht mehr könnt? Hilfe organisieren! Entwerft ein Erste-Hilfe-Notprogramm. Setzt euch zusammen, und schreibt auf, vor welchen Situationen ihr euch beide fürchtet: wenn die Kinder krank sind, wenn einer von euch dreimal hintereinander Überstunden macht, wenn der Kühlschrank leer ist usw. Laßt euch zu jedem Problem mindestens zwei Lösungen einfallen. Sammelt Adressen von Restaurants, die Essen bringen, damit es nicht immer Pizza gibt. Tut euch mit Freunden oder Nachbarn zusammen, um in Notfällen spontan beim Babysitten einspringen zu können (ein, zwei Stunden, um mal Luft zu holen). Überlegt euch, an welchem Ort ihr euch wohl fühlt, und sucht ihn auf, wenn ihr euch in den Haaren liegt. Schreibt alles auf. Verlaßt euch *nicht* auf euer Gedächtnis, es läßt euch im entscheidenen Moment im Stich.

Siehe: *Euer eigenes Wohlfühlbuch*. Dort findet ihr Anregungen, wie ihr euer persönliches Wohlfühlbuch schreiben könnt.

Tut euch gut! Das Wohlfühlbuch für Paare   65

Wenn euch alles zuviel wird

Etwas daraus lernen

Wahrscheinlich sind es die vielen kleinen nervtötenden Momente, die uns am meisten zusetzen. Nutz die nächste Gelegenheit, in der dir alles auf die Nerven geht, und frag dich oder deinen Partner: »Warum setzt mir diese Situation so zu?« Oder: »Was macht mich jetzt so fertig?« Was fällt dir als erstes ein? Sieh, ob es dir weiterhilft. Die Situation, die uns zu schaffen macht, kann uns auch weiterhelfen. Sie kann uns helfen zu erkennen, wie wir es in Zukunft anders angehen können.

LITERATUR UND TIPS:

Siehe: *Mehr Spaß am Leben: Mal anders reagieren, wenn es schwierig wird;* »*Ich habe etwas auf dem Herzen*«; *Nahrung für die Sinne: Entspannung für die Sinne; Den Körper spüren: Innerlich zur Ruhe kommen; Was Musik bewirkt: Hausmusik.* Hier findet ihr weitere Anregungen.

Branden, Nathaniel: *Liebe für ein ganzes Leben. Psychologie der Zärtlichkeit.* Rowohlt, 1985.

Bloomfield, Harold: *Love Secrets for a Lasting Relationship.* Bantam, 1992. Einfach und schnell zu lesen.

Cook, Marshall J.: *Slow Down and Get More Done.* Betterway Books, 1993. Mit vielen praktischen Ideen, wie du dir dein Leben leichter machen kannst.

ZEIT ZU ZWEIT

WANN . . . ?

- Wenn es euch traurig macht, wie wenig Zeit ihr füreinander habt.

- Wenn ihr so unabhängig voneinander seid, daß ihr euch kaum noch seht.

- Wenn immer die Kinder, die Karrierepläne oder etwas anderes zuerst kommen.

- Wenn ihr euch nur noch seht, um gemeinsam euer Kind zu trösten, die schmutzigen Socken zu sortieren, oder wenn der eine müde von der Arbeit kommt und der andere gerade im Begriff ist fortzugehen.

WORUM GEHT'S?

Ihr könnt nichts füreinander tun, wenn ihr nie zusammen seid. Das klingt vielleicht banal, aber es ist die Hauptursache, warum heutzutage so viele Beziehungen in die Brüche gehen. Wir haben zuwenig Zeit füreinander. Die Zeiten der Muße haben rapide abgenommen. Berufstätige Eltern mit zwei Kindern verfügen heute durchschnittlich über elf Stunden weniger Freizeit pro Woche als noch vor zehn Jahren.

Zeit wird immer knapper. Und wir sind anscheinend auch noch stolz darauf: Wer leistet am meisten, wer hat den vollsten Terminkalender, wer hat den meisten Streß? Wir verarmen, ohne es zu wissen. Wir verschwenden unsere kostbarste Ressource.

Natürlich gibt es konkrete Gründe, warum Zeit heute knapper ist als früher: Einer der augenfälligsten ist, daß der Konkurrenzkampf immer härter wird und die guten Stellen immer knapper werden. Es wird immer schwerer, seine Brötchen zu verdienen. Mehr und mehr Menschen leben an der Armutsgrenze. Es wird immer schwerer, Kinder großzuziehen. Die Be-

IHR BRAUCHT:

Einen Kalender, den ihr gemeinsam benutzen könnt (z. B. einen Wandkalender, den ihr so aufhängt, daß ihr ihn oft seht).

Euren Terminkalender.

Euer Beziehungstagebuch oder Papier und Stifte.

Eine Uhr.

Dauer: alles in allem etwa eine halbe Stunde. Für die Fragen, die ihr einzeln beantworten könnt, benötigt ihr zehn Minuten.

Tut euch gut! Das Wohlfühlbuch für Paare

Zeit zu zweit

dingungen der Kleinfamilie sind alles andere als ideal, ganz zu schweigen von der Situation Alleinerziehender. All das läßt sich nicht bestreiten.

Aber: *Wenn uns etwas wichtig ist, nehmen wir uns dafür auch Zeit.* Was ist uns wichtig? Wissen wir es noch? Wenn wir es nicht wissen, pflastern wir unseren Terminkalender mit 100 Dingen voll, die uns nichts bedeuten. Wir verschwenden unsere Zeit – und haben keine Zeit mehr, uns zu fragen, was uns *wirklich* wichtig ist. Es gibt nur einen Ausweg: Wir müssen raus aus dem Alltagstrott, bis wir wieder einen klaren Kopf bekommen, bis uns klar wird, was uns persönlich wichtig ist und wie wir unser Leben entsprechend ändern können. Wir glauben, daß wir keine Zeit mehr haben. Das ist vielleicht die heimtückischste aller Krisen unseres Jahrhunderts: Sie zerstört unsere Familien, unsere Liebesfähigkeit, unsere Beziehungen und nicht zuletzt uns selbst.

Macht einen Anfang. Sagt einander immer wieder, daß Zeit nicht Geld ist: Zeit ist Leben.

Stellt euch dann die Frage: »Wie wichtig ist mir die Beziehung?« Warum haben wir so viel Zeit fernzusehen, wenn wir so wenig Zeit für die Familie aufbringen? *Wie wichtig ist dir die Beziehung?* Solange du dich nicht mit dieser Frage auseinandersetzt, wird sich gar nichts ändern.

WAS IHR FÜREINANDER TUN KÖNNT:

Was wünschst du dir von deinem Partner?

Was wollt ihr voneinander? Was brauchst du? Was braucht dein Partner oder deine Partnerin? Macht diese Übung einzeln. Leg ein Blatt Papier und einen Stift zurecht, und stell eine Uhr auf *fünf* Minuten. Schreib alles auf, was kommt. Die Frage lautet: »Wenn ich mit meinem Partner/ meiner Partnerin zusammen bin, wünsche ich mir vor allem . . .« Die Zeitbeschränkung hilft dir, mehr herauszufinden, als das, was dir bisher bewußt war. Die letzte Minute ist die schwerste. Wenn nichts mehr kommt, dann nimm die linke Hand (Linkshänder die rechte). Atme tief ein und aus, und visualisiere einen ganz normalen Tag in deinem Leben. Dann fällt dir noch etwas ein. Vertrau darauf.

Mehr dazu in *Was du wirklich brauchst*

Zeit zu zweit

Mehr Zeit füreinander finden

Glaubst du, daß deine Beziehung weniger von dir verlangt als deine Arbeit? Dann irrst du dich. Mach Schluß mit dieser Vorstellung.

Beantwortet die folgende Frage einzeln. Stellt eine Uhr auf *fünf* Minuten, und schreibt alles auf, was kommt: »Was bin ich bereit zu ändern, um mehr Zeit für meinen Partner/meine Partnerin zu haben?«

Worauf habt ihr Lust?

Macht diese Übung gemeinsam. Stellt die Uhr auf *zehn* Minuten. Einer schreibt. Was fällt euch zu der folgenden Frage ein? »Ich würde gern mit dir . . .« Macht ein Brainstorming, blödelt herum, sagt alles, was euch einfällt, egal wie verrückt, kostspielig oder banal es klingen mag. Was wollt ihr gemeinsam machen? Stellt eine Liste lustiger, einfacher und ausgefallener Dinge zusammen.

Siehe: *Was tun, wenn euch nichts Konstruktives einfällt* und *Euer eigenes Wohlfühlbuch*. Dort findet ihr weitere Anregungen.

Macht euch einen Zeitplan

Was tut ihr, wenn ihr zusammen seid? Das, was die meisten Paare tun? Die einen malen sich aus, was sie alles tun könnten, schaffen es aber nicht, Pläne in die Tat umzusetzen, und vertrödeln die meisten Wochenenden. (So ging es uns.) Andere verplanen jede freie Minute, so daß sie keine Zeit mehr haben, spontan etwas zu unternehmen oder einfach mal allein zu sein. Und dann gibt es noch die Paare, bei denen einer alles in die Hand nimmt – weil er/sie glaubt, daß man gemeinsam etwas Schönes unternehmen muß, damit die Beziehung lebendig bleibt. Auch das geht meistens schief. Es führt zu Unmut beim Partner und fördert eine unterschwellig aggressive Atmosphäre. Keiner dieser Wege funktioniert.

Siehe: *Wenn euch der Anfang schwerfällt; Den Tag bewußt gestalten; Die eigene Welt erschaffen; Mehr Spaß am Leben; »Wie schön, daß es dich gibt!«; Was die Natur euch geben kann; Nahrung für die Sinne; Erotische Genüsse; Wohltuende Berührungen; Den Körper spüren; Gemeinsam kreativ sein; Wenn ihr in der Krise steckt* und *Eure persönliche Vision*. Dort findet ihr weitere Anregungen.

Nehmt euren gemeinsamen Kalender. *Nehmt euch im ersten Monat nicht zuviel vor*. Fangt *einfach* an, sonst werdet ihr enttäuscht.

Was habt ihr aufgeschrieben zu der Frage: »Wenn ich mit meinem Partner/meiner Partnerin zusammen bin, wünsche ich mir vor allem . . .«? Hört einander zu. Was wünscht sich euer Partner? Wählt je einen

Zeit zu zweit

Wunsch aus, den ihr im nächsten Monat erfüllen wollt. Notiert die beiden Wünsche zu Monatsbeginn in eurem gemeinsamen Kalender.

Beschäftigt euch als nächstes mit der Frage: »Was bin ich bereit zu ändern, um mehr Zeit für meinen Partner/meine Partnerin zu haben?« Wählt je einen Vorschlag aus, und überlegt, wann ihr das tun wollt. Macht entsprechende Notizen in eurem gemeinsamen Kalender.

Geht dann eure Ideenliste durch. Nehmt euch etwas vor, und tragt einen Termin ein. Denkt an eure persönlichen Termine und daran, wieviel Zeit euch zur Verfügung steht.

Achtung: Wenn eure Pläne Vorbereitungen erfordern (was z. B. bei einem Skiurlaub der Fall ist), dann vereinbart *jetzt*, wer was organisiert. Sonst kann es Probleme geben. *Schreibt auf, was ihr vereinbart habt,* dann entstehen keine Mißverständnisse.

Siehe: *Das tägliche Gespräch: In Verbindung bleiben* und *Das Wechselspiel von Nähe und Distanz*

Setzt fest, an welchem Tag ihr Pläne für den nächsten Monat machen wollt. Im zweiten Monat geht alles sehr viel schneller. Es dauert nur ein paar Minuten. Hebt eure Listen auf, sie bieten euch noch manche Anregung.

Hängt oder legt euren Kalender an einen Ort, wo ihr ihn täglich sehen könnt. Macht euch in eurem persönlichen Terminkalender entsprechende Notizen. Probiert es aus. Ihr werdet sehen, ob es funktioniert. Setzt euch zum vereinbarten Termin zusammen, und plant den nächsten Monat. Es kann sein, daß ihr nicht alles tut, was ihr euch vorgenommen habt, oder in alte Muster zurückfallt. *Das geht uns allen so.* Im ersten Monat nahmen wir uns vor, Squash zu spielen, ein Konzert zu besuchen und Langlauf zu machen. (Ja, ich weiß, man soll sich am Anfang nicht zuviel vornehmen.) Squash fiel aus, weil Chris krank war, der Konzertbesuch, weil Chris zu diesem Zeitpunkt ein Musikvideo aufnahm (sehr lustig), und unsere Langlauftour, weil meine Eltern überraschend zu Besuch kamen. Aber wir ließen uns nicht beirren. Wir verschoben unsere Pläne auf den nächsten Monat. Wenn ihr versucht seid aufzugeben, dann fragt euch, ob euer gemeinsamer Kalender euch geholfen hat: Habt ihr mehr Zeit füreinander gehabt, seit ihr ihn führt? Habt ihr euch wohler gefühlt als früher? Wenn ja, *dann weiter so.* Wenn nicht, dann überlegt euch etwas anderes, was besser zu euch paßt. Wichtig ist vor allem eines: daß ihr bewußt mit eurer Zeit umgeht.

Tut euch gut! Das Wohlfühlbuch für Paare

Wenn ihr Kinder habt   Zeit zu zweit

Habt ihr ein schlechtes Gewissen, wenn ihr euch Zeit für euch nehmt, statt sie mit euren Kindern zu verbringen? Dann überlegt euch einmal folgendes: Wenn ihr eure Bedürfnisse immer zurückstellt, bleibt eure Beziehung auf der Strecke. Es tut euren Kindern gut zu sehen, daß ihr füreinander da seid und daß ihr euch selbst um euer Wohlbefinden kümmert – statt sie dafür verantwortlich zu machen. Kindern, die von klein auf sehen, daß ihre Eltern etwas für sich tun, fällt es später sehr viel leichter, ihren Bedürfnissen nachzugehen und ihre Beziehungen zu pflegen.

Prioritäten setzen

Wenn ihr keine Zeit füreinander habt, weil es euch schwerfällt, nein zu sagen – besonders dann, wenn eure Eltern etwas von euch wollen –, dann denkt einmal über folgende (wahre) Geschichte nach: Es war einmal eine Tochter, die konnte ihrer Mutter keine Bitte abschlagen. Ihre Mutter lud die Tochter samt Familie jeden Sonntag zum Essen ein, wirklich jeden Sonntag. Sie bestand darauf, und sie wußte ihren Willen durchzusetzen: Sie bettelte, sie jammerte, sie drückte auf die Tränendrüse, sie beschwatzte ihre Tochter nach allen Regeln der Kunst. Der Mann der Tochter haßte diese Einladungen: »Du weißt doch, daß das der einzige Abend in der Woche ist, den wir zu zweit verbringen könnten. Ich würde viel lieber mit dir allein sein.« Aber die Tochter brachte es nicht fertig, ihrer Mutter etwas abzuschlagen: »Schließlich ist sie meine Mutter, und wer weiß, wie lange sie noch lebt.« Und so ging es jeden Sonntag, Jahr für Jahr, denn die Tochter sagte: »Ich kann nicht nein sagen, schließlich ist sie meine Mutter, und wer weiß, wie lange sie noch lebt.« Aber es war der Ehemann, der nicht mehr lange lebte. Er starb an einem Herzinfarkt. Und die Tochter geht auch heute noch jeden Sonntag zu ihrer Mutter, wirklich jeden Sonntag.

Wir müssen Kompromisse schließen. Wenn du versuchst, es allen recht zu machen, hilfst du niemandem, am wenigsten dir selbst. Es ist wahrscheinlich leichter, als Paar nein zu sagen. Stellt eure Beziehung an die erste Stelle. Seid euch darüber im Klaren, daß für euch nichts übrigbleibt, wenn ihr ständig nur an andere denkt. Eure Beziehung ist das Wichtigste.

Mehr dazu in *Das Wechselspiel von Nähe und Distanz: Grenzen setzen*

Tut euch gut! Das Wohlfühlbuch für Paare

Übrigens

Es wird immer wieder gute Gründe geben, warum ihr *keine Zeit* füreinander habt. Im Leben geht nicht alles so glatt wie bei einer Modenschau.

LITERATUR UND TIPS:

Hunt, Diana/Hait, Pam: *Das Tao der Zeit. Erfolgreiches Zeitmanagement.* Econ, 1991. Ein gutes Buch zum Thema «Zeitmanagement». Mit Affirmationen und Visualisierungsübungen.

Dinkmeyer, Don: *Taking Time for Love.* Prentice-Hall, 1989. Mit vielen hilfreichen Ideen.

DEN TAG BEWUSST GESTALTEN

WANN . . . ?

- Wenn der Alltag an euch nagt.

- Wenn ihr nur noch vor dem Fernseher zu Abend eßt.

- Wenn dein Tag nur aus Terminen und Verpflichtungen besteht und keinen Platz läßt für dein Innenleben.

WORUM GEHT'S?

Meine Eltern haben einen schönen Brauch. Sie setzen sich jeden Nachmittag zusammen und reden. Es ist zu einem Ritual geworden. Wenn ich sie gegen fünf Uhr besuche, weiß ich, was sie dann tun: Sie sprechen miteinander über ihren Tag, über ihre Kinder, über Gott und die Welt. Wodurch bekommt das die Qualität eines Rituals? Wodurch unterscheidet sich ein Brauch von einer bloßen Angewohnheit? Durch die Einstellung, mit der wir eine Sache tun. Wenn wir Dinge aus Gewohnheit tun, geschieht das gedankenlos, ohne innere Anteilnahme. *So verbringen wir den Großteil unseres Lebens.* Und wir haben damit keine Probleme. Es ist uns alles so vertraut, wir müssen uns nicht ständig über jede Kleinigkeit den Kopf zerbrechen. Aber was geschieht, wenn wir gedankenlos immer das gleiche tun? Was wird dann aus uns, was wird aus unserer Beziehung?

Rituale helfen uns, der Routine zu begegnen. Sie helfen uns, das, was wir tun, bewußt zu tun. Die Vorschläge, die ihr hier findet, sind als Anregung gedacht. Es geht darum, unseren Alltag zu beleben und den Mustern zu entrinnen, in denen wir gefangen sind. Ihr könnt auch eure eigenen Rituale entwerfen.

IHR BRAUCHT:

Euer Beziehungstagebuch und einen Stift. Ihr könnt auch euer Traumtagebuch nehmen, wenn ihr eines führt.

Schöne Musik, Kerzen, Bücher, die euch inspirieren, liebevolle Worte füreinander, duftendes Massageöl usw.

Dauer: ein paar Minuten jeden Tag.

Tut euch gut! Das Wohlfühlbuch für Paare

Den Tag bewußt gestalten

WAS IHR FÜREINANDER TUN KÖNNT:

Was ist das Besondere eines Rituals?

Wir handeln nicht länger aus Gewohnheit, wir erleben den Moment bewußt. Wir waschen nicht bloß gemeinsam das Geschirr ab, wir nutzen den Moment, um miteinander in Kontakt zu kommen. Es hilft uns, wenn wir am Anfang und am Ende solcher Rituale ein kleines Zeichen setzen: wenn wir eine Kerze anzünden und nachher gemeinsam ausblasen; wenn wir immer dieselbe Musik auflegen; wenn wir uns am Anfang auf unseren Atem und die Stille konzentrieren und uns am Schluß lächelnd in die Augen sehen.

Den Tag beginnen

Thich Nhat Hanh, der bekannte Mönch und Autor, sagt, daß wir jeden Morgen 24 funkelnagelneue Stunden als Geschenk erhalten. Macht euch das beim Aufwachen bewußt. Sagt es zueinander.

Siehe: *Was Musik bewirkt: Musik am Morgen.* Hier findet ihr weitere Anregungen.

Den Tag mit Musik beginnen. Wählt abwechselnd ein Musikstück aus, und fühlt, wie ihr mit Hilfe der Musik mit eurem Partner in Verbindung treten könnt. Ihr könnt euch eine kleine Sammlung von Stücken zusammenstellen und sie von Fall zu Fall ergänzen. Oder schaltet das Radio ein, und laßt euch von klassischer Musik aufwecken. Bleibt ein paar Minuten liegen, umarmt euch, und hört einfach zu.

Träumst du manchmal schlecht? Erzähl es deinem Partner. In unseren Träumen zeigt sich unser Unbewußtes, sie gewähren einen Blick auf unsere Seele. Laß den anderen Anteil haben. Dein Partner hört dir zu und gibt das Ganze wieder, so wie er/sie es verstanden hat. Versucht nicht, solche Träume zu analysieren. Das führt zu nichts. Wenn ein Traum euch wichtig für eure Beziehung erscheint, dann schreibt ihn in euer gemeinsames Tagebuch oder in euer Traumtagebuch, wenn ihr eines führt. Es geht darum, dem Unbewußten in der Beziehung Raum zu geben.

Erzählt einander, was ihr heute vorhabt, und bestärkt euch dann gegenseitig, daß alles glattgehen wird. Wenn du deinem Freund erzählst, daß du heute eine wichtige Besprechung leiten wirst, kann er z. B. sagen: »Du

Den Tag bewußt gestalten

wirst sie alle mit deiner Redegewandtheit und deinem Einfallsreichtum überraschen. Ich weiß, daß du deine Sache gut machen wirst. Ich bin stolz auf dich.« Laßt es nicht mit einem »Ich wünsch dir einen schönen Tag« bewenden. Was wünschst du deinem Partner heute ganz konkret? Sag es ihm/ihr beim Abschied.

In Verbindung bleiben

Wenn alles drunter und drüber geht, dann haltet inne, schaut einander in die Augen, nehmt einen tiefen Atemzug, und sagt leise oder laut:

Ich atme ein und bin mit dir verbunden.

Ich atme aus und bin erfüllt von Frieden.

Das funktioniert auch übers Telefon. »Hört sich komisch an«, sagst du vielleicht, aber probier es einmal aus, wenn die Kinder schreien oder wenn es an der Tür läutet und die Spaghetti gerade überkochen.

Eine andere Variante: Hört einander beim Atmen zu. Auch das geht gut am Telefon. (Wenn ihr das zum ersten Mal probiert, atmet ihr vielleicht ein bißchen lauter als gewöhnlich, oder einer beginnt womöglich zu lachen. Das ist nicht schlimm. Auch das verbindet.)

Wählt ein Geräusch (Kirchenglocken, Kinderstimmen, Vogelgezwitscher), und nehmt euch vor, an den anderen zu denken, wann immer ihr es hört. Haltet inne, nehmt einen tiefen Atemzug, und fühlt euch mit dem anderen verbunden.

Wenn du weißt, daß du in der nächsten Zeit viel Arbeit hast, kannst du ein paar schöne Karten vorbereiten, die du deinem Liebsten während dieser Tage schickst. Schreib ein paar liebe Worte darauf. Wenn du das Bedürfnis hast, deinem Partner nahe zu sein, schick ihm/ihr eine dieser Karten ins Büro oder nach Hause.

Siehe: *»Wie schön, daß es dich gibt!«: Etwas Liebes schreiben*

Fällt es dir schwer, während der Arbeit mit deinem Partner zu telefonieren und dabei auch noch liebevoll zu sein? Bist du so im Streß, daß du kurz angebunden bist? Dann versuch doch einmal folgendes: Überleg dir etwas Nettes, etwas, was du an ihm magst; etwas, was du sexy findest,

Den Tag bewußt gestalten

oder ein besonderes Kompliment. Ruf ihn an, und sag es ihm. Dann verabschiede dich. Das ist alles.

Wenn telefonieren für euch nicht in Frage kommt, dann macht es wie ein Paar aus Kalifornien. Sie haben in ihrer Garage eine Tafel aufgestellt und hinterlassen dort dem anderen eine Nachricht. Sie fährt als erstes los, und schreibt ihm etwas auf. Wenn er dann später aufbricht, liest er ihre Nachricht und schreibt etwas dazu, das sie beim Nachhausekommen findet. Ihr könnt natürlich auch euer Beziehungstagebuch nehmen oder selbsthaftende kleine Zettel, die ihr z. B. an die Kühlschranktür klebt.

In Wenn euch alles zuviel wird findet ihr weitere Anregungen.

Zeiten des Übergangs

Der Wechsel zwischen Tag und Abend, der Wechsel zwischen Arbeit und Freizeit kann Spannungen erzeugen, und ihr müßt lernen, damit umzugehen. Am Tag fühlen wir uns anders als am Abend, und vielen fällt die Umstellung nicht leicht. »Männer scheuen davor zurück, sich am Ende eines Tages noch auf persönliche Beziehungen einzulassen, weil das für sie zusätzliche Verantwortung und Leistung bedeutet. Frauen haben andere Ängste, die mehr ihrem Sicherheitsbedürfnis entspringen; sie fürchten das Alleinsein. Deshalb möchten Frauen am Ende eines Tages, daß der Mann sie liebt und ihnen zuhört, Männer dagegen ziehen es vor, einen ruhigen und ungestörten Abend zu verbringen. Verschiedenartige Bedürfnisse zur gleichen Zeit können jedoch zu einer gereizten Stimmung führen, und das Ganze endet damit, daß wir stumm auf dem Flur aneinander vorbeilaufen, wenn wir zu Bett gehen wollen«, sagt Jennifer James in *Trübe Tage*. Was können wir da tun?

Sprecht darüber, was jeder von euch braucht, wenn ihr am Ende eines langen Arbeitstages nach Hause kommt. Die folgenden Fragen helfen euch dabei:

Wie war es bei dir zu Hause? Wie haben deine Eltern sich verhalten, wenn sie am Abend zusammenkamen?

Was haben deine Eltern getan, um gut ins Wochenende zu kommen?

Was tut ihr?

> Was wäre für dich ein idealer Übergang von der Arbeit zum Feierabend daheim?

Den Tag bewußt gestalten

Sei ehrlich, und überleg es dir genau. Denk auch daran, daß du nicht jeden Tag dasselbe willst.

Wenn eure Bedürfnisse verschieden sind und ihr keine Lösung findet, die euch beiden zusagt, dann wechselt ab: Macht einmal das, was du gern tust, dann das, was dein Partner möchte.

Mehr dazu in *Verhandeln: Abwechselnd ausprobieren*

Bereitet abwechselnd die Wohnung vor, damit der andere sich wohl fühlt, wenn er/sie nach Hause kommt. Ein Ehepaar hat mir erzählt, daß sie das um die Wette machen. Wer ist am Freitagabend als erster zu Hause? Wer kann die schönste Atmosphäre schaffen? Ein Haus, das nur von Kerzenschein erleuchtet ist; ein duftendes Vollbad; ein witziges Geschenk. (Ja, ja, sie haben keine Kinder.)

Versuch, dich zu entspannen und die Arbeit und den Streß hinter dir zu lassen, bevor du deinen Partner triffst. Hör auf dem Heimweg Musik, die dich entspannt; atme tief und ruhig, und stell dir die Gesichter vor, die dich erwarten. Wenn du sehr gestreßt bist, dann mach am besten einen Zwischenstopp, bevor du heimkehrst. Geh in eine Kirche und zünde eine Kerze an, oder geh in einen Park und meditiere.

Wenn ihr dann zusammenkommt, macht nicht den Fehler und überschüttet einander als erstes mit den Schwierigkeiten und dem Frust, den ihr heute in der Arbeit oder mit den Kindern hattet. Versucht, den Abend so angenehm wie möglich zu gestalten. Über die Probleme könnt ihr später reden. Macht einander diesen Abend zum Geschenk.

Kay Hagan, die Autorin von verschiedenen lesenswerten Büchern, erzählt: Wenn sie und ihre Partnerin eine Zeitlang getrennt waren oder der Kontakt zwischen ihnen abgerissen war, tun sie folgendes: Sie sagen einander, was sie *fühlen*, was sie *brauchen* und was sie *wollen*. Einmal entwickelte sich folgendes Gespräch. Kay: »Ich *fühle* mich gereizt, ich *brauche* was zu essen, und ich *will* dann baden. Ich würde mich freuen, wenn du mir einen Tee kochen und mit mir reden würdest, während ich in der Wanne sitze.« Deborah antwortete: »Ich *bin* unter Druck, weil ich bald die Prüfung habe. Ich *brauche* Zeit zum Lernen, und ich *will* allein sein.« Ihre Bedürfnisse widersprachen sich, aber sie brachten sie klar zum

Den Tag bewußt gestalten

In *Ein Ort für euch allein* findet ihr Anregungen, wie ihr euch ein gemütliches Plätzchen schaffen könnt, und in *»Ich höre dir zu«* findet ihr eine Beschreibung der Methode.

Siehe: *Den Körper spüren: Innerlich zur Ruhe kommen*

In *Nahrung für die Sinne* findet ihr Anregungen für schöne Bäder.

Ausdruck und schlossen einen Kompromiß, statt sich zu streiten. Das ist zur Nachahmung empfohlen.

Beginnt euer tägliches Gespräch mit dieser Übung: Setzt euch an einem kuscheligen Platz zusammen, sagt einander, was ihr fühlt, was ihr braucht und was ihr wollt, und macht dann ein »Ich höre dir zu«.

Auch Bewegung hilft. Wie wär's mit einem Meditationsspaziergang? Geht langsamer als sonst, und versucht, im Rhythmus eurer Schritte zu atmen, z. B. vier Schritte ein- und fünf Schritte ausatmen. Finde *deinen* Rhythmus. Achte auf die Füße. Versuch, den ganzen Fuß auf einmal zu heben, statt ihn abzurollen. Laß deine Arme langsam schwingen, im Rhythmus deines Atems. Wenn ihr eine Zeitlang so gegangen seid, nehmt euch schweigend bei den Händen, oder redet über euren Tag. Bleibt in eurem Geh- und Atemrhythmus.

Nehmt ein Bad zusammen, oder geht gemeinsam unter die Dusche.

»Vermeiden Sie passives Abschalten. Seien Sie lieber aktiv«, rät Jennifer James. Wenn du deinen Streß im Alkohol ersäufst, bist du dein Problem nicht los, du vertagst es nur auf später (z. B. auf den nächsten Morgen). Geh bewußt durch deine Krise, dann hast du sie schon halb bewältigt.

Gemeinsam essen

Veranstaltet jede Woche oder jeden Monat ein besonders schönes Essen. Macht ein Ritual daraus. Kauft besondere Gläser, die ihr nur an diesen Abenden verwendet; erhebt das Glas, und sagt dem anderen, was ihr an ihm schätzt. Bittet einander am Ende dieser Essen um etwas, was ihr euch im nächsten Monat oder in der nächsten Woche ganz besonders wünscht, z. B.: »Viel Geduld, solange ich mich in das neue Computersystem einarbeite.« Ihr könnt auch variieren: Ihr könnt beispielsweise zu Beginn für etwas danken, was euch wichtig ist, und nach dem Essen sagen, was ihr in der nächsten Woche oder im nächsten Monat anders machen wollt, z. B. mehr Verständnis zeigen. Probiert Verschiedenes.

Seid präsent bei Tisch, rät Stephen Levin, der in Büchern und Seminaren das Thema »Achtsamkeit« behandelt. Reicht euch die Hände, atmet dreimal tief, und seht einander in die Augen. Spürt euren Körper. Nehmt

Den Tag bewußt gestalten

das Messer in die linke, die Gabel in die rechte Hand (Linkshänder umgekehrt), kaut langsam, und nehmt den Geschmack der Speisen wahr. Achtet auf Nuancen. Sagt nichts Negatives während dieses Essens, weder über euch noch über andere. Schaut einander in die Augen, wenn ihr gegessen habt, und atmet wieder dreimal tief durch.

Beginnt eure gemeinsamen Mahlzeiten mit einem kleinen Ritual. Ihr könnt z. B. ein Gedicht gemeinsam rezitieren, singen (das eignet sich besonders für Familien) oder euch verbeugen. Vor vielen Jahren verbrachte ich meine Ferien in einem Ferienclub. Dort spielten sie als Zeichen, daß es Essen gab, einen bestimmten Popsong. Ihr könnt auch einfach ein paar Akkorde auf der Gitarre spielen oder eine Glocke läuten und dann der Stille lauschen.

Den Abend bewußt genießen

Setzt euch gegenüber, so nahe, daß ihr euch bei den Händen nehmen könnt. Der Fernseher bleibt aus. Ergänzt abwechselnd den Satz: »Heute schätze ich an dir . . .« Schaut einander in die Augen. Hört einander zu, *ohne zu unterbrechen* und ohne irgendwelche Abwehrgesten. Jeder hat eine Minute Zeit. Ihr könnt auch andere Sätze ausprobieren, z. B.: »Ich habe heute Achtung vor dir, weil . . .« oder: »Ich bin heute stolz auf dich, weil . . .« Eine abschließende Fuß- oder Handmassage ist besonders angenehm.

Ihr könnt auch einfach sagen, was euch am anderen gefällt. Sagt einmal pro Woche, was ihr aneinander und an der Beziehung schätzt. Geht früh ins Bett, und lest die Briefe, die ihr euch geschrieben habt. Macht es euch gemütlich, und eßt oder trinkt etwas Leckeres.

Siehe: *Euer Beziehungstagebuch: Dankbar sein*

Viele Paare haben mir erzählt, daß sie einen Abend in der Woche reservieren, um sich bewußt einander zuzuwenden. Die Schwierigkeit besteht darin, das auch wirklich einzuhalten. Sucht euch einen Abend in der Woche aus, an dem ihr zu zweit ungestört seid. Vielleicht habt ihr das schon einmal ausprobiert, und es ist schiefgegangen. (So war es auch bei uns.) Dann fangt mit einer Stunde an, und nehmt euch nach und nach mehr Zeit. Achtet auf die Stolpersteine: kein Babysitter, zuwenig Geld (unsere Standardausrede – aber Spaß hat nichts mit Geld zu tun), andere Termine oder einfach nur ein schlechtes Gewissen. Bitte denkt daran:

Tut euch gut! Das Wohlfühlbuch für Paare

Den Tag bewußt gestalten

In *Euer eigenes Wohlfühlbuch* und *Euer Beziehungstagebuch: Hat Freude Platz in deinem Leben?* findet ihr mehr zum Thema »Sich einen schönen Abend machen«.

Wenn ihr nichts für die Beziehung tut, leidet nicht nur ihr, auch eure Kinder leiden, und eure Arbeit leidet. Sogar der Bundespräsident geht mal in Urlaub. Plant im voraus. (Ich kann das gar nicht oft genug sagen.) Plant auch Abende zu Hause ein. Wenn die Kinder schlafen oder fernsehen (natürlich nur ein geeignetes Programm), habt ihr Zeit für euch. Oder engagiert einen Babysitter, der einmal in der Woche kommt. (Schreib dir auf, welche Babysitter zuverlässig sind.) Ihr könnt euch auch mit einem anderen Paar zusammentun und abwechselnd babysitten, z. B. jeden zweiten Dienstag und jeden zweiten Mittwoch. Spaß hat nichts mit Geld zu tun. Schreibt auf, welche Dinge euch gefallen, die nichts oder nur wenig kosten. Ergänzt eure Liste immer wieder. Beginnt und schließt diese Abende mit einem kleinen Ritual, damit sie sich von anderen unterscheiden. Redet nicht über Arbeit, Kinder und Probleme. Wenn es euch schwerfällt abzuschalten, könnt ihr einander zu Beginn fünf Minuten geben, um eure Sorgen loszuwerden. Macht euch dann frei davon. Versucht die Kunst des Gesprächs wiederzubeleben (die anscheinend vom Aussterben bedroht ist). Redet über das, was euch bewegt; über das Weltgeschehen; das Buch, das ihr gerade lest; etwas Schönes, das euch in letzter Zeit begegnet ist; euer Weinsortiment oder darüber, warum du heute diesen schicken Pulli anhast.

Schlafen gehen

Emerson sagt, wir sollen den Tag beenden und ihn hinter uns lassen, denn wir haben unser Bestes gegeben. Beschließt den Tag mit etwas Schönem, und versucht, die Dinge, die ihr heute erlebt habt, hinter euch zu lassen. Ihr könnt einander den Rücken massieren oder gemeinsam duschen und euch vorstellen, wie alles, was euch noch belastet, weggewaschen wird. Ein Paar aus North Carolina hat folgendes Ritual entwickelt: Sie haben eine kleine Holzschachtel gekauft, und wenn sie Sorgen haben, öffnen sie den Deckel und sprechen alles, was sie auf dem Herzen haben, dort hinein. Dann schließen sie die Schachtel und tragen sie aus dem Schlafzimmer. Du kannst deine Sorgen auch auf Zettel schreiben (z. B.: »Ich bekomme eine Glatze. Unser Kind kriegt in Mathe eine Fünf. Mein Buch wird ein Flop«), und dir überlegen, was im allerschlimmsten Fall passieren könnte. (»Meine Frau wird mich verlassen. Unser Kind wird nie Astronaut. Als Autorin bin ich eine Niete«). Überleg dir auch, ob du etwas daran ändern kannst. (»Glatze ist Glatze. Ich kann ihm in Mathe helfen. Ich kann mehr Werbung für mein Buch machen und versuchen,

Siehe: »*Liebling, ich hab da ein tolles Buch für uns*«: *Wenn du Angst hast*

80 *Tut euch gut! Das Wohlfühlbuch für Paare*

das Ganze nicht so ernst zu nehmen«). Leg die Zettel dann in deine Schachtel, und stell sie aus dem Zimmer.

Den Tag bewußt gestalten

Lest einander etwas Schönes vor. Nancy und ihr Mann Bob, die viel für ihre Beziehung tun, lesen sich Gedichte vor. Geht in eine Buchhandlung, und sucht euch etwas aus, was euch beide anspricht.

Siehe: *Die eigene Welt erschaffen: Mehr gemeinsam machen*

Setzt euch Rücken an Rücken, und atmet tief durch. Es müssen nicht mehr als ein, zwei Minuten sein.

Mehr dazu in *Das tägliche Gespräch: Nonverbale Kommunikation; Entspannen* und *Eure Rhythmen sind nicht gleich: Wieder zueinanderfinden*

Schaut einander in die Augen, nehmt einen tiefen Atemzug, und sagt leise oder laut:

Mehr dazu in *Loslassen*

Ich atme ein und freue mich auf den Schlaf.

Ich atme aus und lasse los.

»Ich würde dich wieder heiraten.« Diesen Satz hat ein Paar, das ich interviewte, von einem alten Ehepaar übernommen. Dieses Paar ist in seiner langen Ehe nicht ins Bett gegangen, bevor beide das nicht zueinander sagen konnten. Stell dir vor, wie es ist, wenn ihr euch umarmt und sagt: »Ich freue mich, daß ich mit dir zusammen bin«, statt »Gute Nacht« zu murmeln.

Massiert einander regelmäßig. Bereitet alles vor, damit ihr euch entspannen könnt: Räumt das Zimmer auf, sorgt für ein angenehmes Licht, verwendet eine Duftessenz, und stellt ein Massageöl bereit.

Siehe: *Wohltuende Berührungen* und *Nahrung für die Sinne*

Gewohnheiten verändern

Achte darauf, wann du dich langweilst, wann du das Gefühl hast, nicht voranzukommen, oder wann du einfach zumachst. Was tust du, wenn du am Abend nach Hause kommst? (Schaltest du den Fernseher ein? Schenkst du dir ein Glas Wein ein? Ziehst du dich um?) Wie wachst du am Morgen auf? (Schlägst du nach dem Wecker? Bist du schlecht gelaunt? Greifst du nach der Zigarette?) Setz dich mit deinem Partner zu einem »Ich höre dir zu« zusammen. Sprich über eine Angewohnheit, die du ändern möchtest. *Nimm dir nicht zuviel auf einmal vor.* Die kleinen Schritte sind die besten, besonders wenn du Widerstände spürst. *Geh behutsam mit*

Tut euch gut! Das Wohlfühlbuch für Paare   81

Den Tag bewußt gestalten

dir um. Es geht darum, daß ihr euch miteinander *wohl fühlt*, und das hat viel mit Spaß und Lebensfreude zu tun und nichts mit Perfektion.

LITERATUR UND TIPS:

Epstein, Alan: *Glück ist, was du täglich tust. 365 gute Ideen für Lebensfreude und Glücklichsein*. Scherz, 1994. Eine Übung für jeden Tag.

James, Jennifer: *Trübe Tage. Wege aus dem weiblichen Stimmungstief*. Rowohlt, 1991. Für alle, die unter Depressionen leiden. (Auch für Männer.)

Johnson, Robert A.: *Bilder der Seele. Traumarbeit und Aktive Imagination*. Hugendubel, 1995. Mein Lieblingsbuch zu diesem Thema.

Thich, Nhat Hanh: *Ich pflanze ein Lächeln. Der Weg der Achtsamkeit*. Goldmann, 1992. Könnt ihr gemeinsam lesen (wie alle seine Bücher). Sehr inspirierend.

Taylor, Jeremy: *Where People Fly and Water Runs Uphill*. Warner Books, 1992. Kommt direkt nach Robert A. Johnsons Buch.

Eure Rhythmen sind nicht gleich

Wann...?

- Wenn ihr glaubt, eure Rhythmen sollten gleich sein.
- Wenn ihr längere Zeit getrennt wart und wieder zueinanderfinden wollt.
- Wenn ihr eine wichtige Entscheidung vor euch habt und euch nicht einig seid, wann ihr sie treffen sollt.
- Wenn dir das Tempo deines Partners auf die Nerven geht.

Worum geht's?

Leben ist Rhythmus. Du hast deinen Rhythmus, ich habe meinen. Doch unsere Rhythmen sind nicht gleich. (Wir würden uns die Ohren zuhalten, wenn wir sie in ihrer Dissonanz hören könnten.) Stell dir vor: Du bist ein Morgenmensch. Du springst um sechs Uhr aus dem Bett und könntest das Matterhorn bezwingen, und du bist mit einer Frau zusammen, die bis ein Uhr vor dem Fernseher hängt. Oder: Du brauchst drei Stunden, um deinen Koffer zu packen, und du bist mit einem Mann zusammen, der die Schublade mit der Unterwäsche einfach in den Koffer kippt und fahren möchte. Oder: Du bist ganz wild auf Nachwuchs, und deine Freundin zeigt beim Anblick von Babykleidung nicht die leiseste Gefühlsregung. Was könnt ihr tun, außer euch gegenseitig anzuschreien?

»Zeit ist der Stoff, aus dem Beziehungen gemacht sind«, sagt der Psychologe Peter Fraenkel. »Paare, die unter einem Dach zusammenwohnen, aber zu verschiedenen Zeiten zu Hause sind, mögen mehr darunter leiden als Paare, die räumlich getrennt, aber im selben Rhythmus leben. Daß unser individuelles Verhältnis zur Zeit ein Auslöser für Beziehungskonflikte sein kann, wird oft übersehen oder unterbewertet.«

Jeder Mensch hat seinen eigenen Rhythmus, und er beeinflußt uns so stark, daß wir ihn nur mit Mühe oder gar nicht ändern können. Wenn wir

Ihr braucht:

Eure Terminkalender oder eure persönlichen Tagebücher.

Euer Beziehungstagebuch oder Papier und Stifte.

Dauer: zwei bis zwanzig Minuten täglich.

Tut euch gut! Das Wohlfühlbuch für Paare

Eure Rhythmen sind nicht gleich

mit jemandem zusammenleben, müssen wir uns jedoch arrangieren (oder mit dem Chaos vorliebnehmen). Etwas für die Beziehung tun heißt also auch, daß wir uns mit unseren Rhythmen auseinandersetzen. Wir müssen uns darüber klar werden, was unser Rhythmus ist; darüber reden, wie es uns mit dem Rhythmus unseres Partners geht, und akzeptieren, daß wir verschiedene Rhythmen haben. Wir können sogar lernen, das zu schätzen.

Was ihr füreinander tun könnt:

Findet euren Rhythmus

Die folgenden Fragen helfen euch herauszufinden, wo sich eure Rhythmen unterscheiden. Auch hier gibt es kein Richtig oder Falsch. Kreuz einfach an, was auf dich zutrifft.

Ja   Nein

__   __   Ich bin wie eine Schildkröte: langsam, aber stetig.

__   __   Ich bin wie ein Hase: schnell, aber manchmal mache ich schlapp.

__   __   Ich bin ein Morgenmensch.

__   __   Ich bin ein Nachtmensch.

__   __   Ich bin keines von beidem.

__   __   Ich brauche Zeit, um Entscheidungen zu treffen.

__   __   Ich kann mich schnell entscheiden, und ich werde ungeduldig, wenn andere langsamer sind.

__   __   Es ist mir peinlich, wenn ich mich verspäte.

__   __   Es macht mir nichts aus, zu spät zu kommen.

JA   NEIN   Eure Rhythmen sind
                                                                    nicht gleich

____ ____   Wenn ich als Kind etwas auf die Schnelle und nicht
             besonders ordentlich erledigte, wurde ich bestraft.

____ ____   In der Schule war ich oft als erster mit einer Aufgabe
             oder einer Arbeit fertig.

____ ____   Meine Eltern waren (oder ein Elternteil war) eher
             langsam und genau.

____ ____   Meine Eltern trafen (oder ein Elternteil traf) rasch Ent-
             scheidungen.

____ ____   Lange schlafen zeugt von Faulheit.

____ ____   Nur Langweiler gehen früh ins Bett.

____ ____   Ich brauche Zeit, wenn ich eine größere Arbeit in An-
             griff nehme (z. B. mein Schlafzimmer neu streichen),
             und ich gehe es gern gemütlich an.

____ ____   Größere Aufgaben (z. B. mein Schlafzimmer neu strei-
             chen) erledige ich so schnell wie möglich.

Diese Fragen helfen euch, den Rhythmus eures Partners besser kennenzulernen. Dein Partner ist nicht so, um dir eins auszuwischen – es
ist sein/ihr Rhythmus. Diese Fragen helfen euch herauszufinden, wo
euer Umgang mit der Zeit zum Problem wird.

Hier ein paar typische Zeitkonflikte und Tips, was ihr tun könnt,
wenn sie euch zu schaffen machen.

Was, wenn ihr verschieden tickt?

Stell dir vor, du brauchst einen Liter Kaffee, um morgens wach zu
werden, und du lebst mit einer Frau zusammen, die um sieben Uhr schon
eine Stunde joggen war. Jetzt gibt es kein Zurück mehr, du hast dich für

Tut euch gut! Das Wohlfühlbuch für Paare   85

Eure Rhythmen sind nicht gleich

sie entschieden. Wie könnt ihr euch das gemeinsame Leben leichter machen?

Wie so oft ist Kompromiß das Zauberwort. (Und das gilt nicht nur für sogenannte asynchrone, sondern für *alle* Beziehungen.) Dein Partner ist morgens nicht schlecht drauf, weil er dir den Tag vermiesen will, sondern weil seine Uhr so tickt. *Innere Uhren lassen sich nicht oder nur schwer verstellen.* Wenn ihr das akzeptieren könnt und aufhört, ein Drama daraus zu machen, habt ihr das Problem schon halb gelöst.

Nutzt die guten Zeiten. Findet heraus, wann ihr eure Spitzenzeiten habt. Beobachte dich zwei, drei Tage lang. Wann fühlst du dich wach, lebendig und voller Energie? Wann geht es deinem Partner so? Gibt es Überschneidungen? Verbringt diese Zeit gemeinsam, wenn ihr könnt. Wenn euch das nicht möglich ist, müßt ihr mit den zweit- oder drittbesten Zeiten vorliebnehmen.

Kleine Rituale können helfen. Christina und Steve, ein Paar, das in Liebe verbunden ist, verrieten mir in einem Interview, was sie tun, um ihre morgendliche Stimmungsdifferenz zu überbrücken. Steve steht als erster auf und kocht Kaffee. Dann weckt er seine Frau behutsam und flüstert ihr ins Ohr: »Liebling, weißt du, was ich hier habe? Den besten Kaffee, den du je getrunken hast.« Das ist ein guter Kompromiß, der richtige für Christina, die nicht aus dem Bett kommt, und Steve, der darauf brennt, endlich den Tag zu beginnen.

Macht das Beste aus euren Rhythmusunterschieden. Jim Thorton beschreibt, wie das ihm und seiner Frau gelingt: »Wir sind in der glücklichen Lage, das Positive daran zu sehen und nicht das, was viele andere Paare stört. Ein Beispiel: Wenn wir länger mit dem Auto unterwegs sind, wird jeder zu einem anderen Zeitpunkt müde: Wir können uns also wunderbar mit dem Fahren abwechseln.« Es hat auch sein Gutes, wenn ihr nicht den gleichen Rhythmus habt. Das gibt euch Zeit für euch allein und für Dinge, die ihr ohne Partner tun könnt. (Du kannst dann mit einem Freund um sieben Uhr zum Yoga gehen oder um drei Uhr morgens essen.) Ihr lernt, einander mit Verständnis zu begegnen und zu akzeptieren, daß die Uhren des Partners anders laufen. *Und das wirkt sich auch auf andere Aspekte der Beziehung aus.*

Übrigens: Untersuchungen haben ergeben, daß Paare, deren Rhythmen unterschiedlich sind, sich besser als alle anderen verstehen, wenn sie lernen, mit ihren Unterschieden umzugehen. Vive la différence!

Eure Rhythmen sind nicht gleich

Wieder zueinanderfinden

Wenn ihr über einen längeren Zeitraum wenig oder kaum zusammen seid, führt das zu Konflikten. Plötzlich fühlt ihr euch alleingelassen, das Wechselspiel von Nähe und Distanz wird zum Problem, ganz zu schweigen davon, daß ihr einfach nicht mehr wißt, wie es eurem Partner geht. Das folgende Ritual kann da sehr hilfreich sein: Wer sich von euch mehr gestreßt, verlassen oder ungeliebt vorkommt, ist der Empfänger. Ihr könnt es auch zweimal machen, damit jeder einmal drankommt.

Je nachdem, wie euch zumute ist, macht dieses Ritual täglich, zu Beginn eures Urlaubs oder eines gemeinsamen Abends oder bevor ihr schlafen geht.

Legt euch auf die Seite, Rücken an Bauch. Der, der vorn liegt, ist der Empfänger. Der Gebende umarmt ihn.

Schließt eure Augen, und **entspannt euch**. Achtet auf den Atem. Atmet ein paarmal ein und aus, und konzentriert euch dann auf den Atem eures Partners. Wenn der Empfänger soweit ist, nimmt er/sie einen tiefen Atemzug, hält den Atem an und atmet wieder aus. Der Gebende paßt sich diesem Atemrhythmus an. Atmet gemeinsam. Atmet ein, haltet den Atem an, und atmet wieder aus. Macht das eine Zeitlang. Während ihr so atmet, stellt sich der Empfänger vor, daß er die Energie aufnimmt, die der andere ihm schickt, und der Gebende, daß er bei jedem Ausatmen Energie freisetzt.

Wenn der Empfänger soweit ist, ändert er sein Atemmuster. Er atmet ein, wenn der andere ausatmet, und umgekehrt. Einer atmet ein, der andere aus. Macht das ein paar Minuten lang.

Wenn du genug bekommen hast, dann dreh dich um, und sieh deinem Partner in die Augen. Genießt die Verbundenheit, die ihr jetzt fühlt, ohne zu reden.

Tut euch gut! Das Wohlfühlbuch für Paare

Eure Rhythmen sind nicht gleich

Das Ganze dauert etwa zehn Minuten. Wenn ihr wollt, könnt ihr zusätzlich für Atmosphäre sorgen: Zündet eine Kerze an, legt entspannende Musik auf, macht es euch mit vielen Kissen bequem.

Entscheidungskrisen

Phasen, in denen es im Leben eines oder beider Partner um eine größere Entscheidung geht, können zu erheblichen Konflikten führen. Wenn einer sich ein Kind wünscht und der andere nicht, wenn ihr beide zur gleichen Zeit den Beruf wechseln wollt und das aus finanziellen Gründen nicht möglich ist, wenn einer sich ein eigenes Haus wünscht und der andere davon nichts wissen will – all das kann schmerzhafte Risse in eurer Beziehung hinterlassen. Gegenseitiger Respekt, Achtsamkeit und die Bereitschaft, auf etwas zu verzichten, sind die Voraussetzung, solche turbulenten Zeiten durchzustehen. Folgendes solltet ihr beachten:

Siehe: *Nahrung für die Seele: Der Beziehung Opfer bringen*

Mehr dazu in *Was du wirklich brauchst*

Fragt euch, ob ihr eure *Wünsche* ernster nehmt als die *Bedürfnisse* eures Partners.

Setzt euch immer wieder zu einem »Ich höre dir zu« zusammen, und besprecht euer Problem. Sprecht sonst nicht darüber.

Sagt einander immer wieder, daß ihr eine Lösung finden werdet. Ihr seid *beide* betroffen. Nehmt die Bedürfnisse des anderen so wichtig wie eure eigenen.

Versucht, die Sache mal aus einer anderen Perspektive zu sehen: Helft anderen, die Hilfe brauchen; unternehmt einen Wochenendausflug; macht es euch schön, und sprecht nicht über Probleme; oder geht in die Natur, und laßt euch auf andere Gedanken bringen.

Chris und ich hatten mit einem ähnlichen Problem zu kämpfen: Ich wünschte mir nichts sehnlicher, als aus Los Angeles fortzuziehen, doch für Chris war das undenkbar. Es hätte seine beruflichen Pläne ernsthaft gefährdet. Wir stritten. Ich ließ nicht locker. Chris versuchte, mir entgegenzukommen, aber ich spürte, daß es nicht von Herzen kam. Ich jammerte, Chris war dem Verzweifeln nahe. Schließlich begriff ich: Für Chris war es ein *Muß*, in Los Angeles zu bleiben; ich *wünschte* mir, aufs Land zu ziehen. Ich wünschte es mir sehnlichst, aber es war trotzdem nur

Eure Rhythmen sind nicht gleich

ein Wunsch. Er träumt davon, ein großer Filmemacher zu werden; ich träumte davon, irgendwo in der Natur zu leben. Mein Wunsch kann warten. Wir kamen schließlich überein, uns etwas außerhalb der Stadt zu suchen, aber doch so nahe, daß Chris täglich zur Arbeit fahren kann. Das war ein schmerzhafter Prozeß für uns beide, aber vielleicht haben wir einen Kompromiß gefunden, der sich bewährt.

»Ich akzeptiere, daß du anders bist«

Es fällt uns schwer zu akzeptieren, daß unser Partner anders ist. Aber wenn es uns gelingt, unsere Unterschiede anzunehmen, haben wir einen großen Schritt getan. Mein Liebster wird immer langsamer und pingeliger sein als ich. Ich kann auch in Zukunft darüber spitze Bemerkungen machen oder seufzen, wenn ich ihm zuschaue, oder ich kann lernen, seine Art zu schätzen: die Art, wie er mit den Dingen umgeht; was er sagt, wenn es um wichtige Entscheidungen geht; warum es ihm jetzt wichtig ist, sich in seine Arbeit zu stürzen.

Siehe: *Die Kunst des Akzeptierens*

Du kannst dich entscheiden: Du kannst deinen Partner akzeptieren oder nicht. Gewöhn dir an, dich folgendes zu fragen, wenn ihr wegen Rhythmusdifferenzen streitet: »Kann ich auch anders reagieren?« Oder: »Was könnte ich jetzt anders machen?« Versuch, deinem Partner ebenso respektvoll zu begegnen wie einem guten Freund.

Siehe: *Achtung, romantische Vorstellungen oder: Weißt du, was Liebe ist?: Gute Freunde werden*

LITERATUR UND TIPS:

Dym, Barry/Glenn, Michael: *Liebe, Lust und Langeweile. Die Zyklen intimer Paarbeziehungen.* Trias, 1994. Hilft euch, Krisen besser zu verstehen.

Miller Fishman, Barbara/Ashner, Laurie: *Come Together. Resonanz. Die neue Vision der Liebe.* Rütten, 1995. Zeigt, wie ihr ein Gleichgewicht finden könnt zwischen Zusammen- und Unabhängigsein. Ein ausgezeichnetes Buch.

Eure Rhythmen sind nicht gleich

Perry, Susan/Dawson, Jim: *Chronobiologie – die innere Uhr Ihres Körpers. Entdecken und nutzen Sie den eigenen Rhythmus.* Ariston, 1991. Rhythmusunterschiede aus wissenschaftlicher Sicht.

Tyler, Anne: *Die Reisen des Mr. Leary.* Econ, 1995. Eine Geschichte über verschiedene Lebensstile und wie Liebe sie verträglich macht.

DAS WECHSELSPIEL VON NÄHE UND DISTANZ

WANN . . . ?

- Wenn einer von euch mehr zu zweit, der andere mehr allein sein will.

- Wenn es dir schwerfällt, deinem Partner eine Bitte abzuschlagen.

- Wenn du deinem Partner/deiner Partnerin oder deiner Familie zuliebe deine Träume aufgegeben hast.

WORUM GEHT'S?

Ihr müßt einander genügend Freiraum geben, damit die »Winde des Himmels« zwischen euch tanzen können, so der vielzitierte Khalil Gibran. Oder wie der Psychologe John Welwood schreibt: Eine Beziehung ist »mehr als nur Zusammensein. Sie ist ein Wechselspiel von Nähe und Distanz«. Die Frage, um die es in jeder Beziehung geht: Wie können wir einander nahe sein, ohne uns selbst zu verlieren?

Gay und Kathlyn Hendricks schreiben dazu: »Eine Beziehung ist wie ein Tanz . . . Wir haben beobachtet, daß Paare ein starkes Bedürfnis haben, das, was von Natur aus dynamisch und asymmetrisch ist, in ein bestimmtes Schema zu pressen. Partner haben jedoch verschiedene Bedürfnisse, was den Zeitpunkt und die Dauer des Zusammen- und Alleinseins anbelangt. *Und ihre Rhythmen sind nur selten deckungsgleich.*« Daran können wir nichts ändern. Liebe ist dynamisch. Ihre Zyklen sind weder gut noch schlecht. Jeder Wunsch, in diese Zyklen einzugreifen, »trägt dazu bei, daß jenes Prickeln, das entsteht, wenn wir in engen Beziehungen Unterschiede zulassen, verlorengeht.« Voraussetzung dafür, diese Unterschiede zu erlauben, ist natürlich, *daß du weißt, wieviel Nähe und Distanz du brauchst.*

Einmal bist du ganz wild darauf, dem anderen nahe zu sein, dann wieder sehnst du dich nach Freiheit und Alleinsein. Wenn wir begreifen, daß es

DU BRAUCHST:

Stifte.

Eine Uhr.

Dinge, die du gern allein machst.

Dauer: zehn Minuten oder ein paar Stunden, wie du willst.

Tut euch gut! Das Wohlfühlbuch für Paare

Das Wechselspiel von Nähe und Distanz

diesen Wechsel gibt, können wir auch akzeptieren, daß unsere Bedürfnisse verschieden sind. Wir müssen uns nicht ängstlich aneinanderklammern, und wir brauchen keine Angst zu haben, daß der Sturm uns auseinanderfegt. Wir können *mit* dem Wind tanzen.

Was ihr füreinander tun könnt:

Grenzen setzen

Deine Grenzen sind ein wesentlicher Teil von dir. Sie sagen, wer du bist, sie unterscheiden dich von anderen. Neben physischen Grenzen (z. B. wie nahe dir jemand kommen darf, wann und wo du berührt werden willst) gibt es auch emotionale Grenzen. Sie sagen, wie du behandelt werden möchtest. Grenzen können fix oder variabel sein, je nach Situation bzw. Gegenüber. Die folgenden Fragen helfen dir herauszufinden, welche Grenzen du deinem Partner setzt. Es geht um *deine* Grenzen. Auch hier gibt es kein Richtig oder Falsch. Wenn du willst, kannst du deine Antworten mit deinem Partner durchgehen – das hängt von deinen Grenzen ab.

Ja   Nein

____ ____   Ich schlafe mit meinem Partner, wann immer er/sie es will.

____ ____   Er/Sie kann mich jederzeit umarmen.

____ ____   Es stört mich nicht, wenn mein Partner etwas über meine Kleidung oder meine Figur sagt, auch nicht, wenn andere dabei sind.

____ ____   Ich bekomme Schuldgefühle, wenn ich meinem Partner eine Bitte abschlage.

____ ____   Ich halte es nicht aus, längere Zeit ohne ihn/sie zu sein.

____ ____   Ich genieße es, etwas allein zu unternehmen (z. B. eine Geschäftsreise).

JA   NEIN   Das Wechselspiel von
                                                               Nähe und Distanz

—— ——   Es verletzt mich, wenn mein Partner mir eine Bitte ab-
          schlägt.

—— ——   Ich bin gern allein.

—— ——   Ich zeige meinem Partner offen, wenn es mir schlecht-
          geht. Wenn er/sie mir nicht helfen kann, wende ich
          mich an einen Freund/eine Freundin, oder ich tue
          selbst etwas für mich, z. B. spazierengehen.

Gibt es den einen oder anderen Punkt, wo du deine Grenzen deutlicher
zum Ausdruck bringen solltest? In welchen Bereichen gibt es Probleme,
weil eure Grenzen unterschiedlich sind? Nehmt euer Beziehungstagebuch, und notiert euch diese Dinge. Ihr könnt euch auch zu einem »Ich
höre dir zu« zusammensetzen.

Grenzen sind paradox (wie so vieles in unseren Beziehungen): Je klarer
du deine Grenzen setzt, desto näher kannst du deinem Partner kommen.
Wenn deine Grenzen so verschwommen sind, daß du nicht weißt, wo du
aufhörst und wo dein Partner anfängt, kannst du dich *aus Angst, dich zu
verlieren,* dem anderen nicht wirklich öffnen. Wenn du weißt, wer du bist,
ist Nähe für dich kein Problem.

Nähe und Distanz im Wechsel

Wann fühlst du dich dem anderen nahe? Wann gehst du auf Distanz? Was
steckt dahinter? Beobachte dich einen Monat lang, und mach dir in
deinem Terminkalender entsprechende Notizen (neben all den anderen
wichtigen Dingen, die du dort notierst).

Hier ein Beispiel:

SIE   ER

                    Montag, 1. März

Anstrengende Besprechung in   Anstrengender Tag im Büro.
    der Arbeit.   Wäre dir gern nahe gewesen,
Wäre gern allein gewesen, als   hätte gern geschmust.
    ich heimkam.

Tut euch gut! Das Wohlfühlbuch für Paare

Das Wechselspiel von
Nähe und Distanz

SIE

ER

Freitag, 12. März

Er war eine Woche fort.
War distanziert, weil es sich
    fremd anfühlte, ihn in
    meiner Nähe zu haben.
Etwas näher am späten Abend.

Bin von einer Reise zurückge-
    kommen.
Müde, wußte nicht, was ich
    wollte – einfach nur Zeit,
    um auszupacken
    und anzukommen.

Sonntag, 14. März

Waren wandern und auswärts
    essen.
Habe mich ihm näher gefühlt
    als er mir.

Ein Tag in der Natur.
Habe mich ihr sehr nahe
    gefühlt.

Freitag, 26. März

Meine Eltern sind zu Besuch.
War distanziert ihm gegen-
    über.
Etwas näher vor dem Zubett-
    gehen.

Die Schwiegereltern sind zu
    Besuch.
War angespannt und eher
    distanziert.

Schreib über dich und nicht darüber, wie es deinem Partner/deiner Partnerin geht.
Ziel dieser Übung ist nicht, den anderen zu bewerten, sondern genauer
zu beobachten, wie ihr einander näherkommt und wie ihr euch voneinander entfernt.

Setzt euch am Ende des Monats zusammen (nicht früher), und geht eure
Notizen durch. Gibt es bestimmte Situationen, die sich wiederholen
(monatliche Zusammenkünfte, Sonntagsessen bei den Schwiegereltern,
Menstruationszyklen)? Haben sie einen Einfluß darauf, ob ihr euch verbunden fühlt oder auf Distanz geht? Seht euch auch die Zeiten an, in
denen der eine Nähe fühlt, der andere Distanz. Sprecht darüber, versucht,
der Sache auf den Grund zu gehen. Lernt daraus. Denkt daran: Keine
Vorwürfe! Bleibt bei der Ichform, z. B.:

Tut euch gut! Das Wohlfühlbuch für Paare

»Mir ist folgendes aufgefallen: Wenn du von einer Geschäftsreise zurückkommst, habe ich das Gefühl, daß du in *mein* Haus eindringst, so als ob alles mir allein gehören würde.«

Dein Partner: »Wenn ich heimkomme, brauche ich Zeit für mich. Wie sollen wir in Zukunft damit umgehen?«

Oder: »Auf unserer Wanderung letzten Monat hatte ich das Gefühl, du seist eher distanziert, aber in Wirklichkeit hast du dich mir nahe gefühlt. Wie hast *du* das erlebt?«

Sagt die Dinge möglichst *liebevoll*. Diese Übung hilft euch, euer Wechselspiel von Nähe und Distanz bewußter zu erleben. Es gibt auch hier kein Gut und Schlecht. Wichtig ist, daß ihr euch wohl fühlt.

Das Wechselspiel von Nähe und Distanz

Nehmt euren gemeinsamen Kalender für den nächsten Monat. An welchen Tagen werdet ihr wahrscheinlich beide das Bedürfnis nach Nähe bzw. Distanz haben, an welchen werden eure Bedürfnisse eher unterschiedlich sein? Markiert diese Tage. Wenn er z. B. wieder auf Geschäftsreise geht, dann vermerkt an dem Tag, an dem er heimkommt, daß jeder von euch Raum für sich braucht. Oder: Wenn ihr herausgefunden habt, daß ihr Freitagabend beide Lust auf Nähe habt, dann nutzt die Zeit. Macht euch einen schönen Abend.

Gemeint ist derselbe gemeinsame Kalender wie in *Zeit zu zweit*.

Vermerkt in eurem gemeinsamen Kalender alles, was der andere wissen sollte: wichtige berufliche Termine; besondere Termine und Verabredungen, die die Kinder haben; alles, was sich irgendwie auf die Beziehung auswirkt.

Legt euren Kalender an einen Ort, an dem ihr ihn täglich seht. Er erinnert euch daran, worauf ihr achten müßt. Wenn ihr euch darauf einstellt, und akzeptiert, daß euer Bedürfnis nach Nähe und Distanz sich ständig wandelt, wird eure Beziehung viel harmonischer.

Nein sagen

Bekommst du Schuldgefühle, wenn du nein sagst? Mach dir keine Sorgen: Es ist ganz normal, deinem Liebsten manchmal eine Bitte abzuschlagen, mehr noch: Es ist die Voraussetzung für ein befriedigendes Zusammenleben.

Das Wechselspiel von Nähe und Distanz

Nein sagen heißt nicht, daß du dabei wütend oder distanziert sein mußt. Versuch in solchen Situationen, *ganz bewußt dein Herz zu öffnen*. Mach dir bewußt, wie sehr du diesen Menschen liebst. Sprich mit ruhiger Stimme, und drück dich klar und deutlich aus. Vielleicht hilft es euch, wenn ihr euch einen Standardsatz ausdenkt, z. B.: »Ich hab dich lieb, aber ich muß jetzt nein sagen, weil . . .« Und der andere kann z. B. antworten: »Ich akzeptiere dein Nein.«

Versucht es, traut euch, nein zu sagen. Macht es ein paarmal, und setzt euch dann zusammen, und besprecht, wie es euch ergangen ist. Wie fühlst du dich, wenn du deinem Partner eine Bitte abschlägst? Ist es mit Angst verbunden? Spürst du Wut? Fürchtest du, daß du es büßen mußt? Versucht, die Dinge offen zu besprechen und ehrlich nein zu sagen – dann macht es euch viel mehr Freude ja zu sagen.

»Ich will jetzt mal allein sein«

Siehe: *Tu was für dich*

Wenn ihr eure Beziehung lebendig halten wollt, ist eines sicher wichtig: daß jeder Zeit für sich hat. Probiert aus, wie es ist, wenn sich jeder Zeit für sich nimmt. Es sollten mindestens drei Stunden in der Woche sein, höchstens ein ganzer Tag. Vereinbart, wer wann »frei« hat. Mach dir ein paar schöne Stunden, unternimm etwas, *aber bitte nichts, was irgendwie mit Arbeit zusammenhängt*: keine Besorgungen, kein Putzen oder Aufräumen. Laß dich auch nicht dazu verleiten, schnell noch mal ins Büro zu gehen. Setz dich dann mit deinem Partner zusammen, und erzähl, wie es dir ergangen ist. Hast du das Gefühl gehabt, du solltest lieber etwas arbeiten? Hat es dich danach verlangt, sie/ihn anzurufen? Wie hast du dich gefühlt? Worüber hast du nachgedacht?

Hat dir dein Ausflug gutgetan? Vielleicht war er wie ein Kurzurlaub. Vielleicht ist dir klargeworden, daß du dir zuwenig Zeit für dich nimmst und daß du öfter etwas unternehmen solltest. Das Kapitel »Tu was für dich« kann dir weiterhelfen. Macht regelmäßig Urlaub voneinander. Plant das ganz bewußt.

LITERATUR UND TIPS:

Das Wechselspiel von Nähe und Distanz

Lerner, Harriet Goldhor: *Zärtliches Tempo. Wie Frauen ihre Beziehungen verändern, ohne sie zu zerstören.* Fischer, 1994. Ein Standardwerk zum Thema »Nähe«.

Hendricks, Gay/Hendricks, Kathlyn: *Centering and the Art of Intimacy Handbook.* Simon and Schuster, 1993. Ein Arbeitsbuch mit vielen Körperübungen.

Welwood, John: *Journey of the Heart.* HarperCollins, 1990. Ein wunderbares Buch zum Thema »Der Weg des Herzens«.

ANTEIL NEHMEN

IHR BRAUCHT:

Entspannende Musik, z. B. *Santosh* von P. C. Davidoff.

Dauer: etwa eine halbe Stunde (ohne Pause).

WANN . . . ?

• Wenn du das Gefühl hast, daß du mit einem/einer Fremden zusammenlebst.

• Wenn ihr nur noch aneinander herumnörgelt und nie der gleichen Meinung seid.

• Wenn sich dein Partner/deine Partnerin in einer besonders anstrengenden oder erfolgreichen Phase befindet.

WORUM GEHT'S?

Kennt ihr den Film *Das teuflische Spiel*? (Wenn nicht, dann leiht ihn aus, und seht ihn euch gemeinsam an. Ihr werdet eine Menge über Anteilnahme lernen.) Es geht um einen Wissenschaftler, der ein Gerät entwickelt hat, mit dessen Hilfe man in das Innenleben eines anderen Menschen eindringen kann. Man kann miterleben, was der andere denkt und fühlt. Seine Frau ist neugierig geworden. Sie möchte endlich wissen, was in ihrem Mann vorgeht (mit dem sie nicht mehr viel verbindet). Das ist die eindrucksvollste Szene. Sie wird förmlich überflutet von Verständnis. Zum ersten Mal versteht sie ihn, zum ersten Mal versteht sie seine Perspektive in ihren permanenten Auseinandersetzungen. Ihre Ehe ist gerettet.

So sehr wir uns bemühen: Wir können einen anderen Menschen nie ganz verstehen. Wenn du eine Frau bist, weißt du nicht, wie es ist, ein Mann zu sein; und als Mann kannst du nicht wissen, wie es sich anfühlt, Frau zu sein. Wir wissen es einfach nicht. Das ist aufregend und beängstigend zugleich. Wir sind getrennte Wesen, und wir sind nicht in der Lage, in den anderen hineinzusehen (zumindest nicht mit den Mitteln, die uns heute zur Verfügung stehen). Aber gerade deshalb sollten wir uns Mühe geben, uns in den anderen einzufühlen.

Tut euch gut! Das Wohlfühlbuch für Paare

Unsere Vorstellungskraft hilft uns dabei. Wir können lernen, am Erleben unseres Partners teilzuhaben. Wir können lernen, das alte »Entweder/oder«-Denken hinter uns zu lassen und den anderen auf einer tieferen Ebene zu verstehen. Wir können uns von unseren negativen Denkgewohnheiten und von den vielen Mißverständnissen befreien, und wir können lernen, den anderen so anzunehmen, wie er/sie ist. Und vielleicht gelingt es uns sogar, uns über unsere Verschiedenartigkeit zu freuen.

WAS IHR FÜREINANDER TUN KÖNNT:

»Ich fühle mich jetzt in dich ein«

Setzt euch hintereinander. Der Hintere gibt, der Vordere empfängt. Lies deinem Partner den folgenden Text laut vor. Lies *langsam*, und achte auf die Pausen. Geht langsam vor. Improvisiert, wenn euch danach zumute ist. Je öfter ihr eine Visualisierungsübung macht, desto besser funktioniert sie. Die Übung ist besonders angenehm, wenn ihr sie vor dem Zubettgehen macht. Mit nackter Haut tut sie besonders gut.

Macht aus, wer gibt und wer empfängt. Wenn du gibst, dann setz dich hinter deinen Partner, so nahe, daß du seine/ihre Schulter berühren kannst. Macht es euch bequem, damit ihr diese Übung so richtig genießt. Laßt euch von nichts stören. Lies langsam, und versuch, dich in den anderen einzufühlen.

Schließ deine Augen, und **entspann dich**. (Lies das entsprechende Kapitel vor, oder verwende eine andere Entspannungsmethode.)

Spür deinen Atem . . . Spür, wie du dich entspannst, spür meine Nähe . . . Fühl, wie die Energie der Liebe uns begleitet. Wir lassen beide los. (Atmet tief und ruhig, nehmt euch genügend Zeit.) . . . Atme ein und aus. Spür, wie du immer ruhiger wirst. Du bist jetzt offen für den Augenblick.

Stell dir vor, daß dein Atem sich mit meinem vermischt und daß sich eine schützende Hülle um uns bildet, die mit jedem Ausatmen dichter wird. (Stellt euch vor, wie euer Atem diese Hülle nährt.) . . . Stell dir

Tut euch gut! Das Wohlfühlbuch für Paare

Anteil nehmen

vor, daß diese Hülle alles absorbiert, was dich noch stören könnte. Spür, wie wir mit jedem Atemzug offener und entspannter werden, bis wir ganz offen und ganz ruhig und in unserer Mitte sind.

Atme tief und ruhig. Laß dich einfach *sein*, entspannt und aufmerksam, und spür die Wärme, die dein Herz umgibt . . . Spür, wie diese wunderbare Energie deinen ganzen Körper durchflutet . . .

(Der Gebende liest die nächsten Absätze schweigend für sich.)

Konzentrier dich auf deinen Partner. Leg deine Hände sanft in seinen Nacken. Spür seine Haut. Nimm die Spannung dieses Nackens wahr und wie schwer es sein kann, diesen Kopf zu tragen . . .

Löse deine Hände sacht, und berühr dann die Schultern . . . Spür, was diese Schultern in diesem Leben schon auf sich genommen haben und was jetzt auf ihnen lastet . . .

Leg deine Hände auf den Rücken deines Partners, dort, wo du spürst, daß dieser Rücken leicht verwundbar ist . . . Laß dein Mitgefühl frei fließen: aus deinem Herzen, deine Arme hinunter und in diesen Punkt hinein . . . Laß deine Hände weiterwandern, und berühr andere Stellen, an denen du Furcht oder Verspannung wahrnimmst. Langsam und liebevoll. Spür, wie die Wärme, die dein Herz ausstrahlt, durch deine Arme fließt, durch deine Hände und in den Körper deines Partners. Spür, wie sie ihm guttut und ihn nährt . . .

Atme tief, und spür, wie dein Herz sich öffnet, spür deine Anteilnahme und dein Mitgefühl für deinen Partner und für alles, was er auf sich nimmt. Massier ihm sanft den Nacken, die Schultern und den Rücken. Du kannst auch einfach nur die Hand auflegen . . . Spür diesen Menschen, nimm ihn wahr . . . seinen Körper . . . seine Seele . . . Spür, wer er/sie wirklich ist.

(Lies den folgenden Absatz laut vor.)

Atme tief und ruhig, und komm langsam wieder in diesen Raum zurück. Nimm dir genügend Zeit, öffne dann die Augen, und sieh dich um. Nimm wahr, was dich umgibt.

Anteil nehmen

Tauscht die Plätze, wenn ihr soweit seid, und wiederholt die Visualisierungsübung.

Wie hast du dich in der Rolle des Gebenden gefühlt? Wie in der Rolle des Empfangenden? Was war dir angenehmer? Gibt es Dinge, die ihr das nächste Mal anders machen wollt? Was hat dich am meisten berührt? Was hast du gelernt? Wenn ihr Lust habt, könnt ihr in eurem Beziehungstagebuch ein paar Notizen machen.

Siehe: *Euer Beziehungstagebuch*

Literatur und Tips:

Naparstek, Belleruth: *Compassionate Relationship: Seeing the »Beloved Other« Beyond the Projection.* Sounds True Reccording, Boulder, Colorado. Diente als Anregung für die Visualisierungsübung in diesem Kapitel.

WAS MÄNNER UND WAS FRAUEN BRAUCHEN

IHR BRAUCHT:

Mut, um euch mit euren Vorurteilen auseinanderzusetzen.

Euer Beziehungs-tagebuch oder Papier und Stifte.

Dauer: Das wißt ihr erst im nachhinein.

Siehe: *Worum es in diesem Buch geht und warum ich es geschrieben habe: Zuwendung ist nicht nur Frauensache*

WANN . . . ?

- Wenn du nicht weißt, was Geschlechterrollen sind, wenn du das Thema ignorierst oder glaubst, daß es keine Alternative zu den traditionellen Rollenbildern gibt.

- Wenn in eurer Beziehung nur einer gibt.

- Wenn es dir oder deinem Partner schwerfällt, Zuwendung zu geben oder anzunehmen, vor allem in Situationen von Schwäche oder Verletzlichkeit.

WORUM GEHT'S?

Als ich begann, dieses Buch zu schreiben, war ich noch nicht frei von dem Vorurteil, daß Männer anderen nicht so viel geben können wie Frauen. Die Untersuchungen, die ich in der Folge anstellte, bewiesen das Gegenteil. Es ist also falsch zu glauben, daß Männer die schlechteren Partner, Eltern oder Freunde sind, es ist diskriminierend, und es ist sogar gefährlich. Ich hatte selbst daran geglaubt, an den »kleinen Unterschied«, doch dann begriff ich, wie ernst die Krise ist, die dieser Glaube mitverursacht hat. Aber ich begriff auch, daß wir die Chance haben, uns zu besinnen. Wenn es uns gelingt, den Riß zwischen Mann und Frau mit Liebe zu kitten, wenn es uns gelingt, die Wunden, die der Geschlechterkampf in jedem von uns hinterlassen hat, zu heilen, können wir einander mehr geben als je zuvor. Wir können unsere innersten Bedürfnisse befriedigen. Und wir tragen dazu bei, daß sich die Rollenbilder endlich wandeln.

Männer können keine Gefühle zeigen, Frauen sind gefühlsbetont. Männer lernen zu dominieren, Frauen lernen, für andere zu sorgen. Wenn wir uns an solchen Rollenbildern orientieren, leiden wir, egal ob wir Männer

Tut euch gut! Das Wohlfühlbuch für Paare

Was Männer und was Frauen brauchen

oder Frauen sind. Wir leben in einer Zeit des Wandels: Das, was früher zählte, gilt nicht mehr, aber wir haben keine neuen Rollenbilder, um die alten zu ersetzen. Wir hängen in der Luft. Wie können wir die Kluft zwischen den Geschlechtern überbrücken? Indem wir uns einander zuwenden, denn wenn wir das nicht tun, wird sie nur noch tiefer.

(Achtung: Nimm das folgende mit Vorsicht auf. In diesem Kapitel wirst du immer wieder auf Verallgemeinerungen stoßen. Ich entschuldige mich gleich im voraus dafür. Es geht hier nicht darum, irgend jemandem Vorwürfe zu machen. Schenk dem Beachtung, was dich anspricht; beobachte, was dich verärgert; und laß dir den Rest egal sein.)

Was werfen Frauen Männern vor? »Er kann seine Gefühle nicht zeigen, er hilft mir nicht im Haushalt, und man kann mit ihm nicht über Beziehungen reden.« Und was haben die Männer an den Frauen auszusetzen? »Sie will nicht so oft mit mir schlafen wie ich mit ihr, sie verführt mich viel zu selten, und sie redet zuviel.« Was liegt all diesen Vorwürfen zugrunde? *Ein Mangel an Verständnis!* Ein Nichtverstehen dessen, was der andere braucht. Es ist, als ob wir einander durch eine dicke Glasscheibe anschreien würden. Es bringt uns nichts.

Es gibt nur einen Ausweg: Zuwendung. Das ist nicht immer leicht und auch nicht schnell erledigt, aber es wirkt. Wir müssen eines begreifen: *Wir sind verschieden, aber gleichberechtigt. Mannsein ist etwas anderes als Frausein und umgekehrt.* Das ist uns noch nicht wirklich klar. Unsere Bedürfnisse sind verschieden. Warum sind wir oft nicht in der Lage, einander das zu geben, was wir brauchen? Weil wir das noch nicht begriffen haben. Zuwendung heißt *nicht*, daß du versuchen sollst, einen Mann aus deiner Frau oder eine Frau aus deinem Mann zu machen. Mach dich frei von dieser Vorstellung. Sonst wird sich nie etwas ändern.

Wir müssen lernen, dem anderen das zu geben, was er braucht: Nur dann kann sich etwas ändern. Dann sind wir auf dem Weg zur Gleichberechtigung – einer Gleichberechtigung, die *allen* ein befriedigenderes, reicheres und gerechteres Leben ermöglicht.

Was Männer und was Frauen brauchen

Was ihr füreinander tun könnt:

Geh einmal in dich: Was denkst du über Mannsein und Frausein?

Was hast du zu dem Thema »Mannsein/Frausein« gelernt? Welche Anschauungen vertrittst du? Deine Vorstellungen wirken sich auf deinen Partner/deine Partnerin, auf eure Beziehung und auf die Gesellschaft aus. Mach dir bewußt, was Mannsein und was Frausein für dich heißt. (Du kannst nur die Dinge ändern, die dir bewußt sind.)

Beantworte die folgenden Fragen schriftlich, ohne Partner. Schreib *alles* auf, was kommt, so schnell wie möglich und ohne etwas zu bewerten oder abzuändern. Nur die Wahrheit kann uns weiterbringen. Glaub wenigstens dir selbst – auch wenn du sonst vielleicht den wenigsten vertraust.

Für Männer: Wann und wie hast du gelernt, ein Mann zu sein? Gab es eine bestimmte Situation, eine Zeremonie oder eine Initiation, die dich zum Mann gemacht hat?

Du bist ein Mann. Was fällt dir am schwersten daran? Was ärgert dich? Was haßt du? Was tust du, was du lieber nicht tun würdest?

Was gefällt dir gut am Mannsein? Was ist das Beste daran? Was liebst du besonders? Was steht dir zu?

Nenne drei Dinge, die du regelmäßig tust, die du nicht für typisch männlich hältst.

Bist du froh darüber, keine Frau zu sein?

Glaubst du, Frauen sollten gleiche Rechte haben? Wenn ja, was bist du bereit zu tun, damit eure Beziehung »gleicher« wird?

> Wenn ich mir vorstelle, Frauen wären gleichberechtigt, fühle ich ...
>
> Wenn ich mir vorstelle, daß ich Macht über Frauen habe, fühle ich ...
>
> Wenn ich mir vorstelle, daß ich meiner Partnerin die Zuwendung schenke, die sie braucht, fühle ich ...

Was Männer und was Frauen brauchen

Für Frauen: Wann und wie hast du gelernt, eine Frau zu sein? Gab es eine bestimmte Situation, eine Zeremonie oder eine Initiation, die dich zur Frau gemacht hat?

Wie hast du deine erste Regel erlebt?

Du bist eine Frau. Was fällt dir am schwersten daran? Was ärgert dich? Was haßt du? Was tust du, was du lieber nicht tun würdest?

Was gefällt dir gut am Frausein? Was ist das Beste daran? Was liebst du besonders? Was steht dir zu?

Nenne drei Dinge, die du regelmäßig tust, die du nicht für typisch weiblich hältst.

Bist du froh darüber, kein Mann zu sein?

Glaubst du, Männer sollten gleiche Rechte haben? Wenn ja, was bist du bereit zu tun, damit eure Beziehung »gleicher« wird?

> Wenn ich mir vorstelle, ich wäre wirklich gleichberechtigt, fühle ich . . .
>
> Wenn ich mir vorstelle, daß ich Macht über Männer habe, fühle ich . . .
>
> Wenn ich mir vorstelle, daß ich meinem Partner die Zuwendung schenke, die er braucht, fühle ich . . .

Du brauchst deinem Partner nicht zu sagen, was du aufgeschrieben hast. Tu es nur, wenn du es willst. Geht vorsichtig mit dem um, was der andere geschrieben hat. Macht euch nicht darüber lustig, und laßt euch auch nicht dazu hinreißen, ihm im nächsten Streit etwas vorzuhalten, was ihr hier erfahren habt.

Was Frauen brauchen

Wenn es darum geht, was Frauen sich von Männern wünschen, läßt sich die alte Freudsche Frage »Was will die Frau?« (bzw. »Was braucht sie?«) so beantworten:

Tut euch gut! Das Wohlfühlbuch für Paare

Was Männer und was Frauen brauchen

1. Einen Mann, der über seine Gefühle spricht.

2. Einen Mann, der im Haushalt hilft und der sich auch um seine Kinder kümmert.

Aber Achtung: Die Forderung, daß Männer sich verändern sollen, ist berechtigt, aber damit ist es nicht getan. Auch Frauen müssen etwas lernen. In der Liebe ist vieles paradox. Wenn du das bekommen willst, was du dir so sehnlich wünschst, mußt du lernen, deinem Partner das zu geben, was *er* braucht. Unsere Bedürfnisse sind verschieden, aber sie sind wie die zwei Seiten *einer* Münze, wie Teile eines Puzzles.

Frauen, nehmt euch folgendes zu Herzen:

Punkt 1: Übernehmt Verantwortung. Viele Frauen glauben immer noch, daß Männer sie beschützen sollen. Wir dürfen uns nichts vormachen: Viele Frauen glauben immer noch, daß das Geldverdienen in erster Linie Männersache ist, daß Männer dazu da sind, uns die Schwierigkeiten aus dem Weg zu räumen oder daß sie nachsehen sollen, wenn die Heizung streikt.

So wie du dir wünschst, daß er dich im Haushalt und mit den Kindern unterstützt, ohne daß du ihn erst lange darum bitten mußt, so wünscht er sich wahrscheinlich, daß du mehr von den Dingen übernimmst, für die er bisher allein zuständig war: »Sowohl Männer als auch Frauen haben ihre traditionellen Aufgabenbereiche erweitert – Frauen arbeiten außerhalb des Hauses, und Männer wechseln die Windeln –, aber unser kollektives Unbewußtes ordnet uns noch immer die alten Verantwortlichkeitsbereiche zu. In unseren Herzen sind Frauen wie ehedem die Nährenden, während Männer noch immer für alles andere verantwortlich sind«, sagt Daphne Rose Kingma in ihrem Buch *Allein schafft ein Mann das nie*. In einem Punkt kann ich der Autorin nicht zustimmen: Frauen fühlen sich schon lange für sehr viel mehr verantwortlich als »bloß« für Haushalt, Kinder und den Ehemann, aber eines ist sicher richtig: Männer nehmen zuviel Verantwortung auf sich, und wir können etwas für sie tun, wenn wir ihnen einen Teil abnehmen. (Und dann fällt es ihnen leichter, sich um unsere Bedürfnisse zu kümmern.)

In *Auch Geld spielt eine Rolle* findet ihr mehr darüber, wie ihr eure Ängste in Zusammenhang mit Geld überwinden könnt.

Wie denkst du darüber? Denkst du, daß Frauen Männern nur deshalb mehr Verantwortung fürs Geldverdienen überlassen, weil es Männer in

Was Männer und was Frauen brauchen

der Arbeitswelt noch immer leichter haben und weil sie mehr verdienen? Denkst du, daß Frauen Männern einfach physisch unterlegen sind und daß sie deshalb ihren Schutz brauchen? Überleg dir einmal folgendes: Wenn *wir* die Verantwortung für unser Leben übernehmen, wenn wir uns nicht mehr einreden, daß wir die Schwächeren sind (und dieser Gedanke ist tief in uns verwurzelt), tragen wir entschieden dazu bei, daß unser Wunsch nach Gleichberechtigung verwirklicht werden kann. Wir bekommen mehr Einfluß auf ökonomischem und politischem Gebiet, und wir ändern das »Klima«: Die Welt wird sicherer, und es wird nicht mehr so wichtig sein, wer physisch stärker ist.

Fang an, Verantwortung zu übernehmen, und frag dich, was du selbst dazu beiträgst, um den Mythos vom Beschützer und vom Mann, der nicht fühlen kann, aufrechtzuerhalten. *Mach dir bitte keinen Vorwurf!* Achte darauf, in welchen Situationen du deinen Partner bittest, etwas zu tun, weil er der Mann ist. Wer beseitigt bei euch Spinnen, wer repariert die Heizung, wer sieht nach, was los ist, wenn ihr nachts ein komisches Geräusch hört? Achte auch darauf, was du selbst in die Hand nimmst. Schreib diese Dinge in euer Beziehungstagebuch.

Siehe: *Euer Beziehungstagebuch*

Punkt 2: Hilf ihm, über Gefühle zu reden. Möchtest du, daß dein Partner mehr über seine Gefühle redet? Du kannst ihm dabei helfen. Du bist Expertin, er ist vielleicht noch Anfänger. Reich ihm die Hand.

Versuch es mit Geduld. Laß ihn reden, wenn er reden will. Unterbrich ihn nicht. Atme. Warte, bis er eine Pause macht, und zeig ihm dein Interesse: »Erzähl mir mehr darüber.«

Bleib offen, wenn er zumacht. Gib ihm Zeit, und frag dann vorsichtig, was jetzt in ihm vorgegangen ist. Sei nicht beleidigt, wenn er nichts sagt. Sag etwas wie: »Ich habe das Gefühl, daß jetzt etwas in dir vorgeht. Hast du das auch?«

Setzt euch regelmäßig zu einem »Ich höre dir zu« zusammen, mindestens zweimal in der Woche. Laßt euch diese Zeiten heilig sein. Das tut euch beiden gut. Er kann reden üben, und dein Hunger nach emotionalem Austausch wird zumindest teilweise befriedigt. Er wird sich während dieser Zeiten Mühe geben, über Gefühle zu reden. (Regelmäßiges Üben wirkt Wunder.)

Siehe: *»Ich höre dir zu«; Wenn euch der Anfang schwerfällt: Erlaubt einander, nichts zu tun* und *Eure Rhythmen sind nicht gleich: Wieder zueinanderfinden*. Dort findet ihr Anregungen, wie ihr nonverbal kommunizieren könnt.

Tut euch gut! Das Wohlfühlbuch für Paare

Was Männer und was Frauen brauchen

Mach ihm das Reden leichter. Ihr findet in diesem Buch viele Übungen zum Thema »Sätze ergänzen«. Sie sind ein guter Einstieg. Zeig sie ihm.

Hilf ihm, seine Gefühle zu verbalisieren. Wenn ihm die Worte fehlen, kannst du ihm einen Vorschlag machen: »Ich versuche jetzt mal, deine Gefühle in Worte zu fassen: Ich habe die Nase voll von diesem blöden Job, und ich würde am liebsten alles hinschmeißen. Aber ich traue mich nicht. Trifft es das?« Versuch jedoch nicht, ihm irgend etwas in den Mund zu legen. Denk auch daran, daß du dich irren kannst. Frag immer: »Trifft es das?«

Versteh mich nicht falsch: Ich bin nicht dafür, daß wir die Uhr zurückdrehen und versuchen, unseren Männern die Wünsche von den Augen abzulesen. Ich bin dafür, daß wir uns *gegenseitig helfen*, unsere Bedürfnisse zu befriedigen. Sie zu verdrängen ist keine gute Lösung. Für dich nicht und für deinen Partner auch nicht.

Punkt 3: Akzeptiere, was er fühlt. Ich habe viele Männer interviewt, und die meisten stimmten darin überein, daß sie sich eines ganz besonders wünschen: daß ihre Partnerin zuhört, wenn sie reden. »Akzeptiere meine Angst, akzeptiere meine Wut. Laß mich so sein, wie ich bin«, so formulierte es der Leiter einer Männergruppe. Was sie gar nicht wollen: ständig unterbrochen werden.

Siehe: Anteil nehmen und Die Kunst des Akzeptierens

Du willst, daß dein Mann seine Gefühle mehr zum Ausdruck bringt. Und was tust du, wenn er es wirklich macht? Wie geht es dir, wenn ihm die Tränen kommen, wenn er im Fernsehen Kriegsbilder sieht? Wie geht es dir, wenn er tobt, weil er genug von seinem Job hat? Wie geht es dir, wenn er einen Freund umarmt? Kann es sein, daß du dir einen einfühlsamen, liebevollen, gesprächigen Partner wünschst, der aber gleichzeitig so ein rauher Abenteurertyp ist wie der Mann in der Zigarettenwerbung?

Akzeptiere seine Gefühle, wenn er sie dir anvertraut – auch wenn sie dir womöglich Angst einjagen oder du sie einfach nicht verstehst. Halte deine Ablehnung zurück. Ungeschminkte Ehrlichkeit ist jetzt nicht angebracht, hier geht es um den Mut zur Veränderung. Patriarchalische Strukturen sind Tausende von Jahren alt, und sie lassen sich nicht mit ein paar Protestmärschen wegdemonstrieren. Es geht nur nach und nach. Und wir müssen täglich daran arbeiten.

Was Männer und was Frauen brauchen

Reagiere liebevoll und einfühlsam, wenn er dir von sich erzählt. Wenn er z. B. sagt: »Es geht mir nicht gut bei dem Gedanken, Weihnachten nach Hause zu fahren«, da sein Vater in diesem Jahr gestorben ist, kannst du darauf erwidern: »Gut, daß du das sagst. Ich kann dich bestens verstehen. Es tut weh zu wissen, daß er nicht dabei sein wird.«

Punkt 4: Sag ihm, was du brauchst. Als ich eines Tages mit einer Freundin darüber sprach, was Männer für uns tun, wenn wir krank im Bett liegen, brach es aus ihr hervor: »Wenn er krank ist, tue ich, was ich kann. Ich weiß einfach, was er braucht. Aber wenn ich daniederliege, weiß er sich nicht zu helfen. Wenn er darauf achten würde, wie ich es mache, wüßte er Bescheid. Das habe ich ihm schon oft gesagt: Fühl dich in mich ein, achte auf Kleinigkeiten, hör mir zu, wenn ich klage. Das tue ich auch für dich.«

Du bist eine Frau. Man hat dir beigebracht, für andere zu sorgen. Die meisten Männer haben das in ihrer Jugend nicht gelernt. Du wirst sie also bitten müssen. Glaubst du, daß das, was du bekommst, wenn du darum bittest, weniger gut ist, weniger sexy oder weniger Spaß macht? Mach dich frei davon. Es ist ein Vorurteil. Sag, was du brauchst, sag es immer wieder. Sag es klar und liebevoll: »Bitte kümmere dich um mich, wenn ich krank bin. Sei wie eine Mutter. Ich brauche das. Meine Mutter hat . . . gemacht.« Oder: »Bitte sag mir, daß diese Woche alles glattgehen wird.« Das klingt ganz einfach, aber vielleicht *willst* du ihn nicht bitten. Männer brauchen nicht zu bitten, warum solltest du es tun? Mach dir eines klar: Männer werden anders erzogen als Frauen. Hör auf, das eine besser als das andere zu finden. Es sind zwei verschiedene Überlebensstrategien. Sag ihm, was du brauchst. Sag es immer wieder.

In *Was du wirklich brauchst* findest du mehr zu diesem Thema; *Weg mit dem aufgestauten Ärger* hilft dir, wenn du dich darüber ärgerst; und *Tu was für dich* zeigt dir, wie du dich um deine eigenen Bedürfnisse kümmern kannst.

Viele Frauen klagen, daß ihre Männer immer gleich mit einer Lösung kommen, statt einfach einmal zuzuhören: Wenn du reden willst und jemanden brauchst, der dir einfach zuhört, dann sag ihm das, bevor du loslegst. Dank ihm, wenn du fertig bist. Sag ihm auch, daß er dir damit sehr geholfen hat.

In *»Ich habe etwas auf dem Herzen«* findet ihr mehr zu diesem Thema.

Punkt 5: Danke ihm für alles, was er für dich tut. Er kümmert sich um dich, er sagt dir oft: »Ich liebe dich«, aber er sagt es nicht mit Worten. Männer zeigen ihre Liebe eher durch Taten. Lern das zu sehen. Bedanke dich: »Danke, daß du das Garagentor repariert hast. Ich bin froh darüber.« Oder: »Danke, daß du die Rosenstöcke abgedeckt hast. Jetzt werden sie

Siehe: *Das tägliche Gespräch: Nonverbale Kommunikation*. Dort findet ihr mehr darüber, wie ihr ohne Worte kommunizieren könnt.

Tut euch gut! Das Wohlfühlbuch für Paare 109

Was Männer und was Frauen brauchen

den Winter überleben.« Oder: »Danke, daß du für mich gekocht hast. Das hat mir sehr, sehr gutgetan.«

Spare nicht mit Lob: Bedanke dich, wenn er dir zuhört, besonders dann, wenn es ihm schwerfällt, selbst zu reden. Männer sind gute Zuhörer. Wir bedanken uns leider viel zu selten — dafür beschweren wir uns um so häufiger, daß sie zuwenig reden. Zuhören ist genauso wichtig.

Mehr dazu in Loslassen

Punkt 6: Gib Dinge aus der Hand. Wenn du willst, daß er mehr für die Familie tut, (daß er dir Arbeit abnimmt, daß er sich um die Kinder kümmert, daß er mehr redet und mehr Gefühle zeigt), mußt *du* lernen, weniger perfekt zu sein. Gib Dinge aus der Hand, und überlaß sie deinem Partner. Laß ihn es so machen, wie *er* möchte, auch wenn er etwas anders macht als du, auch wenn es eine Zeitlang dauert, bis alles halbwegs klappt. Er wird das eine oder andere erst lernen müssen. Gib ihm Zeit. Wenn du ihn nicht gewähren läßt, brauchst du dich nicht zu wundern, wenn er den Mut verliert. Dann bist du selbst schuld — auch wenn du dich alleingelassen, frustriert oder ausgebeutet fühlst.

Was Männer brauchen

Was brauchen Männer?

1. Eine Frau, die öfter Lust auf Sex hat.

2. Die Freiheit zu reden, wann *sie* reden wollen — und dann auch gehört zu werden.

Männer, nehmt euch folgendes zu Herzen:

Siehe: Wenn die Hausarbeit nicht wäre. Dort findet ihr mehr zu diesem heiklen Thema.

Punkt 1: Übernehmt Verantwortung. Frauen haben es längst satt, ewig an Männern herumzunörgeln, weil sie sich nur zu gern vor der Hausarbeit und vor der Kindererziehung drücken. Ihr müßt dasselbe tun wie Frauen: Übernehmt Verantwortung. *Laßt euch nicht ständig bitten. Packt selbst mit an.* Den anderen immer bitten zu müssen ist genauso ermüdend, wie alles selbst zu tun. Hilf öfter mit, vielleicht hat sie dann öfter Lust. (Ich sage »vielleicht«. Sex ist ein komplexes Thema, so wie Zuwendung. Es gibt keine simplen Tricks. Mach nicht mehr Hausarbeit, weil du hoffst, daß sie dann öfter mit dir schläft, mach es, weil du sie liebst.)

Punkt 2: Lern, über Gefühle zu reden. Worte sind sehr wichtig. Miteinander reden ist ein wesentlicher Teil der Kommunikation. Lern, deine Gefühle in Worte zu fassen. Hier ein paar Tips:

Lies ein Buch zu diesem Thema. Du kannst auch eine entsprechende Kassette hören. Nimm an einer Männergruppe teil. Probier einige der Vorschläge, die du im Kapitel »Helfen und sich helfen lassen« findest.

Beobachte dich: Was geht in dir vor? Wie geht es dir? Hast du Herzklopfen? Fühlst du dich entspannt und wohl in deinem Körper? Hast du Rückenschmerzen? Ihr habt gelernt, eure Emotionen zu verstecken. Sie drücken sich in eurem Körper aus. Nimm das, was du in deinem Körper spürst, als Hinweis auf Gefühle, und versuch, ein Bild dafür zu finden. Wenn in der Arbeit alles glattgegangen ist und sich dein Körper stark und voller Tatendrang anfühlt, dann such ein Bild dafür, z. B.: »Ich fühle mich wie ein Rennpferd, das sich auf das große Derby freut.«

Lern, deiner Partnerin zu sagen, was du fühlst, auch wenn du es nur vage spürst. Vertrau darauf, daß sie deine Gefühle akzeptiert und respektiert. Denk nicht darüber nach, ob das, was du sagst, einen Sinn macht oder nicht. Denk nicht darüber nach, ob deine Gefühle berechtigt oder unberechtigt sind. Gefühle *sind* einfach, sie sind weder gut noch schlecht. Nur eines ist schlecht: sie zu unterdrücken. Versuch es einfach: Sag, wie du dich fühlst.

Punkt 3: Du mußt nicht für alles eine Lösung finden. Zeigst du deine Liebe, indem du für sie Probleme löst? Das kann danebengehen, denn Frauen reden gern, um sich mitzuteilen. Sie wollen dir erzählen, wie es ihnen geht, sie wollen, daß du ihnen zuhörst, nicht, daß du handelst. Vielleicht kommst du dir nutzlos oder machtlos vor, wenn sie über ihre Schwierigkeiten spricht und du nur einfach dasitzt. Aber vielleicht ist es das, was sie jetzt am meisten braucht: deine Anteilnahme, ein paar Worte des Verstehens, ein »Ja, das ist nicht leicht«. Das hilft ihr jetzt viel mehr, als wenn du versuchst, ihr die Dinge abzunehmen. Bevor du mit einer Lösung kommst, solltest du sie fragen, ob sie will, daß du ihr hilfst. (Frag bitte vorsichtig.)

Punkt 4: Wie geht es dir mit ihrer Offenheit? Wie geht es dir mit einer Frau, die klar und deutlich sagt, was sie sich wünscht? Freust du dich darüber? Findest du, daß dann etwas verlorengeht? Findest du es aufdringlich?

Was Männer und was Frauen brauchen

Siehe: *Literatur und Tips*

Siehe: *Was du wirklich brauchst*

Siehe: *Anteil nehmen*

Tut euch gut! Das Wohlfühlbuch für Paare

Was Männer und was Frauen brauchen

Siehe: *Das tägliche Gespräch: Was redest du dir ein?*

Vielleicht sagst du, daß du gern wissen würdest, was sie will. Willst du es wirklich?

Was willst du wirklich? Sag es ihr. Was sagt dein Körper? Achte darauf, auch bei anderen Frauen. Wie geht es dir, wenn eine Frau sagt, was sie möchte? Achte auf die Stimmen aus deinem Inneren. Was sagen sie? Mach es dir bewußt, aber bekomm bitte keine Schuldgefühle.

Punkt 5: Sag ihr, wenn du Rückzug brauchst. »Männer sind wie Gummibänder. Wenn sie sich entfernen, gehen sie nur eine bestimmte Strecke weit und kommen dann mit Schwung wieder zurück. Ein Gummiband ist ein perfektes Bild, um die männliche Art, mit Nähe umzugehen, zu symbolisieren. Wenn Männer sich einer Frau nähern, kommen sie ihr erst nahe, entfernen sich dann wieder, um daraufhin erneut auf sie zuzugehen ... *Sein Bedürfnis nach Intimität wechselt sich mit dem nach Autonomie ab.*« So John Gray in *Männer sind anders. Frauen auch.* Diese Schwankungen sind ganz normal, zum Problem werden sie erst dann, wenn du deiner Partnerin nicht offen sagst, daß du jetzt Rückzug brauchst. Dann denkt sie sich vielleicht, daß du nichts mehr von ihr wissen willst. Wenn du spürst, daß du allein sein willst, dann mach es dir bewußt; steh dazu, und sag es deiner Partnerin. Laß sie wissen, daß es nichts mit ihr zu tun hat. Nehmt euch für nachher etwas Nettes vor, z. B.: »Ich brauche jetzt Zeit für mich. Wie wär's, wenn wir danach ins Kino gehen?« Wenn du ihr wieder nahe sein willst, kann es sein, daß sie jetzt etwas Abstand braucht. Auch das ist ganz normal.

Siehe: *Eure Rhythmen sind nicht gleich: Wieder zueinanderfinden.* Dort findet ihr eine Übung, die euch hilft, wieder in Kontakt zu kommen.

Punkt 6: Laß deine Angst und deinen Zwiespalt zu. Den meisten Menschen fällt es schwer, das Wirrwarr ihrer Emotionen anzunehmen. Wir haben Probleme mit unseren eigenen Gefühlen, und wenn andere Gefühle zeigen, die uns irritieren, wissen wir nicht, wie wir reagieren sollen. Wut, Verzweiflung, Ängste, aber auch Freude, Lust oder einfach nur Zufriedenheit – wir wissen oft nicht, wie wir mit diesen Dingen umgehen sollen. Wir haben es nicht gelernt. Keine Frau verlangt von dir, daß du dauernd Anteilnahme zeigst. Problematisch wird es, wenn du zumachst und sie mit ihren Gefühlen sitzenläßt. (Das ist für sie genauso schlimm, wie es für dich ist, wenn sie dich ständig unterbricht.)

Wenn sie dir zu emotional wird, kannst du aus dem Zimmer gehen, aber bitte *sag ihr*, warum du jetzt die Flucht ergreifst. Wenn du ihr sagst: »Ich habe jetzt Angst vor deiner Wut. Ich hab' dich lieb, aber ich habe jetzt das

Was Männer und was Frauen brauchen

Bedürfnis rauszugehen«, wird sie das wahrscheinlich akzeptieren können. Sie wird nicht unbedingt begeistert sein, aber sie hat zumindest nicht das Gefühl, daß du sie einfach stehenläßt. Du kannst auch mal was anderes versuchen: Bleib bei ihr, auch wenn es dir zuviel wird. Bleib einfach, und laß *deine* Gefühle zu.

Siehe: *»Ich habe etwas auf dem Herzen«.* Dort findest du ein Beispiel.

Wie geht es euch mit diesem Thema?

Fragst du dich, ob das alles nicht ein bißchen viel ist? So viel hast du schon für deinen Partner/deine Partnerin getan, und das soll immer noch nicht reichen? Es geht hier, wie bei vielen anderen Themen, um die richtige Einstellung und das richtige Maß. Rede dir nicht ein: »Ich muß für ihn sorgen, sonst hat er ja niemanden« oder »Ich wäre so gern ein Musiker geworden, und ihretwegen bin ich nun Beamter.« Du selbst hast es so gewählt. Du bist dafür verantwortlich, nicht dein Partner. Mach dir das bewußt.

Mach Schluß mit deinen Vorurteilen

Versuch, Verallgemeinerungen zu vermeiden. Versuch nicht, unangenehme Gefühle oder Dinge, die du nicht verstehst, wegzuwischen, indem du Sachen sagst wie: »Männer sind halt so« oder »Ich werde die Frauen nie verstehen«. Das trägt nicht zu einem besseren Verständnis zwischen den Geschlechtern bei. Wenn du merkst, daß du dabei bist zu verallgemeinern, nimm einen tiefen Atemzug, und überleg dir, was du aus dieser Situation lernen kannst. Oder frag dich: »Was tut er/sie jetzt? Was ist gut daran?«

Eines Tages stand ich in einer Buchhandlung vor den drei Büchern *He*, *She* und *We* von Robert Johnson und überlegte, *He* zu kaufen. Ich fragte mich, warum ich eigentlich mehr über Männer wissen wollte. Die Antwort ließ sich Zeit: »Weil ich mit einem lebe und ihn liebe!« Und plötzlich war mir klar, wie wenig wir tun, um unseren Partner besser zu verstehen.

Es gibt eine Reihe von Büchern zu diesem Thema, Sachbücher wie: *Backlash. Die Männer schlagen zurück* von Susan Faludi, *Weibliche Wirklichkeit* von Anne Wilson Schaef, *Im Tiefschlaf der Gefühle* von Robert Pasick

Siehe: *Literatur und Tips*

Tut euch gut! Das Wohlfühlbuch für Paare

Was Männer und was Frauen brauchen

oder *Männer entdecken ihre Väter* von Samuel Osherson und Romane wie *Ab durch die Mitte* von Terry McMillan.

Übrigens

Was hältst du von dem Thema »Gleichberechtigung«? Glaub nicht, daß dieses Thema nichts mit dir zu tun hat. Es betrifft dich jeden Tag. Tut etwas dafür, daß eure Beziehung gleicher wird (was immer das für euch heißt), dann tragt ihr dazu bei, daß sich auch im großen etwas ändert.

Literatur und Tips:

Gray, John: *Männer sind anders. Frauen auch.* Goldmann, 1995. Ein interessantes Buch.

Kingma, Daphne R.: *Allein schafft ein Mann das nie. Frauen bringen Männer an ihre Gefühle.* Integral, 1995. Hat mir geholfen, die Mann/Frau-Thematik besser zu verstehen.

Tavris, Carol: *Wut. Das mißverständliche Gefühl.* dtv, 1995. Macht Schluß mit falschen Vorstellungen zum Thema »Frausein«.

WENN DIE HAUSARBEIT NICHT WÄRE

WANN . . . ?

- Wenn du beim Abwaschen oder auf dem Weg zum Mülleimer vor Wut mit den Zähnen knirschst.

- Wenn die Themen »Haushalt« und »Kindererziehung« regelmäßig Inhalt eurer Auseinandersetzungen sind.

- Wenn dir vor lauter Hausarbeit die Lust auf Sex vergeht.

- Wenn dir das Lachen längst vergangen ist, obwohl es bei euch zu Hause zugeht wie in einem Witzfilm.

IHR BRAUCHT:

Humor.

Sinn für Gerechtigkeit.

Euer Beziehungstagebuch oder Papier und Stifte.

Dauer: 20 Minuten.

WORUM GEHT'S?

Ein Teil von mir ist davon überzeugt, daß Menschen nicht dafür gemacht sind, ein ganzes Leben mit ein und demselben Partner zu verbringen – oder daß sie zumindest zwei Badezimmer haben sollten. Solche Gedanken kommen mir natürlich besonders dann, wenn mein Liebling mal wieder seine Wäsche im Bad verstreut hat oder seine Bartstoppeln das Waschbecken verzieren.

Klingt das wie ein Scheidungsgrund? Man sollte es nicht meinen: Es *ist* einer! Arlie Hochschild, Professorin in Berkeley und Autorin von *Der 48-Stunden-Tag*, hat in einer Langzeitstudie die Ehen berufstätiger Eltern untersucht und folgendes herausgefunden: Dort, wo der Mann zu Hause hilft, sind die Ehen weitaus besser. Sich mit Hausarbeit und Kindern alleingelassen fühlen ist der zweithäufigste Scheidungsgrund. Das haben andere Studien ergeben. Es ist traurig, aber wahr. Die Hausarbeit mag lästig sein, doch sie muß erledigt werden. Wenn du dich auf Kosten deines Partners ausruhst, geht die Beziehung drauf. Ignorieren hilft nichts, es macht die Sache nur noch schlimmer.

Tut euch gut! Das Wohlfühlbuch für Paare

Wenn die Hausarbeit nicht wäre

Was ihr füreinander tun könnt:

Nimm das Thema ernst

Nimm es ernst, wenn deine Partnerin dir sagt, daß du ihr nicht genügend hilfst: *Es ist ein ernstes Thema. Es kann die Beziehung ruinieren.* Und es hinterläßt viel Frust.

Im Endeffekt geht es um Macht

Warum ist der Haushalt ein so heikles Thema? *Weil es hier um Macht geht.* Es kann gut sein, daß die Frage, wer die Toilette putzt, zu einem regelrechten Machtkampf ausartet. Arlie Hochschild hat in ihrer Studie festgestellt, daß Männer, die weniger verdienen als ihre Frau, in der Regel nicht im Haushalt helfen und Männer, die mehr verdienen, ihrer Frau gelegentlich unter die Arme greifen. Am meisten helfen Männer, die gleich gut verdienen. Ihre Untersuchung zeigt, daß in Beziehungen recht komplizierte Mechanismen dafür sorgen, daß das Gleichgewicht der Macht erhalten bleibt. Wo er weniger verdient, putzt sie das Klo.

Wer was tut, ist nicht einmal so wichtig. Wichtig ist, ob ihr mit dem Status quo zufrieden seid. Wenn ihr den Auseinandersetzungen zum Thema »Hausarbeit« eine Ende machen wollt, müßt ihr zwei Punkte klären: eure Einstellung zu diesem Thema und wie sie mit der Frage nach der Machtverteilung in eurer Beziehung zusammenhängt.

Die folgenden Fragen helfen euch dabei. Oft geht es um viel mehr, als nur um das Putzen. Nehmt das Ganze also ernst.

1. Wer ist bei euch in erster Linie für Hausarbeit und Kinder zuständig (sofern ihr welche habt)?

   A. Ich.

   B. Mein Partner.

   C. Eine Haushaltshilfe.

   D. Wir teilen uns die Arbeit.

Wenn die Hausarbeit
nicht wäre

2. Wenn du den Großteil der Hausarbeit erledigst: Wie geht es dir damit?

   A. Ich ärgere mich darüber.

   B. Ich fühle mich überfordert.

   C. Es macht mir nichts aus, aber ich würde mir wünschen, daß ___

   D. Es ist für mich in Ordnung.

3. Wenn du wenig zu Hause hilfst: Aus welchem Grund geschieht das?

   A. Ich arbeite 14 Stunden am Tag. Du nicht.

   B. Bei meinen Eltern war das auch so.

   C. Ich kann das nicht, jedenfalls nicht so gut wie du.

   D. Sauberkeit und Ordnung sind dir wichtiger als mir.

   E. Wenn etwas anderes zutrifft: _____

4. Welchen Stellenwert nimmt die Arbeit deines Partners im Vergleich zu deiner eigenen ein?

   A. Sie ist wichtiger als meine.

   B. Weniger wichtig.

   C. Genauso wichtig.

5. Warum?

   A. Meine Arbeit ist wichtiger, weil ich mehr Geld verdiene.

   B. Meine Arbeit ist weniger wichtig, weil ich zu Hause arbeite.

   C. Meine Arbeit ist wichtiger, weil sie mir mehr Spaß macht.

   D. Meine Arbeit ist weniger wichtig, weil sie mir mehr Spaß macht.

   E. Wenn etwas anderes zutrifft: _____

6. Was bringt dir die Vorstellung, daß deine Arbeit wichtiger bzw. weniger wichtig ist als die deines Partners?

   A. Mehr Macht.

   B. Mehr Zeit für mich.

Tut euch gut! Das Wohlfühlbuch für Paare

Wenn die Hausarbeit nicht wäre

   C. Weniger Verantwortung.

   D. Ich kann zu Hause so schalten und walten, wie ich will.

7. Was bist du zu tun bereit, damit mehr Gleichheit herrscht?

   A. Eine Familien- oder Paarberatung aufsuchen.

   B. Vereinbaren, wer was tut, und mich daran halten.

   C. Meinen Partner um Hilfe bitten und mich mit guten Ratschlägen oder Kritik zurückhalten, auch wenn er/sie es anders macht als ich.

   D. Wenn etwas anderes zutrifft: _____

Was ist euch klargeworden? Überlegt euch *eine* Sache, die ihr in der nächsten Woche anders machen wollt, damit es gerechter zugeht. Sprecht darüber, was euch aufgefallen ist. Ihr könnt auch streiten, wenn es ein konstruktiver Streit ist.

Hier ein paar Anregungen

Hausarbeit ist Einstellungssache. Ihr könnt sie als mühevolle Plackerei empfinden oder sie in dem Bewußtsein tun, gemeinsam ein gemütliches Zuhause zu gestalten. Ihr könnt viel füreinander tun, wenn ihr gemeinsam dafür sorgt, daß ihr euch zu Hause wohl fühlt.

In *Ein gemütliches Zuhause* findet ihr mehr zu diesem Thema.

Wie könnt ihr die Aufgaben verteilen? Hier ein paar Tips:

1. Wie alt sind eure Kinder (wenn ihr welche habt)?

2. Wieviel Zeit hat jeder von euch?

3. Was kann der eine oder andere gut?

4. Was mag der eine oder andere nicht?

5. Wieviel Wert legt jeder von euch beiden auf . . .?

Ich kann z. B. nicht gut kochen, aber Chris kocht gut, und er tut es gern. Ich hasse Supermärkte, aber Chris macht es Spaß, die Angebote zu

Wenn die Hausarbeit nicht wäre

studieren und etwas auszuwählen. Das Wäschewaschen ist für mich in Ordnung (ich arbeite viel zu Hause), und Putzen macht mir sogar Spaß (ziemlich verrückt, ich weiß). Wir haben jemand engagiert, der sich um den Garten kümmert, weil wir beide keine Gartenarbeit mögen. Bei uns ist Zeit das Hauptproblem. Chris arbeitet oft bis in die Nacht, und wir sind beide viel beruflich unterwegs. Wir haben vereinbart, daß jeder etwas für den anderen tut, bevor er auf die Reise geht: Ich kümmere mich um die Wäsche, Chris sorgt dafür, daß der Kühlschrank voll ist. Wenn ich länger als zwei Wochen fort bin, nehmen wir uns eine Putzfrau.

Redet euch nicht ein, daß ihr euch keine Hilfe leisten könnt. Wenn ihr knapp bei Kasse seid, könnt ihr vielleicht auf etwas anderes verzichten. Prüft euer Budget. Gibt es nicht doch eine Möglichkeit? Gibt es Arbeiten, über die ihr ständig streitet? Hier ist Hilfe besonders angenehm. Aber Achtung: Ihr seid *beide* dafür verantwortlich, Hilfe zu organisieren, nicht nur der, dem eine Arbeit auf die Nerven geht. (Fremde Hilfe löst übrigens nicht den Konflikt, der eurem Streit zugrunde liegt.) Welche Arbeiten mögt ihr beide nicht? Wer oder was könnte euch helfen? Natürlich kostet es etwas, aber ihr seid entlastet.

Laßt nichts rumliegen, dann braucht ihr auch nicht aufzuräumen. Arbeitet gemeinsam, und unterhaltet euch dabei. Macht im Anschluß daran etwas Schönes. Nehmt einander Arbeit ab. Laßt nichts bis zum Wochenende liegen. Macht die Hausarbeit am Abend, wenn ihr müde seid, oder am Morgen vor der Arbeit.

Auch Kinder können helfen, sogar die kleinen. Wenn du ihnen das Gefühl vermittelst, daß sie dir eine große Hilfe sind, macht es ihnen sehr viel Spaß. (Wenn sie das Gefühl bekommen, daß du sie nur beschäftigst, um sie ruhigzustellen, verlieren sie die Lust.) Kinder helfen gern, wenn sie spüren, daß sie gebraucht werden. Sogar Teenager (na ja, vielleicht doch nur ein paar).

Macht die Arbeit angenehm: Deckt den Tisch zu Musik von Beethoven; badet die Kinder mit einer duftenden Seife; massiert einander den Rücken, wenn niemand Lust zum Aufräumen hat.

Macht ein Spiel daraus: Das bereitet nicht nur den Kindern Spaß, auch den Erwachsenen. Als wir Kinder waren, mußten meine Schwester und ich zu Hause abwaschen, und wenn wir keine Lust hatten, arbeiteten wir

Tut euch gut! Das Wohlfühlbuch für Paare

Wenn die Hausarbeit nicht wäre

Siehe: *Was Musik bewirkt: Freitagabend*

um die Wette. Und dann machte die Arbeit plötzlich Spaß. Laßt euch etwas einfallen: Macht aus, wer welches Zimmer aufräumt, stellt eine Uhr auf zehn Minuten, und seht, wer als erstes fertig ist. Jeder wird sein Bestes geben. Bügelt die Wäsche, während ihr fernseht, und hängt euch die Unterwäsche eures Partners um den Hals; wischt den Boden auf, indem ihr feuchte Tücher um die Füße wickelt und damit durchs Zimmer tanzt, zu Smetanas *Die Moldau* oder zu Musik von den Talking Heads.

Wenn du einen Babysitter oder eine Putzfrau hast, dann frag sie, ob er/sie bereit ist, auch andere Arbeiten zu übernehmen, wenn du dafür zahlst: Kartoffeln schälen, stopfen, bügeln oder Wäsche zusammenlegen.

Kauft Vorräte ein. In einem meiner Seminare erzählte eine Frau, daß sie alle Geburtstagskarten für ein ganzes Jahr im voraus kauft. Sie hat in ihrem Notizbuch alle Daten eingetragen. Spart Arbeit, wo es geht: Verwendet ein Spannbettuch, statt Leintücher. Räumt allen Schnickschnack weg, und stellt nur ein oder zwei Dinge auf. Wechselt sie von Zeit zu Zeit. Stellt eure Pflanzen in Gruppen zusammen, das vereinfacht das Gießen. Schreibt auf, welche Arbeiten euch auf die Nerven gehen, und versucht, soviel wie möglich davon loszukriegen.

Für eine Familie zu kochen ist nicht leicht. Die Geschmäcker sind verschieden. Erstellt gemeinsam euren Speisezettel: Jeder schreibt ein paar Ideen auf. Tut die Zettel in ein Gefäß, und zieht nach dem Essen den Menüvorschlag für morgen. Jeder darf einmal ziehen. Wenn sich jemand beschwert, daß es Zucchinis gibt, kannst du entgegnen: »Mach öfter einen Vorschlag, dann kommst du auch öfter an die Reihe.« Vereinbart im voraus ein paar Regeln, was die Zusammenstellung eurer Mahlzeiten anbelangt. Oder ißt du gern Spaghetti mit Würstchen? Sei darauf gefaßt, daß deine Flexibilität gefragt sein wird.

Noch ein paar Ideen

Entwerft eure Vision eines erfüllten Lebens. Die Meditation im Kapitel »Eure persönliche Vision« wird euch dabei helfen.

Nehmt Anteil aneinander. Macht die Visualisierungsübung im Kapitel »Anteil nehmen«.

Wenn die Hausarbeit nicht wäre

Mach dir bewußt, daß deine Beziehung darunter leidet, wenn du dich vor der Arbeit drückst.

Mach dir bewußt, daß deine Beziehung darunter leidet, wenn du deinem Partner nicht die Chance gibst zu helfen.

LITERATUR UND TIPS:

Hochschild, Arlie R./Machung, Anne: *Der 48-Stunden-Tag. Wege aus dem Dilemma berufstätiger Eltern.* Knaur, 1993. Hilft zu verstehen, wie wichtig und schwierig das Thema »Hausarbeit« ist.

Huston, Victoria: *Making It Work.* Contemporary Books, 1990. Geschichten zu dem Thema »Wenn beide Karriere machen«. Mit einem interessanten Kapitel über den Umgang mit der Zeit.

McCamant, Kathryn/Durrett, Charles: *Co-Housing: A Contemporary Approach to Housing Ourselves.* Ten Speed Press, 1993. *Co-Housing* ist eine neue Form des Zusammenwohnens, die Lösungen für Probleme des normalen Wohnens bietet (Zeit, Geld, Gemeinschaft).

DIE EIGENE WELT ERSCHAFFEN

IHR BRAUCHT:

Dinge, die ihr gern gemeinsam tut, z. B. Kreuzworträtsel lösen, durch eine Blumenwiese laufen, im Morgengrauen Tennis spielen oder Kuchen backen.

Dauer: ein paar Minuten oder solange es euch Spaß macht.

WANN . . . ?

- Wenn ihr euch fühlt wie in einer Wohngemeinschaft und nicht wie ein Paar, das zusammengehört.

- Wenn ihr nur an die Arbeit und die Kinder denkt.

- Wenn ihr euch einsam fühlt.

- Wenn es auf Weihnachten zugeht und ihr neue Wege finden wollt, dieses Fest zu feiern.

WORUM GEHT'S

Paare, die sich gut verstehen, haben eines gemeinsam: die Fähigkeit, ihre eigene Welt zu erschaffen − ihre eigenen Rituale und ihr eigenes Verständnis von Familie. So banal es klingen mag: Wenn ihr eure Beziehung lebendig halten wollt, müßt ihr Dinge tun, die euch *beiden* etwas geben.

Im Anfang geht das ganz von selbst, doch dann holt uns der Alltag ein, die täglichen Verpflichtungen, die Macht der Gewohnheit. Wir vergessen, daß Kosenamen wichtig sind, wir vergessen, daß es Spaß macht, gemeinsam Kurse zu besuchen oder gemeinsam Weihnachtsvorbereitungen zu treffen. Doch sind es gerade diese Dinge, die euer Zusammenleben zur Beziehung machen. Sie verbinden euch. Sie helfen euch, eine Krise durchzustehen. Sie geben eurer Liebe eine Form.

WAS IHR FÜREINANDER TUN KÖNNT:

Die Sache mit der Unabhängigkeit

Mit diesem Thema hatten Chris und ich lange Zeit zu kämpfen. Wir wollten unabhängig sein, und wir gaben uns zuwenig Mühe, unsere

Die eigene Welt erschaffen

Beziehung zu gestalten. Wir hatten beide Angst vor zuviel Nähe, und wir betonten immer wieder, daß Vertrauen und Unabhängigkeit uns besonders wichtig wären. Und damit hatten wir auch nie Probleme. Doch was uns schwer zu schaffen machte: Wir legten so viel Wert auf Eigenständigkeit, daß wir das Gefühl verloren, ein Paar zu sein.

Wie geht es euch? Habt ihr das Gefühl zusammenzugehören? Macht euch bitte keine Vorwürfe. Wir können nur die Dinge ändern, die uns bewußt sind.

Mehr gemeinsam machen

Geht zur selben Zeit ins Bett, und steht gemeinsam auf, wenn es euch möglich ist. Wenn eure Rhythmen sehr verschieden sind (vielleicht bist du als Morgenmensch mit einem Nachtschwärmer zusammen), dann laßt euch etwas einfallen: z. B. schmusen, wenn dein Schatz ins Bett kommt.

Siehe: Eure Rhythmen sind nicht gleich: Was, wenn ihr verschieden tickt?

Macht einmal in der Woche etwas, was euch beiden gut gefällt: Geht in eine nette Buchhandlung, und gönnt euch später einen heißen Tee; schlendert an einem kühlen Herbstabend eine schöne Allee hinunter, oder kocht ein gutes Abendessen.

Macht einmal im Monat etwas, an das ihr euch später gern zurückerinnert. Wählt einen bestimmten Tag. Überlegt abwechselnd, wie ihr diesen Tag bzw. Abend gestalten wollt, und trefft entsprechende Vorbereitungen. Tut etwas, was ihr sonst nicht tut, etwas Lustiges, Wildes oder Ausgeflipptes, etwas, an das ihr später gern zurückdenkt. Macht, was *euch* entspricht.

In *Was tun, wenn euch nichts Konstruktives einfällt?* und *Den Tag bewußt gestalten* findet ihr weitere Anregungen.

Besucht gemeinsam einen Kurs. Sucht so lange, bis ihr etwas gefunden habt, was euch beide interessiert. Ihr könnt auch ein bestimmtes Thema wählen, dem ihr unabhängig voneinander nachgeht. Wie wär's mit Töpfern, Segeln, Fotografieren oder mit der »Kunst der Ziegenzucht«? Das habe ich neulich in einem Programmheft zur Erwachsenenbildung gesehen.

Sucht euch ein gemeinsames Hobby. Bob und Sue aus Virginia sind große Fans von Henry Miller. Sie sind zusammen nach Big Sur gefahren, um ein paar seiner Aquarelle zu kaufen. Ein anderes Paar schwärmt für

Die eigene Welt erschaffen

Monet. Sie gehen samstags ins Museum und sehen sich seine Bilder an, und sie sammeln gerahmte Kunstposter. Es gibt so viele Möglichkeiten: Filme, Schach, alte Bücher, Tennis. Ihr habt die Wahl: Ihr könnt euch miteinander langweilen oder gemeinsam etwas tun, was euch Freude bereitet.

Erledigt etwas, was ihr schon seit langem tun wollt: Stellt einen Haushaltsplan auf, bestreut den Gartenweg mit Kies, macht euch ein Geschenk zum Hochzeitstag – auch wenn er schon vor Wochen war. Wenn ihr euch nicht einig werdet, dann sucht euch unabhängig voneinander etwas aus, und helft einander – ohne zu murren.

Unternimm etwas mit deinem Partner, was du sonst allein oder mit Freunden unternimmst. Wenn du das nächste Mal vor einer Entscheidung stehst, bei der du dich normalerweise nicht an deinen Partner wendest, dann tu es diesmal: Frag ihn/sie um Rat.

Das ist eure Welt

Mehr dazu in *»Wie schön, daß es dich gibt!«*

Man sagt, die Beduinen hätten 700 Worte für »Kamel«. Wir haben nur *ein* Wort für Liebe. Ihr könnt das ändern, wenn ihr wollt. Stellt euch selbst ein kleines Wörterbuch zusammen. Nehmt ein leeres Notizbuch oder die letzten Seiten eures Beziehungstagebuchs. Schreibt Worte auf, die euch gut gefallen, auch sehr intime Dinge, die man einander nur ins Ohr flüstert. Schafft eure eigene Sprache. Bereichert die Sprache eurer Liebe. Schreibt einander kleine Liebesbriefe in eurer neuen Sprache. Ein Mann hat mir erzählt, daß er seiner Frau jedes Jahr zum Valentinstag eine Geschichte schenkt, die er in ihrer gemeinsamen Sprache geschrieben hat. Diese Geschichte rankt sich um die Dinge, die er und seine Frau im letzten Jahr erlebt haben: Es sind alltägliche, lustige und berührende Momente einer wirklichen Beziehung.

Mehr dazu in *Eure persönliche Vision*

Malt euch eure Zukunft aus. Wahrscheinlich habt ihr das am Anfang, als ihr erst kurz zusammen wart, oft und gern getan. Es vermittelt ein Gefühl der Verbundenheit. Sprecht darüber, wie euer Leben in fünf Jahren aussehen soll, wie ihr euch den Urlaub vorstellt oder was ihr aus dem Garten machen wollt.

Die eigene Welt erschaffen

Sucht euch ein kleines Ziel, das ihr gemeinsam anstrebt: mehr Gemüse zu essen; fünf Kilometer in einer bestimmten Zeit zu laufen; bis zehn zu zählen, wenn ihr wütend seid. Macht aus, wann ihr eure Fortschritte besprechen wollt. Freut euch darüber!

Wovon träumt ihr? Besorgt euch eine kleine Schachtel, und sammelt Dinge, die euch daran erinnern. Schneidet Artikel oder Bilder aus, sammelt alles, was ihr zu euren Themen findet: Urlaube, ein neuer Job, Kinder, was immer ihr euch wünscht.

Stellt eine kleine Ausstellung zusammen, die von eurer Beziehung erzählt. Sucht euch einen Platz auf einem Regal oder in einer Vitrine oder eine schöne Schachtel, wo ihr die diversen Dinge sammeln könnt: schöne Bilder oder einen ganz besonderen Gegenstand. John und Anita fanden z. B. auf einem romantischen Strandspaziergang eine Muschel mit einem »L« darauf (für Liebe). Sie erinnert sie nun an diese ganz besondere Nacht. Eingerahmte Liebesbriefe, Sektkorken, kleine Geschenke, Erinnerungen aller Art: Nehmt, was euch gefällt. Gebt eurer Liebe Ausdruck. Fügt eurer Sammlung von Zeit zu Zeit etwas hinzu, gestaltet sie immer wieder neu. Hebt Dinge auf, die euch gefallen und die ihr später dazulegen wollt.

Achtet darauf, was andere Paare tun, um sich einander nahe zu fühlen. Geht gemeinsam essen, und sprecht darüber, was euch aufgefallen ist. Überlegt euch, was *ihr* gern machen würdet. Was gefällt euch beiden gleichermaßen?

Siehe: *Helfen und sich helfen lassen: Ein Paar, das euch zur Seite steht*

Habt ihr Kinder? Sie sind eine gute Quelle für gemeinsame Erinnerungen. Legt ein Album an, das vom Leben eurer Kinder handelt. (Macht das gemeinsam.) Sprecht regelmäßig über eure Kinder: wie es ihnen geht und was sie brauchen. Lest gemeinsam ein Buch zum Thema »Kindererziehung«.

Laßt euch jeden Monat fotografieren, ein Jahr lang. Sucht einen schönen Rahmen aus, gebt die Fotos dort hinein, und hängt sie auf.

Seht euch alte Fotos an, und sucht die heraus, die eure Beziehung, eure Zweisamkeit, und *eure* Welt am besten zeigen. Legt sie in ein Album oder in eine schöne Schachtel. (Ihr könnt auch selbst etwas basteln.) Fügt neue Fotos hinzu, wenn ihr welche habt, die passen. (Das ist auch ein schönes Geschenk.)

Siehe: *Die Sache mit dem Schenken*

Tut euch gut! Das Wohlfühlbuch für Paare

Die eigene Welt erschaffen

Siehe: *Die eigene Welt erschaffen; Feste feiern; Den Körper spüren; Den Tag bewußt gestalten; Mehr Spaß am Leben; Was tun, wenn euch nichts Konsturktives einfällt?; Was die Natur euch geben kann; Erotische Genüsse; Ein Ort für euch allein; Euer eigenes Wohlfühlbuch* und *Eure persönliche Vision*. Dort findet ihr mehr zum Thema.

Sagt einander immer wieder, daß ihr zusammenhaltet. Ihr könnt auch euer Eheversprechen wiederholen, wenn ihr wollt. Das hört sich vielleicht kitschig an, aber solche Rituale können viel bewirken. Sie brauchen gar nicht aufwendig zu sein. Meine Vorstellung dazu: Wir sind irgendwo in der Natur und machen einen Schwur. Der Hund ist unser Zeuge.

Sich als Familie fühlen

Eine Beziehung ist nur dauerhaft, wenn ihr euch als Familie fühlt, wenn ihr das Gefühl habt, daß ihr zusammengehört. Wo ist dein Zuhause? Denkst du dabei immer noch primär an deine Eltern? Vielleicht tust du es unbewußt. Egal wie lange du schon mit deinem Partner zusammen bist: Wenn du immer noch an dein Elternhaus denkst, fällt es dir schwer, dich ganz auf die Beziehung einzulassen. Das ändert sich, sobald du lernst, *euch* als Familie zu empfinden – egal ob diese Familie »nur« aus euch beiden und eurem Goldhamster besteht oder ob ihr Kinder habt und eine Großmutter im Haus. Fühlt euch bei euch selbst zu Hause. Hier ein paar Anregungen:

Siehe: *Feste feiern*

Entwickelt eure eigenen Bräuche: Gestaltet Weihnachten und andere Feste, die euch etwas bedeuten, anders als es bei euch zu Hause üblich war. Auch wenn ihr Weihnachten zu euren Eltern fahrt, könnt ihr trotzdem selbst etwas tun: Ihr könnt eure Wohnung schmücken, gemeinsam Weihnachtskarten schreiben oder einen Baum aufstellen. Für John und Julie ist das Christbaumschmücken zu einem Ritual geworden. Sie erwerben jedes Jahr ein bißchen Schmuck hinzu, und sie kaufen und schmücken ihren Baum gemeinsam. Dazu gibt es festliche Musik und Punsch. Steve und Julie nehmen einen Baum mit Wurzeln und pflanzen ihn nach Weihnachten in ihren Garten. Ned und Raffi lieben Halloween. Sie schnitzen Kürbisgesichter und geben eine Party. Susan und Miriam planen ein Fest zur Wintersonnenwende. Der Höhepunkt: ein kurzes Bad im eisigen Atlantik.

In *Ein gemütliches Zuhause* findet ihr mehr zu diesem Thema.

Eileen McMahon, Schriftstellerin und Mutter dreier Kinder, beschreibt in einer Geschichte, wie ihr Mann und sie versuchen, ihre Sonntage neu zu gestalten, nachdem sie umgezogen waren. An Sonntagen vermißten sie New York und ihre große Familie ganz besonders. Zu Hause war der Sonntag ein Familientag gewesen. Es war der Tag, an dem sie sich mit

Die eigene Welt erschaffen

Tanten, Onkeln, Großeltern, Kusins und Kusinen trafen, mit Menschen, die sie liebten und die ihnen das Gefühl vermittelten, etwas Besonderes zu sein. Gibt es Familientraditionen, die ihr vermißt? Überlegt euch, wie ihr sie ersetzen könnt. Habt ihr euch immer schon gewünscht, Feste anders zu feiern als zu Hause? Dann tut es jetzt. Erfüllt euch diesen Traum.

LITERATUR UND TIPS:

Berg, Konrad: *Das Jawort geben. Schöne und phantasievolle Hochzeitsrituale.* Rowohlt Taschenbuch, 1995.

Fröhling, Thomas: *Alte und neue Hochzeitsbräuche. Anregungen für ein gelungenes Fest.* Falken, 1994.

Rieder, Franz (Hrsg.): *Gedichte, Reden und Sketche für grüne, silberne und goldene Hochzeitstage.* Falken, 3. Aufl. 1995.

Leviton, Richard: *Weddings by Design: A Guide to Non-Traditional Ceremonies.* HarperSanFrancisco, 1994. Wenn ihr mehr über die kulturellen, psychologischen und mythologischen Aspekte verschiedener Vermählungszeremonien wissen wollt.

AUCH GELD SPIELT EINE ROLLE

IHR BRAUCHT:

Zwei kleine Notiz-bücher.

Eine Liste eurer Wünsche.

Euer Beziehungs-tagebuch oder Papier und Stifte.

Dauer: ein paar Minuten täglich. Einmal im Monat etwa eine Stunde.

WANN . . . ?

• Wenn ihr oft über Geld streitet.

• Wenn ihr gedacht habt, daß es euch bessergehen würde, wenn ihr mehr verdient, sich aber trotzdem nichts geändert hat.

• Wenn ihr mit eurem bisherigen Konsumverhalten Schluß machen wollt.

WORUM GEHT'S?

Geld kann euch helfen, glücklicher zu werden, aber das heißt mehr, als bloß Geschenke füreinander zu kaufen. Geld kann euch helfen, eure Wünsche und Ziele zu verwirklichen und euer Leben zu gestalten – wenn ihr euch nicht von sinnlosen Begierden verleiten laßt. Geld kann euch helfen, wenn ihr richtig damit umgeht: wenn ihr es weder ignoriert, noch zum zentralen Thema eures Lebens macht. Geld kann euch helfen, aber ihr müßt etwas dafür tun: Ihr müßt euch damit befassen, was ihr als Kind über die Themen »Geld« und »Macht« gelernt habt, und euch fragen, wie sich das in eurer Beziehung niederschlägt. Geld kann euch helfen, wenn euch klar wird, was *genug* ist und was ihr erreichen wollt – und ob das eurer Liebe schadet oder nutzt.

Geld hat eine starke symbolische Bedeutung. Geld heißt Macht, Herr-schaft, Selbstwert, Identität und *Liebe*. Es zeugt davon, was der eine für den anderen tun kann. Wahrscheinlich gibt es neben Sex kaum etwas in einer Beziehung, was so unterschiedlich wirken kann: Geld kann für Liebe und Verständnis sorgen oder zerstören und verletzen. Wann ist Geld gut für die Beziehung? Voraussetzung ist eine bewußte Einstellung zum Thema »Geld«.

Tut euch gut! Das Wohlfühlbuch für Paare

Was ihr füreinander tun könnt:

Auch Geld spielt eine Rolle

Geh einmal in dich: Was bedeutet dir Geld?

Was bedeutet Geld für dich? Wenn du dich mit dieser Frage auseinandersetzt, wird dir auch klar, welchen Einfluß Geld auf die Beziehung hat, in der du lebst. Wir weichen dieser Frage gern aus. Wir haben Angst vor diesem Thema.

Ergänzt die folgenden Sätze, sooft ihr könnt. (Versucht es mindestens fünfmal.) Ihr könnt das schriftlich oder mündlich machen. Sagt oder schreibt *alles, was euch einfällt*, ohne lange nachzudenken, ohne zu bewerten und ohne Schuldgefühle. Traut euch! Laßt nicht locker, auch wenn ihr das Gefühl habt, daß nichts mehr kommt. Macht weiter. Ihr seid der Wahrheit auf der Spur.

Geld ist . . .

Als ich klein war, war Geld . . .

Dachte ich als Kind, ich sei reich, arm oder irgendwo dazwischen?

Wie wirkt sich das auf mein jetziges Verhältnis zum Geld aus?

Was sagten meine Eltern über Geld?

Ich glaube, für dich bedeutet Geld . . .

Wenn wir über Geld streiten, geht es mir eigentlich darum, daß . . .

Wir würden nicht über Geld streiten, wenn du . . .

Wenn ich deine Einstellung zum Thema »Geldausgeben« akzeptieren könnte, dann . . .

Wenn ich deine Einstellung zum Thema »Sparen« akzeptieren könnte, dann . . .

Finanzielle Macht heißt für mich . . .

Auch Geld spielt eine Rolle

In unserer Beziehung hat _____ die finanzielle Macht.

Welche finanziellen Rückschläge habe ich erlitten?

Welche finanziellen Erfolge habe ich erlebt?

Haben diese Erfahrungen einen Einfluß darauf, wie ich jetzt mit Geld umgehe?

Was ist meine größte Angst im Zusammenhang mit Geld?

Was wäre anders in meinem Leben, wenn ich so viel Geld hätte, wie ich brauche?

Was würde sich an unserer Beziehung ändern, wenn ich meinen Job verliere oder wir einen Teil unserer Ersparnisse verlieren würden?

Um unsere Beziehung zum Geld zu verbessern, würde ich gern ...

Sprecht darüber, was euch klargeworden ist. Anteilnahme und gegenseitige Unterstützung sind auch bei diesem Thema wichtig. Hört auf, wenn es euch zuviel wird. Versucht es später noch einmal. Die Fragen helfen euch herauszufinden, warum das Thema »Geld« bei euch zu Konflikten führt. Es geht fast immer um unsere Glaubensmuster und unsere Ängste. Was habt ihr als Kinder gelernt, und welche negativen Erfahrungen habt ihr als Erwachsene gemacht? *Hört einander zu*, und denkt daran: Nehmt Rücksicht auf den Partner, und akzeptiert seine Vorstellungen und Ängste.

Welche Rolle spielt das Geld?

Geld spielt eine Rolle. Es hilft nichts, wenn wir so tun, als ob Geld nicht wichtig wäre. Was ist, wenn du deinen Job verlierst? Habt ihr genügend Ersparnisse oder eine Ahnung von Krediten oder anderen Möglichkeiten, finanzielle Hilfe in Anspruch zu nehmen? Dann habt ihr eine gute Chance, magere Zeiten zu überstehen. Sonst wird es schwer. Ihr müßt euch um beides kümmern: um eure Liebe und um euer Geld. Beides braucht genügend Zuwendung. Lernt, bewußt mit Geld umzugehen. Lernt, es respektvoll zu behandeln. Schenkt ihm die Beachtung, die ihm zukommt – so wie eurem Partner.

Auch Geld spielt eine Rolle

Auch wenn ihr knapp bei Kasse seid: Ihr braucht deshalb nicht zu streiten. Ändert eure Einstellung, anstatt zu jammern, wenn ihr eure Rechnungen bezahlt. Seht das Ganze einmal anders: Den Kredit zurückzuzahlen kann ein Beweis der Liebe sein. Du schenkst dir und deinem Partner ein gemütliches Zuhause. Besucht gemeinsam einen Kurs zum Thema »Geld«. Tut es aus Liebe zueinander – damit ihr lernt, wie ihr für euer finanzielles Wohl sorgen könnt. Hört auf, negativ zu denken. Fragt euch lieber, was ihr tun könnt, damit es euch in Zukunft bessergeht. Wenn es dich frustriert oder langweilt, dich mit finanziellen Fragen zu beschäftigen, dann wende dich an deinen Partner. Bitte ihn/sie, dir zu helfen, deine Gefühle umzuwandeln: Liebe statt Langeweile, Fürsorge statt Frust.

Beschäftigt euch mit der Geschichte und der Philosophie des Geldes. Geht in die Bücherei und schmökert. Erweitert eure Perspektive.

Siehe: *Literatur und Tips*

Tut etwas für euch *und* für die Finanzen. Nehmt euch eine halbe Stunde Zeit für das Budget und die nächste halbe Stunde für euch selbst: Ihr könnt Federball spielen, meditieren oder gemeinsam von der Zukunft träumen (von dem Haus auf dem Land, von der eigenen Firma oder vom wohlverdienten Ruhestand).

Die Chance nutzen

Lernt, einander zu vertrauen. Lernt, eure Gefühle im Zusammenhang mit Geld stärker zu erleben als bisher. Wie geht es euch, wenn ihr wegen Geld streitet? Wie, wenn ihr finanziellen Erfolg habt? Solche Momente geben uns die Chance, einander näherzukommen. Unsere Ängste und unsere Einstellung zum Geld gehen sehr, sehr tief. Mit den Schwierigkeiten, die ihr habt, wenn es ums Geld geht, seid ihr auch in der Beziehung konfrontiert. Nutzt die Chance, einander tiefer zu begegnen. Stellt euch *im Moment* der Auseinandersetzung die Fragen:

Wovor fürchten wir uns?

Wie geht es uns jetzt miteinander? Wie wirkt sich das auf unsere Beziehung aus?

Was wollen wir vermeiden?

Auch Geld spielt eine Rolle

Sich mal etwas leisten

Habt ihr ein gemeinsames Konto? Habt ihr getrennte Kassen? Es gibt kein Richtig oder Falsch. Macht das, was für *euch* am besten ist. Eines sollte jedoch möglich sein: Jeder von euch beiden sollte im Monat oder in der Woche einen gewissen Betrag zur persönlichen Verfügung haben und sich – ohne Schuldgefühle – etwas leisten können. Das hilft euch, Geld positiv zu sehen. Überlegt gemeinsam, wieviel ihr für euch persönlich haben wollt. Wenn du zu Hause bei den Kindern bist oder arbeitslos wurdest, ist das besonders wichtig. Sonst verlierst du das Gefühl der Eigenständigkeit.

Weißt du, wann es genug ist?

Als Chris und ich uns wieder einmal in den Haaren lagen, als es ums Budget ging, tauchte plötzlich die Frage auf: »Werden wir jemals genug haben?« Mir blieb die Sprache weg – und das kommt selten vor. Daran hatte ich noch nie gedacht. Mir wurde plötzlich klar, daß wir immer nur an die Zukunft dachten. Wir glaubten, wenn wir mehr verdienten, würde es uns bessergehen. Mit einem Schlag war uns bewußt geworden, daß das unmöglich war. »Genug« und »morgen« gibt es nicht. Wir begriffen, daß wir nur dann Frieden mit dem Thema schließen können, wenn wir wissen, was wir brauchen und was unsere finanziellen Ziele sind. Wie kann man die Gegenwart genießen, wenn man immer nur an die Zukunft denkt? Das zerstört die Beziehung. Und dich selbst. Das Leben geht an dir vorbei, und du übersiehst die Menschen und die Liebe, die dich jetzt umgeben.

Was ist genug? Die folgenden drei Punkte helfen dir, klarer zu sehen:

1. Schreib auf, was du wofür ausgibst und wieviel Freude dir die Sache macht.

2. Beschäftige dich mit deinen Träumen. Sie helfen dir herauszufinden, was wirklich wichtig für dich ist.

3. Man muß nicht immer konsumieren. Überleg dir, wie du deine Wünsche auf eine andere Art und Weise befriedigen kannst.

Auch Geld spielt eine Rolle

Punkt 1: Schreib einen Monat lang jeden Pfennig auf, den du einnimmst oder ausgibst. Es zahlt sich aus. Du erstellst hier kein Budget, du führst einfach Buch. Tu es, weil du es wissen willst, und bekomm bitte keine Schuldgefühle. Es ist gut zu wissen, wohin unser Geld fließt: Es nimmt dir die Angst, und es hilft dir, Geld bewußter auszugeben. Besorgt euch zwei kleine Notizbücher, tragt sie immer bei euch, und schreibt auf, was ihr wofür ausgebt. Wenn ihr im Supermarkt oder in einem Kaufhaus verschiedene Dinge einkauft, dann hebt die Rechnung auf und ordnet sie zu Hause nach Waren.

Am Ende des Monats ist es dann soweit: Nehmt eure Notizbücher, die Rechnungen und ein großes Blatt Papier, und wertet aus. Stellt Kategorien auf wie: Lebensmittel, Restaurantbesuche, Haushaltsgegenstände, Dinge für den täglichen Gebrauch, Kleidung, Medizin und Ärzte, Versicherungen, Kino und Konzert usw., Reisen, Auto, Gas und Strom und anderes. Kategorien wie »Essen« und »Unterhaltung« sind zu allgemein. Versucht, möglichst genau zu unterteilen, damit ihr ein klares Bild bekommt. (Zu viele Punkte sollten es wiederum auch nicht sein, sonst wird das Ganze eher verwirrend.)

Wenn ihr wollt, könnt ihr zwei Blätter zusammenkleben, um mehr Platz zu haben. Wenn ihr fertig seid, dann nehmt eure Aufzeichnungen, und übertragt sie in die Liste. (Es kann gut sein, daß ihr Angst und Widerstände spürt. Fragt euch: »Wovor habe ich Angst? Welche Gefühle und Erinnerungen kommen hoch?« Diese Übung macht wahrscheinlich nicht viel Spaß, aber sie ist sehr, sehr wichtig.)

Geht die einzelnen Punkte durch, und fragt euch: »Hat es sich gelohnt? War die Sache ihr Geld wert? Bin ich zufrieden?«

Wenn die Antwort ein Nein ist, fragt euch: »Was kann ich in Zukunft anders machen? Was ist befriedigender für mich?« Oder: »Was können wir gemeinsam tun, um in diesem Punkt etwas zu ändern?« Oder: »Nicht alles muß Geld kosten. Was kann ich außer Geldausgeben tun?« (Hier hilft euch Punkt 3.)

Wenn die Antwort ein Ja oder ein Unentschieden ist, dann macht weiter wie bisher, und freut euch darüber!

Auch Geld spielt eine Rolle

Das Ergebnis zeigt, ob ihr mit eurem Konsumverhalten zufrieden seid. Wenn ihr Zeit und Lust habt, könnt ihr eure Ausgaben noch ein paar Monate lang verfolgen.

Punkt 2: Werde dir bewußt, welche materiellen Dinge dir wichtig sind. Was immer du dir wünschst, entscheidend ist nur eine Frage: »Will ich das *wirklich*?« Seht euch eure Liste an, um eure Antworten zu überprüfen: Habt ihr etwas in der Richtung gemacht, und war es sein Geld wert? Geht euren Träumen auf den Grund. Hinterfragt sie. Ihr braucht dafür wahrscheinlich ein paar Wochen. Macht einander immer wieder auf das aufmerksam, was jeder von euch will. Schreibt auf, was ihr euch wünscht. Geht ins Detail, und genießt es, einfach mal Wünsche zu formulieren. Vielleicht hilft es euch, wenn ihr euch vorstellt, daß ihr im Lotto gewonnen habt. Macht diese Übung unabhängig voneinander.

Sprecht darüber, wie es ist, sich die eigenen Wünsche bewußtzumachen. Geht dann gemeinsam eure Listen durch. Wie geht es dir, wenn du dich bewußt mit deinen Wünschen auseinandersetzt? Ist es befriedigend? Jagt es dir Angst ein? Fällt es dir schwer? Wird sich an deinem Leben etwas ändern?

Diese Übung kann einiges ins Rollen bringen. Sie kann bewirken, daß du dein Leben ändern willst. Bitte denk daran: Veränderungen brauchen Zeit. Versuch nicht, etwas zu erzwingen. Setzt euch immer wieder zu einem »Ich höre dir zu« zusammen. Sprich über das, was dich bewegt. Wie kannst du deine neuen Pläne in dein Leben integrieren? Macht die Visualisierungsübung im Kapitel »Eure persönliche Vision«. Wie kannst du das nutzen, was du dort erfährst?

Siehe: *Euer eigenes Wohlfühlbuch*. Dort findet ihr Anregungen, wie ihr eine solche Liste zusammenstellen könnt.

Punkt 3: Es muß nicht immer etwas kosten, dir etwas Gutes zu tun! Du kannst nur lernen, dein Geld sinnvoll auszugeben, wenn du weißt, was dir außer Geldausgeben sonst noch Freude macht. Es gibt so viele schöne Dinge, die man *nicht* kaufen kann. Überlegt euch, was euch Freude macht (gemeinsam und allein). Stellt eine Liste zusammen. Diese Liste wird euch helfen, wenn ihr in Versuchung seid, Geld für etwas auszugeben, was euch nicht zufriedenstellt. Ihr braucht sie nur zur Hand zu nehmen und euch etwas anderes auszusuchen. Ihr werdet es weit mehr genießen.

Um es noch einmal zu sagen

Auch Geld spielt eine Rolle

Überlegt euch, welche Rolle Geld in eurer Beziehung spielt, dann lernt ihr, richtig damit umzugehen. Geld kann euch sehr viel geben, Geld kann aber auch zerstören. Geht die Sache langsam an, macht es wie zum Spaß, und denkt immer wieder daran: Wenn ihr bewußt mit eurem Geld umgeht, tut ihr viel für die Beziehung.

LITERATUR UND TIPS:

Felton-Collins, Victoria/Brown, Blair S.: *Paare und Geld. Hört beim Geld die Liebe auf? Ein Ratgeber.* Kabel, 1992. Ein Buch über finanzielle Fragen, Machtspiele und was dahintersteckt. Victoria Felton-Collins versteht etwas davon, sie ist Psychologin und Finanzberaterin.

Needleman, Jacob: *Geld und der Sinn des Lebens.* Suhrkamp, 1995. Zeigt, welche Rolle Geld in unserem Leben spielt. Ein faszinierendes Buch.

Weimer, Wolfram: *Geschichte des Geldes. Eine Chronik mit Texten und farbigen Bildern.* Suhrkamp, 1994.

Dominguez, Joe/Robin, Vicky: *Your Money or Your Life.* Viking, 1992. Geld verdienen im Einklang mit sich selbst und mit der Erde. Hat viele meiner Ideen bestätigt.

TU WAS FÜR DICH

DU BRAUCHST:

Papier und Stifte.

Eine Uhr.

Dinge, die dir gut-tun: Seidenunter-wäsche; ein Golfplatz an einem frühen Sonntagmorgen; eine Ausstellung, die dich fasziniert; deine Joggingschuhe.

Die Überzeugung, daß du es verdienst, etwas für dich zu tun. (Die kriegst du mit der Zeit.)

Dauer: 20 bis 30 Minuten.

WANN . . . ?

- Wenn dein Partner/deine Partnerin dir eine Bitte abschlägt und du dir nicht zu helfen weißt.

- Wenn du das Gefühl hast, daß ohne dich nichts funktioniert (Haushalt, Kindererziehung, Auto, Freizeitgestaltung).

- Wenn du nicht mit ansehen kannst, daß dein Partner/deine Partnerin etwas für sich tut.

- Wenn du der Überzeugung bist, daß du dich in einer *echten* Beziehung nicht um deine eigenen Bedürfnisse zu kümmern brauchst.

WORUM GEHT'S?

Wir können nichts für andere tun, wenn wir uns selbst vernachlässigen. (Zu diesem Thema gibts ein Buch von mir.) Wir können andere natürlich darum bitten, sich um uns zu kümmern, aber wir sollten es auch selbst tun – vor allem wenn der Partner uns nicht helfen kann. Und wir müssen lernen, es zu tun, ohne es dem anderen heimlich vorzuwerfen.

Wenn du die Verantwortung für dein Wohlergehen auf deinen Partner abschiebst, machst du dich abhängig. Du flüchtest in die Unselbständigkeit. Wenn ihr zu schätzen wißt, was ihr füreinander tun könnt, und gleichzeitig wißt, daß jeder für sich selbst verantwortlich ist, lebt ihr ein bewußtes Miteinander. Ihr ergänzt euch. Warum ist es so wichtig, selbst etwas für sich zu tun? Weil du dann immer wieder spürst, wer du wirklich bist. Und erst dann kannst du anderen nahe sein.

Ist dir nicht besonders wohl bei dem Gedanken? Dann überleg dir mal, was du alles für dich tun kannst: Du kannst in der Sonne liegen und Erdbeeren essen, einen tollen Krimi lesen, durch ein Museum schlendern. Du kannst so viele schöne Dinge tun. Das tut auch der Beziehung

Tu was für dich

gut. Wenn jeder etwas für sich tut, wachsen eure Liebe und eure Achtung voreinander. Wenn du siehst, daß dein Partner für sich sorgt, siehst du ihn/sie mit anderen Augen. Deine Anerkennung wächst – und dein Begehren. Es hilft euch, Streß und Ärger abzubauen, denn ihr fühlt euch nicht länger verantwortlich dafür, wie es dem anderen geht. Es hilft euch, stärker aufeinander zuzugehen. Wenn dein Partner weiß, daß du für dich selbst sorgen kannst, fällt es ihm leichter, etwas für dich zu tun – denn er spürt, daß du nicht klammerst.

WAS DU FÜR DICH TUN KANNST:

Wie geht es dir mit diesem Thema?

In den letzten sechs Jahren habe ich herausgefunden, daß es Männern leichter fällt, etwas für sich zu tun, als Frauen, aber daß es ihnen mehr an Ideen mangelt. Frauen fällt es leichter, sich etwas auszudenken, aber sie tun es dann oft nicht, weil sie schneller Schuldgefühle haben. Miriam, Künstlerin und Mutter zweier Kinder, sagt: »Er nimmt sich Zeit für sich, und ich bin ihm böse, weil ich mir diese Zeit nicht nehme. Wenn er es sich auf der Couch bequem macht und die Zeitung liest, fühle ich mich ausgenutzt und im Stich gelassen – mehr noch als sonst. Und dann gehe ich regelmäßig hoch.« Da hilft nur eines: Ihr müßt einander zugestehen, daß *jeder* Zeit für sich braucht.

Die folgende Übung hilft dir herauszufinden, wie es dir mit diesem Thema geht. Ergänze die folgenden Sätze schriftlich oder mündlich, sooft du kannst. (Versuch es mindestens fünfmal.) Sag oder schreib, *was dir in den Sinn kommt,* so schnell wie möglich, ohne es zu bewerten oder abzuändern. Bleib nicht an der Oberfläche.

Ich verdiene es, mir Zeit für mich zu nehmen, weil . . .

Wenn ich mir Zeit für mich nehme, fühle ich mich . . .

Wenn ich mir Zeit für mich nehme, glaube ich, daß du . . .

Wenn ich Geld für mich ausgebe, dann . . .

Tut euch gut! Das Wohlfühlbuch für Paare

Tu was für dich

Als Kind habe ich gelernt, daß ich meine Bedürfnisse zurückstellen muß, wenn ...

Deine Antworten zeigen, was dir die Sache schwermacht. Was ist dir klargeworden? Sprich mit deinem Partner darüber. Würdest du gern etwas ändern? Eines könnt ihr sofort tun: einander davon überzeugen, daß ihr es verdient, etwas für euch zu tun. Ein Beispiel: Diana hatte sich einen Tag freigenommen, um einen Ausflug mit dem Paddelboot zu machen. Am Abend vorher bekam sie plötzlich Schuldgefühle und wollte auf die Tour verzichten. Als sie ihrem Freund Herb davon erzählte, erklärte er ihr auf sehr einfühlsame und verständnisvolle Weise: »Du hast es verdient, dir einen schönen Tag zu machen. Das Projekt, an dem du arbeitest, wird deshalb nicht scheitern.« Ermutigt euch gegenseitig. Helft einander, aufzutanken.

»Ich bin selbst verantwortlich«

Mal ganz ehrlich: Glaubst du, daß dein Partner sich um dein Wohlergehen kümmern sollte? Erwartest du, daß er/sie dir deine Wünsche von den Augen abliest? Oder weißt du, daß die Verantwortung allein bei dir liegt? Trotzdem kann es sein, daß sich irgendwo in deinem Inneren das kleine Kind oder der enttäuschte Teenager meldet und sagt: »Kommt gar nicht in Frage: *Er/sie* soll sich gefälligst um mich kümmern!« Es ist nicht leicht, selbst die Verantwortung zu übernehmen, aber es ist das Beste, was du für die Beziehung tun kannst.

Die folgenden vier Schritte helfen dir dabei:

Schritt Nr. 1: Hör auf, den anderen für deinen Frust und deine Sorgen verantwortlich zu machen. Du versuchst, weniger zu naschen, und dein Partner ißt vor deiner Nase ein dickes Eis mit Sahne. Du kannst nicht widerstehen und bestellst dir auch eine Portion. Wie reagierst du? Ich wette mit dir, daß du dem anderen die Schuld zuschiebst. Tu es nicht! Beiß dir auf die Zunge (nicht zu fest), und überleg dir: »Ich sage: Du bist schuld, weil ich nicht ...« Der zweite Teil der Übung: *Mach dir selbst auch keinen Vorwurf.* Das bringt nichts! Stell dir vor, eine liebe alte Tante sitzt neben dir und sieht dir zu. Sie will dein Bestes. Sie will dir helfen, etwas zu verändern, und sie weiß, daß schimpfen dir nicht weiterhilft.

Schritt Nr. 2: Schreib auf, was du dir wünschst. Stell eine Uhr auf zehn Minuten. Nimm einen Bleistift und Papier, und schreib auf, was dir zu dem Satz: »Wenn du mich wirklich lieben würdest, würdest du . . .« einfällt. Schreib auf, was kommt. Sei ehrlich. (Du brauchst es deinem Partner nicht zu zeigen.) Schreib alles auf, auch Vorwürfe und Dinge, die du vielleicht für Unsinn hältst. Schreib so lange, bis der Wecker läutet. Lies deine Liste nochmals durch. Wie geht es dir? Willst du gleich die nächste Übung machen oder ein paar Tage warten, bis du Abstand gewonnen hast?

Nimm deine Liste, und geh die einzelnen Punkte durch. Was erwartest du von deinem Partner? Versuch, deine Erwartung umzuwandeln. Was kannst du *selbst* tun? Ein paar Beispiele von meiner Liste:

Wenn du mich wirklich lieben würdest, würdest du . . .

dich mehr um Haus und Garten kümmern,

mehr Geld verdienen,

dich um die Wochenendgestaltung kümmern,

mit mir aufs Land ziehen.

Ich überlegte mir also, was *ich* tun könnte, um meine Wünsche zu verwirklichen.

Aus *dich mehr um Haus und Garten kümmern* wurde: Ich kann am Samstag Blumen für den Vorgarten kaufen und nächste Woche jeden Abend ein paar pflanzen. Ich kann das Regal im Schlafzimmer streichen. Ich kann dich bitten, auch zwei Aufgaben zu übernehmen. (Du kannst den anderen durchaus um Hilfe bitten, aber du solltest sie nicht einfordern, nicht jammern und auch nicht auf die Tränendrüse drücken.)

Aus *mehr Geld verdienen* wurde: *Ich* kann mehr Geld verdienen, und ich kann versuchen, weniger auszugeben. Ich kann mich informieren, wie wir unser Geld besser anlegen. Ich kann dich bitten, daß wir gemeinsam ein Budget erstellen.

Tu was für dich

In *Was du wirklich brauchst* findest du Anregungen, wie du mit Vorwürfen anders umgehen kannst; in *Das Wechselspiel von Nähe und Distanz* findest du Näheres zum Thema »Verantwortung übernehmen«; *Verhandeln* zeigt dir, wie du mit deinem Partner reden kannst, und *Die Kunst des Akzeptierens*, wie du lernen kannst, den anderen in einem neuen Licht zu sehen.

In *Weg mit dem aufgestauten Ärger* findet ihr Techniken, die euch helfen, Wut und Verbitterung aufzulösen.

Aus *mit mir aufs Land ziehen* wurde: Ich wünsche mir, daß wir uns immer wieder zu einem »Ich höre dir zu« zusammensetzen und zwischendurch *nicht* über dieses Thema reden. Ich kann jedes Jahr einen Monat in die Berge fahren. Ich kann regelmäßig wandern gehen.

Einige Erwartungen, die auf deiner Liste stehen, wirst du leicht umwandeln können, bei anderen wird es dir schwerer fallen. Vielleicht stehen auf deiner Liste Dinge wie: »Immer mit mir schlafen, wenn ich Lust habe« oder »Mir nie widersprechen«. Wie kannst du die umwandeln? Zum Thema »Sex« fällt mir ein: Du kannst deine Lust allein genießen, ihr könnt gemeinsam eine Therapie machen oder ein Buch zum Thema »Mehr Spaß am Sex« lesen. Und zum Thema »Einer Meinung sein«: Wie wär's, wenn du einmal versuchst, dir selbst mehr Rückhalt zu geben? (Deine positive innere Stimme hilft dir dabei.) Wie wär's, wenn du versuchst, deinem Partner öfter zuzustimmen? Wie wär's, wenn ihr euch zusammensetzt und gemeinsam ein paar Regeln aufstellt, wie ihr in Zukunft Dinge entscheiden wollt? *Du kannst so viel erreichen, wenn du bereit bist, selbst Verantwortung zu übernehmen. Du* bist deines Glückes Schmied. Es hängt von *dir* ab, ob es dir gutgeht oder nicht.

Schritt Nr. 3: Laß den Ärger los, der sich angesammelt hat, weil du deine Bedürfnisse viel zu oft zurückgestellt hast!

Schritt Nr. 4: Auf eigenen Füßen stehen. Welche Dinge tust du normalerweise nur mit Partner? Wohin geht ihr stets gemeinsam? Tu so etwas einmal allein.

Tu etwas, das du normalerweise deinem Partner/in überläßt: Wimmle einen lästigen Vertreter ab; wechsle eine tropfende Dichtung; verbiete deinem Kind etwas.

Wartest du bei bestimmten Themen immer auf den Ratschlag deines Partners? Dann tu eines dieser Dinge einmal aus dir heraus. (Das heißt nicht, daß du deine gesamten Ersparnisse in ein neues Auto investieren sollst, aber du könntest einmal von dir aus etwas zu essen kaufen oder das Auto in die Werkstatt bringen, wenn der Service fällig ist.)

Keine Schuldgefühle mehr   Tu was für dich

In meinen Workshops und in den Gesprächen, die ich mit Frauen führe, taucht regelmäßig die Frage auf: »Wie wird meine Familie/mein Mann/ mein Freund/meine Freundin/mein Hund reagieren, wenn ich plötzlich anfange, etwas für mich zu tun?« Die Antwort heißt: »Du machst dir immer noch zu viele Gedanken über andere.« Wenn die anderen gewohnt sind, daß du immer alles für sie tust, werden sie natürlich sauer sein, wenn du plötzlich mehr an dich denkst. Wahrscheinlich werden sie versuchen, dir Schuldgefühle einzujagen. Am besten fängst du langsam an – und nicht, indem du stolz erklärst, daß du jetzt einen Monat lang allein verreist. Das kannst du später tun. Fang mit einem Samstagnachmittag oder einem Dienstagabend an.

Steh zu deinem Plan! Wenn du den Samstagnachmittag für dich reserviert hast, dann nimm ihn dir. Laß dich von nichts abhalten. Was tust du, wenn deine Liebste dir erklärt, ihr Auto sei kaputt und sie brauche deine Hilfe? Was tust du, wenn dein Schatz behauptet, er könne *nur* an diesem Tag zum Stammtisch gehen, und wer paßt auf die Kinder auf? Es gibt immer eine Lösung.

Was kannst du für dich tun?

Gut zu dir sein – was bedeutet das für dich? Nimm dein Tagebuch oder ein Blatt Papier, zieh dich zurück, und mach es dir bequem. Setz oder leg dich, schließ die Augen, und **entspann dich.** Spür deinen Atem. Spür dich. Stell dir dann die Frage: »Was kann ich tun, um mich mehr bei *mir* zu fühlen? Was kann ich tun, damit es mir bessergeht?« Schreib auf, was kommt. Schließ erneut die Augen, und achte wieder auf den Atem. Frag dich nach ein paar Minuten: »Was in meinem Leben ist nicht gut für mich?« Laß die Gedanken kommen, und schreib alles auf. Achte wieder auf den Atem. Nimm dir genügend Zeit, und stell dir dann die Frage: »Was würde ich gern tun? Wovon träume ich schon seit langem?« Schreib alles auf. Beschäftige dich jeden Tag mit einem dieser Dinge; nimm dir täglich etwas Zeit für dich; oder nimm etwas in Angriff, von dem du schon seit langem träumst. (Vielleicht genügt ein Anruf, was eine Stunde fliegen kostet; vielleicht willst du dich in eine weiche Decke wickeln und dem Sonnenaufgang zuschauen.)

Tut euch gut! Das Wohlfühlbuch für Paare

Tu was für dich

Tu, was der Buchautor Robert Pasick tut: Nimm deinen Terminkalender oder dein Tagebuch, und trag jeden Tag EGFMT (Etwas Gutes für mich tun) ein, und schreib dazu, was du dir für heute vornimmst.

Setz dich mit deinem Partner zusammen, und macht ein Brainstorming zum Thema »Was du für dich tun kannst«. Jeder schreibt dem anderen eine Liste. Diese Listen helfen euch, wenn euch die Ideen ausgehen.

LITERATUR UND TIPS:

Louden, Jennifer: *Tu dir gut! Das Wohlfühlbuch für Frauen*. Verlag Hermann Bauer, 1995. Tut auch Männern gut.

Schonert-Hirz, Sabine: *Der Brigitte-Stress-Ratgeber für Frauen*. Goldmann 1995.

Wilson Schaef, Anne: *Nimm dir Zeit für dich selbst. Tägliche Meditationen für Frauen, die zuviel arbeiten*. Heyne, 7. Aufl. 1994.

Clinebell, Howard: *Well-Being*. HarperSanFrancisco, 1992. Enthält auch einiges zu den Themen »Liebe«, »Spiritualität« und »Spielen«.

Lazear, Jonathan: *Meditations for Men Who Do Too Much*. Simon and Schuster, 1992. Hilft allen, die zuviel arbeiten. Nicht nur für Männer.

MEHR SPASS AM LEBEN

WANN . . . ?

- Wenn dein Partner/deine Partnerin nicht mehr über deine Witze lacht. (Oder sie noch nie lustig fand.)

- Wenn sich in deinem Leben nichts mehr tut.

- Wenn sich euer Leben nur noch um die Kinder, die Karriere und den Kampf ums Überleben dreht.

- Wenn eure Beziehung langweilig geworden ist.

WORUM GEHT'S?

Einander kitzeln, bis ihr in die Knie geht; laut loslachen, wenn ihr gerade heftig streitet; verstecken spielen (ohne Kinder); die anderen Fahrgäste beobachten und sich lustige Geschichten ausdenken, wenn ihr gemeinsam U-Bahn fahrt: Wenn ihr solche Dinge tut, bringt ihr ein spielerisches Element in euer Leben, und das hilft euch, dem Ernst des Alltags zu entkommen. Macht es den Engeln nach, und spielt Verstecken mit den Wolken, rät der Autor Dan Sutherland.

Vielleicht fällt es euch oft gar nicht auf, daß ihr miteinander spielt, weil es ganz spontan geschieht. Vielleicht vergißt du schnell, daß du deinen Partner im Büro angerufen, ins Telefon hineingewiehert und ihm/ihr gestanden hast: »Ich liebe deine kleine Zehe.« Spielen hat mit Träumen einiges gemeinsam: Beides sind spontane Reaktionen. Und so wie wir unsere Träume schnell vergessen, so ist es auch mit unseren Spielen. Wir können sie nicht festhalten. Doch auch wenn wir sie vergessen, haben sie eine wichtige Funktion: Sie beleben unsere Beziehung.

Egal ob ihr sie bewußt erlebt, eure Spiele tragen dazu bei, daß es euch miteinander bessergeht. Spielen macht einfach Spaß, und es ermöglicht uns, unsere Gefühle auszudrücken, Zärtlichkeit ebenso wie Aggression.

IHR BRAUCHT:

Sinn für Humor.

Preiswertes Spielzeug, z. B. Wasserpistolen und ein paar Pappnasen.

Witze, Gags, Cartoons usw.

Lustige Videos oder Kassetten.

Dauer: Das hängt davon ab, wie lange ihr braucht, um abzuschalten und herumzualbern.

Tut euch gut! Das Wohlfühlbuch für Paare

Mehr Spaß am Leben

Und eure Ausgelassenheit macht euch den Alltag leichter. Was glaubst du, macht mehr Spaß: Wenn du wild zu schimpfen anfängst, weil man *mal wieder* hört, wie es deinem Partner schmeckt, oder wenn du dir schweigend eine Schweinchenmaske überstreifst und einfach weiterißt?

Falls du mir nicht glaubst, dann vielleicht Dr. William Fry von der Stanford University. Er hat herausgefunden, daß Lachen nicht nur die Muskelaktivität, den Herzschlag und den Sauerstoffaustausch positiv beeinflußt, sondern auch die Produktion von Endorphinen. Lachen macht wirklich »high«. Es spricht auch einiges dafür, daß wir länger leben, wenn wir gern lachen.

WAS IHR FÜREINANDER TUN KÖNNT:

Spielen kann man nur, wenn man nicht darüber nachdenkt. Lest dieses Kapitel, und vergeßt es dann gleich wieder. Vertraut darauf, daß euer Unterbewußtsein alles speichert und euch im richtigen Moment mit Ideen und Anregungen versorgt. Ihr springt plötzlich wild umher und schneidet Grimassen, und es wird euch weder komisch noch verrückt vorkommen.

Um in Schwung zu kommen

Merkt euch jede Woche einen Witz, und erzählt ihn am Freitagabend. Denkt euch, eine »Strafe« für den aus, der keinen Witz parat hat, z. B.: auf einem Bein herumhopsen und heulen wie ein Wolf.

Siehe: Ein Ort für euch allein

Sammelt Dinge, die euch zum Lachen bringen, und gebt ihnen einen schönen Platz in eurem Schlafzimmer, an eurem Rückzugsort oder auf dem Bücherregal. Geht in eine Buchhandlung, und seht euch um, z. B. nach Comics zu Themen, die euch selbst betreffen. (Was Chris und mich betrifft, so sind das: Streit darüber, wer die Wohnung aufräumt; daß Männer weniger als Frauen reden; alles über Süßigkeiten.) Komische Briefe, verrückte Postkarten, Artikel, die euch amüsieren, witzige Videos und lustige Kassetten – vertieft euch in die Welt des Witzes, wenn euch ein bißchen der Humor abhanden gekommen ist.

Tut euch gut! Das Wohlfühlbuch für Paare

Ein Fest der guten Laune   Mehr Spaß am Leben

Wählt ein Wochenende aus, und erklärt es zu einem Fest des Lachens. Sammelt Witze, Gags und lustige Bemerkungen, und eröffnet euer Fest am Freitagabend. Wer ist der Lustigste? Übertrefft euch gegenseitig.

1. Wer hat am lautesten gelacht?

2. Wer hat den anderen in den unmöglichsten Situationen zum Lachen gebracht?

3. Wem sind vor Lachen die Tränen gekommen? Usw.

Am Sonntag gibt es dann Preise, z. B.: ein ulkiges Stofftier, eine lustige Kassette für die Fahrt zur Arbeit, Eintrittskarten für ein Kabarett. (Wenn euch das zu aufwendig erscheint, dann denkt euch etwas anderes aus: Habt am Wochenende einen Witz parat, oder ladet Kinder, Freunde oder eure Eltern ein, und sorgt an einem Feiertag für Stimmung.)

Mehr Spaß am Arbeitsplatz

Stell dir vor, du tust die Dinge, die du tust, zum ersten Mal. Stell dir vor, du bist auf einmal ein fünfjähriges Kind und siehst bloß aus wie ein Erwachsener. Stell dir vor, daß ein lästiger Kollege sein Gebiß vergessen hat oder wie dein Chef auf der Toilette sitzt. Worüber hast du dich heute amüsiert? Erzähl es am Abend deinem Partner, dann könnt ihr gemeinsam lachen.

Mal anders reagieren, wenn es schwierig wird

Schieß mit einem Gummiring nach deinem Partner wenn er/sie alles tierisch ernst nimmt oder kein Gesicht verzieht, wenn du einen Witz erzählst. Schieß auf dich selbst, wenn du wieder einmal etwas an ihr auszusetzen hast.

Kauft zwei Spritzpistolen, und verwendet sie, wenn ihr über eure Standardthemen streitet.

Tut euch gut! Das Wohlfühlbuch für Paare   145

Mehr Spaß am Leben

Geht gemeinsam in eine Videothek, und besorgt euch ein, zwei lustige Videos, in denen der Hauptdarsteller dem Leben mit Humor begegnet. Geht nach Hause, macht es euch gemütlich – Decken, Popcorn, heiße Schokolade –, und seht euch eure Filme an. Wenn ihr das nächste Mal in eine unangenehme Situation geratet, probiert einmal, die Helden eurer Filme nachzuahmen: Veranstalte ein Wehgeschrei wie Lucy (»Rickkkyyy«), mach ein Gesicht wie Woody Allen, oder sag zu deinem Partner: »Wie würde Steve Martin in *Roxanne* jetzt reagieren?«

Ihr könnt auch euer Haustier einbeziehen: Als ich mit meinem Hund einmal im Park war, hörte ich, wie ein Pärchen stritt. Die Frau hielt die Ohren ihres Hundes zu und sagte: »Psst. Was soll Sascha denken?«

Macht ein Spiel aus dem Problem: Flüstere deiner Partnerin ins Ohr, an welches Tier dich der Verkäufer erinnert, über den du dich sonst ärgern würdest. Fangt nicht an zu streiten, wenn ihr keinen Parkplatz findet, sondern stellt euch einfach vor, euer Auto wäre ein Raumschiff und ihr würdet auf der Suche nach der Andockstation sein.

Siehe: *Euer eigenes Wohlfühlbuch.* Dort findet ihr weitere Anregungen. Ihr könnt natürlich auch in euer Wohlfühlbuch eine Rubrik »Spaß zu zweit« aufnehmen.

Legt euch ein kleines Album zu, in das ihr Dinge einklebt, die euch zum Lachen bringen. Nehmt es zur Hand, wenn ihr beide traurig seid oder wenn ihr euch streitet. Sammelt lustige Fotos; Comics, in denen es um eure Schwierigkeiten oder Unterschiede geht; Witze, die euch auch zum Lachen bringen, wenn ihr »down« seid, und alles, was euch hilft, eure Probleme nicht zu ernst zu nehmen und euch eurer Zweisamkeit zu freuen. Erweitert eure Sammlung, wenn ihr etwas Neues findet. Du kannst diese Sammlung auch allein anlegen und deinen Partner damit überraschen. (Eine andere Idee: Ein Paar, das ich interviewte, litt unter einem Samstagabend-Tief. Doch sie wußten sich zu helfen: Sie machten diesen Abend zu einem Abend der Erinnerung, an dem sie in ihren Fotoalben blättern und Popcorn essen. Das gibt ihnen das Gefühl der Verbundenheit.)

Noch einmal Kind sein

Wählt einen Nachmittag oder Abend, an dem ihr noch einmal Kind sein könnt. Ladet ein paar gute Freunde ein. Macht aus, wie alt ihr sein wollt. Legt Spielsachen zurecht. Matscht mit Ton herum, lest einander etwas vor, seht euch einen Tierfilm oder einen Zeichentrickfilm an. (Würdest

Tut euch gut! Das Wohlfühlbuch für Paare

du das *nie* tun? Dann lade einfach ein paar Kinder ein, und spiel mit ihnen.)

Geht auf einen Spielplatz, wenn es dunkel ist. Schaukelt, und rutscht die Rutschbahn hinunter.

Schreib eine Nachricht an deinen Partner, und hinterlaß sie an einem ungewöhnlichen Ort: im Kühlschrank oder um die Zahnbürste gewikkelt. Schreib mit der linken Hand (mit der rechten, wenn du sonst links schreibst).

Nehmt eine Taschenlampe, zieht die Decke über den Kopf, und lest ein Buch gemeinsam. Eßt Kartoffelchips dazu. Wie wärs mit einer Gruselgeschichte oder einem Märchen, wenn ihr sehr müde seid?

Siehe: Ein gemütliches Zuhause: Ein schönes Schlafzimmer

Tut etwas, was ihr als Kinder nie durftet: Kauf dir die elektrische Eisenbahn, die du früher immer haben wolltest; fahrt ins Disneyland, und amüsiert euch; gebt eine Pyjamaparty, und bleibt auf, bis es hell wird.

Spiele, die den Körper fordern

Wenn das Leben euch das nächste Mal vor Schwierigkeiten stellt, probiert einmal etwas aus, was euren Körper fordert: Klettert einen Baum hinauf, und laßt euch oben nieder; setzt euch aufs Fahrrad, und radelt durch eine laue Sommernacht; harkt Laub zusammen, und werft euch in die Blätter; legt euch abends draußen hin, und seht in die Sterne (oder beobachtet am Tag die Wolken); geht angeln, und lest einander Gedichte vor; backt Brot, und laßt euren Frust beim Kneten raus; geht im feuchten Gras spazieren, Hand in Hand; hüpft auf eurem Bett herum, und schreit; springt mit euren Kindern Seil; spielt Ball im Wohnzimmer.

Siehe: Den Körper spüren: Innerlich zur Ruhe kommen

Und vieles mehr

Auch einkaufen kann lustig sein, selbst wenn es um etwas so großes und teures wie ein Haus, ein Auto oder einen neuen Staubsauger geht. Nehmt verrückte Brillen mit, und setzt sie auf, wenn euch der Verkäufer auf die Nerven geht. Tu, als ob du furchtbar stotterst, wenn du deinem Partner erklärst, daß du das Haus unmöglich findest. Geht durch das Elektroge-

Tut euch gut! Das Wohlfühlbuch für Paare

Mehr Spaß am Leben

In *Den Körper spüren: Loslassen* findet ihr noch ein paar Ideen.

schäft im Monty-Python-Gag. (Macht ein paar riesengroße Schritte, fangt dann an zu hopsen und herumzuspringen, dann wieder ein paar Riesenschritte. Ihr könnt auch Pirouetten drehen. Laßt eurer Phantasie freien Lauf.)

Spielt »Ich kann das noch besser«, ein Spiel, das Dr. Harville Hendrix, Autor und Therapeut, in seinen Seminaren gern einsetzt: Stellt euch einander gegenüber. Einer macht etwas Lustiges vor, z. B. auf einem Bein herumhüpfen; der andere ahmt ihn nach und fügt noch was hinzu, z. B. sich am Kopf kratzen; der erste hüpft auf einem Bein, kratzt sich am Kopf und läßt sich noch etwas einfallen, er fängt z. B. an zu bellen. Was fällt euch sonst noch ein? Macht weiter, bis ihr nicht mehr könnt und euch vor Lachen schüttelt.

Einige Paare, die ich interviewte, haben mir erzählt, daß sie Figuren erfunden haben, in die sie sich von Zeit zu Zeit verwandeln. Sie mögen es, mal jemand anders zu sein. Christina und Steve haben beispielsweise Gary und Vivian erschaffen. Gary und Vivian sind Farmer aus dem Mittleren Westen – und das komplette Gegenteil von Christina und Steve. Christina erzählte: »Sie bedeuten uns so viel. Wir können viel von ihnen lernen. Sie sind so ehrlich und so gut.« Jedes Jahr zu Halloween verwandeln sich Christina und Steve in Gary und Vivian. Es ist für sie zu einem Ritual geworden. Ein anderes Paar trennt sich kurz, und jeder denkt sich eine Rolle aus. Dann treffen sie sich in einem Restaurant und stellen sich dem Partner vor. Sie nehmen sich genügend Zeit, diesen neuen Menschen kennenzulernen. Wie gefällt euch dieses Spiel? Es hilft euch, die Welt und euren Partner anders zu sehen, und es hilft euch auch, Aspekte eurer eigenen Persönlichkeit zu entdecken, die ihr normalerweise nicht beachtet.

Sammelt lustige Bilder, Sticker oder witzige Zeitungsschlagzeilen. Haltet sie einander vor die Nase, wenn ihr mal wieder voll im Streß seid. Ihr könnt sie auch im Haus verstecken. (Stell dir vor, deine Partnerin findet eine Schlagzeile aus der *Titanic*, wenn sie um Mitternacht aufs Klo geht.)

Tu etwas, was du als Kind nicht durftest. Tu es mit deinem Partner oder für ihn/sie. (Was mir besonders gut gefällt: den Wasserhahn zuhalten und Chris naßspritzen. Ja, ja, ich war ein schlimmes Kind.)

Und hier noch etwas aus der Familie meines Mannes: Bei den Mosios ist es üblich, Gäste persönlich vom Flughafen abzuholen. Sein Bruder läßt sich manchmal einen Gag einfallen: Er empfängt die Gäste mit einer Pappnase im Gesicht oder indem er einen Löffel auf einem Plastikrüssel balanciert. So kannst du übrigens auch deine Partnerin begrüßen, wenn sie müde von der Arbeit kommt.

»Das ist mir zu blöd«

Wenn du dir bei manchen Spielen blöd vorkommst, dann frag dich: »Würde ein Dreijähriger sich blöd vorkommen?« Spiel nicht Kind, werde zum Kind. Dann ist Spielen etwas ganz Normales.

LITERATUR UND TIPS:

Filme, die Lust aufs Spielen machen: *Benny & Joon*, alle Monty-Python-Filme, *Mary Poppins*, um nur einige zu nennen.

»Filmhelden«, an denen ihr euch ein Beispiel nehmen könnt: der frühe Woody Allen, Katherine Hepburn und Spencer Tracy (besonders in *Ehekrieg*), Carole Lombard in *Sein oder nicht sein*, Buster Keaton, Charlie Chaplin, Audrey Hepburn (in *My Fair Lady*) und Murphy Brown.

Lustige Filme zum Thema »Liebe«: *Und ewig grüßt das Murmeltier, Housesitter − Lügen haben schöne Beine, Harry und Sally, Leoparden küßt man nicht, Bettgeflüster, Die oberen Zehntausend, Susi und Strolch, Du sollst mein Glücksstern sein, Ein Amerikaner in Paris.* Das ist nur eine kleine Auswahl.

WAS TUN, WENN EUCH NICHTS KONSTRUKTIVES EINFÄLLT?

IHR BRAUCHT:

Entschlossenheit, euch gegen die Macht der Gewohnheit zur Wehr zu setzen.

Sinn für Humor.

Dinge, die euch helfen, Spaß zu haben: ein kleiner See, eine Augenbinde, Sekt, Münzen zum Werfen.

Dauer: ein paar Minuten bzw. solange ihr wollt.

WANN . . . ?

- Wenn ihr gelangweilt, in einem Stimmungstief, im ewig gleichen Trott oder völlig überarbeitet seid oder wenn ihr euch nicht mehr erinnern könnt, wann ihr das letzte Mal gelacht habt.

- Wenn ihr am Freitagabend unruhig werdet und am liebsten ins Auto einsteigen und so lange fahren würdet, bis ihr etwas Spannendes erlebt − oder einen Platten habt.

- Wenn du die ganze Woche eine gute Mutter/ein guter Vater/ein guter Angestellter oder Boß bist und am Samstagabend plötzlich durchdrehst.

WORUM GEHT'S?

Ein Mangel an Ideen, zuwenig Spaß, zuwenig Abwechslung − jede Beziehung hat einmal damit zu kämpfen. Ich nenne es das »August-Syndrom«, denn in der heißen Jahreszeit tritt es besonders häufig auf: wenn es unerträglich schwül ist, wenn du noch nicht mal Lust hast, etwas zu essen, wenn ihr alle neuen Filme schon gesehen habt, wenn eure Unterhaltungen sich auf »Wie geht's?« beschränken und die Langeweile alles zu ersticken droht . . .

WAS IHR FÜREINANDER TUN KÖNNT:

Wie wär's mit einem Ausflug?

Tut etwas, was ihr sonst nicht macht: Schlendert durch das Nobelviertel eurer Stadt mit seinen schönen Gärten und den schönen, alten Häusern; geht in eine Gegend, die vorwiegend von Ausländern bewohnt ist (achtet

Tut euch gut! Das Wohlfühlbuch für Paare

auf Geräusche und Gerüche, auf den Klang der fremden Sprache und die Farben, die ihr seht); spaziert eine Strecke zu Fuß, die ihr sonst nur mit dem Auto fahrt; informiert euch über Wanderwege in eurer näheren Umgebung.

Was tun, wenn euch nichts Konstruktives einfällt?

Fahrt hinaus aufs Land oder an einen See, und macht ein Picknick, wenn es dunkel wird. Wie wär's mit einer Vollmondnacht? Nehmt eine Frisbee-Scheibe mit, die im Dunkeln leuchtet.

Mietet euch für einen Tag das Auto eurer Träume, werft euch in Schale, und spielt »reich«.

Leiht euch Pferd und Wagen aus, und fahrt damit herum: bei Vollmond, im Schnee, in einem sanften Frühjahrsregen.

Wie wär's mit einem Bad?

In einem Swimmingpool, im Meer, in einem See, in einem kleinen Teich, egal wo: Laßt euch ins Wasser gleiten, spürt euren Körper, und spürt, wie euch das Wasser trägt. Schwimmt nahe beieinander, so nahe ihr könnt, ohne einander zu berühren.

Tut etwas für die Phantasie

Wie wär's mit einem Hörspiel? Im Bett, vor dem Kamin, im Garten, wenn es dunkel ist, auf der Terrasse – hört einfach zu. Es gibt auch Bücher oder Liebesgedichte auf Kassette. Probiert Verschiedenes.

Siehe: *Was Musik bewirkt: Freitagabend*

Besorgt ein Video mit einer Liebesszene, die euch gut gefällt. Seht sie euch an, und spielt sie nach. (Vielleicht müßt ihr ein paar Vorbereitungen treffen: das Zimmer passend dekorieren, ein paar Requisiten besorgen, vielleicht sogar Kostüme.)

Hast du deinem Partner schon mal die Augen verbunden und ihn blind geführt?

Nehmt die Liebesbriefe, die ihr einander geschrieben habt, kuschelt euch zusammen, und lest sie: auf der Couch, auf der Terrasse, wo ihr wollt.

Tut euch gut! Das Wohlfühlbuch für Paare

Was tun, wenn euch nichts Konstruktives einfällt?

Siehe: *Mehr Spaß am Leben: Spiele, die den Körper fordern*

Ein kleines Geschenk

Geht in eine Buchhandlung, in einen Plattenladen oder in ein Warenhaus. Kauft dem anderen etwas, was ihm gut gefällt, und etwas, was er ausprobieren soll. Setzt euch dann in ein Café, und sprecht darüber, warum ihr diese Dinge ausgesucht habt.

Tanzen

Gibt es in eurer Nähe nichts zum Tanzen? Besorgt euch Tanzmusik. Grabt alte Platten aus, leiht etwas von Freunden aus, und nehmt ein paar Kassetten auf. Ladet Freunde ein, schiebt die Möbel auf die Seite, zieht euch was Schönes an, und tanzt bis euch die Füße weh tun. Ihr könnt auch andere Musik probieren: Folklore, Walzer oder Popmusik. Nehmt ein paar Tanzstunden, oder borgt euch ein Video zum Tanzenlernen aus.

Lernt, Tango zu tanzen. Nackt.

Malt euch etwas aus

Macht es euch gemütlich: bei einem Glas Sekt, in der Gartenlaube, im Bett, wo ihr wollt. Beantwortet abwechselnd die Fragen:

Du gewinnst 100 000,– DM. Was tust du mit dem Geld?

Du gewinnst eine Urlaubsreise deiner Wahl. Wo fährst du hin? Wen nimmst du mit? Wie sieht das Wochenende deiner Träume aus?

Siehe: *Einander besser kennenlernen: »Erzähl mir mehr von dir!«* Dort findet ihr eine ähnliche Übung.

Du bist eine berühmte Persönlichkeit. Wer bist du?

Du bekommst ein Jahr lang gratis einen Chauffeur, eine Haushaltshilfe, einen Koch, eine Kammerzofe oder einen Buchhalter. Wen würdest du dir aussuchen? Warum?

Du hast die Gelegenheit, einen Menschen deiner Wahl zum Abendessen einzuladen. Wen lädst du ein? (Es kann auch Michael Jackson sein. Denk auch an die Großen der Geschichte.)

Du hast die Möglichkeit, in die Vergangenheit zu reisen. Welche Zeit zieht dich besonders an? Würdest du gern in die Zukunft reisen? Warum?

Was tun, wenn euch nichts Konstruktives einfällt?

Du kannst dir ein Gehirn ausborgen. Welches hättest du gern? Warum?

Etwas für die Beziehung tun

Besucht gemeinsam einen Kurs oder einen Vortrag zum Thema »Beziehung«. Fragt bei der Volkshochschule nach, schaut euch die Annoncen in der Tageszeitung an, oder wendet euch an eine entsprechende Organisation, und fragt, wo in eurer Nähe Kurse angeboten werden.

Siehe: Literatur und Tips und *Wenn ihr in der Krise steckt: Auf lange Sicht*

Spiele

Spielt euer Lieblingsspiel. Nackt.

Spielt Strip-Poker.

Macht eine Überraschungswanderung. Werft an jeder Ecke eine Münze. Vereinbart vorher, was »Kopf« und »Zahl« bedeuten sollen, z. B.: »Kopf« rechts und »Zahl« links.

Spielt fangen. Nackt.

Spielt nachts im Freien fangen. (Nicht nackt.)

Wählt gemeinsam einen kleinen Gegenstand, der euch beiden viel bedeutet (ein Souvenir, ein kleines Hochzeitsgeschenk, einen Sticker mit einem lustigen Spruch), und macht ihn einander immer wieder zum Geschenk. Laßt euch etwas einfallen. Schenkt ihn auf lustige, rührende, seltsame oder überraschende Weise, z. B.: Schick ihn an das Hotel, in dem deine Liebste auf einer Geschäftsreise übernachtet, und bitte den Portier, das Paket auf ihr Bett zu legen, bevor sie ankommt; tu ihn am Valentinstag in den Kühlschrank, und leg eine Schachtel Pralinen dazu; schick ihn in sein Büro, wenn du weißt, daß er in dieser Woche viel zu tun hat; versteck ihn in der Geburtstagstorte.

Was tun, wenn euch nichts Konstruktives einfällt?

Ideen muß man haben

Geht zu einem Paßbildautomaten, und macht ein paar verrückte Fotos. Schneidet alle möglichen Grimassen. Stellt oder hängt diese Fotos so, daß euer Blick oft daraufällt.

Schreibt einander ein Gedicht.

Tauscht die Kleidung aus, auch die Unterwäsche!

In *Feste feiern: Geburtstag feiern* findet ihr weitere Anregungen.

Tut euch mit Freunden zusammen: Während ihr gemeinsam unterwegs seid und irgendeine lästige Besorgung macht, bereiten eure Freunde heimlich eine Überraschung für euch vor: ein romantisches Buffet; eine Flasche Sekt und ein duftendes Schaumbad (und eine Spur mit Schokoladenherzen, die von der Eingangstür ins Badezimmer führt); Blumen, zärtliche Musik und einen Tisch voll köstlicher Desserts – die noch besser schmecken, wenn man sie vom Körper des Geliebten nascht. . . . Das nächste Mal seid ihr dran.

Entführe deinen Liebsten. Da ist das Timing wichtig: Du willst den anderen überraschen, aber natürlich sollte er/sie halbwegs ausgehfertig sein. Es muß nicht viel kosten, aber eines brauchst du auf jeden Fall: eine Augenbinde. Es ist beispielsweise Donnerstag abend. Deinem Partner liegt ein Stein im Magen, weil er am nächsten Tag zum Chef muß. Verbinde ihm die Augen, bestell ein Taxi, und laßt euch in ein nettes Restaurant fahren. Auch Kinder kann man kidnappen. (Sie spielen gern Blindekuh.)

Habt ihr eure Hochzeitskleider noch? Zieht sie an, und geht in ein Lokal. Oder leiht euch etwas Ausgeflipptes aus.

Mal was anderes

Geht die Samstagszeitung durch, und laßt euch inspirieren. Schneidet ein paar Annoncen aus (fünf oder so), und steckt sie in einen Topf. Jeder darf einmal ziehen. Tut das, was ihr gezogen habt, ohne lange zu überlegen und ohne daran herumzumeckern. Ihr könnt euch natürlich auch selbst fünf Dinge überlegen oder Ideen aus diesem Buch aufgreifen.

Was tun, wenn euch nichts Konstruktives einfällt?

Besorgt euch einen Restaurantführer, wenn ihr in der Nähe einer Stadt wohnt, und legt ihn in eurer Auto, oder steckt ihn in die Handtasche. Er bringt euch auf Ideen, wenn ihr nicht wißt, wohin: »Wo sollen wir hingehen?«-»Ich weiß es nicht, mir fällt nichts ein.« – »Mir geht's genauso.« – »Hast du Lust auf Pizza?« – »Schon wieder Pizza?«

Literatur und Tips:

Neben dem bereits erwähnten breiten Angebot der Volkshochschulen gibt es für spirituell orientierte Paare z. B.: *esotera. Neues Denken und Handeln.* Spirituelle Monatszeitschrift, die in einem Extrateil die umfangreichste Übersicht zu Veranstaltungen und Kursangeboten vor allem von Veranstaltern im deutschsprachigen Raum enthält.

EINANDER BESSER KENNENLERNEN

IHR BRAUCHT:

Abenteuerlust.

Dinge, die euch etwas bedeuten.

Fotos und/oder Filme aus der Kindheit.

Dauer: eine Viertel- bis eine Stunde.

WANN . . . ?

- Im Urlaub oder wenn euch der Gesprächsstoff ausgegangen ist.

- Wenn ihr euch gegenseitig langweilt.

- Wenn ihr näher zueinanderfinden wollt, aber nicht wißt, wie.

WORUM GEHT'S?

Glaubst du, daß du deinen Partner/deine Partnerin kennst? Du irrst dich. Ich falle auch immer wieder darauf rein. Ich weiß, daß er gern Kürbis ißt, ich weiß, daß Steinbeck sein Lieblingsautor ist und daß er davon träumt, ein großer Filmemacher zu werden. Aber es gibt so viele Dinge, die ich *nicht* weiß. Ich weiß z. B. nicht, wie er sich gefühlt hat, als das Gruppenfoto in der fünften Klasse aufgenommen wurde; ich weiß nicht, welche Sorte Eis er am liebsten ißt, ob er ein großes Vorbild hat, was seine Lieblingserinnerung an seinen Vater ist; und ich weiß auch nicht, was er wählen würde, wenn er drei Wünsche offen hätte.

Wir lernen den anderen nie *ganz* kennen. Jeder lebt in seiner eigenen Welt, und es wird immer Dinge geben, die wir nicht voneinander wissen. Aber wir können versuchen, mehr über unseren Partner zu erfahren. Und das macht eine Menge Spaß. Und noch etwas: Wenn wir den anderen besser kennenlernen, können wir ihm neu begegnen. Wir sehen ihn in einem neuen Licht: seine Anschauungen, seine Lebensgeschichte, seine Vorlieben und Abneigungen. Wir wünschen uns, daß uns der andere kennt. Wir sehnen uns danach, daß unser Partner auch die Einzelheiten weiß. Dann fühlen wir uns mehr geliebt und weniger allein.

Tut euch gut! Das Wohlfühlbuch für Paare

Was ihr füreinander tun könnt:

Einander besser kennenlernen

Bilder aus der Kindheit

Hast du schon einmal gesagt: »Ich wünschte, ich hätte dich als Kind gekannt«? Die wenigsten Paare sind zusammen großgeworden. Trotzdem könnt ihr einiges über die Kindheit eures Partners in Erfahrung bringen. Und dabei erfahrt ihr auch mehr über seine/ihre Gegenwart.

Such ein paar Bilder aus deiner Kindheit aus oder einen Film. Mach das ganz spontan. Laß das Verstandesdenken beiseite. Nimm ein paar tiefe Atemzüge, und geh die Fotos durch, oder greif dir einfach irgendeinen Film aus dem Regal.

Macht es euch gemütlich, und sorgt dafür, daß ihr eine Zeitlang ungestört seid. Schaut euch die Fotos schweigend an. Geht sie dann noch einmal durch, und sprecht darüber, wie es war, das Kind auf diesem Bild zu sein. Bleibt zunächst bei einem Bild und beschreibt eure Gefühle, später könnt ihr weiter ausholen. Paul zeigt Brenda ein Foto, auf dem er auf einer Steinbank sitzt. Er erzählt Brenda zunächst von dieser Bank und von den Erinnerungen, die mit dieser Bank verbunden sind. Dann spricht er über seine Kleidung und darüber, wie es ihm gegangen ist, als er sechs Jahre alt war. Dann kommt er zu dem Garten, dem Haus, der näheren Umgebung. Er kombiniert Kindheitserinnerungen und die Dinge, die er erst später erfahren hat.

Es geht hier nicht um Fakten, zumindest nicht in erster Linie. Laßt euch von den Bildern inspirieren. Erzählt die Geschichte eurer Kindheit. Die Bilder sind ein guter Einstieg. Wie war der Tag, an dem das Foto aufgenommen wurde? Woran kannst du dich erinnern? Was drückt deine Körperhaltung aus? Und was sagt die der anderen Personen auf dem Foto? Wenn du dich nicht mehr erinnern kannst, dann laß dich von dem Foto inspirieren. Wie hast du dich gefühlt? Hast du dich gemocht? Wovor hast du dich gefürchtet? Was hast du gern getan? Sind Freunde oder Geschwister auf dem Foto? Warst du ihnen nahe? Und deine Eltern? Wie war deine Beziehung zu ihnen? Wann wurde das Foto aufgenommen? Was war das für eine Zeit? Welche historischen Ereignisse beeinflußten euer Leben?

Einander besser kennenlernen

Achtung: Wenn du als Kind sexuell mißbraucht worden bist oder aus anderen Gründen nicht gern an deine Kindheit denkst, dann geh vorsichtig mit dieser Übung um. Du kannst sie auch mit einem Therapeuten machen.

Wenn du in der Kindheit ein traumatisches Erlebnis hattest (wenn euer Haus gebrannt hat oder wenn du Vater oder Mutter verloren hast), kannst du ein Datum wählen, das vor diesem Ereignis lag, oder deinem Partner von deinem Kinderzimmer oder deinem Haustier erzählen. Mach diese Übung nicht, wenn du glaubst, daß sie dich zu traurig stimmt.

Was haben deine Eltern dir gegeben?

Die folgende Übung habe ich von Robin Siegal übernommen, einem Sozialarbeiter, der eine Praxis in Beverly Hills betreibt. Wenn du als Kind mißbraucht oder mißhandelt wurdest, dann geh vorsichtig mit dieser Übung um, oder mach sie mit einem Therapeuten.

Sucht euch einen ruhigen Platz, und **entspannt euch**. Wenn ihr wollt, könnt ihr euch aufs Bett legen, Seite an Seite. Denkt zurück an eure Jugend, an eine Zeit, in der ihr euch geliebt, umsorgt und geborgen gefühlt habt. Wann hat dein Vater (wenn du eine Frau bist) bzw. deine Mutter (wenn du ein Mann bist) dir dieses Gefühl vermittelt? (Wenn ihr in einer gleichgeschlechtlichen Beziehung lebt, nehmt den Elternteil, mit dem ihr mehr verbunden wart.) Überlaßt euch den Bildern und Gefühlen, die hochkommen. Atmet tief, und laßt euch Zeit.

Erzählt einander, was ihr erlebt habt. Hört zu, ohne zu unterbrechen. Macht abwechselnd ein paar Notizen.

Siegal sagt: »Wir internalisieren das, was unsere Eltern für uns getan haben. Und wir erwarten, daß unsere Partner dasselbe tun.« Das heißt: *Wir erwarten das von unserem Partner, was unsere Eltern uns gegeben haben.* Wenn deine Mutter nicht von deiner Seite wich und dir jeden Wunsch erfüllte, wenn du krank warst, dann trifft es dich, wenn deine Partnerin das nicht tut. Wenn dein Vater zum Direktor ging und seinen kleinen Schatz verteidigte, dann verstehst du nicht, wieso dein Partner das nicht auch tut. Siehst du den Zusammenhang?

Einander besser kennenlernen

Was bringt euch dieses Wissen? Macht euch den Zusammenhang bewußt. Sprecht darüber. Wovon träumt dein Partner? Erinnere dich daran, und tu ihm den Gefallen, besonders wenn er verletzt oder müde ist oder seinen empfindlichen Tag hat.

Aber erwartet nicht zuviel: Eure Erwartungen werden sich nur teilweise erfüllen. Macht euch das bewußt, und denkt daran: Ihr könnt *selbst* etwas für euch tun. Versucht, auch in diesem Punkt, einander mit Liebe und Verständnis zu begegnen.

Siehe: *Tu was für dich*

»Erzähl mir mehr von dir!«

In jeder Beziehung gerät das Gespräch hier und da ins Stocken. Ich nenne es »vorübergehende Langeweile wegen zu großer Vertrautheit«. Ihr würdet gern reden, aber es fehlt euch an Gesprächsstoff. Die folgende Übung ist ein gutes Gegenmittel, und sie hilft dir, deinen Partner besser kennenzulernen. Vielleicht siehst du ihn/sie plötzlich sogar mit anderen Augen. Zumindest habt ihr was zum Reden.

Du bist auf einer einsamen Insel gestrandet und kannst fünf Dinge zum Essen mitnehmen. Was suchst du dir aus?

Welche fünf Bücher nimmst du mit?

Welche fünf Filme? (Angenommen, du könntest sie dort ansehen.)

Welche fünf Musikstücke wirst du nie leid?

Du kannst jeden Monat einen Telefonanruf machen. Wen rufst du an?

Was war dein Lieblingsbuch als Kind?

Was war dein Lieblingsmärchen?

Wovor hast du dich am meisten gefürchtet?

Was wolltest du partout nicht essen?

Wer war dein großes Vorbild?

Einander besser kennenlernen

Was tust du an deinem Geburtstag am liebsten?

Was tust du zu _____ am liebsten? (Ergänze einen Feiertag.)

Was tust du am Samstag am liebsten?

Was tust du am Sonntag am liebsten?

Was ist deine schönste Kindheitserinnerung?

Was war dein schönster Urlaub?

Was war das beste Essen, das du je gegessen hast?

Was war der schönste Tag in deinem Leben?

Was hast du von deiner Mutter übernommen?

Was hast du von deinem Vater übernommen?

Welcher Lehrer/welche Lehrerin hat den größten Einfluß auf dich gehabt?

Welchen Eindruck würdest du gern auf andere Menschen machen?

Was willst du schon seit langem mit mir unternehmen?

Was willst du schon seit langem allein unternehmen?

Welchen Ort oder welche Person willst du schon seit langem besuchen?

Dinge, die dir viel bedeuten

Erinnerst du dich an die erste Szene des Films *Wer die Nachtigall stört*? Scout betrachtet ihre Schätze, die sie in einer Zigarrenkiste gesammelt hat: Murmeln, Atticus Uhr, die Dinge, die Boo Radley ihr geschenkt hat. Jeder von uns hat solche kleinen Schätze: eine Kerze, die du von deiner längst verstorbenen Oma geschenkt bekommen hast; eine Puppe aus Kindertagen; einen Schal, den dein Großvater gewebt hat – solche Dinge haben einen unschätzbaren Wert. Sie sind mit unzähligen Erinnerungen verknüpft, und sie helfen deinem Partner, mehr über dich zu erfahren.

Macht euch auf die Suche nach einem Gegenstand, der euch viel bedeutet oder zu dem es eine besondere Geschichte gibt. Macht es euch gemütlich, z. B. an eurem Rückzugsort, und erzählt einander, warum dieser Gegenstand euch so ans Herz gewachsen ist. Wenn ihr wollt, könnt ihr mit dem Satz beginnen: »Dieser Gegenstand bedeutet für mich . . .«

Laß deinem Partner etwas Zeit, wenn du mit Erzählen fertig bist. Vielleicht will er etwas sagen. Wechselt dann die Plätze. Jetzt bist du dran. Kinder mögen dieses Spiel besonders gern, egal ob sie mitspielen oder einfach nur zuhören.

Literatur und Tips:

Hurley, Kathleen V./Dobsen, Theodore E.: *Wer bin ich? Persönlichkeitsfindung mit dem Enneagramm – Der Schlüssel zum eigenen Charakter.* Herder, 1994. Mit Hilfe des Enneagramms könnt ihr mehr über eure Schwächen und Stärken in Erfahrung bringen.

Bloomfield, Harold: *Lifemates.* Plume, 1989. Ein gutes Buch zum Thema »Beziehungen«. Teile dieses Kapitels wurden von diesem Buch angeregt.

Die Liebe neu beleben

Ihr braucht:

Entspannende Musik, z. B. *Garden of Ecstasy* von Kay Gardner.

Euer Beziehungstagebuch oder Papier und Stifte.

Farben, dazu Dinge, die euch inspirieren, und eure Imagination.

Dauer: eine halbe bis eine Stunde oder länger.

Wann ...?

- Wenn dir plötzlich Dinge auf die Nerven gehen, die dir früher an deinem Partner/deiner Partnerin gut gefallen haben.

- Wenn du es abstoßend findest, wenn du deinen Partner dabei erwischst, wie er/sie in den Zähnen bohrt und an den Socken oder an der Unterwäsche riecht, ob man sie noch mal anziehen kann.

- Im Urlaub, bevor ihr miteinander schlaft oder vor einem »Ich höre dir zu«

- Wenn der Haussegen schon länger schiefhängt.

Worum geht's?

Wir alle haben es schon einmal gesagt oder gedacht, meist während einer Auseinandersetzung oder während einer Beziehungskrise: »Warum habe ich mich auf diesen Menschen eingelassen?« (Oder: »Warum habe ich ihn geheiratet?«, »Warum habe ich mich in sie verliebt?«, »Warum habe ich mir nicht jemand anders gesucht?«)

Mit der Zeit beginnen wir die Dinge, die wir früher anziehend fanden, abzulehnen. Wir können gar nicht anders. Das ist ein Mechanismus, den unser Unbewußtes steuert. Wir können ihn nicht abstellen, aber wir können etwas tun, um unser Unbewußtes davon abzuhalten, unsere Beziehung zu zerstören: Wir können uns regelmäßig daran erinnern, wie verliebt wir mal in unseren Partner waren. Wenn wir uns daran zurückerinnern, wenn wir die Gefühle von damals lebendig werden lassen, lernen wir, die Beziehung wieder neu zu schätzen.

WAS IHR FÜREINANDER TUN KÖNNT:

Die Liebe neu beleben

Das Feuer neu entfachen

Legt eine entspannende Musik auf, am besten zwei Stücke mit einer kurzen Pause dazwischen, damit ihr wißt, wann ihr eure Augen öffnen sollt. Lest euch zunächst die folgende Meditation durch. Ihr könnt sie auf Band aufnehmen oder einfach mehrmals lesen.

Setzt euch einander gegenüber, und macht es euch bequem. Schließt die Augen, und **entspannt euch** . . . Atme tief und langsam. Stell dir dein Herz vor. Laß dir Zeit, laß die Bilder einfach kommen . . . Visualisiere eine Flamme oder eine Lichtkugel in deinem Herzen. Sie kann weiß oder farbig sein. Fühl die Wärme und die Kraft des Lichts. Atme jetzt in dieses Licht hinein. Sieh, wie es mit jedem Atemzug immer heller wird. Nach und nach erfüllt es deinen ganzen Brustraum . . . Es wandert weiter: deinen Hals hinauf, in den Kopf und in dein Gesicht. Dein Geist ist jetzt von Frieden erfüllt . . . Atme weiter tief und langsam, und stell dir vor, wie das Licht in deine Arme fließt . . . Weiter wandert dieses Licht, in deinen Magen, in den Unterleib. Spür die Wärme, die es ausstrahlt . . . Weiter wandert dieses Licht, hinunter in die Beine und bis in die Zehen . . . Atme weiter, und laß dieses wunderbare Licht durch deinen ganzen Körper fließen . . . Gib dich ganz hin, und genieß die Lebendigkeit, die dich jetzt durchströmt. (Hier sollte die Pause sein.)

Öffnet nun die Augen, nehmt einander bei der Hand, und seht euch in die Augen. *Redet nicht.* Atme weiter tief und ruhig, und spür das warme, wundervolle Licht, das dich erfüllt. Fühl, wie dein Körper dieses Licht aussendet . . . und wie es durch deine Augen und in die Augen deines Partners fließt. Es wird strahlender mit jedem Atemzug, es verbindet eure Herzen. Laßt es geschehen. Verweilt in diesem Zustand. Es kann sein, daß du dich plötzlich wehrst oder daß es dir zuviel wird. Laß deine Gefühle zu. Atme weiter.

Schaut einander in die Augen, bleibt über euer Herz in Verbindung, und laßt in eurer Erinnerung jene Zeit lebendig werden, in der eure Liebe jung war. Vergegenwärtigt euch die Zeit, in der ihr leidenschaftlich zueinander hingezogen wart. Laßt dieses wunderbare Gefühl erneut von euch Besitz ergreifen. Laßt es zu. Atmet weiter tief. Fühlt

Tut euch gut! Das Wohlfühlbuch für Paare

Die Liebe neu beleben

die Liebe, die euch jetzt durchdringt. Fühlt, daß euer Partner dieselbe Liebe fühlt. Laßt das, was einmal war, lebendig werden. Erinnere dich an den Geruch deines/deiner Geliebten, der dich so faszinierte. Erinnere dich an ein bestimmtes Lächeln oder eine Geste, die dir den Atem nahm. Erinnere dich an die Gefühle von damals. Laß dich von deiner Sehnsucht überwältigen.

Spür all das, und werde dir bewußt, daß alles *jetzt* geschieht. Es ist nicht Vergangenheit, es ist Gegenwart. Der Mann, dem du gegenübersitzt, ist derselbe, in den du dich verliebt hast. Die Frau, der du gegenübersitzt, ist dieselbe, in die du dich verliebt hast. Spürst du, wie etwas in dir weich wird? Laß zu, was da in dir geschieht. Setz die Abwehrmechanismen außer Kraft, mit denen du dich sonst umgibst. Versuch es, auch wenn du nur ein wenig lockerläßt. Laß deine Liebe zu. Spür, was du für den anderen empfindest. Fühlst du dich bedroht? Atme in die Angst hinein, und denk daran: Dein Partner unterstützt dich, mit seinem Licht, mit seiner Liebe. Gib dich deinen Gefühlen hin. Versuch es immer wieder. Vertrau darauf, daß dein Partner dasselbe tut. Atme dich durch deine Angst, atme dich durch deine Abwehr hindurch, atme dich durch deinen Ärger hindurch. Erlaub dir, deine Gefühle auszukosten. Wenn du Lust bekommst, laß sie zu. Laß sie deinen Körper und dein Herz erfüllen.

Umarmt euch, wenn ihr fertig seid.

Was hast du erlebt? Wie ist es dir ergangen? Laß deinen Partner Anteil haben: sofort, am nächsten oder übernächsten Tag. Ihr könnt darüber reden (»Ich höre dir zu« ist eine Möglichkeit), euren Körper sprechen lassen (vielleicht habt ihr Lust, im Anschluß an diese Meditation miteinander zu schlafen) oder es beschreiben (wie wär's mit einem Liebesbrief?).

Erinnert euch daran

Siehe: *Zeit zu zweit: Worauf habt ihr Lust?* und *Euer eigenes Wohlfühlbuch.* Dort findet ihr mehr zum Thema »Was euch Freude macht«.

Entspannt euch, und denkt an jene Zeit zurück, in der eure Liebe jung war. Was hat euch damals Spaß gemacht? Wahrscheinlich wart ihr in den ersten Jahren schon glücklich, wenn ihr nur zusammen wart. Bleibt in eurem entspannten Zustand, bleibt in Kontakt mit dem Gefühl der Freude, und erinnert euch daran, was euch damals Spaß gemacht hat. Ob ihr es wirklich getan habt oder nicht, ist nicht so wichtig. Macht diese

Die Liebe neu beleben

Übung gemeinsam. Einer kann mitschreiben. Schreibt alles auf, auch die Dinge, die ihr gern getan, beinahe getan oder getan hättet, wenn es nicht am Geld gescheitert wäre. Nehmt euch in der nächsten Woche eines dieser Dinge vor.

Literatur und Tips:

Desjardins, Arnaud: *In Liebe gemeinsam wachsen.* Verlag Hermann Bauer, 1989.

Hendrix, Harville: *Ohne Wenn und Aber. Die Liebe fürs Leben.* Rowohlt, 1993. Dieses Buch richtet sich zwar in erster Linie an Singles, aber für Paare ist es genauso interessant, vor allem in bezug auf unbewußte Mechanismen. Für alle, die tiefer gehen wollen und bereit sind, Zeit zu investieren.

Johnson, Catherine: *Lucky in Love: The Secrets of Happy Couples and How Their Marriages Survived.* Viking, 1992. Wie andere Paare es schaffen, ihre Beziehung am Leben zu erhalten.

DIE KUNST DES AKZEPTIERENS

IHR BRAUCHT:

Eine Menge guten Willen.

Dauer: ein paar Minuten in der konkreten Situation.

WANN . . . ?

- Wenn du glaubst, du müßtest deinen Partner/deine Partnerin ändern.

- Wenn du lieber negativ als positiv denkst.

- Wenn du dich von deinen Erwartungen beherrschen läßt.

WORUM GEHT'S?

Wahre Liebe ist Liebe, die den anderen akzeptiert. Danach sehnt sich jeder Mensch. Wir wollen angenommen werden. Wir suchen Ganzheit in Beziehungen. Doch wonach wir uns wirklich sehnen, ist, akzeptiert zu werden.

Leider ist das nicht so leicht, denn uns fällt das Akzeptieren schwer. Kein Mensch ist in der Lage, *alles* zu verstehen. (Oder gibt es doch ein paar? Heilige und Menschen, die vom Glauben ganz durchdrungen sind, können wahrscheinlich vieles akzeptieren. Aber immer? Und wirklich alles?)

Wir wissen noch nicht wirklich, was »Akzeptieren« heißt. Wir haben einmal geglaubt, bedingungslose Liebe sei die Lösung. (Das haben wir wahrscheinlich von den »Blumenkindern« übernommen − wie die Popmusik und die langen Haare.) Aber so einfach ist das nicht. Erwachsene können einander nicht völlig selbstlos lieben, zumindest nicht sehr lange. Unsere Liebe ist vielleicht bedingungslos, wenn es um Kinder oder Tiere geht, aber wenn wir glauben, wir könnten einen Erwachsenen so lieben, machen wir uns etwas vor. Bedingungslos heißt absolut und uneingeschränkt. So *können* wir nicht lieben. Es ist unmöglich. Wir stellen Ansprüche, denn wir haben sehr persönliche Bedürfnisse. Einander akzeptieren zu lernen ist ein Prozeß − bei dem es nicht zuletzt um unser persönliches Wachstum geht. Akzeptieren lernen heißt, sich immer wieder zu bemühen, den anderen anzunehmen, mit allen seinen Schwächen. Bedingungslos zu lieben heißt, die eigenen Bedürfnisse über Bord zu werfen und den Heiligen zu spielen. Das führt zu nichts.

Tut euch gut! Das Wohlfühlbuch für Paare

Die Kunst des Akzeptierens

Der Mensch, mit dem wir leben, ist ein Spiegel unserer selbst. Wir sehen in ihm/ihr das, was wir an uns *nicht* wahrnehmen. Unser Partner kann vieles für uns sein – eines ist er/sie ganz gewiß: ein Spiegel all der Dinge, die wir an uns selbst lieben oder hassen, ohne es zu wissen. Das heißt: Wenn wir lernen, unseren Partner anzunehmen, lernen wir, uns selbst zu akzeptieren. Und das ist vielleicht das Allerschwerste.

Es gibt natürlich kein Patentrezept. Aber vielleicht helfen euch die folgenden Betrachtungen, öfter *mit-*, statt gegeneinander zu sein.

Was ihr füreinander tun könnt:

Hör auf, deinen Partner ändern zu wollen

»Jeder ist selbst dafür verantwortlich, seine Gefühle und Überzeugungen klar zum Ausdruck zu bringen und seine Entscheidungen zu treffen. Für das Denken und Fühlen des anderen sind wir aber nicht zuständig, und es ist nicht unsere Sache, jemanden zu dem zu bekehren, was wir für ihn gutheißen«, schreibt Harriet Goldhor Lerner in *Wohin mit meiner Wut?* Aber leider ist das nicht so leicht.

Wir können den anderen nur akzeptieren, wenn wir begreifen, daß jeder für sich selbst verantwortlich ist. Das heißt: Wir dürfen nicht länger erwarten, daß unser Partner das tut, was *wir* für richtig halten, und wir dürfen auch nicht länger glauben, daß *wir* im Recht und dem anderen überlegen sind. Er ist einfach anders. Wenn wir das begreifen, lernen wir, den anderen zu sehen und zu schätzen, wie er/sie ist.

Wenn du das nächste Mal sagst oder denkst: »Es macht mich rasend, wenn er . . .« oder: »Wie kann sie nur . . .«, dann halte inne, nimm einen tiefen Atemzug, und frag dich: »Kann ich das auch anders sehen? Kann ich anders reagieren? Was kann *ich* tun?« Klammere dich nicht an das, was *der andere* tut. Schuld sind nicht die anderen, *du bist der, der agiert (nicht re-agiert).* Das zu erkennen fällt uns sehr, sehr schwer – vor allem wenn es um die Frage geht, wer sich zu ändern hat. Wir glauben immer wieder, daß der andere sich ändern soll, aber so funktioniert es einfach nicht.

Tut euch gut! Das Wohlfühlbuch für Paare

Die Kunst des Akzeptierens

Schluß mit dem negativen Denken

Was denken wir? Der Monolog, der sich in unserem Inneren abspult, führt uns gern in die Irre: Die negativen, urteilenden Stimmen melden sich am lautesten zu Wort. Sie untergraben unser Selbstbewußtsein, und sie verleiten uns dazu, dem anderen die Schuld zuzuschieben. Wenn ihr daran etwas ändern wollt, dann macht einander darauf aufmerksam, wenn eure negativen Stimmen sprechen. Tut es *spontan* in der jeweiligen Situation.

Wenn die Laune deines Partners plötzlich umschlägt, wenn er überreagiert, dann stell ihm/ihr die folgenden drei Fragen:

Was sagen dir die Stimmen?

Wie geht es dir damit?

Kannst du dir auch etwas anderes sagen?

Geht vorsichtig mit diesen Fragen um. *Versucht nicht, den anderen zu manipulieren.* Nehmt einen tiefen Atemzug, bevor ihr fragt, und versetzt euch in euren Partner. So sollte es nicht sein: Du versuchst schon den ganzen Tag, deinen Schatz zu etwas zu bewegen. Irgendwann platzt ihm der Kragen. Du machst ein mitleidiges Gesicht, lächelst ihn von oben herab an und fragst: »Was sagen dir die Stimmen? Wie geht es dir damit?« Das macht die Dinge nur noch schlimmer.

Besser ist folgendes Beispiel: Du sitzt am Steuer, und dein Partner sagt: »Warum wechselst du nicht die Spur? Wir werden uns verspäten!« Du nimmst einen tiefen Atemzug und fragst: »Was sagen dir die Stimmen?« Wie wird dein Partner reagieren? Es kann sein, daß er sich auf die Zunge beißt und nichts mehr sagt, aber innerlich im selben Tenor weitermacht. Es kann sein, daß er lacht und dir mehr von sich erzählt: »Es wäre mir sehr peinlich, wenn wir uns verspäten.« Es kann auch sein, daß er wütend wird und nicht darüber reden will. Wie er auch reagieren mag: *Du* hast etwas getan. Statt dich einfach nur zu ärgern, hast du die Möglichkeit geschaffen, daß sich etwas ändern kann.

Sprecht über diese Fragen, *bevor* ihr sie zum ersten Mal verwendet. Ihr müßt beide einverstanden sein. Bemüht euch um Anteilnahme, wenn ihr einander fragt. Macht euch bewußt, daß wir nicht immer offen sind. Manchmal wollen wir uns einfach nicht helfen lassen. Macht vorher aus, was ihr in dem Fall sagen könnt, z. B.: »Ich möchte mich jetzt nicht mit dieser Frage beschäftigen« o. ä.

»Ich akzeptiere dich, so wie du bist«

Ihr könnt diese Meditation auf Band aufnehmen oder sie euch gegenseitig vorlesen. Ihr könnt sie auch mehrmals durchlesen und in Gedanken wiederholen. Laß die Partnerpassagen weg, wenn du allein meditierst. Wenn ihr wollt, könnt ihr entspannende Musik auflegen.

Sorgt dafür, daß ihr ungestört seid, setzt oder legt euch hin, und **entspannt euch**.

Fühl, wie du losläßt. Nichts ist mehr von Bedeutung, nur das eine: deinen Partner zu akzeptieren.

Sieh deinem Partner in die Augen, sieh, wie schön er ist. Bewundere ihn/sie ein paar Minuten lang, mach dann die Augen wieder zu, und kehr zu dir zurück. Nimm einen tiefen Atemzug, und geh mit deiner Aufmerksamkeit dorthin, wo du nur Liebe, Verständnis, Mitgefühl und Zuneigung für den anderen empfindest. Warte, bist du wirklich angekommen bist. Stell dir nun vor, daß von dort ein Lichtstrahl ausgeht, wie immer er auch aussehen mag.

Stell dir vor, wie dieser Lichtstrahl deinen Partner umhüllt, wie er ihn/sie mit seinem sanften, schönen Licht umgibt. Atme ein, und fühl das Licht in dir, und sag in Gedanken: »Ich akzeptiere dich, so wie du bist.« Atme langsam aus, und sag zu deinem Partner: »Friede sei mit dir.«

Atme. Atme in deine Vorurteile, atme in deinen Schmerz, atme in den Teil deiner selbst, der an diesem wunderbaren Menschen Fehler sieht. Fühl, wie das Licht dein Herz durchstrahlt und wie du dich mehr und mehr der Liebe öffnest. Atme aus, und spür den Frieden und die Liebe, die du für diesen wunderbaren Menschen empfindest. Schick ihm/ihr diese Liebe.

Die Kunst des Akzeptierens

In *Nahrung für die Seele: Liebe kann alles transformieren* findet ihr eine weitere Übung zu dem Thema »Negative Gedanken transformieren« und in *Das tägliche Gespräch: Was redest du dir ein?* eine weitere Technik, wie ihr eurem »inneren Monolog« auf die Schliche kommen könnt.

Siehe: *Entspannen*

Die Kunst des Akzeptierens

Atme ein, und sag dir wieder: »Ich akzeptiere dich, so wie du bist.« Atme aus, und sag: »Friede sei mit dir.« Es gibt nichts außer diesem Akzeptieren. Dein Herz ist ganz weit offen, du spürst Liebe und Verehrung. Du bist voller Wohlwollen. Mach das eine Zeitlang: Atme ein und akzeptiere, atme aus und wünsche Frieden. Kehrt dann langsam zurück, öffnet die Augen, und seht einander an.

Literatur und Tips:

Beck, Aaron T.: *Liebe ist nie genug. Mißverständnisse überwinden, Konflikte lösen, Beziehungsprobleme entschärfen*. dtv, 1994. Beziehungen und kognitive Therapie. Lesenswert.

Larisch-Haider, Nina: *Von der Kunst, sich selbst zu lieben*. Kösel, 2. Aufl. 1993.

Butler, Pamela E.: *Talking to Yourself*. HarperSanFrancisco, 1991. Wie du lernen kannst, dich selbst zu akzeptieren. Sehr empfehlenswert.

Cudney, Milton R./Hardy, Robert E.: *Self-defeating Behaviors*. HarperSanFrancisco, 1991. Wie geringe Selbstachtung dein Leben belastet. Ein interessantes Buch.

Stone, Hal/Stone, Sidra: *Embracing Your Inner Critic*. HarperSanFrancisco, 1993. Ein Buch zum Thema »Selbstkritik in Wachstum verwandeln«. Und: »Die Rolle des inneren Kritikers in der Beziehung.«

»WIE SCHÖN, DASS ES DICH GIBT!«

WANN . . . ?

- Wenn du nicht weißt, wie du deinem Liebling zeigen sollst, daß du ihn/sie liebst.

- Wenn du von Überraschungen nichts wissen willst.

- Wenn dein Partner/deine Partnerin in einer Krise steckt.

- Wenn es euch an Ideen mangelt.

- Immer, wenn ihr einander sagen wollt: »Wie schön, daß es dich gibt.«

WORUM GEHT'S?

Du lebst mit diesem wunderbaren Mann zusammen. Du liebst, achtest und begehrst ihn, aber du weißt nicht, wie du es ihm zeigen sollst. Sein Lieblingsgericht kochen? Aber er will gerade abnehmen. Eine neue Krawatte kaufen? Sein Schrank ist voll von Krawatten! . . .

Zeigt einander *regelmäßig* eure Zuneigung. Das tut einfach gut, und es festigt die Beziehung. Findet kleine, unverwechselbare Gesten, die dem anderen sagen: »Ich freue mich, daß es dich gibt.« Natürlich kannst du ihr auch Blumen schenken (ich habe welche bekommen, während ich dieses Kapitel schrieb, und ich habe mich sehr gefreut) oder für sie kochen (jede Frau, die ich interviewte, sagte, daß sie es sehr zu schätzen weiß, wenn ihr Mann sie mal verwöhnt), aber es gibt noch so viele andere Möglichkeiten, »Danke schön« zu sagen, und so viele Nuancen, die du zum Ausdruck bringen kannst. Laß dir etwas einfallen.

IHR BRAUCHT:

Lustige Karten, Zettel, Karikaturen und Witze, die ihr aus der Zeitung oder aus Büchern ausgeschnitten habt.

Preiswerte Geschenke, z. B. etwas zum Lachen; eine schöne Tasse für seinen Tee; eine Körperlotion, die sie besonders mag, sich aber aus Sparsamkeit nicht leistet.

Dauer: ein paar Minuten täglich.

Tut euch gut! Das Wohlfühlbuch für Paare

»Wie schön, daß es dich gibt!«

WAS IHR FÜREINANDER TUN KÖNNT:

Etwas Liebes schreiben

Die meisten Paare, die ich zu diesem Thema interviewte, schlugen vor: etwas Liebes schreiben.
Wie wär's mit einem Liebesbrief? Laß dich durch literarische Vorbilder inspirieren, oder beginn deinen Brief wie folgt:

In *Die eigene Welt erschaffen: Das ist eure Welt* findet ihr eine ähnliche Übung.

Du bedeutest mir so viel . . .

Ich bin froh, daß wir zusammen sind, weil . . .

Was ich besonders an dir schätze, ist . . .

Schick deinem Partner diesen Brief nach Hause oder in die Arbeit. Wenn ihr demnächst in Urlaub fahrt, kannst du ihn auch an eure Urlaubsadresse schicken.

Auch lustige Karten sind dafür wunderbar geeignet. Probier es einmal aus: Geh in einen Papierladen, wenn deine Stimmung trübe ist, und sieh, was dich zum Lachen bringt. Leg dir einen Vorrat solcher Karten zu. Deponiere auch ein paar in deinem Schreibtisch im Büro.

Schreib ein paar liebe Worte auf den Badezimmerspiegel, aufs Toilettenpapier, auf die Zigarettenschachtel, auf deinen Körper oder auf den Salzstreuer. Schreib etwas, was zu der Unterlage paßt, z. B.: »Du bist für mich das Salz in der Suppe.«

Versteck ein paar kleine Überraschungen im Koffer deiner Liebsten, wenn sie geschäftlich unterwegs ist, z. B. eine Karikatur aus der Zeitschrift. Ist sie länger fort? Dann kannst du für jeden Tag ein Kuvert anlegen: Liebesgedichte, Kaugummi, lustige Fotos, ein paar liebe, kleine Zeilen, wie sehr du sie vermissen wirst, und was dir sonst noch einfällt. Du kannst das erste Kuvert in die Tasche stecken, die sie ins Flugzeug mitnimmt.

Wie wär's mit einem kleinen Liebesbrief und einem Schokoladenherz auf dem Nachttisch deines Liebsten? Oder lade ihn zu einem Rendezvous ein. Steck ihm einen Zettel zu, z. B.: »Um 9 Uhr in unserem Liebesnest«

oder: »Ich sorge für den Sekt, bring du den Kaviar mit.« (Verratet euren Kindern nichts davon.)

»Wie schön, daß es dich gibt!«

Wenn du nicht gern schreibst

Wenn du nicht gern schreibst, dann denk dir etwas anderes aus. Wie wär's mit einem Bild, das deine Gefühle widerspiegelt? Blättere einen Kunstband durch oder einen Fotoband, geh in eine Ausstellung oder ins Museum, besorg dir einen Katalog und ein paar Kunstpostkarten. Du kannst auch Farbkopien machen oder Poster kaufen.

Siehe: *Was Musik bewirkt*

Sprich deiner Liebsten etwas Aufregendes auf Band, und steck die Kassette in ihr Autoradio. Du kannst das Ganze mit einer erotischen Musik untermalen und sie zu einem »kleinen Imbiß« während eurer Mittagspause in ein Hotel einladen.

Ruf den Sender an, den dein Schatz auf dem Weg zur Arbeit hört, und bestell ein Lied für ihn.

Dem Partner eine Freude machen

Was schlugen die Paare, die ich interviewte sonst noch vor? Viele Paare sagten: Nimm deinem Partner Arbeit ab, ohne daß er/sie dich darum bitten muß. Wenn du etwas tust, was du sonst nie oder nur ungern erledigst, ist die Freude doppelt groß. Womit du deinem Schatz sicher eine Freude machst: wenn du seinen Wagen auftankst oder wenn du die Kinder fürs Bett fertig machst, bevor sie heimkommt.

Überleg dir, was ihr am Freitagabend unternehmen könnt. Komm nach Hause, und überrasch sie mit einem Plan, statt dich wie sonst auf die Couch zu werfen und zu fragen, was sie denn heute so vorhabe. Gib dir wirklich Mühe, diesen Abend zu gestalten. Achte auf Details: Mach den Wagen innen sauber, kauf ihr ein paar Blumen, und versuch, die kleinen Streitereien zu umgehen. (Warum fährst du hier lang? Das ist doch ein riesiger Umweg!)

Siehe: *Die Kunst des Akzeptierens*

Stellt gemeinsam eine Liste auf, was es bei euch zu Hause alles zu reparieren gibt, und schreibt daneben, wer was übernimmt: du, dein

Siehe: *Die eigene Welt erschaffen: Mehr gemeinsam machen*

Tut euch gut! Das Wohlfühlbuch für Paare   173

»Wie schön, daß es dich gibt!«

Partner oder ein Handwerker, den ihr bestellt. Streicht durch, was ihr erledigt habt, oder seht euch nach fremder Hilfe um.

Via Telefon und Fax

Dein Partner freut sich auch über eine liebevolle Nachricht auf dem Anrufbeantworter. Auf kleine Liebesbriefe hier und da solltet ihr aber trotzdem nicht verzichten.

Jennifer freut sich sehr, wenn ihr Mann sie anruft und ihr sagt: »Ich bin ganz wild auf dich.«

Oder wie wär's mit einem liebevollen Fax oder einer Nachricht auf dem PC? Es funktioniert auch als »Kurzmeldung«. Robin, eine Therapeutin, die Partnerseminare leitet, hat mit ihrem Mann einen Geheimcode für »Ich liebe dich«, den sie einander immer wieder zusenden.

Kleine Geschenke

Erklärt einen Tag im Monat zum 5-DM-Tag. (Ihr könnt natürlich auch einen höheren Betrag festsetzen, aber ein kleiner ist reizvoller.) An diesem Tag kauft ihr einander ein Geschenk für fünf Mark. Tauscht am Abend die Geschenke aus, und erzählt euch, warum ihr euch für sie entschieden habt.

Oder schenkt einander etwas, was zum Geben anregt: ein Massageöl, romantische Musik zum Tanzen, duftende Seife . . .

Oder überlegt euch etwas, was der andere gut gebrauchen kann: einen Bogen Briefmarken; eine Körperlotion, die deine Liebste gern benutzt, oder etwas, was ihm ausgegangen ist.

Sei nett zu deinem Partner

Thomas Peters und Robert Waterman zeigen in ihrem Buch *Auf der Suche nach Spitzenleistungen*, daß erfolgreiche Unternehmen eines gemeinsam haben: Sie *bemühen sich* um ihre Kunden. Stell dir vor, die Zukunft deiner

Firma hinge von deinem Partner ab, und behandle ihn entsprechend. Das zeigt in jedem Fall Wirkung.

Sprich mit ihr über ihren Tag, und stell ihr Fragen, die erkennen lassen, daß du dich für ihr Leben interessierst.

Sorg für Stil und gute Manieren: Öffne die Beifahrertür zuerst; nehmt Stoffservietten, und erinnert euch an Tischkultur; beseitige die Spuren, die du sonst im Bad hinterläßt.

Kommst du etwa zu einem wichtigen Termin zu spät? Würdest du deinen Chef oder einen guten Kunden warten lassen? (Du weißt schon, was ich meine.)

Achtet mal auf euren Sprachgebrauch. Eine Kultur lebt von ihrer Sprache. Da könnt ihr vieles besser machen: Nenn deinen Schatz beim Namen; lernt ein Gedicht auswendig, und rezitiert es, wenn ihr miteinander im Bett liegt; sprecht in ganzen Sätzen, oder erweitert euer Vokabular jede Woche um ein neues Wort, und achtet darauf, wer es am häufigsten verwendet.

Mal was durchgehen lassen

Gibt es Dinge, die dich auf die Palme bringen und die du immer heftig kommentierst? (Wo gibt's das nicht?) Wenn sie sich mit Schokolade vollstopft, wenn er das ganze Bett für sich in Anspruch nimmt, wenn er seine schmutzigen Socken oder seine Zeitung einfach im Zimmer verteilt? Laßt einander mal was durchgehen. Gönn ihr die Schokolade, laß ihn in der Mitte schlafen, räum die Zeitung weg – ohne Kommentar. Sprich nicht darüber, tu es einfach.

Würdest du dich tätowieren lassen?

Marys Mann mag Tätowierungen. Mary führt ein Feinschmeckerrestaurant und schreibt Kurzgeschichten. Sie will ihm eine Freude machen und besorgt sich ein paar kleine selbsthaftende Tätowierungen. Sie klebt sich eine auf den Po, als Überraschung für den Liebsten. Tätowierungen sind nun wirklich nicht dein Stil? Wie dem auch sei, du machst deinem

»Wie schön, daß es dich gibt!«

»Wie schön, daß es dich gibt!«

Partner eine große Freude, wenn du etwas tust, was ihm (oder ihr) gefällt – vor allem wenn der andere nicht damit rechnet, daß du das jemals tun würdest.

Körperpflege

Wie wär's, wenn ihr gemeinsam duscht? Wascht euch gegenseitig. Am ganzen Körper.

Servier deiner Liebsten einen Überraschungsimbiß: Orangenstücke in der Dusche, Kaffee und Kuchen an der Badewanne oder ein Glas Sekt, das ihr gemeinsam trinkt, bevor ihr in die Wanne springt ...

Zum Wohl

Erheb das Glas, sag ein paar nette Worte, und proste deinem Partner zu. Du kannst das auch im Beisein guter Freunde machen. Überleg dir vorher, was du sagen willst. Warte nicht auf einen besonderen Anlaß, mach es bei der nächstbesten Gelegenheit.

Such dir ein Bild von deinem Liebsten aus, und steck es in dein Portemonnaie. Sag nichts davon, aber sorg dafür, daß dein Schatz es einmal wie durch Zufall sieht.

Spar nicht mit Lob

Siehe: *Wenn euch der Anfang schwerfällt: Was ich an dir mag*

Jeder freut sich über Lob und Anerkennung – so wie über Liebesbriefe. Beobachte deinen Partner, und sag ihm offen, was dir an ihm gefällt oder was du sexy findest. Geh ins Detail. Was spricht dich an? »Ich steh auf dein Parfum«, »Ich finde dein Kinn verführerisch.« Nimm die Komplimente an, die dir deine Liebste macht. Freu dich darüber! *Werte sie nicht ab.* Wenn sie dir etwas Liebes sagt und du mit Abwehr reagierst («*Ich doch nicht. Mit mir ist doch nichts los. Ich sehe doch schrecklich aus*«), wird ihr bald die Lust vergehen, dir ein Kompliment zu machen.

Melinda nimmt nichts als selbstverständlich hin, und sie bedankt sich gern. Ihr Freund Vince weiß das sehr zu schätzen, und er erzählt seinen Freunden immer wieder, was für eine tolle Frau sie ist.

Bekennt euch öffentlich zu eurer Liebe. Das tut der Beziehung sehr, sehr gut. Nimm seine Hand im Supermarkt; gib ihr einen Kuß, wenn ihr an der Kinokasse Schlange steht; zeig dem Rest der Welt, daß du diesen Menschen liebst.

»Wie schön, daß es dich gibt!«

Übrigens: Ihr könnt einander täglich etwas Nettes sagen. Das hört jeder von euch stets von neuem gern.

Siehe: *Den Tag bewußt gestalten: Den Abend bewußt genießen*

Beachtung schenken

Beobachtet einander, und merkt euch, was euer Partner gern mag. Rate, was er sich bestellt, wenn ihr essen geht; zähl die Getränke auf, die sie besonders mag, wenn sie nicht weiß, was sie bestellen soll; kauf ihm ein Hemd in seiner Lieblingsfarbe; geh mit ihr in das Lokal, von dem sie so geschwärmt hat.

Was tust du, wenn dein Schatz zu reden anfängt und du gerade mit etwas anderem beschäftigt bist? Hör auf damit, und schenk ihm/ihr Beachtung.

«*So sehr liebe ich dich*»

Streu Blumen oder Blütenblätter auf euer Bett. (Leg ein altes Leintuch drunter.)

Schenk ihm täglich ein Blume, einen Monat lang.

Schreib »Ich liebe dich« mit bunter Kreide auf den Bürgersteig vor eurem Haus oder dem Gebäude, in dem sie arbeitet.

Mark und Nancy tun etwas für ihre Schönheit. Sie legen sich gegenseitig Gesichtsmasken auf. Besorgt euch ein Buch über natürliche Schönheitspflege. Dort findet ihr Rezepte für Mittel, die man auch essen kann.

Iris und ihr Mann singen Lieder füreinander. (Wenn du nicht gern singst, dann such dir eine schöne Platte aus, und beweg nur deine Lippen.) Oder geht in eine Karaoke-Bar, wo man zu populären Liedern mitsingen kann. (Die Idee stammt übrigens aus Japan.) Dort kannst du deinem Schatz ein Ständchen bringen, wenn du dich auf die Bühne traust.

»Wie schön, daß es dich gibt!«

Oder wie wär's mit folgender Idee? Du besuchst deinen Liebling in der Arbeit, gehst schnurstracks auf sie zu, nimmst sie in die Arme und küßt sie lange und leidenschaftlich. Dann drehst du dich um und gehst. Wäre das was für dich? Natürlich kannst du sie auch anders überraschen: mit einer schönen Blume, mit einer Eintrittskarte fürs Konzert oder für ein Fußballspiel oder mit einer liebevollen Ansichtskarte.

LITERATUR UND TIPS:

Nitsch, Cornelia u.a.: *Sexualität im Familienalltag. Partnerschaft, Schwangerschaft, Elternschaft.* Rowohlt, 1995.

Mayer, Anne: *How to Stay Lovers While Still Raising Your Children.* Price Stern Sloan, 1990. Viele gute Anregungen, wie ihr eure Beziehung über die Jahre retten könnt, in denen eure Kinder klein sind.

Rich, Penny: *Pamper Your Partner.* Simon and Schuster, 1990. Wenn du etwas für den Körper und die Sinne deines Partners/deiner Partnerin tun willst.

»ICH HABE ETWAS AUF DEM HERZEN«

WANN . . . ?

- Wenn du einen schweren Tag gehabt hast, wenn du dich geärgert hast oder wenn dich jemand schwer enttäuscht hat.

- Wenn es dir schwerfällt, die Hilfe deines Partners/deiner Partnerin anzunehmen.

- Wenn du willst, daß dein Schatz dich in die Arme nimmt und dich versteht.

- Wenn du dein Herz ausschütten möchtest.

WORUM GEHT'S?

Der Alltag nimmt uns manchmal ganz schön mit. Dann sehnen wir uns danach, daß wir bei unserem Partner Zuflucht finden, wir möchten unsere Wunden lecken, wir möchten unser Herz ausschütten, und wir möchten, daß er/sie uns in die Arme nimmt, versteht und tröstet. Manchmal fällt es uns nicht schwer, den anderen um Zuwendung zu bitten, aber manchmal schaffen wir es nicht − besonders wenn wir sehr verletzt sind. Du hast einen schweren Tag gehabt und weißt nicht, wie du deinen Partner um Liebe und Verständnis bitten sollst, oder du willst es nicht, du fühlst dich unverstanden, du bist enttäuscht, und schließlich fängst du an zu streiten. Oder: Du fürchtest dich vor den Problemen deines Partners. Oder: Du kannst es nicht mitansehen, wenn dein Liebling leidet. − Muß das so sein?

IHR BRAUCHT:

Getränke.

Gesten der Zärtlichkeit.

Einen Ort, an dem ihr euch beide wohl fühlt und an dem euch niemand stört (z. B. euer Rückzugsort oder ein kuscheliges Bett).

Dauer: zehn bis fünfzehn Minuten.

Tut euch gut! Das Wohlfühlbuch für Paare

»Ich habe etwas auf dem Herzen«

WAS IHR FÜREINANDER TUN KÖNNT:

Was ihr beachten solltet

Was heißt »Ich habe etwas auf dem Herzen«? Wenn dein Partner sagt: »Ich habe etwas auf dem Herzen«, möchte er, daß du ihn in die Arme nimmst und ihm einfach zuhörst. Er möchte *nicht*, daß du ihm eine Lösung präsentierst, daß du ihm die Sache aus der Hand nimmst oder daß du gute Ratschläge erteilst. Das Herz ausschütten heißt, das loszuwerden, was uns zu schaffen macht, auch wenn es sich um scheinbar nichtige Dinge oder sehr persönliche Angelegenheiten handelt. Das Herz ausschütten heißt, Sorgen und Verpflichtungen mal abzuschütteln. Eines heißt es auf keinen Fall: den Partner anzugreifen und ihm Vorwürfe zu machen. *Es geht hier um Menschen und Probleme* außerhalb *der Beziehung.*

Was kannst du für deinen Partner tun? Zuhören und das gelten lassen, was der andere sagt. Wir sehnen uns danach, gehört zu werden. Was kannst du tun, um dir Zuwendung zu holen? Erzähl das, was du auf dem Herzen hast. Erzähl es, wie es ist, ohne es abzuschwächen. Laß dich umsorgen. Nimm, was der andere dir gibt.

Gebt eurem Gespräch eine Struktur, macht ein Ritual daraus, dann fällt es euch leichter, euch auf den anderen einzustellen und ihn zu verstehen.

Siehe: *Euer Beziehungstagebuch*

Überlegt gemeinsam, wie ihr einander sagen könnt, daß ihr Anteilnahme braucht, z. B.: »Ich habe etwas auf dem Herzen.« Schreibt diesen Satz auf die Innenseite eures Beziehungstagebuchs.

Wie wir es machen

Ein Tag in meinem Leben (noch gar nicht lange her): Der Steuerberater ruft an und hat nur schlechte Nachrichten; ich quäle mich durch den Berufsverkehr, weil ich zum Arzt muß, doch ich habe mich im Termin geirrt; ich verliere mein Ticket für die Tiefgarage, d. h., daß ich den Höchsttarif zahlen oder so lange suchen muß, bis ich es gefunden habe. Am Nachmittag hole ich mir einen Hexenschuß beim Turnen; am selben Nachmittag wird mein Hund von einem anderen gebissen; eine Freundin, mit der ich essen gehen wollte, sagt kurzfristig ab – und Chris kommt erst am späten Abend heim.

»Ich habe etwas auf dem Herzen«

Was sage ich, wenn er nach Hause kommt? Ich sage ihm, daß ich ihn brauche: »Ich habe etwas auf dem Herzen. Ich brauche jetzt deine Zuwendung, sobald du Zeit hast.« Das ist unser Standardsatz. Und seine Antwort lautet: »Ich habe verstanden. Ich bin gleich für dich da. Laß mir noch ein paar Minuten Zeit.« Ich habe gesagt, daß ich ihn brauche, und kann mich jetzt entspannen, und er kann noch das eine oder andere erledigen (die Zähne putzen, das Auto in die Garage stellen, sich umziehen, was auch immer).

Chris bringt mir etwas zu trinken und umarmt mich (bevor wir irgend etwas zueinander sagen) und ist ganz für mich da. Er läßt mich reden, ohne zu unterbrechen – nur hier und da eine klärende Zwischenfrage. Und dann? Er weiß, was ich am meisten brauche: daß er sich auf meine Seite stellt und mich ermutigt. Der, der sein Herz ausschütten möchte, wählt den Ort. Manchmal entscheide ich mich für die Hängematte im Garten, manchmal für das Bett, und manchmal möchte ich spazierengehen. Zum Abschluß nehmen wir einander in die Arme, und ich mag es, wenn er mir den Rücken klopft. Chris mag es besonders, wenn ich seinen Kopf auf meine Brust lege und ihn umarme.

Die Kinder einbeziehen

Kinder spüren ganz genau, wie es ihren Eltern geht. Wenn ihr wollt und es euren Kindern recht ist, könnt ihr sie miteinbeziehen. Weißt du, wie schön es ist, von deinem Partner und deinen Kindern gleichzeitig umarmt zu werden? Fragt eure Kinder, auch wenn sie schon älter sind. Sie verstehen dann vielleicht, wieso Mama oder Papa in letzter Zeit so komisch war, und sie fühlen sich geehrt, daß man sie ins Vertrauen zieht.

Wenn ihr Widerstände spürt

Manchen Menschen fällt es schwer, sich Zuwendung zu holen. Männern fällt es schwer, weil sie das eher als Schwäche ansehen, Frauen sind so sehr daran gewöhnt zu geben, daß sie oft nicht nehmen können. Wenn es euch so geht, dann fangt klein an: »Bitte, nimm mich in den Arm.« Das nächste Mal könnt ihr dann vielleicht schon ein paar Worte sagen.

Mehr dazu in *Loslassen*

»Ich habe etwas auf dem Herzen«

Setzt euch zu einem »Ich höre dir zu« zusammen, und sprecht über eure Widerstände. Ihr könnt den Satz: »Wenn du mir Mitgefühl und Anteilnahme entgegenbringst, fühle ich mich . . .« als Einstieg nehmen, wenn ihr wollt.

Zur Abwechslung

Macht die Übung »Die Energie zum Fließen bringen« aus dem Kapitel »Den Körper spüren« mit einer kleinen Abwandlung: Der Gebende konzentriert sich darauf, dem Partner Energie zu schicken; der, der empfängt, entspannt sich und versucht, diese Energie aufzunehmen. (Diese Übung ist besonders gut für alle, die gern nonverbal kommunizieren.)

«Ich habe etwas auf dem Herzen« heißt für jeden etwas anderes. Der eine redet gern, der andere geht lieber schweigend spazieren. Sprecht darüber, dann wißt ihr, was der andere sich wünscht, und habt die beruhigende Gewißheit, daß alles vorbereitet ist, wenn ihr »Erste Hilfe für die Seele« braucht, wie ein Bekannter es formulierte.

LITERATUR UND TIPS:

Heldt, Uwe (Hrsg.): *Lust an der Liebe. Ein Lesebuch.* Piper, 1994. Ihr könnt euch gegenseitig daraus vorlesen.

Nidiaye, Safi: *Liebe ist mehr als ein Gefühl. Partnerschaft, Sexualität, Spiritualität.* Ariston, 2. Aufl. 1991.

Siehe: *Krisen, Verluste und andere Belastungsproben.* Dort findet ihr Hinweise, wenn ihr mit längerfristigen Problemen konfrontiert seid.

Campbell, Eileen: *A Lively Flame.* Aquarian/Thorsons, 1993. Das Thema »Liebe« aus der Sicht verschiedener spiritueller Traditionen.

Die Sache mit dem Schenken

Wann . . . ?

- Jederzeit.

- Wenn du immer sagst: »Ich weiß nicht«, wenn dein Partner wissen will, was du dir zum Geburtstag wünschst.

- Wenn das Thema »Schenken« oder »Ein Geschenk bekommen« für dich ein Problem ist.

Worum geht's?

Schenken ist gar nicht so leicht. Das hat verschiedene Gründe, vor allem schlechte Kindheitserinnerungen und Enttäuschungen, die sich im Laufe der Jahre angesammelt haben. Eines ist auf jeden Fall verkehrt: Das Thema »Schenken« zu ignorieren oder so zu tun, als ob es nicht so wichtig wäre. Das Thema »Schenken« kann eure Beziehung belasten, aber es kann sie auch bereichern – wenn das Geschenk von Herzen kommt. Solche Geschenke vertiefen euren Bund. Was könnt ihr tun, um die typischen Probleme des Beschenkens zu umgehen: Enttäuschung, Schenkzwang oder die Auffassung, daß Geschenke Geldverschwendung oder einfach überflüssig sind?

Ihr braucht:

Eure Kalender.

Ein gutes Gespür, Beobachtungsgabe, Notizen, geschickte Fragen.

Papier und einen Stift.

Phantasie. (Ist zwar nicht unbedingt erforderlich, aber sie macht die Sache leichter.)

Kataloge.

Dauer: 20 Minuten oder mehr, je nachdem, wie lange ihr braucht, um ein passendes Geschenk zu finden.

Was ihr füreinander tun könnt:

Geh einmal in dich: Machst du gern Geschenke?

Ergänze jeden Satz sooft du kannst schriftlich oder mündlich. Wenn du diese Übung mündlich machst, solltest du ein paar Notizen festhalten oder deine Antworten auf Band aufnehmen, um sie später deinem Partner vorzuspielen.

Tut euch gut! Das Wohlfühlbuch für Paare

Die Sache mit dem Schenken

Geschenke sind . . .

Als ich klein war, bedeutete ein Geschenk für mich . . .

Geburtstage sind . . .

Feiertage sind . . .

Hochzeitstage sind . . .

Ein Geschenk, das ich gern von dir hätte, ist . . .

Ich glaube, ein Geschenk, das dir das Gefühl vermitteln würde, daß ich dich liebe und anerkenne, ist . . .

Wenn du mir etwas schenkst, was mir viel bedeutet, fühle ich mich . . .

Geschenke, über die ich mich besonders freue, sind . . .

Was sagt oder schreibt dein Partner/deine Partnerin? Was hast du Neues über dich erfahren? Laßt es auf euch wirken. Hat euch etwas überrascht? Sprecht darüber. Sprecht auch über die Geschenke, von denen ihr enttäuscht wart. Macht einander keinen Vorwurf, sondern wendet eure neuen Erkenntnisse an. Welche Probleme tauchen immer wieder auf, wenn ihr euch beschenkt? Was könnt ihr in Zukunft tun, um den Geschmack des anderen zu treffen? Überlegt euch, jeder für sich, fünf Dinge, die ihr in Zukunft anders machen wollt.

Vorsicht Falle

Stell dir folgende Fragen, bevor du ein Geschenk kaufst (auch wenn du es schon in der Hand hast):

Ist mir überhaupt danach zumute, jetzt ein Geschenk zu kaufen? Und wenn nicht, warum?

Warum will ich meinem Partner diese Sache schenken?

Was möchte ich damit bewirken?

Die Sache mit dem Schenken

Denk einen Moment über diese Dinge nach. Vielleicht fällt dir auf, daß du ihm durch die Blume sagen willst, daß du wegen dieser Sache vor zwei Wochen noch immer sauer bist. Wenn dir das nicht klar ist, entscheidest du dich vielleicht für den Pullover, der ihm viel zu groß ist. Oder: Vielleicht wird dir erst jetzt bewußt, wie sehr sie dir geholfen hat und wie dankbar du ihr bist und daß du ihr eigentlich etwas ganz Besonderes schenken möchtest.

Schenkst du gern Dinge, die dein Partner/deine Partnerin haben *sollte*? Solche Geschenke gehen meist daneben. Stell dir vor, sie schenkt dir einen Gutschein für eine Schlankheitskur oder ein Naturwissenschaftsbuch, weil du ein Mann bist (der sich allerdings für Naturwissenschaften überhaupt nicht interessiert). Schenk ihr auch keinen Minirock, weil *du* gern hättest, daß sie einen trägt. (Vielleicht mag sie keine Miniröcke.)

Auch Geschenke, die in irgendeiner Form vermitteln, daß der andere sich ändern soll, kommen nicht gut an. Ein Exfreund hat mir einmal einen Scheck geschenkt und durchblicken lassen, daß ich den Betrag einer Hilfsorganisation spenden soll. Das hat mich sehr geärgert. Es war, als ob er mir sagen wollte, daß ich nicht genug spenden würde und mir nichts daran läge, anderen zu helfen.

Überleg dir früh genug, was du deinem Partner schenken möchtest. Mach dir in deinem Terminkalender eine entsprechende Notiz. Nimm dir fünf Minuten Zeit, und mach ein Brainstorming, allein oder mit den Kindern. Je wichtiger der Anlaß, desto früher solltest du beginnen (z. B. drei Monate vor einem 40ten Geburtstag, vielleicht sogar ein halbes Jahr). Wenn du dir rechtzeitig Gedanken machst, dann hast du bessere Ideen, mehrere Möglichkeiten zur Auswahl, und du gerätst nicht unter Druck, schnell irgend etwas zu kaufen.

Trotzdem kann es sein, daß dein Geschenk danebengeht. Wie reagierst du, wenn du ein Geschenk bekommst, das dir nicht gefällt? Sei ehrlich, aber einfühlsam. Sag erst etwas Positives (»Wie lieb von dir«), aber erklär deinem Partner dann, warum das nicht *dein* Geschenk ist. Schlag vor, es *gemeinsam* umzutauschen, und such dir etwas aus, was dir gefällt. Nutzt die Gelegenheit zu einem Schaufensterbummel (s. u.). Das hilft euch, mehr über die Wünsche eures Partners zu erfahren.

Tut euch gut! Das Wohlfühlbuch für Paare   185

Die Sache mit dem Schenken

Ideen sammeln

Sammle Geschenkideen: in deinem Terminkalender, in einem kleinen Notizbuch oder auf einem Stück Papier, das du in deinem Portemonnaie verwahrst. Ergänze deine Liste regelmäßig.

Macht gemeinsam einen Schaufensterbummel, ohne etwas einzukaufen. Sagt einander, was ihr gern hättet: einen Jaguar, ein paar neue Socken, große und kleine Dinge. Chris hat mich einmal Monate nach einem Schaufensterbummel mit einem Briefbeschwerer aus Jade überrascht, den ich mir schon seit Jahren wünschte. Es wird mir heute noch warm ums Herz, wenn ich daran denke. Er hat sich an meinen Wunsch erinnert, und er hat ihn ernst genommen. Wir fühlen uns geliebt, wenn der andere unsere Wünsche respektiert.

Häng einen Zettel an die Kühlschranktür, und sag deinen Lieben, sie sollen ihre Wünsche dort notieren. Wenn es also heißt: »Ich brauche dies, ich brauche jenes«, verweist du auf die Kühlschranktür. (Das hat sich auch bei Teenagern bewährt.) So entsteht eine prima Ideenliste, und es tut gut, die eigenen Wünsche aufzuschreiben. Bringt diese Liste immer wieder auf den neuesten Stand: Streicht die Dinge, die nicht mehr aktuell sind oder die ihr euch mittlerweile schon selbst gekauft habt.

Macht ein Spiel daraus: Vereinbart, wie viele Geschenkideen jeder sammeln soll, z. B. 15 (oder 50 wenn ihr es spannend machen wollt). Beobachtet einander, und findet heraus, was der andere sich wünscht. Das, was der andere auf der Wunschliste am Kühlschrank (s. o.) aufgeschrieben hat, zählt natürlich nicht. Ein Beispiel: Du weißt, daß deine Partnerin an einer Rede schreibt und ein paar Zitate braucht. Was wäre ein passendes Geschenk? Eine Zitatensammlung.

Wir bekommen täglich viel lästige Reklame ins Haus. Aber ein Gutes hat auch das: Prospekte inspirieren. Legt Katalogprospekte und einen Stift aufs Klo. Blättert darin, und markiert die Dinge, die euch gefallen. Ein Paar aus Kentucky schneidet solche Bilder aus und verwahrt sie in zwei Klarsichthüllen. So hat jeder eine prima Ideensammlung, wenn er dem anderen etwas schenken will. (Findest du, daß es dann keine Überraschung mehr ist? Dann denk dir etwas anderes aus. Vielleicht inspiriert dich die Katalogidee.)

Denk daran

Die Sache mit dem Schenken

Es ist nicht wichtig, was es kostet, sondern ob dein Geschenk von Herzen kommt.

Wer ist der Mensch, dem du etwas schenken möchtest? Wähl ein Geschenk, das ganz individuell auf ihn zugeschnitten ist. Dann liegst du meistens richtig.

Warum willst du etwas schenken? Bist du wütend auf den anderen, willst du ihr eins auswischen? Dann ist es kein Geschenk.

Literatur und Tips:

Ohrbach, Barbara Milo: *Ein liebend Herz. Gedanken, Gedichte und Rezepte für jene, die wir lieben.* DuMont, 1993.

Hyde, Lewis: *The Gift.* Vintage Books, 1983. Ein Buch über die Geschichte und über die Philosophie des Schenkens. Besonders empfehlenswert, wenn du bisher wenig Zugang zum Thema »Schenken« hattest.

FESTE FEIERN

IHR BRAUCHT:

Euer Beziehungstagebuch oder Papier und Stifte.

Dinge, die der Jahreszeit entsprechen: Herbstblätter, Frühjahrsblumen, einen Wintermond, sommerfrische Erdbeeren.

Freunde und Familienmitglieder, mit denen ihr *gern* zusammen seid.

Kleine Karten, auf die ihr etwas schreiben könnt.

Dauer: solange ihr euch Zeit nehmt.

WANN . . . ?

• Wenn ihr Feste anders feiern wollt als bisher.

• Wenn ihr nicht gern feiert, weil Streß, Erwartungsdruck oder schlechte Erfahrungen euch den Spaß daran verdorben haben.

• Wenn ihr bewußt leben und bewußt feiern möchtet.

WORUM GEHT'S?

Was ist ein Feiertag? Ist es ein Tag, an dem ihr zuviel eßt und zuviel ausgebt? Oder ist es ein Tag, an dem ihr euch bewußt dem Partner und den Kindern widmet und dankbar seid, daß es sie gibt? Wie geht es euch an Feiertagen? Fangt ihr an zu streiten? Seid ihr deprimiert, daß ihr keine perfekte Fernsehfamilie seid? Oder könnt ihr eure Familie in ihrer Einzigartigkeit schätzen?

Egal ob ihr an alte Traditionen anknüpft oder eigene Wege geht: Wenn ihr Feiertage als Chance anseht, eure Beziehung zu vertiefen, erlebt und gestaltet ihr sie bewußter, und eure Erwartungen ändern sich. Natürlich müßt ihr etwas dafür tun: ein feierliches Weihnachtsfest, ein fröhlicher Geburtstag (oder ein bittersüßer), ein Hochzeitstag voll Innigkeit − es bedarf der Planung und der Vorbereitung, damit solche Tage zu einem besonderen Erlebnis werden. Richtet euch nicht danach, was andere für passend halten. Fragt euch, wie *ihr* feiern wollt. Es ist euer Leben. Feste feiern ist etwas Besonderes, und es gibt uns neue Kraft, den Alltag zu bewältigen.

WAS IHR FÜREINANDER TUN KÖNNT:

Feste feiern

Hochzeitstage

An Hochzeitstagen kann einiges danebengehen. Setzt euch zu einem »Ich höre dir zu« zusammen, und sprecht darüber, was euer Hochzeitstag für euch bedeutet und welche Erwartungen ihr habt.

Wie könnt ihr euren Hochzeitstag gestalten? Wie wär's mit einem Brief zum Andenken an das letzte Jahr und einem Versprechen für das nächste? Wo wollt ihr euch eure Briefe gegenseitig vorlesen? Macht ein Fest daraus. Vielleicht habt ihr Lust auf ein Picknick hoch oben in den Bergen. Vielleicht möchtet ihr im Kreis der Familie feiern oder mit guten Freunden und eure Briefe bei Kerzenlicht in ihrer Mitte verlesen. Ihr könnt euren Hochzeitstag auch abwechselnd planen. Kleine Extras sorgen zusätzlich für Atmosphäre: ein Kelch, aus dem ihr beide trinkt, um euren Bund zu unterstreichen; kleine Geschenke, die zum Ausdruck bringen, was ihr euch für das nächste Jahr vornehmt; ein Song, zu dem ihr jedes Jahr an eurem Hochzeitstag tanzt.

Siehe: *Den Tag bewußt gestalten: Gemeinsam essen*

Wie es früher einmal war: Laßt in eurer Vorstellung euer erstes Jahr Revue passieren oder ein anderes Jahr, in dem ihr glücklich wart. Schwelgt in der Erinnerung. Erzählt einander, was euch besonders gut gefallen hat, und macht entsprechende Notizen. Unternehmt eine Reise in die Vergangenheit. Überlegt euch, wie ihr diesen Tag gestalten wollt. Der eine kann den Morgen, der andere den Abend planen. Oder ihr beschließt, in ein Lokal zu gehen (z. B. in das Lokal, das ihr bei eurem ersten Rendezvous besucht habt), und jeder läßt einen bestimmten Moment eures ersten Treffens für den anderen lebendig werden. Besitzt ihr noch die Kleidung, die ihr damals getragen habt? (Das kann sehr lustig sein, wenn ihr inzwischen ein paar Pfunde mehr auf die Waage bringt oder wenn ihr euch im Trainingsanzug und in Plateausohlen getroffen habt.) Spielt die Musik, die ihr damals gern gehört habt, bestellt dasselbe Essen, trinkt denselben Wein. Ihr könnt auch ein paar Fotos von damals zusammenstellen und einander schenken. Ging an diesem Tag etwas daneben? Dann habt ihr jetzt die Chance, ihn noch schöner zu gestalten.

Eine Beziehung stellt uns immer wieder vor Probleme. Habt ihr ein schweres Jahr gehabt? (Weil eure Beziehung gewachsen ist oder weil ihr

Tut euch gut! Das Wohlfühlbuch für Paare

Feste feiern

ein paar Prüfungen bestehen mußtet?) Wie wär's, wenn ihr euch an eurem Hochzeitstag Unterstützung holen würdet? Ladet ein paar gute Freunde ein, und macht ein Ritual. Erklärt den Gästen vorher, wie es geht: Jeder sagt, was er an eurer Beziehung schätzt, und gibt euch ein paar Worte der Anerkennung und der Unterstützung mit auf den Weg. Wählt dafür einen schönen Rahmen, z. B.: Ihr setzt euch im Kreis zusammen, schließt die Augen und konzentriert euch auf den Atem. Dann sagt jeder, welchen Wunsch er für euch hat. Schreibt diese Wünsche auf, lest sie später gemeinsam vor, und fügt hinzu, was ihr euch gegenseitig wünscht. Dann nehmen sich die Gäste bei den Händen und tanzen um euch beide im Kreis. Am Schluß umarmen sich alle.

Wenn ihr zum zweiten Mal verheiratet seid und Kinder aus erster Ehe habt, wollt ihr sie vielleicht miteinbeziehen. Eine Familie aus Oregon führt an diesem Tag ein Theaterstück auf, das Situationen aus dem letzten Jahr durch den Kakao zieht. Das ist ein Mordsspektakel, und nachher gehen sie Eis essen. Eine andere Familie fährt zum Zelten. Am Abend bringen sie die Kinder aus erster Ehe zu ihrem Vater, der sie zum Essen einlädt. Ihr könnt euch auch zu einem »Ich höre dir zu« zusammensetzen. Hört zu, was eure Kinder euch zu sagen haben, nehmt ihre Sorgen ernst, und zeigt ihnen eure Liebe. Verzichtet auf jegliche Kritik. Folgende Sätze können euch helfen, das Gespräch in Gang zu bringen:

Als wir uns das erste Mal begegnet sind . . .

Als wir eine Familie wurden . . .

Was mir an unserer Familie gefällt . . .

Was mir an unserer Familie nicht gefällt . . .

Manche Paare feiern zwei Hochzeits- oder Jahrestage. Ein Paar feiert den Tag der standesamtlichen und den Tag der kirchlichen Trauung. Der Tag, an dem sie standesamtlich heirateten, ist sein Hochzeitstag, der Tag der Trauung ihrer. Seinen Tag gestaltet sie zu einem ganz besonderen Tag; an ihrem Tag verwöhnt er sie. Wollt ihr auch zwei verschiedene Tage feiern? Den Tag eurer Verlobung und den Hochzeitstag? Den Tag, an dem ihr zum ersten Mal »Ich liebe dich« gesagt habt, und den Tag, an dem ihr zusammengezogen seid? Den Tag eures ersten Rendezvous und den Tag, seit dem ihr euch als Paar fühlt? (Faith und Danny feiern den Tag, an dem

Feste feiern

sie zum ersten Mal gemeinsam von der Schule nach Hause gingen. Das ist 20 Jahre her.)

Whitney und Glenn feiern jeden Monat an Vollmond, denn es war in einer Vollmondnacht, als sie zum ersten Mal wußten, daß es Liebe war. Sie arbeiteten gemeinsam an einem Film, und Glenn nahm diesen wundervollen Vollmond auf. Whitney stand hinter ihm und sah dem Schauspiel zu. »Es war eine laue Sommernacht, und große, weiche Wolken schoben sich am Mond vorbei«, schwärmt sie. Dann fuhren sie mit dem Motorrad durch die Nacht und redeten bis zum Sonnenaufgang. In den 14 Jahren, die seither vergangen sind, haben sie zwei Kinder bekommen, unzählige Vollmondfotos aufgenommen und jede Vollmondnacht gefeiert. (Seid ihr traurig, daß eure Erinnerungen weniger romantisch sind? Ihr habt jetzt die Chance, das Versäumte nachzuholen. Es ist nie zu spät.)

Was tut ihr am Hochzeitstag eurer Eltern oder lieber Freunde? Besucht ihr sie? Denkt ihr an sie? Feiert ihr mit ihnen? Schenkt anderen Paaren eure Anerkennung, und gebt ihnen eure Unterstützung. Eure Beziehung profitiert davon.

In *Helfen und sich helfen lassen* findet ihr mehr zu diesem Thema.

Geburtstag feiern

Ein toller Auftakt: Die Familie schleicht sich in das Zimmer des Geburtstagskindes und weckt ihn oder sie mit einem Ständchen. Dann wird der Kaffee am Bett serviert.

Kauf viele kleine Geschenke, versteck sie überall im Haus, und entwirf einen Plan (ähnlich einer Rätsel-Rallye), der deinem Liebsten bei der Suche hilft.

Jeder von uns hat wahrscheinlich mindestens an einen Geburtstag aus der Kindheit eine schmerzliche Erinnerung: wenn es Vater oder Mutter schlechtging, wenn es Probleme gab und man dich einfach übersehen hat, wenn ihr gerade umgezogen wart und du noch keine neuen Freunde hattest. Was immer damals war: Du hast jetzt die Gelegenheit, das Versäumte nachzuholen. Wie alt warst du? Veranstalte eine Geburtstagsparty, die zu dieser Altersstufe paßt: Schreib lustige Einladungen; bitte deine Freunde, Dinge oder symbolische Gegenstände mitzubringen, die zu

Siehe: *Mehr Spaß am Leben: Noch einmal Kind sein*

Feste feiern

diesem Alter passen; spielt Spiele, die dir damals gut gefallen haben; eßt Dinge, die du damals gern gegessen hast oder gern gegessen hättest. (Wenn dir das kindisch vorkommt, versuch es zu zweit mit deinem Partner — wenigstens den einen oder anderen Punkt.)

Denk dir ein Geburtstagsritual aus, das du mit deinem Partner feiern kannst. Kauf eine große Kerze, und ritze ein paar Worte ein, die ein Ziel beschreiben, das du dir gesteckt hast. Sprecht über dieses Ziel und über deine Wünsche für dein nächstes Lebensjahr. Nimm dann einen Stein, ein Blatt oder ein Stück Papier, und schreib auf, was du rückblickend bedauerst. Geht hinaus in die Natur, und vertrau den Stein, das Blatt oder das Stück Papier der Erde an. Begrab es, verbrenn es, oder laß es einen Fluß hinuntertreiben. Zünde dann die Kerze an, und stell dir vor, daß dein Wunsch in Erfüllung geht.

Umarmt einander. Hebt die Kerze auf, und zündet sie jeden Monat einmal an. Sprecht darüber, was du in der Zwischenzeit getan hast, um deinem Wunsch ein Stückchen näherzukommen, und wie dein Partner dir dabei geholfen hat. Sei stolz auf das, was du getan hast, und bedanke dich für die Unterstützung deines Partners.

Siehe: *Vergeben*

Ihr könnt dieses Ritual auch an eurem Hochzeitstag begehen. Schreibt auf die Kerze, was ihr euch als Paar im nächsten Jahr vornehmt, und verzeiht einander etwas, worüber ihr noch böse seid.

Weihnachten und andere Feiertage

Setzt euch zusammen, und besprecht, wie ihr die Weihnachtsfeiertage gestalten wollt. (Macht das, *bevor* ihr mit den Kindern, euren Eltern oder anderen Familienmitgliedern sprecht. Am besten schon Mitte November.) Die folgenden Sätze helfen euch herauszufinden, was *ihr* euch vorstellt.

Die angenehmste Art, dieses Jahr Weihnachten zu feiern, wäre ...

Weihnachten bedeutet für mich ...

Bei uns zu Hause haben wir Weihnachten so gefeiert: ...

Jetzt, da Weihnachten näherkommt, fühle ich . . .

Was mich in den letzten Jahren an Weihnachten enttäuscht hat, ist . . .

Was ich während der Feiertage für die Beziehung tun möchte, ist . . .

Wie wollt *ihr* Weihnachten feiern? Was geht aus euren Antworten hervor? Überlegt euch, wie *ihr* dieses Fest gestalten wollt und wen ihr besuchen möchtet und wen nicht. Plant zwei Dinge ein, die ihr zur ersten Frage aufgeschrieben habt, und versucht, zwei Dinge zu vermeiden, die ihr enttäuschend fandet oder die ihr ändern wollt. Ihr könnt diese Fragen später auch mit den Kindern (wenn sie alt genug sind), mit einem Mitbewohner oder mit den Eltern durchgehen.

Worüber viele Paare sich beklagen: Sie finden an Feiertagen kaum Zeit für Zweisamkeit. Daran könnt ihr etwas ändern: Geht am ersten Weihnachtsfeiertag spazieren, morgens früh, ihr zwei allein. Nehmt euch zu Ostern einen Abend Zeit für euch, und feiert die Beziehung. Schleicht euch zu Pfingsten zehn Minuten fort, und sprecht darüber, wie es euch geht. Versprecht einander, daß ihr auch dann die Nähe des anderen sucht, wenn Krisenstimmung herrscht.

Erholt euch während der Feiertage. Nehmt euch nach Möglichkeit ein paar Tage frei. Sagt alle Termine ab, die euch stören könnten. Nehmt euch möglichst wenig vor, z. B. Einladungen. Fragt euch, ob ihr das, was ihr plant, auch wirklich tun wollt. Wenn ihr das Bedürfnis habt, der Familie nahe zu sein, braucht ihr vor allem eines: Zeit.

Macht euch das Leben leichter. Was gehört für euch zu Weihnachten? Macht euch eine Liste, und wählt ein paar Dinge aus, die ihr in diesem Jahr tun wollt. Den Rest könnt ihr auf das nächste Jahr verschieben. (In diesem Jahr könnt ihr Weihnachtskarten schreiben und selbst Geschenke basteln, im nächsten backen und ein tolles Essen geben.) Seid ehrlich zu euch selbst, und überlegt, was euch Freude macht und was ihr nur aus Gewohnheit tut. Versucht, bewußt auf letzteres zu verzichten.

Gebt ihr vor Feiertagen regelmäßig zuviel aus? Entzieht euch dem Konsumterror, und überlegt euch, wieviel ihr für Geschenke ausgeben wollt. Macht das, *bevor* ihr einkaufen geht. Nehmt nur so viel Geld mit, wie ihr braucht. Sagt euren Kindern, was es kosten darf. Wenn sie sich etwas

Feste feiern

wünschen, was euch zu teuer ist, dann bittet sie, sich etwas anderes auszusuchen.

Zu Weihnachten gibt es viele Enttäuschungen. Wochenlang freuen wir uns auf den Weihnachtsabend, und dann stürzen wir uns auf die Geschenke, und im Nu ist alles ausgepackt – und dann? Kinder sind besonders leicht enttäuscht. Dagegen könnt ihr etwas tun: Konzentriert euch nicht zu sehr auf diesen einen Abend, sondern fangt schon Anfang Dezember mit den Vorbereitungen an. Singt Weihnachtslieder, und schreibt Karten. (Die Kinder können ihren Namen daruntersetzen oder ein paar liebe Worte.) Geht Mitte Dezember in den Wald, sammelt Zapfen, und schmückt euer Haus damit. Ladet am 20. Dezember ein paar gute Freunde ein, und lest Weihnachtsgeschichten vor. Veranstaltet nach den Feiertagen ein »offenes Haus«, und sagt euren Freunden, daß sie jederzeit willkommen sind. Ihr könnt diesen Tag auch zum »Umtauschtag« erklären und nachher schön essen gehen. Neujahr ist die Zeit des Neubeginns. Ein Paar aus Illinois macht folgendes: Sie schreiben alles auf, womit sie unzufrieden waren, was sie bedauern und wofür sie einander um Verzeihung bitten, dann verbrennen sie den Zettel und verstreuen die Asche. Danach schreiben sie sich selbst (oder dem Partner) einen Liebesbrief und sagen, was sie sich (bzw. ihrem Partner) im nächsten Jahr wünschen. Steckt euren Brief in ein Kuvert, gebt ihn eurem Partner, und bittet ihn, ihn euch zu schicken, wenn ihr mal Unterstützung braucht.

Feiert ihr das Erntedankfest? Wenn ihr wollt, könnt ihr das folgende Ritual probieren, um dem Tag eine tiefere Bedeutung zu geben: Ladet Freunde zum Essen ein. Schneidet kleine Zettel aus, und verseht sie mit der Aufschrift: »Danke!« Teilt sie vor dem Essen aus, und bittet eure Freunde, zwei Dinge aufzuschreiben: wofür sie dankbar sind (auf die Vorderseite) und wofür sie den anderen danken möchten (auf die Rückseite). Wenn ihr Gäste habt, die die anderen nicht gut kennen, dann bittet sie aufzuschreiben, wofür sie den Menschen danken, die ihnen nahestehen. Lest einander vor, was ihr geschrieben habt. Laßt es euch dann schmecken.

Feiert weniger bekannte Feiertage. Das hilft euch, eure eigene Art des Feierns zu kultivieren. In den USA gibt es am 24. April den »Tag des Baums«. An diesem Tag kann man in den Wald gehen und einen Baum »adoptieren«, den man dann das ganze Jahr besucht. Ihr könnt auch den

Feste feiern

Beginn der Jahreszeiten feiern: Macht einen Mitternachtsspaziergang oder eine Schlittenfahrt am Tag der Wintersonnenwende; pflanzt zu Frühlingsanfang ein paar Blumen, oder geht ein Neugeborenes besuchen; backt am Tag der Sommersonnenwende einen Erdbeerkuchen, oder macht ein Sonnwendfeuer; pflückt Äpfel zu Herbstbeginn, oder harkt Laub zusammen. Sucht euch eure eigenen Feiertage, und feiert sie so, wie *ihr* sie feiern möchtet – besonders dann, wenn Geburtstage oder die Weihnachtstage für euch eher vorbelastet sind. Wenn ihr öfter feiert, wird euch mit der Zeit bewußt, was euch im Leben wichtig ist – und dann seid ihr nicht mehr abhängig von dem, was euch die Werbung suggeriert.

Siehe: *Was die Natur euch geben kann: Der Ort, an dem ihr lebt*

Literatur und Tips:

Kircher, Nora/Kircher Bertram: *Familienfeste von A-Z. Das praktische Lexikon für das ganze Jahr.* Herder, 1992.

Weidinger, Gertrud/Weidinger, Norbert: *Lebenslauf und Lebensfeste. Schöne Anlässe zum Feiern und für das Zusammensein in der Familie.* Ludwig, 1995.

Wenger Shenk, Sara: *Der Tag hat viele Farben. Das Leben kreativ gestalten. Gute Ideen und praktische Tips.* Claudius, 1994.

Cunningham, Nancy Brady: *Feeding the Spirit.* Resource Publications, 1988. Wie ihr eure eigenen Rituale entwerfen und eure eigene Art zu feiern finden könnt. Dieses Buch hat das Geburtstags-Kerzenritual und das Heilritual in »Krisen, Verluste und andere Belastungsproben« inspiriert.

Was die Natur euch geben kann

Ihr braucht:

Die Natur in ihrer Vielfalt.

Die Bereitschaft, Neues zu entdecken.

Decken oder Schlafsäcke.

Dauer: zehn Minuten, ein paar Stunden, ein Wochenende oder eine ganze Woche.

Wann...?

- Wenn ihr in der Großstadt lebt und von Autos und Beton umgeben seid.

- Wenn ihr glaubt, daß die Natur euch helfen kann, eure Beziehung bewußter zu gestalten.

- Wenn du gern in der Natur bist und diese Erfahrung mit deinem Partner/deiner Partnerin teilen möchtest.

- Wenn du keine Beziehung zur Natur hast und dich fragst, was dieses Kapitel soll.

Worum geht's?

In der Natur begegnen wir dem Göttlichen. Und das erneuert unsere Liebe. Die Natur kann unserer Beziehung sehr viel geben, denn sie bringt uns mit Teilen unserer selbst in Berührung, die uns sonst verborgen sind. Sie lockert unsere Abwehrmechanismen, und sie hilft uns, wenn wir in einer Krise stecken. Die Natur hilft euch auch, den Wachstumsprozeß in eurer Beziehung besser zu verstehen. Ist es nicht so wie mit den Jahreszeiten? Wenn ihr die Natur als Paar erlebt, begreift ihr, daß ihr ein Teil der Erde seid und daß sie euch viel zu geben hat.

Was heißt »draußen sein« für dich? Sport, Wettkampf, Stechmücken? Etwas zu unternehmen, was dir keine Freude macht? Versuch, dir einmal vorzustellen, daß die Natur heilig ist und daß sie euch ermöglicht, eure Liebe zu vertiefen.

Was ihr füreinander tun könnt:

 Was die Natur euch geben kann

Die Verbindung zur Natur erneuern

Ob ihr es glaubt oder nicht, ein Picknick macht einfach Spaß. Trefft keine umständlichen Vorbereitungen, nehmt, was ihr im Kühlschrank findet, und geht in den nächsten Park. Fühlt euch wie die Figuren in einem impressionistischen Gemälde. Nehmt die Erde unter eurem Körper wahr.

Geht barfuß durch eine Pfütze oder am Ufer eines Sees entlang. Atmet im gleichen Rhythmus. Erzählt einander, wie es sich anfühlt, oder genießt es einfach schweigend.

Lauft durch einen milden Frühjahrsregen; springt in eine Pfütze; patscht im Schlamm herum.

Erkundigt euch, wo ihr Erdbeeren oder anderes Obst selbst pflücken könnt, und backt gemeinsam einen Kuchen. Oder füttert euch gegenseitig. Nackt.

Setzt euch zusammen, und schreibt auf, welche Menschen euch wichtig sind. Überlegt, an welche Blume euch jeder von ihnen erinnert, und stellt einen schönen Strauß zusammen. (Ihr könnt die Blumen kaufen oder auf einer Wiese pflücken. Vielleicht habt ihr das eine oder andere auch in eurem Garten.) Seht euch in den nächsten Tagen immer wieder diesen Strauß an, und laßt euch inspirieren: Was könnt ihr für diese lieben Menschen tun? (Tut es gemeinsam.)

Der Ort, an dem ihr lebt

Kennt ihr den Ort, an dem ihr lebt? Seid ihr mit ihm verbunden? Wir fühlen uns immer mehr entwurzelt. (Oft wissen wir es nicht einmal.) Wir sind in gewissem Sinne heimatlos geworden. In den letzten Jahrzehnten hat sich viel geändert: Wir ziehen häufig um; wir trennen uns von dem, was nicht richtig funktioniert; wir schmeißen fort, was zuviel Pflege braucht; und wir erwarten zuviel von unserer Beziehung. Wir erwarten, daß sie uns das Gefühl von Gemeinschaft und einem Zuhause gibt. Wo früher Bauernhöfe standen, entstehen über Nacht riesige Einkaufs-

Was die Natur euch geben kann

zentren; eine von fünf amerikanischen Familien zieht einmal im Jahr um; der Regenwald wird pro Minute (!) um 40 Hektar dezimiert (laut *Rainforest Action Network*). Glaubst du, daß diese Dinge spurlos an dir vorübergehen? Nichts ist mehr von Dauer. Und das belastet uns!

Was war früher dort, wo ihr jetzt wohnt bzw. arbeitet? Wie war es hier, bevor gebaut wurde? Bevor man anfing, das Land zu bewirtschaften? Wie war es hier, bevor der Mensch in die Natur eingriff? Versucht herauszufinden, welche Pflanzen hier früher wuchsen und welche Tiere hier lebten, bevor die Siedlungen sich ausbreiteten. Geht in die Bücherei, wendet euch an öffentliche Stellen, informiert euch über die Geschichte eures Wohnorts. Fragt alte Menschen, was sie darüber zu erzählen wissen. Bringt jeden Monat etwas Neues in Erfahrung, und unterhaltet euch darüber bei einem schönen Picknick.

Was gefällt dir am besten an der natürlichen Umgebung deines Wohnorts? Was stört dich am meisten? Das Wetter? Ein Hügel, den du mit dem Fahrrad überwinden mußt, wenn du zur Arbeit fährst? Ein Waldstück, das dir unheimlich ist? Sprecht über diese Dinge.

Wie oft siehst du Tiere in ihrer natürlichen Umgebung? Wie oft siehst du Vögel? Welche Naturgeräusche kannst du regelmäßig hören? Achte bewußt darauf.

Macht einen Ausflug zur höchsten Erhebung in eurer Gegend. Was seht ihr von dort? Wie, glaubt ihr, hat es hier vor 20 Jahren ausgesehen? Vor 100? Vor 2000?

Glaubt ihr, daß ihr hier doch nicht lange wohnen bleibt? Lernt die Umgebung trotzdem kennen. Vielleicht fühlt ihr euch in eurer Wohnung nicht wohl, vielleicht wird einer von euch beiden in zwei Jahren versetzt, vielleicht zieht ihr demnächst in eine bessere Gegend – das macht es nur noch wichtiger, daß ihr *jetzt* Wurzeln schlagt.

Wandern macht Spaß

Stell dir vor, ihr habt euch gestritten. Ihr könnt darüber sprechen, aber die Atmosphäre ist noch immer angespannt. Ihr entschließt euch, eine Wanderung zu machen. Während dieser Wanderung fühlt ihr wieder Liebe

Was die Natur euch geben kann

und Verständnis füreinander. Eure Herzen werden weit, der Wind spielt mit eurem Haar, die wunderbare Aussicht überwältigt euch, ihr habt euren Streit vergessen, und es geht euch die ganze nächste Woche gut.

Gibt es das? Oder ist das alles nur ein schöner Traum? Was ich hier erzähle ist kein Wunder, es ist wahr. Die Natur kann vieles heilen. Fred Kahane ist Therapeut, und er veranstaltet Partnerseminare in der Natur. Er sagt, daß die Natur uns mit neuen, uns bisher unbekannten Teilen unserer selbst in Verbindung bringt und daß es uns dadurch möglich wird, anderen Menschen anders zu begegnen als bisher: »Es ist befreiend, in der Natur zu sein. Die frische Luft und die körperliche Anstrengung setzen biologische und physiologische Prozesse in Gang, die uns öffnen. Wenn wir tiefer atmen, sehen wir die Dinge klarer. Das ist für Stadtmenschen besonders wichtig. *Das, was wir sehen, prägt uns genauso stark wie das, was wir denken.* In der Stadt ist unsere Sicht ziemlich eingeschränkt, und das beeinflußt unser Denken mehr, als wir für möglich halten. Klar sehen führt zu klarem Denken und umgekehrt.« Die Natur eröffnet uns neue Perspektiven: Wir können einen Berg besteigen und die Welt von oben sehen. Die Natur schenkt uns einen weiten Himmel und einen freien Blick, und sie hilft uns, unsere Beziehung neu zu sehen. Und wenn wir ins Schwitzen kommen und tief atmen, weil es bergan geht, wird eine Menge an Streß und Spannung abgebaut.

Was eure Wanderung noch schöner macht:

Fragt euch immer wieder, wie es euch hier draußen geht. Oder fragt einander: »Wie fühlst du dich? Siehst du unsere Beziehung hier draußen anders?«

Was gefällt dir? Was beeindruckt dich auf eurer Wanderung? Erzähl es deinem Partner. Achte darauf, welche Gefühle die Umgebung in dir auslöst. Fühlst du Frieden? Fühlst du dich wohl? Macht die freie Natur dir Angst? Wie wirkt sich das auf deine Beziehung zu deinem Partner aus? Fühlst du dich ihm nahe, oder gehst du auf Distanz? Sprecht darüber.

Unsere Bedürfnisse sind klar und einfach, wenn wir draußen in der Natur sind. Ihr braucht etwas zu trinken und zu essen sowie etwas Wärmendes, und ihr müßt eure Route finden. Wahrscheinlich fällt es euch hier draußen leichter, ein Team zu sein als daheim. Ihr werdet kaum darüber streiten, wer erschöpfter ist. Ihr seid beide den gleichen Weg gegangen,

Was die Natur euch geben kann

ihr seid beide hungrig, und ihr helft einander, eure Bedürfnisse zu befriedigen. Wie fühlt sich das an? Erinnert euch daran, wenn ihr das nächste Mal darüber streitet, wer einkaufen geht.

Massiert eurem Schatz die Füße, wenn ihr lange unterwegs wart; haltet euch gegenseitig warm; helft einander, die Dinge zu erledigen, die erledigt werden müssen – dann wachsen das Vertrauen und die Achtung zwischen euch. Macht das ganz bewußt. Haltet inne, spürt in euch hinein, und erzählt einander, was ihr fühlt: »Ich genieße es, hier (an diesem Feuer) mit dir zu sitzen. Ich fühle mich so geborgen.« Oder: »Es stört mich, daß ich die Männerarbeit machen muß. Ich wünsche mir, du würdest mir helfen, das Holz zu hacken.«

Auf eines solltet ihr gefaßt sein: Egal ob ihr wandert, radfahrt, paddelt oder zeltet – wenn wir länger draußen sind, stellt uns die Natur fast immer auf die Probe, und wir bekommen Angst, die Kontrolle zu verlieren. Im Alltag glauben wir, daß wir alles fest im Griff haben: unsere Umgebung, unsere Beziehung, uns selbst. Das ist natürlich eine Illusion. In der Natur lernen wir, daß dem nicht so ist. Das ist aufregend und beängstigend zugleich. Diese Erfahrung stellt uns auf die Probe, und wir müssen lernen loszulassen. Unterstützt einander: Atmet tief, wenn ihr euch fürchtet oder wenn ihr versucht zu klammern. Macht ein »Ich höre dir zu«, wenn ihr nicht wißt, wie ihr euch verhalten sollt. Ergänzt die Sätze »Ich habe Angst loszulassen, weil . . .« oder »Hier draußen fühle ich mich . . .« Spürt eure Liebe zueinander, und laßt zu, daß die Natur euch tief berührt.

Fernab von allem – Eine Zeit des Rückzugs

Rückzugstage oder Retreats gibt es seit Anbeginn der Zivilisation. Wir müssen uns dem Alltag von Zeit zu Zeit entziehen, um den Blick für die größeren Zusammenhänge nicht zu verlieren. Die Natur hilft euch auch, eure Beziehung zu vertiefen. Überlegt gemeinsam, was ihr erreichen wollt: Die Antwort auf eine wichtige Frage? Einen Streit beilegen? Mehr Verständnis füreinander? Wieder Lust empfinden?

Wo wollt ihr hin? Was ist machbar? Wenn einer von euch noch nie im Freien übernachtet hat, ist es vielleicht besser, wenn ihr eine kleine Hütte mietet – aber ohne Strom und Telefon.

Siehe: *Verhandeln*

Beginnt und beendet euer Retreat mit einem kleinen Ritual. Am Anfang könnt ihr euch bei den Händen nehmen und sagen, was ihr euch vorgenommen habt, zum Abschluß könnt ihr dem Ort, an dem ihr wart, ein Geschenk übergeben.

Und was macht ihr während des Retreats? Sprecht über eure Ängste und über die Erfahrungen, die ihr früher in der Natur gemacht habt – vor allem dann, wenn sich einer von euch draußen nicht besonders wohl fühlt; schweigt, und genießt die Stille; verzichtet auf künstliche Beleuchtung, und benutzt nur Kerzen und das Tageslicht. Lest einander Naturgedichte vor; redet miteinander. Achtet darauf, wie sich der Rhythmus eurer Beziehung verändert, wenn ihr euch dem Rhythmus der Natur anpaßt.

Was die Natur euch geben kann

Siehe: *Den Tag bewußt gestalten: Was ist das Besondere eines Rituals?*

Der Natur zuliebe

Ihr könnt gleichzeitig etwas für die Beziehung und für die Umwelt tun. Es gibt so viele Möglichkeiten: gemeinsam Müll entsorgen; Abfälle sammeln, die im Wald achtlos fortgeworfen wurden; auf einem leeren Grundstück ein paar Blumen pflanzen usw. Wenn ihr euch für etwas einsetzt, fühlt ihr euch mehr mit der Außenwelt verbunden. Ihr vergeßt eure kleinen Streitereien, und das, was ihr gebt, kommt dreifach zu euch zurück.

In *Helfen und sich helfen lassen* findet ihr weitere Anregungen.

Wie schön ist doch ein Garten

Legt einen Garten an, der eure Beziehung symbolisiert. Ihr könnt ihn ganz einfach gestalten – ein paar Blumenzwiebeln in einem Topf genügen. Oder ihr könnt eine aufwendige Form wählen, indem ihr Pflanzen aussucht, deren Namen mit eurer Beziehung in Verbindung stehen oder deren Duft euch an besondere Momente erinnert. Widmet euch gemeinsam der Pflege dieses Gartens, seht zu, wie er gedeiht, und spürt, wie sehr eure Beziehung mit dem Leben verbunden ist.

Sorg für eine nette Überraschung: Nimm ein paar Blumenzwiebeln, und pflanz sie in einen Park in eurer Nähe. Laßt sie euch ein Zeichen eurer Liebe sein, und besucht sie täglich, wenn sie blühen.

Was die Natur euch geben kann

Macht die Gartenarbeit gemeinsam, und seht sie als Beziehungsarbeit an. Kehrt gemeinsam die Terrasse, hört, wie die Borsten über den Boden fegen, und spürt, wie ihr immer ruhiger werdet. Beschneidet Bäume und Büsche, und sprecht darüber, was ihr tun könnt, um aufgestauten Ärger loszulassen und eurer Beziehung zu neuem Wachstum zu verhelfen. Nehmt euch jede Woche etwas Zeit, geht in den Garten oder in den Park, und beobachtet, wie die Jahreszeit voranschreitet. So geht es auch in der Beziehung: Ständig ändert sich etwas. Denkt daran, wenn ihr in einer Krise steckt: »Alles geht einmal vorüber.«

Mehr dazu in *Ein Ort für euch allein*

Sucht euch eine schöne Ecke in eurem Garten oder in einem Park in eurer Nähe, wo ihr euch zurückziehen könnt. Geht immer wieder hin, genießt die Stille und den Frieden, und versucht, diese Qualitäten mitzunehmen. Könnt ihr sie auch spüren, wenn ihr wütend aufeinander seid?

Liebe unter freiem Himmel

Sucht euch ein geschütztes Plätzchen, an dem ihr euch sicher fühlt. Das kann in eurem Garten sein, im Wald oder auf einer Wiese. Macht euch ein weiches Bett, und zieht euch aus. Die folgende Visualisierungsübung ist als Anregung gedacht. Ihr könnt sie ändern, wenn ihr wollt. Laßt euch inspirieren.

Legt euch Seite an Seite auf den Rücken, und achtet auf den Atem. Fühlt die Luft auf eurer Haut. Versucht, einfach nur da zu sein. Wie ist es, draußen nackt zu liegen? Spürt die Erde unter euch. Sie trägt euch, ihr könnt euch ihr anvertrauen.

Stell dir vor, daß ein goldenes Band von deinen Versen bis tief ins Erdinnere hinabführt. Spür, wie die Energie der Erde durch diese Schnur in deinen Körper fließt. Spür, wie sie dich belebt und heilt. Reicht euch die Hand, und fühlt, wie diese Energie zwischen euch hin- und herfließt. Atmet tief, und bleibt in Verbindung miteinander. Liebkost einander, und stellt euch vor, daß ihr diese wunderbare Energie im Körper eures Partners verteilt. Laßt euch Zeit, viel Zeit. Wenn ihr später miteinander schlaft, dann stellt euch vor, wie diese Energie ständig hin- und herfließt, zwischen euch beiden und zwischen euch und der Natur. Der Rhythmus der Natur und der Rhythmus eurer Liebe sind eins. Stellt euch vor, daß ihr liebende, heilende Energie verströmt, wenn ihr den Höhepunkt erreicht, und daß diese Energie in die Erde, in die Bäume, in die Luft und in die Blumen fließt und alles mit Liebe überschüttet.

Was die Natur euch geben kann

LITERATUR UND TIPS:

Boehme, Renate/Meschkowski, Katrin: *Lust an der Natur. Ein Lesebuch aus Literatur und Wissenschaft.* Piper, 2. Aufl. 1988.

Hiss, Tony: *Ortsbesichtigung. Wie Räume den Menschen prägen und warum wir unsere Stadt- und Landschaftsplanung verändern müssen.* Kabel, 1992.

Weber, Jürgen/Janssen, Wilfried: *Erlebnis Natur. Reiz und Reichtum unserer Umwelt sehen und verstehen.* Gondrom, 1991.

Anderson, Lorraine: *Sisters of the Earth.* Vintage Books, 1991. Gedichte, Essays, Geschichten und Tagebucheintragungen zum Thema »Frauen und Natur«.

Barrett, Marilyn: *Creating Eden.* HarperSanFrancisco, 1992. Betrachtungen über die Heilkraft von Natur und Gärten.

Snyder, Gary: *The Practice of the Wild.* North Point Press, 1990. Ein wunderbares Buch zum Thema »Mensch und Natur«. Lest es im Freien.

NAHRUNG FÜR DIE SINNE

IHR BRAUCHT:

Ätherische Öle.

Ein pflanzliches Basisöl (Sonnen- blumen- oder Man- delöl; *kein* Erdnußöl).

Eure Finger. Euren ganzen Körper.

Fingerfarben oder Knete.

Dinge, die die Sinne anregen: Federn, Seidenschals, Flanell, warme Tücher, Blü- tenblätter – was euch gefällt.

Dauer: Solange ihr wollt. (Je länger, desto besser.)

WANN . . . ?

- Wenn ihr euch matt und leblos fühlt.

- Wenn ihr überlastet seid.

- Wenn ihr euer Lustempfinden steigern wollt.

- Wenn ihr euch aus tiefster Seele eine Freude machen wollt.

- Wenn ihr Lust habt, euch nackt im Schlamm zu wälzen.

WORUM GEHT'S?

Wir haben (mindestens) fünf Sinne. Sie sind das Tor zur Außenwelt. Sie verbinden dich mit deinem Partner, sie verhelfen euch zu mehr Bewußt- heit und mehr Freude aneinander. Und sie bieten euch die Möglichkeit, eure Sinnlichkeit zu entdecken – und natürlich auch eure Lust zu stei- gern und zu befriedigen.

WAS IHR FÜREINANDER TUN KÖNNT:

Zum Beispiel Haare waschen

Gebt Shampoo in eure Hände, schäumt es ein wenig auf, und massiert es einander in die Haare – langsam und andachtsvoll. Spür die Haare zwischen deinen Fingern, spür die Hände deines Partners in deinem Haar. Gib dich der Berührung hin, genieß den Duft. Macht immer wieder eine Pause, atmet tief, und gebt einander Zeit, alle Empfindungen zu genießen.

Tut euch gut! Das Wohlfühlbuch für Paare

Mit geschlossenen Augen

Nahrung für die Sinne

Wählt, jeder einzeln, ein paar Gegenstände aus, die sich verschieden anfühlen: Orangenschalen, eine Seidenblume, Federn, Eiswürfel, Eier. Macht aus, wer als erstes drankommt. Verbinde deinem Schatz die Augen, und gib ihm die Dinge nacheinander in die Hand. Halte sie auch an seine nackten Fußsohlen, gegen seine Wange, in die Kniekehlen – wohin du willst. Ihr könnt euch auch »bekleckern« und dieses Spiel sehr sinnlich gestalten, wenn ihr wollt. Gib deinem Liebsten die Gelegenheit, jeden Gegenstand gründlich zu erforschen. Laß ihn raten, was das ist, was er da fühlt. Schreib seine Antworten auf, dann könnt ihr später darüber reden. Ihr könnt das Ganze auch prämieren. Wer am meisten erraten hat, kriegt einen Preis. (Denkt euch etwas Nettes aus.)

Ihr könnt auch Gerüche ausprobieren und einander an frischen Blumen, Kräutern, Obst, Seife, Parfum, Badeöl, Erde oder druckfrischen Büchern riechen lassen. Es gibt so vieles zu entdecken.

Verbindet euch die Augen, und eßt mit der Hand. Eßt langsam und genüßlich. Kostet jeden Bissen aus; nehmt die Kraft, die der Nahrung innewohnt, bewußt in euren Körper auf. Macht öfter eine Pause, und atmet tief, oder massiert einander die Hände. Füttert euch gegenseitig.

Verbindet euch die Augen, und kostet verschiedene Sorten Wein oder Schokolade, Eis oder Brot oder was ihr gern erschmecken möchtet.

Gibt es irgendwo in eurer Nähe Skulpturen, die man berühren darf? Vielleicht in einem Park oder in einem Museumsgarten? Verbindet euch abwechselnd die Augen, und tastet die Skulpturen ab.

Blind malen oder modellieren

Verbindet euch die Augen, und malt mit Fingerfarben. Legt eine Plastikfolie unter, oder malt im Freien. Ihr könnt auch nackt im Freien malen. Nehmt Wasserfarben, und malt gemeinsam auf ein Blatt. Nehmt ein Stück Knete oder Ton, und formt es gemeinsam. Fühlt, wie eure Finger sich berühren und wie die Masse eine Form annimmt – ohne Absicht, nur um der Empfindung willen.

In *Gemeinsam kreativ sein: Dein wunderbarer Körper* findet ihr eine andere Möglichkeit, wie ihr körperlich in Verbindung treten könnt.

Tut euch gut! Das Wohlfühlbuch für Paare

Nahrung für die Sinne

Für die Nase

Achtung: Die folgenden Rezepte enthalten ungefähre Angaben, was die Dosierung der ätherischen Öle anbelangt. Probiert aus, welche Dosierungen für euch die besten sind. Fangt mit einer niedrigen Dosierung an, und erhöht sie *langsam*, dann seht ihr früh genug, ob eure Haut die Öle gut verträgt. Ätherische Öle bekommt man mittlerweile fast überall: in Bioläden, Apotheken, Drogerien, Spezialgeschäften oder auf Bestellung. Als Basisöl könnt ihr alle pflanzlichen Öle verwenden, die in Apotheken, Drogerien usw. angeboten werden.

Massageöle: Erotisierend wirken 6 Tropen Zedernholz, 8 Tropfen Geranium, 2 Tropfen Ylang-Ylang, 10 Tropfen Muskatellersalbei und 5 Tropfen Sandelholz auf 200 ml Mandelöl.

Oder: 10 Tropfen Rose, 2 Tropfen Ylang-Ylang, 8 Tropfen Lemongras und 10 Tropfen Palmarosa auf 200 ml eines beliebigen pflanzlichen Basisöls.

Oder: 10 Tropfen Jasmin, 5 Tropfen Muskatnuß, 5 Tropfen schwarzer Pfeffer, 10 Tropfen Mandarine auf 200 ml Basisöl.

Entspannend wirken 9 Tropfen Bergamotte, 11 Tropfen Geranium und 10 Tropfen Ingwer auf 200 ml Basisöl.

Oder: 7 Tropfen Neroli, 3 Tropfen Lavendel und 20 Tropfen Zitrone auf 200 ml Basisöl.

Oder: 15 Tropfen Grapefruit, 11 Tropfen Rosmarin und 5 Tropfen Palmarosa.

Bäder: Ein tolles, tropisches Bad zu zweit: Nehmt 300 ml ungesüßte Kokosmilch, 10 Tropfen Gardenienöl, 10 Tropfen Ambra und viel warmes Wasser. Öffnet das Fenster, hängt ein Windspiel auf, gebt Ananas- und Mangostücke in eine Schale, und stellt euch vor, ihr wärt in einem Dschungel.

Ein Bad für einen heißen Sommertag: Gebt zwei Stunden, bevor ihr baden wollt, 2 Tropfen Pfefferminzöl in ¼ oder ½ Liter Wasser, und macht Eiswürfel daraus. (Vielleicht braucht ihr eine ganze Menge.) Stellt kalte

Tut euch gut! Das Wohlfühlbuch für Paare

Nahrung für die Sinne

Getränke zurecht: Bitter Lemon, Long Drinks, Eiskaffee oder ein Bier. Laßt heißes Wasser in die Badewanne ein, und gebt 15 Tropfen Magnolie, 10 Tropfen Orangenblüte und 2 Tropfen Pfefferminze hinzu. Stellt eure Getränke und die Eiswürfel in Reichweite, und laßt euch in die Wanne gleiten. Bleibt so lange liegen, bis die Wärme euch ganz durchdrungen hat. Nehmt dann eure Eiswürfel, und reibt einander ein, langsam und genüßlich.

Wart ihr schon einmal morgens vor der Arbeit gemeinsam in der Wanne? Das ist ein schöner Auftakt für den Tag. Gebt 5 Tropfen Eukalyptus ins Wasser, dazu 10 Tropfen Bergamotte, 10 Tropfen Lavendel und 3 Tropfen Zimt. Verwendet eine gute Seife (z. B. Eukalyptusseife), trinkt eine Tasse Tee, und hört Radio.

Ein gutes Bad, wenn ihr verkatert seid: 5 Tropfen Grapefruit, 3 Tropfen Rosmarin, 2 Tropfen Fenchel und 1 Tropfen Wacholder in nicht zu heißem Wasser.

Für den Raum: Ätherische Öle beleben die Sinne. Du kannst sie auch als Raumduft verwenden. Es gibt verschiedene Methoden: Du kannst sie in einer Duftlampe verdampfen, ein paar Tropfen auf einen Ton- oder Metallring geben und ihn auf eine heiße Glühbirne legen, einen Zerstäuber nehmen und ein paar Tropfen eines Öls in etwas Wasser geben (vor dem Sprühen schütteln) oder kochendes Wasser in eine Schale gießen und ein paar Tropfen Öl hinzufügen.

Siehe: *Literatur und Tips*

2 Tropfen Muskatellersalbei, 2 Tropfen Geranium und 1 Tropfen Sandelholz riechen nicht nur angenehm, sie wirken sich auch positiv auf eure Kommunikation aus, z. B. bei einem »Ich höre dir zu«.

Siehe: «*Ich höre dir zu*»

Entspannend wirken 8 Tropfen Geranium, 3 Tropfen Muskatellersalbei, 5 Tropfen Zitrone und 3 Tropfen Bergamotte.

Für Schwung am Samstagmorgen sorgen 8 Tropfen Grapefruit, 4 Tropfen Lavendel, 4 Tropfen Limette und 2 Tropfen Basilikum.

Romantisch wird es mit 8 Tropfen Palmarosa, 1 Tropfen Ylang-Ylang, 2 Tropfen Muskatellersalbei, 2 Tropfen Muskatnuß und 4 Tropfen Limette.

Nahrung für die Sinne

2 Tropfen Kamille oder Muskatellersalbei im Schlafzimmer sorgen für entspannten Schlaf.

Bei Erkältung oder Grippe helfen 3 Tropfen Zitrone, 5 Tropfen Bergamotte, 1 Tropfen Zimt, 1 Tropfen Muskatellersalbei und 5 Tropfen Geranium. Diese Mischung wirkt desinfizierend.

Mit Düften feiern

Feiert oder gedenkt besonderer Anlässe mit Düften, die euch gut gefallen. Ihr könnt Öle, getrocknete Kräuter, Blumen, die besonders duften, oder Parfum verwenden. Probiert verschiedene Düfte aus. Welcher Duft erinnert dich an welche Gelegenheit? Vielleicht findest du, daß Rosen nach Geburtstag riechen. Dieser Duft kann euch in Zukunft helfen, an deinem Geburtstag eine besondere Atmosphäre zu schaffen. Ein Strauß Rosen neben deinem Bett, wenn du die Augen aufschlägst; ein Bad mit Rosenöl, wenn du von der Arbeit kommst; eine wohltuende Massage mit einer nach Rose duftenden Lotion.

Entspannung für die Sinne

Begleitet einander abwechselnd bei der folgenden Entspannungsübung. Wer kommt als erstes dran? Leg dich hin, schließ deine Augen, und **entspann dich**. Dein Partner kniet oder sitzt neben dir. Macht diese Übung ohne Hintergrundmusik. Sprecht sanft und langsam: »Augen, entspannt euch, entspannt. Denkt nicht an das Sehen. In der nächsten Viertelstunde braucht ihr nichts zu fixieren, ihr braucht nur zu entspannen. Entspannt euch, Augen, entspannt . . . Nase, entspann dich, entspann. Denk nicht an das Riechen. In der nächsten Viertelstunde brauchst du nichts zu riechen. Du brauchst nur zu entspannen. Entspann dich, Nase, entspann . . .« Sprich denselben Text für den Mund (»Denk nicht an das Schmecken«), für die Hände (»Ihr braucht nichts anzufassen«) und für die Ohren (»Denkt nicht an das Hören«). Beende diese Übung mit den Worten: »Du bist jetzt ganz entspannt, du läßt dich treiben. Nimm dir noch etwas Zeit, und kehr dann zurück. Deine Sinne sind jetzt klar und offen wie nie zuvor.« Sprich rhythmisch und langsam. Das wirkt sehr entspannend. Jetzt bist du an der Reihe.

In *Den Körper spüren: Die Energie zum Fließen bringen* findet ihr eine andere wohltuende Meditation.

Tut euch gut! Das Wohlfühlbuch für Paare

Diese Übung ist Balsam für erschöpfte Mütter und alle, die kleine Kinder betreuen. Tu was für deine Partnerin: Hilf ihr, ihre Sinne wiederzubeleben.

Nahrung für die Sinne

Berührungen

Zeigt einander, wo ihr euch berühren könnt, ohne daß es mit Sex zu tun hat.

Berührt euch anders, als ihr euch sonst berührt. Was tut ihr für gewöhnlich? Umarmen? Dann probiert es mal mit Händeschütteln oder Nasen aneinanderreiben. Küßt ihr einander meistens auf den Mund? Dann küßt euch mal die Hand oder auf den Hals.

Berührt einander, ohne dabei an Sex zu denken. Nehmt euch genügend Zeit (20 oder 30 Minuten pro Person ist angenehm). Berühr deinen Schatz am ganzen Körper, aber laß die Genitalien aus. Redet nicht dabei.

Ihr könnt zusätzlich für Atmosphäre sorgen, wenn ihr euch Anregungen aus *Was Musik bewirkt: Musik für gewisse Stunden* und *Für den Raum* in *Nahrung für die Sinne: Für die Nase* holt und für angenehme Beleuchtung sorgt.

LITERATUR UND TIPS:

Jackson, Judith: *Aromatherapie. Die Heilkraft der Düfte bei Massagen, Bädern und Tees.* Knaur, 1991.

Lavabre, Marcel: *Mit Düften heilen. Das praktische Handbuch der Aromatherapie.* Verlag Hermann Bauer, 1992.

Tisserand, Robert B.: *Aromatherapie. Heilung durch Dufstoffe.* Verlag Hermann Bauer, 2. Aufl. 1994.

Worwood, Valerie Ann: *Liebesdüfte. Die Sinnlichkeit ätherischer Öle.* Goldmann, 1995.

Riggs, Maribeth: *The Scented Bath.* Viking Studio Books, 1991. Das Buch hat einige der Baderezepte, die ich hier aufliste, inspiriert.

Tut euch gut! Das Wohlfühlbuch für Paare

Erotische Genüsse

Ihr braucht:

Sexy Musik. Siehe: »Musik für gewisse Stunden«.

Massageöl.

Etwas, was die Sinne anregt: warme Schokoladensauce, Pfauenfedern, seidene Unterwäsche, erotische Geschichten. (Im Kapitel »Nahrung für die Sinne« findet ihr weitere Anregungen.)

Euer Beziehungstagebuch oder Papier und Stifte.

Dauer: viele schöne Stunden.

Siehe: *Was Männer und was Frauen brauchen*

Wann ... ?

- Wenn ihr sexuell frustriert seid oder wenn ihr keine Lust mehr habt.
- Wenn ihr gern Neues ausprobieren würdet: Sexspielzeug, aufregende Dessous, heiße Videos.
- An Hochzeitstagen oder am Geburtstag.
- Wenn ihr euch schon lange wünscht, die Liebe wieder neu und aufregend zu finden.

Worum geht's?

Stell dir vor, dein Partner/deine Partnerin stöhnt vor Wonne, und du vergehst vor Lust. Stell dir vor, ihr streichelt und liebkost einander, bis ihr in eurem tiefsten Inneren befriedigt seid. Stell dir vor, ihr verliert euch im Fieber der Ekstase. Oder ihr wälzt euch in warmer Schokoladensauce und schleckt sie euch dann gegenseitig ab. Ihr könnt so viele schöne Dinge tun.

Jeder, der in einer längeren Beziehung lebt, weiß wohl, was das ist: sexuell gelangweilt sein. Wir fragen uns: »Wo ist die Leidenschaft geblieben? Wieso bin ich nicht mehr verrückt nach ihm?« Oder: »Ich hätte nie gedacht, daß *uns* das passieren würde!«

Wenn ihr eure Lust neu entdecken wollt, dann überlegt euch mal, was ihr *für die Beziehung* tun könnt. Das wirkt in den meisten Fällen. Aber Achtung: Wenn du nur deshalb mehr für die Beziehung tust, weil du öfter mit ihr schlafen willst, bewirkt das meist das Gegenteil. Lust kann man nicht erkaufen, auch nicht durch Zuwendung.

Glaubt ihr, daß die Lust auf Sex mit den Jahren sowieso verlorengeht? Das ist ein Vorurteil. Macht euch frei davon. Es stimmt einfach nicht. Versucht es mal mit positivem Denken. Sagt euch immer wieder: »Das Beste kommt erst«, »Wir leben unsere wildesten Phantasien aus« oder »Ich steh auf ihn und er auf mich«. Stellt euch vor, daß eure Leidenschaft bald neu entflammen wird. Sagt nicht: »Es ist möglich«, sagt: *Es wird so sein«.*

Kümmere dich um deinen Partner – auch wenn du *nicht* mit ihm/ihr schlafen willst. Dann kehrt auch die Leidenschaft zurück.

Achtung: Es geht hier nicht um sexuelle Probleme im eigentlichen Sinn, sondern um die Frage, was ihr tun könnt, um wieder Lust auf Liebe zu empfinden.

Was tun, wenn das Thema »Sex« immer wieder zum Problem wird? Es gibt Hilfe. Bitte nehmt sie auch in Anspruch. Oft stellt sich heraus, daß ein Problem, das uns schon Jahre zu schaffen macht, gar nicht so schwer zu lösen ist.

WAS IHR FÜREINANDER TUN KÖNNT:

Geh einmal in dich: Was möchtest du ihm oder ihr sagen?

Sprecht über eure Ängste, sprecht über eure Sehnsüchte, sprecht über eure Einstellung zum Thema »Sex«. Das bringt einiges ins Rollen.

Ergänzt die folgenden Sätze schriftlich oder mündlich. Sagt eurem Partner alles, was ihr ihm anvertrauen möchtet. Oder besorgt euch ein Buch zum Thema »Mehr Lust auf Sex«, seht es euch gemeinsam an, und geht die Fragen später durch. Ihr könnt die Fragen auch mit dem Körper beantworten, und eurem Partner/eurer Partnerin *zeigen*, was ihr wollt.

Was mir besonders gut gefällt, wenn wir Liebe machen, ist . . .

Wenn ich Angst habe, daß ich nicht gut im Bett bin, dann . . .

Als Kind/Jugendlicher habe ich gelernt, daß Sex . . .

Ich bekomme Schuldgefühle, wenn/weil . . .

Es macht mich an, wenn du . . .

Erotische Genüsse

Meine Lieblingserinnerung an Sex mit dir ist . . .

Wenn ich Lust habe und du nicht, dann . . .

Ich fürchte mich davor, daß . . .

Um in Stimmung zu kommen, brauche ich . . .

Oraler Sex ist für mich . . .

Wie ich mir wünsche, von dir berührt zu werden: . . .

Wenn wir das nächste Mal miteinander schlafen, wünsche ich mir: . . .

Ich habe keine Lust, mit dir zu schlafen, wenn du . . .

Es fällt mir schwer, mit dir über Sex zu reden, weil . . .

Es gibt da etwas, was ich eigentlich lieber für mich behalten würde: . . .

Ich habe gelernt, meine Lust zu unterdrücken, indem ich . . .

Wenn es dir schwerfällt, über Sex zu reden, dann überleg dir mal, was schlimmstenfalls passieren könnte. Wie würde dein Partner reagieren, wenn du alles über dich erzählst? Und was würde im besten Fall geschehen? Das Geheimnis eines befriedigenden Liebeslebens: Es kommt nicht auf die Technik an, sondern darauf, wie nahe ihr euch fühlt. Und nahe könnt ihr euch nur fühlen, wenn ihr offen und ehrlich zueinander seid.

Sexuelle Phantasien

Sprecht ihr über eure sexuellen Phantasien? Wenn wir uns zu unseren erotischen Sehnsüchten bekennen, kommen wir einander sehr nahe. Und es verleiht euch sexuelle Eigenständigkeit, denn ihr übernehmt die Verantwortung für eure eigenen Bedürfnisse – statt dem anderen zu grollen, wenn er/sie eure Wünsche nicht erfüllt.

Was wünschst du dir? Beschreib es ganz genau. Schreib eine sexuelle Wunschvorstellung auf, die dein Partner/deine Partnerin erfüllen soll. Es

Erotische Genüsse

kann sein, daß dein Partner nicht in deinen sexuellen Phantasien vorkommt. Das ist nicht weiter schlimm. Nimm deine Lieblingsphantasie, und setz ihn/sie einfach ein. Wenn euch das zu kompliziert ist, helft euch mit dem Satz: »Eine sexuelle Wunschvorstellung, die ich gern mit dir erleben würde, ist . . .«

Lest, was euer Partner aufgeschrieben hat. Was findet ihr erregend? Was wollt ihr wann und wo ausprobieren?

Was die Therapeuten sagen: Sie sind sich nicht einig, ob es gut ist, sexuellen Phantasien nachzuhängen, während du mit deinem Partner schläfst. Viele Therapeuten sind der Ansicht, daß alles erlaubt ist, was dein Lustempfinden steigert, auch wenn du dabei an Dritte denkst. Andere glauben, daß solche Phantasien eher trennen als verbinden. Was immer ihr für richtig haltet – man kann auch Kompromisse machen, z. B.: Phantasieren nur, wenn du dich selbst befriedigst oder wenn du in Stimmung kommen willst (an einem Tag, an dem ihr die Erregung langsam steigert, s. u.), aber nicht, wenn du mit deinem Partner schläfst (oder nur solche Phantasien, in denen er/sie vorkommt). Wie immer ihr es halten wollt, bereitet euren Partner vor, bevor ihr von euren Phantasien sprecht, und verwendet sie bitte nie dazu, ihn/sie eifersüchtig zu machen.

Eine andere Möglichkeit

Wenn ihr nicht über eure Phantasien sprechen wollt, könnt ihr etwas anderes ausprobieren. Ihr könnt z. B. eine Liste mit zehn Dingen schreiben, die ihr erregend findet. Tauscht eure Listen aus, und denkt daran, wenn ihr miteinander schlaft: Vielleicht kannst du deinem Schatz den einen oder anderen Wunsch erfüllen.

Die Erregung langsam steigern

Hast du öfter Lust als dein Partner? Möchtest du mehr Vorspiel? Dann versucht die folgende Übung.

Nimm deinen Schatz am Morgen in deine Arme, und flüstere ihm/ihr leise ins Ohr: »Liebling, ich will heute abend mit dir schlafen, bist du von Sinnen bist.« (Oder so ähnlich.) Laßt die Spannung während dieses Tages

Tut euch gut! Das Wohlfühlbuch für Paare

Erotische Genüsse

langsam steigen. Ruft einander an, und flüstert euch ins Ohr, was ihr heute abend miteinander machen werdet – schöne, aufregende Dinge. Bestell einen Boten, und schick deinem Schatz ein aufregendes Päckchen in die Arbeit: erotische Unterwäsche, ein duftendes Massageöl, eine Flasche Sekt und ein paar verführerische Zeilen. Trefft euch in der Mittagspause, und tut so, als ob ihr frisch verliebt wärt. Alles ist erlaubt. Sorgt dafür, daß die Erregung steigt: Lies eine erotische Geschichte in der Mittagspause; stimuliere dich, während die Kinder schlafen; ruf dir eine tolle Liebesnacht mit deinem Partner in Erinnerung. Laßt die Spannung am Abend weiter steigen: Berührt einander »zufällig«, während ihr das Abendessen macht; geht zum Essen aus, und füttert euch gegenseitig. Duscht gemeinsam; sorgt für eine gute Atmosphäre in eurem Schlafzimmer; und irgendwann ist es dann soweit. (Ihr fragt euch, wie man das mit Kindern machen soll? Fünf Minuten schmusen, wenn die Kinder fernsehen; zehn Minuten Vorspiel, wenn sie sich die Zähne putzen; eine Viertelstunde miteinander schlafen, wenn sie im Bett sind. Laßt euch etwas einfallen. Ihr müßt nicht zwei ungestörte Stunden zur Verfügung haben.)

Siehe: *Was Musik bewirkt: Musik für gewisse Stunden*

Wenn ihr glaubt, daß die Vorarbeit größer ist als der Erfolg, dann fangt mit ein, zwei Stunden an, beispielsweise während des Abendessens. Und wenn ihr etwas ganz Besonderes wollt, macht einen Wochenendausflug, und schlaft erst Samstagabend oder Sonntagmorgen miteinander.

In Stimmung kommen

Ihr würdet gern miteinander schlafen, aber ihr seid noch nicht in Stimmung. Dann macht eine der folgenden Übungen. Ihr könnt diese Übungen auch kombinieren:

In *Wohltuende Berührungen* findet ihr mehr zum Thema »Massage«.

Ineinandersinken: Wer von euch beiden schwerer ist, legt sich auf den Rücken, der andere oben drauf, den Bauch nach unten. Arm liegt auf Arm und Bein auf Bein. Dreht den Kopf zur Seite, so daß eure Wangen aneinanderliegen. Atmet gemeinsam. Wenn du unten liegst, dann stell dir vor, daß du in die Matratze oder in den Boden sinkst. Wenn du oben liegst, dann laß dich in deinen Partner sinken.

Keine Sorgen mehr: Leg deine rechte Hand auf den Hinterkopf deines Partners (oberhalb des Nackens) und deine linke Hand auf seine Stirn. Drück deine Hände fest zusammen, zähl von eins bis zwanzig, und halte diesen Druck. Eure Augen sind geschlossen. Atmet tief, und laßt alles los, was euch belastet.

Der Rückenstrich: Dein Partner sitzt auf einem Hocker. Seine Arme hängen locker herab, der Rücken ist gerade. Du stellt dich hinter ihn. Halte deine Hände über die Schultern deines Partners − 2 bis 3 cm über seinem Körper. Führ deine Hände mit einer raschen Streichbewegung zur gegenüberliegenden Hüfte (ohne deinen Partner zu berühren). Du machst also ein X hinter seinem Rücken. Wiederhol das Ganze dreimal.

Der Ganzkörperstrich: Dein Partner legt sich hin und atmet entspannt. Seine Augen sind geschlossen, seine Beine leicht gegrätscht; seine Arme liegen locker neben dem Oberkörper. Zum Entspannen: Beginne bei der linken oder rechten Hand, streich zügig den Arm hinauf und entlang der Körperseite hinunter zu den Zehen. Deine Hände sind wieder 2 bis 3 cm vom Körper deines Partners entfernt. Mach das dreimal auf jeder Seite. Zum Beleben: Beginne diesmal bei den Zehen, und fahr mit deinen Händen entlang der Körperseite und den Arm hinunter bis zur Hand. Dreimal auf jeder Seite.

Der Partnerstrich: Stellt euch Zehen an Zehen, eure Hüften sind nahe beieinander. Legt einander die Hände auf die Hüften, so daß die Finger rechts und links der Wirbelsäule liegen. Drückt fest zu, und fahrt dann mit den Fingern entlang der Wirbelsäule bis hinauf zum Nacken. Das ist eine wohltuende Massage für die Muskeln seitlich der Wirbelsäule. Macht das dreimal. (Diese Übung ist sehr stimulierend. Nackt tut sie besonders gut.)

Sag, was du dir wünschst

Dein Partner weiß nicht, was dir guttut, wenn *du* es ihm nicht sagst. Unsere Bedürfnisse ändern sich immer wieder, und wie soll der andere wissen, was du gerade brauchst? Scheu nicht davor zurück zu sagen, was du möchtest − aber sag es dann, wenn der andere dafür offen ist.

Die folgende Übung hilft euch, zwei Dinge zu erfahren: Wie es ist, sich einfach hinzugeben, und wie es ist, aktiv zu sein. Macht aus, wer als erstes drankommt, wie lange das Ganze dauern soll und wann der andere an der Reihe ist.

Tut euch gut! Das Wohlfühlbuch für Paare

Erotische Genüsse

Einer gibt, der andere empfängt. Wenn du empfängst, dann denk nur ans Entspannen. Koste das gute Gefühl aus, und laß dich ordentlich verwöhnen. Sag deinem Partner so genau wie möglich, was du haben möchtest. Wenn du gibst, dann konzentrier dich ganz auf deinen Schatz. Erfüll ihm/ihr jeden Wunsch. Gib ihm/ihr, was du geben kannst.

Stell alles parat, was der andere verwenden soll: Massageöl, ätherische Öle, Federn, einen Vibrator (oder zwei). Mach es dir bequem, und atme. Sag deinem Partner, was er tun soll, z. B.: »Bitte laß deine Fingerspitzen sanft über meinen Körper gleiten, aber berühr meine Brüste und meine Yoni erst, wenn ich dich darum bitte . . . Das tut gut, was du da machst. Ich möchte jetzt ein paar Minuten nur atmen und genießen . . . Massier mir jetzt die Füße mit dem Massageöl . . . Berühr mich ruhig ein bißchen fester . . . Ja, das ist gut so.« Sag dem anderen, was du haben möchtest, sag es so genau wie möglich. Zeig ihm, was dir guttut, sporn ihn an, und denk daran: Es geht hier um *dich* und nicht darum, was dein Partner haben oder tun möchte.

Erfüll die Wünsche deines Partners so genau wie möglich. Atme, entspann dich, und achte darauf, wie es *dir* geht. Du gibst, ohne unmittelbar etwas zurückzukriegen. Wie ist das für dich? Bist du verspannt? Fragst du dich, ob du alles richtig machst? Laß los, und atme. Bist du dir nicht sicher, wie deine Partnerin dieses oder jenes meint? Gib ihr das, was du verstanden hast, und frag sie dann: »Ist das gut so?« Oder: »Fühlt sich das gut an, oder ist das besser?« Du kannst das eine oder andere ein bißchen variieren, aber richte dich in erster Linie danach, was dein Schatz sich wünscht.

Wie ist es euch ergangen? Wie war es zu empfangen? Wie war es zu geben? Besprecht zum Abschluß noch einmal, wann der andere drankommt. Haltet euch daran!

Du kannst deinem Schatz auch zeigen, was du magst, indem du es ihm vorführst. Berühr dich dort, wo du es haben willst. Zeig ihm, was dir guttut. Es geht nicht um den Höhepunkt, sondern darum, daß der andere sieht, was du dir wünschst.

Ist das nichts für dich? Vielleicht hilft es dir, wenn ihr vorher miteinander redet; wenn du die Augen schließt oder wenn du dir sagst, daß euer Intimleben davon profitieren kann. Auch Kerzenlicht oder dein Sinn für Humor kann dir die Sache leichter machen.

Erotische Genüsse

Nur Schmusen

Viele Frauen beschweren sich darüber, daß ihr Partner immer gleich an Sex denkt, wenn sie mit ihm schmusen. Probiert das Folgende, wenn es euch genauso geht: Schmust, küßt, berührt euch, tut alles, was euch Freude macht, aber schlaft nicht miteinander, und versucht auch nicht, einen Orgasmus zu bekommen. Massiert einander, aber laßt die Genitalien aus. Spürt, wie es ist, berührt zu werden, ohne etwas zu erwarten und ohne Leistungsdruck.

Tantrisch beginnen

Tantra ist eine alte spirituelle Richtung, die die Vereinigung von Mann und Frau als Sakrament ansieht. Sex als spirituelle Nahrung – wollt ihr es ausprobieren?

Setzt euch einander gegenüber, und seht euch in die Augen. Atmet eine Zeitlang, und macht dann folgendes: Atmet ein, führt eure Hände zusammen wie zum Gebet, und schließt die Augen; atmet aus, und lehnt euch mit möglichst geradem Rücken nach vorn (der Rücken sollte trotzdem locker sein), bis ihr die Stirn des anderen berührt. Atmet ein, richtet den Oberkörper wieder auf, öffnet die Augen, seht einander an, und sagt: »Der Gott in mir begrüßt den Gott in dir« (bzw. was immer ihr verehrt: die Göttin, den Großen Geist, eure Seele, euer Höheres Selbst, euer Innerstes). Wie fühlt es sich an, sich jetzt zu lieben?

Was tun, wenn . . . ?

Was könnt ihr tun, wenn einer von euch mehr Lust auf Sex hat als der andere? Was könnt ihr tun, wenn einer sich beschwert, daß er immer den Anfang machen muß? Das Problem ignorieren oder dem anderen böse sein ist keine gute Lösung. (Ich will und kann hier keine ernsteren Probleme lösen. Ich kann nur ein paar Anregungen geben, wie ihr mit diesen Dingen besser umgehen könnt. Wenn ihr wirkliche Probleme habt, solltet ihr professionelle Hilfe in Anspruch nehmen.)

Wenn das Thema »Wie oft miteinander schlafen?« für euch ein Problem ist, dann versucht einmal, zwei Wochen lang ohne Sex auszukommen

Erotische Genüsse

und auch nicht über Sex zu reden. Schreibt euch auf, wann die zwei Wochen vorüber sind. Nutzt diese Zeit, euch anders zu begegnen: Geht liebevoll miteinander um, schmust und kuschelt euch zusammen. Zwei Tage vor Ablauf der zwei Wochen könnt ihr die Übung »Nur Schmusen« machen, am letzten Tag die Übung »Die Erregung langsam steigern«.

Wenn einer Lust auf Sex hat und der andere nicht, dann überlegt gemeinsam: »Was außer Sex kann dir jetzt helfen, dich geliebt zu fühlen?« Euch fällt bestimmt etwas ein. Es gibt auch andere Möglichkeiten, wie ihr einander guttun könnt. Vielleicht seid ihr damit zufrieden. Vielleicht ergibt sich ein Gespräch, das vieles klären kann. Vielleicht schlaft ihr nachher besonders innig miteinander. Probiert es aus.

Macht die Übung, die ihr im Kapitel »Weg mit dem aufgestauten Ärger« findet.

Vielleicht solltest du deinem Partner auch mal eine Atempause gönnen und ein paar Tage oder länger auf Sex verzichten. Oder verführ ihn mal, wenn er überhaupt nicht damit rechnet: um vier Uhr morgens oder wenn ihr Fernsehen schaut. Wie geht es dir dabei? Wenn du wütend wirst, dann frag dich, warum. Nutz die Gelegenheit, um dir bewußt zu werden, mit welchen Themen *du* dich auseinandersetzen mußt, aber sei trotzdem für deinen Partner da. (Ja, es ist nicht leicht, deinen Liebling zu verführen und gleichzeitig deine Gefühle zu analysieren. Aber versuch es trotzdem, spiel damit, und laß dich überraschen.)

Verstehen, was der andere braucht

Überleg dir, wie es *ihm* mit folgenden Themen geht: orale Zärtlichkeiten, wie oft ihr miteinander schlaft, wer was initiiert. Was meint er, wenn er sagt: »Ich bin ein Mann. Ich brauche das«? Versuch, es mal als Hilferuf seiner Seele zu verstehen. Vielleicht will er dir sagen: »Wirklich entspannen kann ich nur, wenn ich mit dir schlafe. Es ist für mich die schönste Art, mit dir zu kommunizieren. Ich möchte dir so nahe sein wie du mir, aber ich möchte es auf körperlicher Ebene. Ich will wissen, daß du auf mich stehst und daß ich dir guttun kann. Was für mich das Schönste ist: Wenn du auf mich abfährst, wenn du mich so sehr begehrst, daß du ihn in den Mund nimmst, ohne daß ich darum bitten muß.«

Überleg dir, wie es *ihr* mit diesen Themen geht. Was meint sie, wenn sie sagt: »Du denkst nur an Sex«? Versuch, es mal als Hilferuf ihrer Seele zu verstehen. Vielleicht will sie dir sagen: »Ich muß ständig geben, jeder will etwas von mir. Ich will endlich mal, daß sich jemand um *mich* kümmert. Manchmal habe ich das Gefühl, daß ich nur ein Objekt bin. Ich will, daß du dich nach mir als Mensch sehnst, und nicht nur nach meinem Körper.«

Was ist, wenn du als Frau das nächste Mal versuchst, das Ganze so zu sehen: Es geht ihm nicht nur um deinen Körper, er will sich nicht in dir verkriechen. Er will mit dir zusammensein, er sehnt sich nach deiner Nähe, und wenn er mit dir schläft, kann er sie am besten spüren – und du kannst ihm das geben, was er jetzt am meisten braucht.

Was ist, wenn du als Mann das nächste Mal, wenn deine Partnerin zwar schmusen, aber nicht mit dir schlafen will, versuchst, das Ganze so zu sehen: Sie weist dich nicht als Mann zurück, sie will, daß du sie als Mensch siehst und dich nicht nur ihren Körper konzentrierst. Du kannst mit ihr schmusen *und* reden und ihr das geben, was sie jetzt am meisten braucht.

Eure Bedürfnisse sind unterschiedlich, aber ihr könnt lernen, damit umzugehen. Sie bieten euch die Chance, einander besser zu verstehen, statt euch gegenseitig anzuklagen, daß ihr unsensibel seid.

(Achtung: Natürlich sind das Verallgemeinerungen. Es sind Beispiele, die ich gewählt habe, um das Thema zu veranschaulichen. Es geht hier natürlich nicht darum, was »normal« ist und was nicht.)

Einfach angenehm

Verwöhn deine Partnerin: Fang bei ihren Füßen an, liebkose ihre Beine, die Kniekehlen, die Oberschenkel, aber laß die Yoni aus. Oder du fängst oben an und läßt die Brust aus.

Nimm die Zehen und die Finger deines Liebsten in den Mund, und saug an ihnen. Sie sind besonders tastempfindlich. Tunk sie in Schokoladensauce, in Orangensaft oder in eine andere Flüssigkeit, und lutsch daran.

Gib ihm ein paar Wassertropfen auf den Bauch, und blase sanft.

Tut euch gut! Das Wohlfühlbuch für Paare

Erotische Genüsse

Überrasch deinen Schatz mit einem tollen Schlafzimmer: Dekoriere es mit bunten Luftballons oder Blumen; zünde ein paar Kerzen an; leg rhythmische Musik auf, z. B. etwas Afrikanisches; zünde Räucherstäbchen an, oder kauf für solche Augenblicke besonders sinnliche Satin-Bettwäsche.

Schreibt drei erotische Phantasien auf, legt die Zettel in ein Gefäß, und laßt euren Partner einen dieser Wünsche ziehen und erfüllen.

Küßt euch regelmäßig. Die Psychologin Barbara De Angelis sagt, daß regelmäßiges Küssen (ohne daß ihr miteinander schlafen wollt) dafür sorgt, daß ihr erotisch in Verbindung bleibt. Dreimal täglich 20 Sekunden küssen hält die Leidenschaft lebendig, sagt sie.

Geht im Wald spazieren, und pflückt Blumen, mit denen ihr später die schönsten Stellen eures/eurer Geliebten schmückt.

Schlaft in der Küche miteinander. Das bringt mehr Atmosphäre in den Raum als eine neue Einrichtung. Füttere deinen Schatz mit Mango. Nimm einen Eiswürfel in den Mund, und saug an ihrer kleinen Zehe. Leg dich auf den Küchentisch, und laß dich verwöhnen. Er hat vielleicht genau die richtige Höhe ...

Verbinde deinem Schatz die Augen, schlaf mit ihm, und flüstere ihm ins Ohr, was du an ihm schön, anziehend und sexy findest.

Wie war es beim ersten Mal? Wo geschah es? Zu welcher Tageszeit? Welche Musik habt ihr gehört? Wonach hat es gerochen? (Welche Seife, Körperlotion oder welches Parfum habt ihr verwendet?) Versucht, soviel wie möglich zu rekapitulieren. Und das Wichtigste: Wie war es? Worüber habt ihr gesprochen? Wie habt ihr angefangen? Was habt ihr gemacht?

Übrigens

Frauen brauchen das Vorspiel. 92 Prozent der Frauen, die regelmäßig 20 Minuten oder länger Vorspiel haben, bekommen einen Orgasmus. Das haben frühe Kinsey-Untersuchungen ergeben. Die meisten Paare nehmen sich jedoch selten mehr als eine Viertelstunde Zeit. Daran könnt ihr etwas ändern: Gönnt euch mehr Zeit. Entspannt euch, atmet, und seid zärtlich zueinander.

 Erotische Genüsse

LITERATUR UND TIPS:

Anand, Margo: *Tantra oder Die Kunst der sexuellen Ekstase.* Goldmann, 1995. Ein ausführliches Buch zum Thema »tantrische Sexualität«. Ein Bestseller.

Barbach, Lonnie: *Mehr Lust. Gemeinsame Freude an der Liebe.* Rowohlt 1995. Eine große Hilfe, besonders für Frauen mit Orgasmusproblemen.

Muir, Charles/Muir, Caroline: *Tantra. Die Kunst bewußten Liebens.* Heyne, 1993. Ein Buch über tantrische Geheimnisse.

Ross, William A.: *Das wundervolle kleine Sexbuch.* Synthesis, o.J. Sehr inspirierend. Lest es, wenn ihr in Stimmung kommen wollt.

WOHLTUENDE BERÜHRUNGEN

IHR BRAUCHT:

Ein pflanzliches Basisöl (Sonnenblumen- oder Mandelöl, *kein* Erdnußöl).

Ätherische Öle, wenn ihr wollt. (Im Kapitel »Nahrung für die Sinne« findet ihr Rezepte für Massageöle.)

Entspannende Musik, z. B.: Coyote Oldmans *Tear of the Moon*.

Ein kuscheliges Plätzchen, an dem euch niemand stört.

Dauer: zehn Minuten oder solange ihr wollt.

WANN . . . ?

- Wenn ihr von der Arbeit oder vom intensiven Sporttraining müde seid, wenn ihr mit eurem großen Sohn gestritten habt oder euer kleiner Liebling euch den ganzen Tag in Trab gehalten hat.

- Wenn ihr in Stimmung kommen wollt.

- Am Strand, im Wald, im Garten.

- Um den Übergang zwischen Arbeit und Freizeit zu erleichtern.

WORUM GEHT'S?

Wir alle sehnen uns danach, liebevoll berührt zu werden. Es kann Wunder wirken: Du bist völlig ausgebrannt, dein Schatz massiert dir sanft den Nacken, und plötzlich ist alles wie weggeblasen. Du fühlst dich wieder wohl in deiner Haut, und du bist voll neuer Zuversicht.

Es kommt nicht auf die Technik an, sondern darauf, daß du spürst, was der Körper deines Partners braucht. Verlaß dich auf dein Gefühl. − Glaubst du, du kannst nicht gut massieren? Glaubst du, du mußt erst einen Kurs besuchen? Probier die folgenden Massagetips. Sie sind einfach, aber sie wirken: Deine Beziehung, deine Gesundheit und dein Wohlbefinden werden davon profitieren.

WAS IHR FÜREINANDER TUN KÖNNT:

Zur Vorbereitung

Verwendet ein Massageöl. Stellt eines neben eurem Bett bereit. Gib etwas Öl auf deine Hand, und reib die Hände, bis sie warm sind. Wiederhol jede Bewegung fünf- bis zehnmal. Ihr könnt die Massagen auch abwan-

222   *Tut euch gut! Das Wohlfühlbuch für Paare*

deln. *Macht das, was sich für euch am besten anfühlt.* Ihr könnt auch verschiedene Massagen kombinieren, z. B. die Hand- und die Gesichtsmassage oder die Rücken- und die Fußmassage. Improvisiert! Sprecht vorher ab, wie lange jeder drankommt, z. B.: »Du zehn Minuten heute, ich zehn Minuten morgen.«

Wohltuende Berührungen

Zentriert euch

Wenn du massiert wirst, dann **entspann dich**. Wenn du massierst: Schließ die Augen, und atme tief ein und aus. Stell dir beim Ausatmen vor, wie dein Atem die Arme hinunterfließt, bis in die Fingerspitzen. Mach das vier- oder fünfmal, bis du spürst, wie dein Atem durch deine Fingerspitzen strömt. Spür dieses Prickeln, und stell dir vor, daß mit jeder Ausatmung Heilenergie durch deine Finger in den Körper deines Partners fließt. Öffne langsam die Augen, und fang mit der Massage an.

Für den Rücken

Leg die Hände auf den Rücken deines Partners, und laß sie in großen Kreisen langsam um die Schulterblätter wandern.

Massier den Muskel, der vom Nacken zu den Schultern führt. Knete ihn, und werde langsam intensiver. Nimm deinen Daumen und die Finger, und massier beide Seiten gleichzeitig.

Massier die Muskeln rechts und links der Wirbelsäule mit beiden Daumen. Führ sie in kleinen Kreisbewegungen entlang der Wirbelsäule, von oben nach unten und wieder hinauf. Variiere den Druck.

Leg die Hände auf die Taille deines Partners. Die Finger zeigen zur Wirbelsäule, ohne sie zu berühren. Schieb deine Hände Richtung Hals. Du kannst ruhig kräftig drücken. Laß deine Hände in einem Halbkreis über die Schultern wandern, die Fingerspitzen zeigen jetzt nach außen. Zieh deine Hände langsam nach unten zu den Hüften, und üb so viel Druck aus, daß es den Körper deines Partners ein wenig nach unten zieht. Wiederhol das Ganze dreimal.

Streich am Ende der Massage mit leichten, schwungvollen Zügen den Rücken hinunter und hinauf.

Tut euch gut! Das Wohlfühlbuch für Paare

Wohltuende Berührungen

Fußmassage

Nehmt genug Massageöl, denn eure Füße sind empfindlich.

Nimm einen Fuß, und streich in einer Kreisbewegung von den Zehen bis zum Knöchel und zurück über die Fußsohle. Wärme und lockere die Muskeln.

Leg die Daumen auf den Fußrücken unterhalb des Knöchels. Deine Finger liegen auf der Sohle. Drück deine Hände fest zusammen, und zieh sie zu den Zehen. Wiederhol das ein paarmal.

Nimm den Fuß in eine Hand, und balle die andere zur Faust. Massier die Fußwölbung, indem du mit den Fingergelenken kleine Kreise ziehst. Drück ordentlich zu. Laß sie dann über die Fußsohle wandern.

Umfaß den Fuß mit beiden Händen. Die Fingerspitzen liegen auf den Sohlen. Drück die Hände fest zusammen, zieh die Handballen nach außen, und dehn den Fuß.

Halte den Fuß in einer Hand, und nimm die große Zehe zwischen Daumen und Zeigefinger der anderen Hand. Zieh sie sanft zu dir, und dreh sie sachte hin und her. Mach das mit jedem Zeh.

Leg eine Hand auf den Fußrücken, die andere auf die Sohle. Atme, und stell dir vor, wie über dich Energie in deinen Partner fließt. Massier dann auch den zweiten Fuß.

Handmassage

Nimm eine Hand, und halte sie mit beiden Händen. Atme.

Mach eine Faust, und laß die Fingergelenke kreisförmig über die Handinnenfläche wandern. Mach das gleiche mit der anderen Hand.

Leg deinen Daumen auf die weiche Stelle zwischen Daumen und Zeigefinger auf der Handinnenseite, und streich mit den Fingern über den Handrücken deines Partners. Hin und her, auf und ab.

Wohltuende Berührungen

Nimm mit Daumen und Zeigefinger den Daumen deines Partners unterhalb des Gelenks. Laß deine Finger in Richtung Fingerspitzen wandern, indem du den Daumen deines Partners hin- und herdrehst und einen leichten Zug ausübst. Mach dasselbe mit den anderen Fingern, dann massier die Finger der zweiten Hand.

Halte die Hand am Handgelenk, und zieh sie sanft zu dir, indem du mit Daumen und Zeigefinger die Linien zwischen den Gelenken nachfährst. Knete die weiche Partie zwischen den Fingern.

Leg beide Daumen auf den Handrücken deines Partners. Zieh sie nach außen, und dehn die Hand.

Dreh die Hand deines Partners um 180 Grad, so daß die Innenseite nach oben zeigt. Dehn sie auf dieselbe Weise.

Mach ein V mit Zeige- und Mittelfinger, und fahr mit einem leichten Stoß zwischen die Finger deines Partners.

Gesicht und Nacken

Setz dich hinter deinen Partner, der auf dem Rücken liegt. Seine Füße zeigen von dir weg.

Massier die Kopfhaut mit kleinen Kreisbewegungen. Denk auch an die Stelle hinter dem Ohr. Streich mit den Fingerspitzen über diesen Knochen: hinauf, nach vorn und bis zu den Schläfen.

Leg beide Daumen auf die Mitte der Stirn, in Höhe des Dritten Auges, üb einen sanften Druck aus, und laß die Fingerspitzen auf den Schläfen kreisen.

Leg eine Hand auf die Stirn deines Partners, die andere darüber, und drück mit beiden Händen zu. Halte diesen Druck zehn Sekunden lang, und laß ihn dann langsam schwächer werden.

Leg die Hände auf die Wangen deines Partners, die Fingerspitzen zeigen Richtung Kinn. Laß sie langsam kreisen, und drück das Kinn sanft nach unten.

Wohltuende Berührungen

Fahr mit deinen kleinen Fingern den Bogen unterhalb der Augenbrauen nach. Beginn seitlich der Nasenwurzel, und streich nach außen. Mach dasselbe mit Ring-, Mittel- und Zeigefinger. Laß sie sanft über den Rand der Augenhöhle gleiten. Wiederhol das Ganze auf der Unterseite.

Leg eine Hand unter den Kopf deines Partners, die andere unter das Kinn. Heb den Kopf ein wenig an, und dreh ihn sanft nach rechts und links. Dreh ihn nur so weit, wie er sich ohne Mühe bewegen läßt, sonst verspannen sich die Nackenmuskeln.

Streich zum Schluß mit beiden Händen entlang des Knochens hinter dem Ohr, den Hals hinunter und über die Schultern.

LITERATUR UND TIPS:

Koosaka, Ina Odira: *Sanfte Massagen zu zweit*. Goldmann, 1990.

Lidell, Lucy: *Massage. Anleitung zu östlichen und westlichen Techniken. Partnermassage, Shiatsu, Reflexzonenmassage*. Mosaik, 1985. Ein guter Überblick über die genannten Techniken.

Rush, Anne Kent: *Romantic Massage*. Avon Books, 1991. Verschiedene, kurze Massagen mit Anregungen für romantische Extras. Mein Lieblingsmassagebuch.

DEN KÖRPER SPÜREN

WANN . . . ?

- Wenn du schlapp und energielos bist.

- Im Frühjahr, wenn die Sonne scheint und die Vögel zwitschern und das Kind in dir gern spielen möchte.

- Wenn Bewegung dir hilft, dich zu entspannen.

WORUM GEHT'S?

Bewegt ihr euch gemeinsam? (Außer beim Sex?) Geht ihr Tanzen? Geht ihr wandern? Kommt ihr ab und zu ins Schwitzen? Macht ihr Energie-übungen? Bewegung ist gut für die Beziehung, denn auf diese Weise kommt ihr mit eurem Körper in Kontakt. Ihr erdet euch, und ihr seht eure Grenzen klarer. Und das ist wichtig, wenn es um Nähe geht. Gemeinsam etwas für den Körper tun hilft uns, Spannung abzubauen und Energieblockaden aufzulösen. Wenn du dich in deinem Körper wohl fühlst, hast du auch mehr Lust auf körperliche Nähe. Gemeinsam etwas für den Körper tun schafft eine Verbindung *ohne Worte*; es hilft euch, nonverbal zu kommunizieren.

WAS IHR FÜREINANDER TUN KÖNNT:

Teil 1: Wie fühlst du dich in deinem Körper?

Sucht euch zwei entspannende Musikstücke von jeweils vier bis sechs Minuten Länge. (Am besten zwei, die auf der Kassette oder CD aufeinan-derfolgen.) Setzt oder legt euch hin, schließt die Augen, und **entspannt euch**. Spür deinen Körper. Wo berührt er das Bett, den Boden oder den Stuhl? . . . Wo bewegt er sich, wenn du atmest? . . . Fühl in ihn hinein. Laß dir Zeit, und atme. Wo fühlt er sich lebendig an? Wo ist zuwenig Energie? Wo ist er leicht? Wo spürst du Wärme? Wo bist du verspannt?

IHR BRAUCHT:

Bequeme Kleidung und bequeme Schuhe.

Musik, die euch in Fahrt bringt.

Genügend Platz und einen Ort, an dem ihr euch austoben könnt.

Dauer: 15 bis 20 Minuten pro Übung; eine Übung kann bis zu 45 Minuten dauern.

Tut euch gut! Das Wohlfühlbuch für Paare

Den Körper spüren

Wo prickelt es? Welche Körperteile sind gelöst? Wo fühlt sich dein Körper kalt an? Spürst du das Ende deiner Wirbelsäule? Spürst du deinen Hinterkopf? Deine Finger? Was nimmst du wahr? Spür in dich hinein, bis das erste Musikstück zu Ende ist.

Konzentrier dich dann auf deinen Partner. Wo ist sein Körper voller Leben? Berühr ihn sanft an dieser Stelle. Laß deine Hand eine Weile liegen, und leg sie dann auf eine Stelle, die sich leblos anfühlt. Berührt abwechselnd lebendige und leblose Stellen, bis die Musik zu Ende ist. Bewegt euch langsam, und berührt einander sanft, ohne zu reden.

Nehmt ein paar tiefe Atemzüge, kommt langsam zurück, und erzählt einander, wie diese Übung für euch war. Wie hast du deinen Körper wahrgenommen? Ist dir etwas aufgefallen? Ist dir durch die Berührungen deines Partners etwas klargeworden? Welche Stellen hat er/sie berührt? Fühlst du dich dort wirklich lebendig bzw. energielos? Ihr könnt euch auch Notizen machen und später darüber reden. Wenn ihr wollt, könnt ihr gleich mit der nächsten Übung fortfahren.

Teil:2 Die Energie zum Fließen bringen

Im Verlauf dieser Übung können verschiedene Gefühle hochkommen: Trauer, Wut, Angst usw. Erlaub dir, alles zu fühlen. Atme, und sag deinem Partner, was in dir vorgeht. Macht aus, wer als erstes drankommt. Wo möchtest du mehr Energie? (Wo hat sich dein Körper leblos angefühlt? Was weißt du aus Erfahrung? Was sagt dir dein Gefühl?) Leg dich hin, und **entspann dich**. Alles, was du tun mußt, ist, zu atmen und die Energie anzunehmen, die dir dein Partner sendet. Sonst nichts. Denk nicht darüber nach, wie es deinem Partner geht, oder daran, ihm/ihr etwas zurückzugeben.

Wenn du gibst: Setz dich neben deinen Partner, und mach es dir bequem. Leg dir ein Kissen unter, wenn du möchtest. Mach die Atemübung aus dem Kapitel »Wohltuende Berührungen: Zentriert euch«, und nimm die Energie wahr, die durch deine Hände fließt. Leg eine Hand auf die Stirn deines Partners, die andere auf seinen/ihren Bauch. Stell dir vor, wie die Energie, die du aussendest, deinen Arm hinunterfließt und in deinen Partner strömt. Sie fließt in seinen Bauch. Stell dir vor, wie sie nun entlang der Wirbelsäule nach oben fließt, in den Nacken und den Kopf

Den Körper spüren

hinein, und zurück zu deiner zweiten Hand. Beim Einatmen nimmst du sie wieder auf. Sie fließt deinen Arm hinauf und beim Ausatmen den anderen Arm hinunter, in den Bauch deines Partners, durch seinen/ihren Körper und zu deiner zweiten Hand zurück. So entsteht ein Energiekreislauf, der heilt und energetisiert. Erhöh den Druck deiner Hände, wenn du spürst, wie deine Energie den anderen beruhigt, wie sie Blockaden auflöst und deinen Partner heilt und öffnet.

Löse eine Hand, und führ sie *langsam* zu einer Stelle, die dein Partner dir genannt hat. Laß die andere Hand auf der Stirn bzw. auf dem Bauch (was dir bequemer ist). Stell dir vor, daß zwischen diesen beiden Punkten ein Energiekreislauf entsteht. Laß dir ruhig Zeit. Erhöh schließlich langsam den Druck, halte ihn eine Zeitlang, und laß dann langsam wieder nach. Löse deine andere Hand, und leg sie auf die zweite Stelle, an der dein Partner Energie auftanken möchte. Laß die andere Hand auf der ersten Stelle liegen. Auf diese Weise kannst du die Energie zwischen verschiedenen Körperstellen zum Fließen bringen. Bleib mit einer Hand immer auf der Stelle, die zuletzt hinzugekommen ist, und leg die zweite auf eine neue Stelle, z. B. Kopf und Bauch, Kopf und Brust, Brust und Hüfte, Hüfte und Knie, Knie und Fuß – je nachdem, welche Kombination sich gut anfühlt.

Berühr zum Abschluß wieder Stirn und Bauch. Wenn du möchtest, kannst du einige Affirmationen oder ein Gebet sprechen. Wenn du dich nach dieser Übung »abgehoben« fühlst, dann leg deine Hände auf den Boden, und mach einen Energiekreis mit der Erde.

Jetzt ist dein Partner an der Reihe. Ihr könnt auch eine kurze Pause einlegen, wenn euch danach zumute ist. Setzt euch zusammen, wenn ihr fertig seid, und besprecht, was in eurem Körper vorgegangen ist. Welche Gefühle hat diese Übung in dir ausgelöst? Hast du Bilder oder Farben wahrgenommen? Wie ist es dir als Frau ergangen? Wie dir als Mann? Hast du gern gegeben? Ist es dir schwergefallen zu empfangen? Hat sich einer von euch beiden unwohl gefühlt? War dir diese Übung angenehm? Hat sie dich erregt? Wenn ihr wollt, könnt ihr auch darüber schreiben. Wie wär's mit einer Eintragung in eurem Beziehungstagebuch?

Solche Übungen gelingen immer besser, je öfter ihr sie macht. Sie tun besonders gut, wenn einer von euch krank oder im Streß ist.

Tut euch gut! Das Wohlfühlbuch für Paare

Den Körper spüren

Den Körper sprechen lassen

Sucht euch Musik, die euch in Bewegung bringt. Ihr könnt die Übung auch ohne Musik machen, wenn euch das lieber ist. Klärt, wer beginnt. Stellt euch einander gegenüber, schließt die Augen, und legt die Fingerspitzen aneinander. Der, der beginnt, macht mit seinen Händen eine Geste, die eine Emotion zum Ausdruck bringt: Zuwendung, Liebe, Freiheit, Leidenschaft, Sehnsucht, was ihr wollt. Stell zwei oder drei Emotionen dar. Der andere versucht, sie zu erraten. Tauscht danach die Rollen. Ihr könnt das auch mit eurem ganzen Körper machen oder mit den Füßen (dann berühren sich die großen Zehen).

Sport

Ist dein Schatz sportlich aktiv? Hast du diesen Sport schon einmal ausprobiert? Tu es! Wenigstens einmal. Auch wenn du dir dabei ziemlich dumm vorkommst. Es kommt nicht darauf an, daß du es richtig machst, sondern daß du versuchst nachzuempfinden, was deinen Schatz so fasziniert. (Und denk daran: keine Kritik – auch keine Selbstkritik.) Achte darauf, wie sich dein Körper anfühlt. Versuch, deinen Atem mit der Bewegung zu koordinieren. Sprecht darüber, wie das für dich war.

Werdet aktiv

Wenn ihr beide keinen Sport betreibt, dann überlegt euch vier Dinge (jeder zwei), die ihr ausprobieren wollt: etwas, was euch Spaß macht und was ihr immer schon versuchen wolltet. Denkt nicht an eure Wehwehchen, fragt euch auch nicht, ob ihr es schafft, diesen Sport regelmäßig zu betreiben. Tut, was euch Freude macht: Geht im Morgengrauen joggen. Macht Yoga nach einer Videokassette. Paddelt über einen See; hackt Holz. Setzt euch gegenüber, grätscht die Beine, nehmt euch bei den Handgelenken, und zieht einander hin und her. Geht Rollschuh laufen; springt Trampolin; laßt einen Drachen steigen; pflanzt einen Baum. Setzt euch zusammen, und macht für die kommenden vier Wochen vier Termine aus, und *haltet euch daran!* Laßt euch von nichts abhalten – auch nicht von eurer eigenen Bequemlichkeit. Seid realistisch. Wenn ihr nur alle 14 Tage Zeit habt, dann plant für jede zweite Woche etwas ein. Was könnte euch abhalten? »Ich bin zu müde«, »Wir haben keine Federbälle«

Den Körper spüren

(oder keinen Babysitter, zuviel Arbeit usw.). Was könnt ihr tun, um diese Hindernisse aus dem Weg zu räumen?

Innerlich zur Ruhe kommen

Geht oder lauft gemeinsam, und stellt euch vor, daß ihr auf einer Welle reitet, die euch sanft vorwärtsschiebt. Sie trägt euch, sie erfrischt euch, sie gibt euch neue Kraft.

Geht schweigend nebeneinander her, und stellt euch vor, ihr wärt wie Licht, das sich durch das All bewegt – still und völlig mühelos.

Geht oder lauft, und achtet auf den Atem. Findet einen gemeinsamen Rhythmus – z. B. drei Schritte einatmen, drei Schritte ausatmen –, den ihr als angenehm empfindet.

In *Wenn euch alles zuviel wird* findet ihr weitere Anregungen.

Loslassen

Stampft gemeinsam mit den Füßen auf. Laßt euren Frust heraus, euren Ärger, eure Spannung. Übertreibt. Was bedrückt euch? Schreit es laut heraus: »Ich hab einen Scheißtag hinter mir!« Du stampfst dabei im Wohnzimmer herum. Der andere faucht: »Ich hab genug von allem!« Vielleicht kommt ihr euch zunächst komisch vor, aber wenn ihr anfangt loszulassen, macht euch diese Übung Spaß, und ihr findet einen Rhythmus, der euch hilft, viel Spannung abzubauen. Die Übung fällt euch leichter, wenn ihr die Fenster schließt und wilde Musik auflegt.

Siehe: *Loslassen*

Du kommst nach Hause und bist schlecht gelaunt. Ihr versucht zu reden, aber es hat keinen Sinn. Ihr könnt einander nicht verständigen, und irgendwann kommt es zum Streit. Halt! Seht euch an, schneidet Grimassen, schielt, stottert, schreit, macht Tiergeräusche, oder schnattert wie die Gänse, während ihr weiterredet. Haltet das *mindestens* drei Minuten lang durch. Zeigt einander, was ihr fühlt. Gesten sind oft klarer als Worte.

Siehe: *Das tägliche Gespräch: Nonverbale Kommunikation*

Lest einander abwechselnd die folgende Übung vor:

> Stell dich hin, die Füße schulterbreit auseinander; die Zehen zeigen leicht nach innen. Atme dreimal tief. Balle die Hände zu Fäusten, und

Tut euch gut! Das Wohlfühlbuch für Paare   231

Den Körper spüren

In *Erotische Genüsse* und *Nahrung für die Sinne* findet ihr weitere wohltuende Körperübungen.

drück die Fingergelenke in Hüfthöhe in deinen Rücken. Lehn dich so weit du kannst zurück. Kopf und Wirbelsäule bilden eine Linie. Laß den Nacken locker. Mach zehn langsame, tiefe Atemzüge, atme in den Bauch hinein. Laß bei jedem Ausatmen einen Ton heraus. Laß ihm Zeit, bis er von selbst verebbt. Vielleicht fängt dein Körper an zu zittern. Laß ihn. Beug dich dann nach vorn, laß den Oberkörper und die Arme locker hängen (auch den Kopf), atme zehnmal tief und langsam, und laß beim Ausatmen wieder ein Geräusch entstehen. Was fühlst du? Laß es zu, laß es heraus.

Vor einer Massage, am Ende eines anstrengenden Tages oder bevor ihr miteinander schlaft, ist diese Übung besonders angenehm. Sie tut einfach gut.

Wünsche verwirklichen

Worauf wartet ihr? Das Leben ist kurz genug. Erfüllt euch einen Traum: Paddelt den Amazonas hinunter; steigt auf einen Berg (und bekräftigt euren Bund, bevor ihr euch bei Sonnenaufgang auf den Weg macht); geht Wildwasser fahren; reist zu Islands heißen Quellen (oder in ein Thermalbad in eurer Nähe, und laßt euch Seite an Seite massieren); geht einen Weitwanderweg (auch wenn es nur für einen Tag ist); fahrt mit dem Rad quer durch Europa (oder 20 Kilometer an einem Sonntag irgendwo in eurer Nähe); geht in der Karibik tauchen (oder macht einen Tauchkurs in eurem Schwimmbad); fliegt nach Kanada, und fahrt Kajak mit den Walen (oder paddelt einen nahen Fluß hinunter); fahrt im Winter nach New Mexico, und aalt euch in den heißen Quellen (oder nehmt ein heißes Bad, und wälzt euch nachher nackt im Schnee). Laß eure Träume Wahrheit werden. Es liegt an euch.

LITERATUR UND TIPS:

Den Körper spüren

Huang, Chungliang Al: *Lebensschwung durch Tai Chi. Ein chinesischer Meister der Rhythmik lehrt die Meditation in der Bewegung.* Scherz, 1979. Für alle, die der Ansicht sind, daß Körperübungen ein Weg zu mehr Ganzheit sind.

Wosien, Maria G.: *Sakraler Tanz. Der Reigen im Jahreskreis.* Kösel, 4. Aufl. 1993.

Berman, Morris: *Coming to Our Senses.* Bantam, 1989. Für alle, die glauben, daß der Körper nicht wichtig ist.

Lidell, Lucinda: *The Sensual Body.* Simon and Schuster, 1982. Mit einer Fülle von Bewegungsmöglichkeiten.

WAS MUSIK BEWIRKT

IHR BRAUCHT:

Musik, die euch gefällt.

Eine Stereoanlage oder ein tragbares Gerät.

Einfache Instrumente.

Einen Kassettenrecorder und Kassetten.

Einen Walkman oder Kopfhörer.

Dauer: zwischen einer und dreißig Minuten.

WANN ... ?

- Wenn ihr viel von Lärm umgeben seid.

- Wenn ihr es euch gemütlich macht, wenn ihr miteinander schlaft oder immer wenn ihr Atmosphäre schaffen wollt.

- Wenn ihr mehr im Herzen und weniger im Kopf sein wollt.

WORUM GEHT'S?

Es gibt zahlreiche Untersuchungen, die zeigen, was Musik bewirkt. Musik beruhigt, wenn wir überdreht sind; Musik tröstet, wenn wir traurig sind. Musik wirkt sich positiv auf unseren Kreislauf und den Hormonhaushalt aus. Musik wird auch zu Heilzwecken verwendet: in der Behandlung autistischer Kinder, bei Krebspatienten, in der Chemotherapie und selbst bei Verhandlungen, um die Gesprächsatmosphäre günstig zu beeinflussen. In einer Studie hat sich sogar gezeigt, daß Musik den Befragten mehr gab als Sex.

Musik bereichert unser Leben, sie beschert uns schöne Stunden, und sie transformiert die Dinge: Sie macht das Alltägliche zum Besonderen (z. B. das Abendessen), das Besondere zum Spirituellen (miteinander schlafen), das Spirituelle zum Ekstatischen (gemeinsam meditieren).

WAS IHR FÜREINANDER TUN KÖNNT:

Die passende Musik wählen

In diesem Kapitel findet ihr Musikvorschläge für verschiedene Stimmungslagen, z. B. Musik, die neuen Schwung verleiht. Musik ist etwas sehr Persönliches, und ihr müßt selbst entscheiden, was ihr wann hören wollt. Geht eure Platten durch, und überlegt euch, welche Musik zu

Tut euch gut! Das Wohlfühlbuch für Paare

welcher Stimmung paßt. Geht in einen Musikladen, und hört euch etwas an. Macht euch Notizen. Ihr könnt diesem Thema auch ein paar Seiten in eurem Beziehungstagebuch widmen.

Was Musik bewirkt

Siehe: *Euer eigenes Wohlfühlbuch*

Die Stimmung positiv beeinflussen

Stellt euch vor: Ein Streit steht ins Haus, denn jeder beharrt auf seiner Position. Oder: Euch ist nach Faulenzen zumute, aber ihr habt das Gefühl, daß ihr besser etwas für den Körper tun solltet. Was könnt ihr tun, statt zu streiten oder Schuldgefühle zu bekommen? Legt passende Musik auf. Musik hilft euch, eure Stimmung zu verändern. Schnelle, fröhliche Musik bringt euch in Schwung, langsame, sanfte Musik beruhigt. Dazwischen gibt es natürlich unzählige Nuancen.

Legt euch auf den Boden, die Füße in Richtung Lautsprecher, nehmt einander bei der Hand, und überlaßt euch der Musik, zehn Minuten oder länger. Seid ganz bei der Musik. Wenn störende Gedanken kommen (z. B. wie müde oder ärgerlich ihr seid), dann konzentriert euch wieder auf die Musik. Setzt euch nachher ein paar Minuten hin, atmet, und fühlt in euch hinein. Zeigt einander durch ein Lächeln oder ein paar Worte, ob es euch bessergeht.

Achtung: Diese Übung kann dazu verleiten, wichtigen Diskussionen aus dem Weg zu gehen oder den Partner »abzuwürgen«.

Braucht ihr etwas Beruhigendes? Probiert Bachs Konzerte für zwei Klaviere oder etwas von Windham Hill. Braucht ihr Energie? Probiert Tschaikowskys *Schwanensee*, *Totem* von Gabriel Roth, Brahms Klavierkonzert Nr. 1, Chopins Präludien oder etwas Heißes von den Red Hot Chili Peppers.

Musik am Morgen

Laßt euch nicht von lauter Musik und der hektischen Stimme eines Moderators wecken: Wählt einen Sender mit klassischer Musik, und stellt den Radiowecker so laut bzw. leise, daß er euch ganz langsam aus der Tiefe des Schlafes holt. Beginnt euren Tag auf angenehme Art und Weise.

Was Musik bewirkt

Siehe: *Den Tag bewußt gestalten.* Dort findet ihr weitere Anregungen, wie ihr den Tag beginnen könnt.

Musik für den Morgen: Vivaldis Flötenkonzerte, Mozarts Klarinettenkonzerte oder etwas von James Brown (z. B. *I Feel Good*).

Wenn ihr den Tag mit etwas Lustigem beginnen wollt oder wenn ihr Kinder habt, könnt ihr *When you Wish upon a Star, Whistle While You Work*, die Soundtracks von *Winnie Puuh, Fantasia* oder dem *Dschungelbuch* oder Haydns Symphonie Nr. 45 ausprobieren.

Willst du deinen Schatz zum Lachen bringen? Willst du ihr für einen harten Arbeitstag den Rücken stärken? Willst du ihr sagen: »Ich weiß, wie du dich fühlst?« Dann leg eine passende Musik auf, z. B.: *Chariots of Fire*, wenn es deiner Liebsten schwerfällt aufzustehen; *The Virgin's Lament* oder *Vox de Nuve* von Noirin Ni Riain und den Mönchen der Glenstal Abbey, wenn ihr dem Tag eine spirituelle Note verleihen wollt, oder *A Feather on the Breath of God* von Gothic Voices mit Emma Kirkby, Libanas *Fire Within* oder von Clannad *The Magical Ring*.

Geräusche wirken sehr subtil

Geräusche beeinflussen uns auf sehr subtile Weise. Oft sind wir uns dessen nicht bewußt. Achtet einmal darauf, von welchen Geräuschen ihr umgeben seid. Wahrscheinlich fallen euch zunächst die lauten, störenden Geräusche auf: die Müllabfuhr, schreiende Kinder, das Telefon. Wie reagierst du? Verspannst du dich? Wirst du gereizt? Wie verhältst du dich gegenüber deinem Partner/deiner Partnerin? Meine Schwester arbeitet in einem Büro, in dem den ganzen Tag die Telefone läuten. Bis vor kurzem erging es ihr zu Hause so, daß das Telefon nur zu klingeln brauchte, und schon war sie schlechter Laune – und manchmal ließ sie sie an ihrem Partner aus. Sie weiß jetzt, was der Grund für einen solchen Stimmungsumschwung ist und daß es nichts mit ihrem Mann zu tun hat.

Achtet auch auf die leisen, entfernten Geräusche. Wie wirken sie sich aus? Mir geht es so: Wenn ich von fern das Rattern eines Zuges höre, vermisse ich plötzlich meine Eltern und möchte, daß Chris mich in die Arme nimmt. Beobachtet euch, liebevoll und ohne zu bewerten: Welche Geräusche lösen welche Gefühle in euch aus? Sprecht darüber.

Und schließlich: Wie ist es, wenn ihr schweigt? Wann herrscht Stille zwischen euch? Wann fühlt ihr euch wohl? Wann ist Stille euch unangenehm?

Was Musik bewirkt

Was ist der Grund für euer Schweigen? Beobachtet euch liebevoll, und redet dann darüber.

Freitagabend

Öffnet die Fenster, macht das Licht aus, und hört Beethovens *Eroica*. In einer warmen, windigen Nacht ist das besonders eindrucksvoll. Hört euch Musik im Freien an, am besten wenn es dunkel ist. (Es kann auch auf dem Balkon sein.)

Du bist müde und erschöpft und denkst nur noch ans Schlafen, aber ihr geht heute abend aus. Leg laute, energetisierende Musik auf, und tanz in der Dusche, während du dich anziehst und während du das Abendessen für die Kinder machst. Der frühe Bruce Springsteen, B-52, Dvořáks *Tschechische Suite, Love You Live* von den Rolling Stones oder Flamenco muntern dich auf.

Musik hilft euch auch, zu entspannen: Du bist genervt, die Kinder »spinnen«, und du mußt heute noch zu diesem Firmenessen. Wie wär's mit Beethovens Symphonie Nr. 6 (1. und 2. Satz), Bachs *Wohltemperiertem Klavier*, Neil Youngs *Harvest Moon* oder Enyas *Shepherd Moon*?

Hausmusik

Besorgt euch ein paar preiswerte Bongos, und trommelt gemeinsam. Auch mit den Kindern. Trommeln ist ein wunderbares Gegenmittel zu Streß und Spannung. Was die Nachbarn denken sollen? Laßt sie ruhig denken: »Jetzt sind sie völlig ausgeflippt!« Hauptsache, ihr fühlt euch dabei wohl. Du hast noch nie getrommelt? Laß einfach einen Rhythmus kommen, und hör, wie er sich mit dem deines Partners mischt. Atme, und laß die Schultern locker.

Ihr könnt auch während einer Auseinandersetzung trommeln. Ihr wollt ein neues Auto kaufen. Ihr habt eine Methode aus dem Kapitel »Verhandeln« ausprobiert, aber jeder beharrt auf seiner Position. Halt! Frag deinen Schatz ob er/sie Lust hat, jetzt zu trommeln. Nehmt eure Trommeln, und laßt sie das zum Ausdruck bringen, was ihr verbal dem anderen nicht vermitteln konntet. Vielleicht hilft euch das, einander besser zu verste-

Siehe: *Verhandeln*

Tut euch gut! Das Wohlfühlbuch für Paare

Was Musik bewirkt

hen. Wenn nicht, dann habt ihr trotzdem etwas erreicht: Ihr seid jetzt wieder klar im Kopf, und ihr haltet wahrscheinlich nicht mehr starr an eurer Meinung fest. Achtung: Trommeln kann Reden allerdings nicht ersetzen.

Ihr könnt auch andere Instrumente ausprobieren: Geht gemeinsam in ein Musikgeschäft, in einen Dritte-Welt-Laden oder auf einen Weihnachtsmarkt, und seht euch nach ein paar einfachen Rhythmusinstrumenten um. Ein Paar, das ich kenne, hat ein Holzxylophon auf dem Eßtisch stehen. Meine Schwester hat Rasseln, die wie Rumbakugeln klingen. Wir haben einen Regenstab, (wenn man ihn umdreht, klingt das wie sanfter Regen), eine Mundharmonika, ein Glockenspiel und ein paar Trommeln. Macht selbst Musik. Das ist eine gute Alternative zum Fernsehen und eine wunderbare Möglichkeit, eure Kreativität zu fördern. Das macht übrigens auch euren Gästen Spaß.

Was ich für dich empfinde

Mein Freund Eric nimmt für seine Partnerin (und für gute Freunde) Kassetten mit deren Lieblingsinterpreten auf und gibt so seiner Zuneigung Ausdruck. Das könnt ihr auch mal ausprobieren. Nehmt nicht nur die altbekannten Stücke, probiert auch etwas Neues aus. Laßt die Musik sprechen und ausdrücken, was ihr füreinander fühlt. Eric besitzt eine riesige Plattensammlung. So etwas steht natürlich den wenigsten von uns zur Verfügung. Aber das ist auch nicht erforderlich. Leiht euch etwas von Freunden oder aus der Bibliothek. Was bringt eure Gefühle zum Ausdruck? Macht euch auf die Suche nach der entsprechenden Musik.

Musik für gewisse Stunden

Je länger ihr zusammen seid, desto kürzer kommt die Liebe, und desto seltener ist es der Fall, daß ihr zur gleichen Zeit in Stimmung seid. Das ist ganz normal. Auch hierfür gibt es passende Musik.

Nun kommt es besonders auf euren persönlichen Geschmack an. Ein Stück, das mich in Stimmung bringt, ist Chopins Sylphiden-Walzer. Chris darf dieses Stück allerdings nur in Maßen einsetzen, sonst verliert es seine Wirkung. (Es war unser Hochzeitswalzer.) Ein Paar hat mir folgen-

Was Musik bewirkt

des geschrieben: Sie haben eine CD mit Arien, die sie beide auf Touren bringt. Wenn sie in Stimmung kommen wollen, legen sie sie auf, während sie die Kinder schlafen legen, sich duschen und das Licht ausdrehen. Langsam steigert sich die Spannung. Dann gehen sie ins Bett.

Hier ein paar Tips: *Something* von den Beatles, *Cant Help Falling in Love with You* von Elvis Presley, *The First Time Ever I Saw Your Face* von Roberta Flack, *When a Man Loves a Woman* von Percy Sledge, *If* von Perry Como; Mozarts Klavierkonzert Nr. 21, besonders von Johnny Mathis gespielt, *Sexual Healing* von Marvin Gaye, *Tears of Joy* von Tuck und Patti (Windham Hill), Sades *Love Deluxe*, Anita Bakers *Rapture*, *Silhouette* von Kenny G, Stanley Jordons *Acoustic Alchemy* oder Lyle Lovetts *Nobody Knows Me Like My Baby*.

Probiert, was euch in Stimmung bringt. Geht am Freitagnachmittag in einen Laden, und sucht euch etwas aus. Legt dann zu Hause die Musik auf, und laßt euch überraschen.

Literatur und Tips:

The Virgins Lament und *Vox De Nuve* von Noirin Ni Riain und den Mönchen der Glenstal Abbey und *A Feather on the Breath of God* von Gothic Voices mit Emma Kirkby. Besonders mystische Musik.

Berendt, Joachim-Ernst: *Urtöne*. MC und CD. Verlag Hermann Bauer.

Dewhurst-Maddock, Olivea: *Selbstheilung durch Klang und Stimme*. AT Verlag, 1993. Mit vielen Übungen, wie Klänge uns helfen zu heilen, zu entspannen und einander nahe zu sein.

Lingerman, Hal A.: *Die Geheimnisse großer Musik. Eine Anleitung zum bewußten Hören. Musik als Mittel zum Meditieren, Heilen, Entspannen, Träumen, Aktivieren und Stimulieren*. Windpferd, 1990. Mit vielen Musiktips für verschiedene Stimmungen und Anlässe.

EIN GEMÜTLICHES ZUHAUSE

IHR BRAUCHT:

Schöne Dinge, die euch viel bedeuten.

Dinge, die für Ordnung sorgen: Körbe, Schachteln, Ordner.

Angenehme Beleuchtung, ein kuscheliges Bett, gute Matratzen.

Papier und Stifte. Dauer: eine halbe Stunde oder ein paar Tage.

WANN . . . ?

- Wenn ihr streitet, weil sich in der Diele die Schuhe stapeln, weil kein Platz im Schrank ist oder weil es im Schlafzimmer keine Leselampe gibt.

- Wenn ihr euch in euren vier Wänden mehr zu Hause fühlen wollt.

- Wenn ihr gern mehr Schönheit und Ordnung in euer Leben bringen würdet. (Wer sehnt sich nicht danach?)

WORUM GEHT'S?

Was brauchen wir, um uns wohl zu fühlen? Satt zu essen und ein gemütliches Zuhause − ein kuscheliges Sofa, ein warmes Bett, eine nette Küche, ein einladendes Badezimmer, einen schönen Garten, einen Springbrunnen . . . Wird dir langsam übel? Die Realität sieht oft ganz anders aus: zuwenig Platz, zuviel Krimskrams, Möbel, die dir nicht gefallen, Staubflusen, Katzenhaare überall − nicht besonders heimelig.

Trotzdem: Wir sehnen uns nach einem gemütlichen Zuhause, genauso wie wir uns nach einem Partner sehnen. Beide Wünsche sind miteinander verbunden. Wir brauchen Geborgenheit und einen Ort, an dem wir Zuflucht nehmen können. Wir brauchen einen Ort, an dem wir uns zurückziehen können, einen Ort, der *uns* entspricht, und einen Ort, an dem wir den Alltag ebenso erleben wie die besonderen Momente. Wir brauchen ein Zuhause für unsere Beziehung. Wie steht es um euer Zuhause? Ein Heim zu schaffen heißt mehr, als Miete zu zahlen und Vorhänge auszusuchen.

Was ihr füreinander tun könnt:

Ein gemütliches Zuhause

Geh einmal in dich: Was stellst du dir unter einem Zuhause vor?

Beantwortet die folgenden Fragen schriftlich oder mündlich. Antwortet spontan, ohne lange nachzudenken. Je weniger ihr überlegt, desto aufschlußreicher sind eure Antworten.

Was fällt dir zum Thema »mein Zuhause« ein? Mach ein Brainstorming.

Welches Buch, welcher Film, welche Fernsehserie fällt dir ein, wenn du an das Thema »Heim« denkst?

Hast du dir als Kind im Spiel dein eigenes kleines Nest geschaffen? (In einem Baumhaus, im Keller, im Zimmer deiner besten Freundin?)

Hast du jemals das Gefühl gehabt, heimatlos zu sein? Wie hat sich das angefühlt?

Wie ist dein ideales Heim beschaffen? Welche Worte fallen dir ein? Schreib alles auf, auch unkonventionelle Dinge und Vorstellungen, die dir irreal erscheinen.

Sprecht über eure Antworten. Wollt ihr etwas umgestalten? Wollt ihr euch intensiver mit der Frage auseinandersetzen, was ein gemütliches Zuhause für euch bedeutet? Habt ihr erkannt, wie schön es bei euch ist?

Was geht euch auf die Nerven?

Wir haben uns gefreut, als ob wir im Lotto gewonnen hätten: Chris hatte endlich ein Deckenlicht im Schlafzimmer montiert. In den ersten zwei Jahren gab es nur eine kleine Leselampe. Es ging mir furchtbar auf die Nerven, am Abend irgend etwas in diesem Raum zu tun (außer zu schlafen). Der Grund war ganz einfach: Ich sah nicht genug. Solche »Kleinigkeiten« belasten unsere Beziehung mehr, als wir für möglich halten.

Setzt euch zusammen, und schreibt auf, was euch bei euch zu Hause stört, z. B.: schlechte Beleuchtung, Durcheinander in den Schränken, Türen,

Ein gemütliches Zuhause

die nicht schließen. Was stört euch am meisten? Wie könnt ihr das Problem beseitigen? Welche Schritte müßt ihr unternehmen? (Eine Lampe kaufen; einen Elektriker bestellen, der die Lampe anschließt usw.) Wieviel Zeit nimmt das in Anspruch? Seid realistisch, und teilt euch die Arbeit auf. (Wenn ihr wegen dieser Dinge streitet, dann seht euch die Kapitel »Verhandeln« und »Vergeben« an.)

Gebt eurem Heim eine besondere Bedeutung

Gebt eurem Heim eine Bestimmung. Sagt, was es in euren Augen ist, z. B. »ein Ort der Ruhe und Geborgenheit für alle, die es betreten«, »ein Treffpunkt für Freunde und Verwandte«, »ein Ort, an dem die Nachbarskinder herzlich willkommen sind«. Setzt euch zusammen, und besprecht, was ihr als Motto wählen wollt. Welche Atmosphäre soll eure Wohnung vermitteln? Wie soll sich der Besucher fühlen? Was soll eure Wohnung zum Ausdruck bringen? Macht euch Notizen, und laßt euch inspirieren. Schreibt ein Gebet, ein Gedicht oder ein Gelübde. Ihr könnt auch ein Zitat oder ein Foto nehmen, das euer Gefühl zum Ausdruck bringt. Hängt euer Motto auf.

In *Was die Natur euch geben kann: Der Ort, an dem ihr lebt* findet ihr Anregungen, wie ihr eine stärkere Verbundenheit zu eurem Wohnort aufbauen könnt.

Ihr könnt auch ein Symbol entwerfen oder aussuchen, das euer Heim in Beziehung zum großen Ganzen stellt. Der Philosoph Marsilio Ficino, der im 15. Jahrhundert lebte, empfahl ein Modell des Universums oder ein Deckengemälde, das den Sternenhimmel darstellt. Es muß weder ein gegenständliches noch ein spirituelles Symbol sein. Es kann auch eine Pinnwand sein, an der ihr Briefe, Zeichnungen und Familienfotos aufhängt, eine Collage von besonderen Momenten und Gedanken. Wir haben auf einer Kommode eine Art Altar. Dort stellen wir die verschiedensten Dinge auf, je nachdem, welchem Anlaß wir gedenken: den Jahreszeiten, unseren Zielen – was immer gerade von Bedeutung ist. Und wenn wir beide viel zu tun haben, kann man das dort ablesen: Die Kommode ist leer und staubig.

Was die Seele anspricht

Thomas Moore, Psychotherapeut und Autor des Buches *Seel-Sorge*, sagt, was auch die Künstler der Renaissance und die Dichter der Romantik wußten: Die Seele braucht Schönheit, wie der Körper etwas zu essen

Ein gemütliches Zuhause

braucht. Diese Ansicht ist heute nicht sehr populär. Ist Schönheit für uns nicht hauptsächlich ein Faktor von Werbung und Reklame? Aber das hat natürlich wenig mit wirklicher Schönheit zu tun. Wahre Schönheit schlägt uns in ihren Bann. Wir halten inne, wenn wir ihr begegnen. Wir lassen den Alltag hinter uns. Gibt es solche Momente bei euch daheim? Blumen in einer Vase oder das Haar eurer kleinen Tochter, das in der Sonne leuchtet? Das Schöne spricht uns einfach an.

Wenn ihr Einrichtungsgegenstände kauft, dann achtet darauf, was eure Seele anspricht. Wir haben uns vor kurzem einen Eßtisch zugelegt, der diese Qualität besitzt. Er ist wunderschön anzuschauen, er ist solide, und hat in den letzten 90 Jahren schon einigen Familien viel Freude bereitet. Fragt euch bei der nächsten Anschaffung: »Spricht dieses Stück meine Seele an?«, egal ob es sich um ein Geschirrtuch oder um ein Sofa handelt. Diese Frage hilft euch, bewußt zu kaufen oder Streit zu schlichten, weil eure Geschmäcker verschieden sind. Andere gute Fragen sind: »Gefällt mir das auch noch in einem Jahr? In fünf? In zehn?« Oder einfach: »Warum möchte ich diese Sache gern besitzen?«

Seht euch bei euch zu Hause um. Wie könnt ihr euer Heim verschönen? Schafft euch ein Zuhause, das euch *beide* anspricht. Kauft Geranien für den Vorgarten; stellt eine Schale mit Obst auf euren Nachttisch; tut euch mit Nachbarn zusammen, und helft einem älteren Nachbarn beim Fensterputzen; oder säubert ein unbewohntes Grundstück. Was brauchen wir zum Glücklichsein? Weder sterile Perfektion noch Reichtum, noch großartige Dekoration – wir brauchen Schönheit, die uns anspricht, die uns dem Alltagstrott entreißt und die uns den Moment bewußt erleben läßt.

Mehr dazu in *Nahrung für die Seele*

Ordnung muß sein

Natürlich gibt es auch eine Reihe praktischer Fragen, z. B.: »Wie können wir mehr Ordnung halten?«

Nehmt einen großen Einkaufskorb, und gebt all die Dinge, die sonst herumliegen, hinein: Bücher, die ihr in die Bibliothek zurücktragen müßt; Wäsche, die in die Reinigung gehört, usw.

Legt das Badespielzeug eurer Kinder in ein Netz über der Badewanne.

Ein gemütliches
Zuhause

Siehe: *Die Sache mit dem Schenken*

Post, Zeitschriften und Rechnungen sind ein Fall für sich. Geht eure Zeitschriften einmal im Monat durch, und schneidet aus, was ihr aufbewahren wollt. Besorgt euch Schachteln, Faltmappen oder einen Ordner, legt Kategorien an, z. B.: »unser Traumhaus«, »Rezepte«, »Handarbeiten«, und ordnet die Artikel, die Bilder, die Adressen usw. entsprechend ein. Lest die Post neben der Kiste mit dem Altpapier, und werft alles weg, was ihr nicht aufbewahren wollt. Schneidet Bilder oder Seiten aus Katalogen aus, notiert euch die Bestellnummer, und werft den Rest zum Altpapier.

Ihr könnt euch auch ein Ritual ausdenken, das euch hilft, regelmäßig auszumisten. Eine Familie hat folgendes erzählt: Sie räumen alle 14 Tage gemeinsam auf. Sie legen immer dieselbe fetzige CD auf, und los geht's. Anschließend gehen sie essen. Wißt ihr nicht, wohin mit euren Kleidern? Dann räumt im Herbst die Sommer- und im Frühjahr die Wintergarderobe weg. Gebt die Sachen in geeignete Behälter, oder stellt in der Garage oder auf dem Speicher zusätzliche Schränke auf.

Ein schönes Schlafzimmer

Wie könnt ihr euer Schlafzimmer gestalten, damit es eurem Liebesleben neuen Schwung verleiht? Fragt euch zunächst, ob es überhaupt das richtige Zimmer ist oder ob es nicht ein anderes gibt, das sich besser eignen würde (weil ihr euch darin wohler fühlt oder weil das Badezimmer gleich nebenan ist). Müßt ihr leise sein? Dann sorgt dafür, daß sich das ändert. Stellt Bücherregale auf, kauft euch Vorhänge aus einem schweren Stoff, legt euch einen Teppich oder einen Teppichboden zu, verkleidet die Wände mit einer Schallisolierung, und tapeziert sie mit Textiltapete. Sorgt dafür, daß ihr euch ungestört fühlt. Das kann einiges bewirken. Verbannt alles, was euch sonst noch stören könnte: den Fernseher, Kinderspielzeug, die Kinder, alte Socken, das Büro. Das wirkt sich positiv auf euren Schlaf und euer Lustempfinden aus.

Und nun zu eurem Bett: Ist es bequem? Fühlt ihr euch beide wohl darin? Habt ihr genügend Platz? Wie ist die Matratze? Ist sie zu weich oder zu hart? Quietscht euer Bett? (Das kann die stärkste Leidenschaft erschüttern.) Wir verbringen etwa ein Drittel unseres Lebens im Bett. Wir sollten also hier nicht sparen. Wenn ihr euch kein neues leisten könnt, dann sucht nach einer anderen Lösung: Quietscht euer Bett? Baut eine Holzplattform, und legt eure Matratze darauf. Ist eure Matratze unge-

Ein gemütliches Zuhause

mütlich hart? Gebt eine Woll- oder eine Rheumadecke darüber, damit sie weicher wird.

Denkt auch an die Beleuchtung. Legt Kerzen und ein Feuerzeug parat, schafft euch einen Dimmer an, oder legt euch bunte Birnen zu. Das sorgt für Atmosphäre.

Wenn ihr Sexartikel oder Sexspielzeug verwendet, dann verstaut diese Dinge in einer Schublade oder in einem Schrank, den ihr verschließen könnt. So sind sie vor den Kindern und der Putzfrau sicher.

Auch Duftöle und Musik sorgen für Stimmung. Sie helfen euch, abzuschalten, zu entspannen und das Zusammensein mit eurem Partner bewußt zu genießen.

Siehe: *Nahrung für die Sinne* und *Was Musik bewirkt: Musik für gewisse Stunden*

LITERATUR UND TIPS:

Linn, Denise: *Magie des Wohnens. Spirituelle Wege zu einem ganzheitlichen Wohnen.* Goldmann 1996.

Moore, Thomas: *Seel-Sorge. Tiefe und Spiritualität im täglichen Leben finden.* Knaur, 1993. Sehr inspirierend.

Selle, Gert: *Die eigenen vier Wände. Zur verborgenen Geschichte des Wohnens.* Campus, 1993.

Olivier, Marc: *The Psychology of House.* Thames and Hudson, 1972. Ein Buch zum Thema »Die Seele von Häusern«.

EIN ORT FÜR EUCH ALLEIN

IHR BRAUCHT:

Einen Ort, an dem euch niemand stört, bei euch zu Hause oder in der Nähe.

Papier und Stifte, wenn ihr wollt.

Dinge, die ihr mögt: Krimis, Daunenkissen, den Geruch von frischgeschnittenem Gras, Fotos aus schönen Tagen.

Dauer: etwa eine Stunde, bis ihr euren Rückzugsort gefunden und eingerichtet habt, danach solange ihr bleiben wollt bzw. könnt.

WANN . . . ?

- Wenn ihr immer wieder sagt: »Wir können nie allein sein.«

- Wenn ihr manchmal einfach aus allem raus müßt.

- Wenn ihr euch nach Ruhe und Entspannung sehnt.

WORUM GEHT'S?

Ein Rückzugsort ist ein Ort, an dem ihr eure Sorgen vergessen könnt. Ein Unterschlupf, an dem nicht über Arbeit, Kinder und Probleme diskutiert wird. Es ist ein Ort, an dem ihr miteinander reden könnt, ein Ort der Ruhe und des Friedens. Ein Palmenstrand? Das ist eine Möglichkeit. Oder: Eine gemütliche Ecke bei euch daheim, die ihr eurer Beziehung weiht.

Ist es nicht egal, wo ihr euch zusammensetzt? Das ist es nicht: Wenn ihr euch einen Rückzugsort einrichtet, schafft ihr ein *sichtbares Zeichen* dafür, daß ihr etwas für die Beziehung tun wollt. Es besagt: »Die Beziehung ist uns wichtig, und dieser Platz ist ihr gewidmet.« Ein Rückzugsort hilft euch, zur Ruhe zu kommen und schwere Zeiten besser zu bewältigen. Wenn ihr in einer Krise steckt oder viel zu tun habt, tröstet die Gewißheit, daß es diese Zufluchtsstätte gibt. Hier könnt ihr wieder zueinanderfinden. Hier könnt ihr einen zähen Streit begraben. Hier könnt ihr viel für die Beziehung tun.

WAS IHR FÜREINANDER TUN KÖNNT:

Wie stellt ihr euch euren Rückzugsort vor?

Wie soll er beschaffen sein, euer Rückzugsort? Macht ein Spiel daraus: Nehmt ein heißes Bad; öffnet eine Flasche Wein, und macht euch einen netten Abend; legt euch ins Bett, schließt die Augen, und hört Musik.

Laßt euch von den Fragen inspirieren. Wie stellst du dir diesen Ort vor? Dein Partner kann sich ein paar Notizen machen. Was willst du von eurem Rückzugsort? Was soll dort geschehen? Wahrscheinlich habt ihr mehr als einen Wunsch. Was ich mir wünsche: eine Zeitlang ungestört zu sein und die Gewißheit zu haben, daß Chris ganz für mich da ist. Und Chris wünscht sich, daß wir hier alles bereinigen können, was sich an Vorbehalten angesammelt hat, und daß das Thema »Geld« hier nicht zur Sprache kommt. Was wir uns beide wünschen: daß wir einander mit Respekt und mit Anteilnahme begegnen. Unsere Wünsche lassen sich vereinbaren.

Was wünscht ihr euch? Es gibt nur eine Regel: *Fragt euch nicht, ob eure Wünsche realistisch sind.* Laßt eurer Phantasie freien Lauf. Und noch eines: Keine Kommentare oder Gesten, die den Partner irritieren könnten.

Ein *gemeinsamer Rückzugsort* – was bedeutet das für mich?

Dieser Ort kann überall sein. Wo zieht es mich hin? Wie sieht er aus? Wonach riecht es dort? Welche Geräusche sind zu hören?

Was soll hier auf keinen Fall geschehen?

Was ist für mich das Wichtigste an unserem Rückzugsort?

Wie der Rückzugsort konkret aussieht

Wichtig ist nicht, wo ihr euren Rückzugsort einrichtet, wichtig ist, wie ihr euch dort fühlt. Dasselbe gilt auch für die Einrichtung. Ihr könnt ihn aufwendig gestalten oder ganz einfach – wie ihr wollt.

«Wo zieht es mich hin? Wie sieht er aus? Wonach riecht es dort? Welche Geräusche sind zu hören?« Was habt ihr geantwortet? Was ist euch besonders wichtig? Was braucht ihr, um euch wohl zu fühlen? Was macht euch Spaß? Überlegt euch, wo in eurer Wohnung ihr zumindest etwas davon findet.

Bei uns war es so: In Chris' Vorstellung war unser Rückzugsort eine Art Familie-Robinson-Baumhaus irgendwo in der Natur. Ich träumte von einer kuscheligen Höhle mit einem offenen Kamin und vielen Kissen und

Tut euch gut! Das Wohlfühlbuch für Paare

Ein Ort für euch allein

dem Duft von frischen Kräutern. Ruhe war uns beiden wichtig. Wir entschlossen uns, zwei Rückzugsorte einzurichten. (Unser Haus ist ziemlich klein, und es steht in einem Vorort.) Das Baumhaus ist eine große Hängematte im Garten, mein Nest ist unser Bett.

Chris wünschte sich Naturgeräusche. Wir haben uns eine entsprechende Kassette zugelegt und spielen sie auf unserem tragbaren Kassettenrecorder ab. Ich möchte den Geruch von Kräutern, also verwenden wir ätherische Öle. Wir öffnen die Fenster im Schlafzimmer, legen die Kassette ein und schlüpfen in einen magischen Kokon, einen sicheren Hafen, der uns die Welt vergessen läßt – auch wenn es nur für zehn Minuten ist.

Den Rückzugsort einweihen

Beziehungsarbeit hat etwas Heiliges an sich. Und der Ort, an dem ihr sie verrichtet, kann euch heilig werden. Weiht diesen Ort, übergebt ihn seiner besonderen Bestimmung: Singt ein Lied; nehmt euch bei der Hand, und meditiert; lest ein Gedicht vor; betet. Wenn ihr kein extra Zimmer zur Verfügung habt und euren Rückzugsort in einem »normalen« Zimmer einrichtet, sind diese Dinge besonders wichtig. Legt Musik auf (sie schluckt störende Geräusche und sorgt für Atmosphäre); überlegt euch ein Losungswort oder einen Satz, der das Wohnzimmer zu *eurem* Zimmer macht; schweigt für eine Minute; oder sprecht ein Gebet. Verwandelt dieses Zimmer in einen Ort der Ruhe und der Verbundenheit.

Wenn ihr Kinder habt oder mit euren Eltern zusammenwohnt, könnt ihr sie in die Gestaltung eures Rückzugsorts mit einbeziehen, wenn ihr wollt. Dann fällt es ihnen leichter zu verstehen, warum ihr euch von Zeit zu Zeit zurückzieht, und sie fühlen sich nicht ausgeschlossen.

Wir wollen ungestört sein

Überlegt euch, was euch stören könnte und wie ihr damit umgehen wollt. Was stört euch nicht? Was stört dich? Was stört deinen Partner? Stört es ihn, wenn du den Hund streichelst? Stört es sie, wenn du mit der Katze spielst? Geht ihr ans Telefon? Öffnet ihr, wenn jemand klingelt? Was sagt ihr euren Kindern, euren Eltern (vielleicht sogar den Nachbarn), wenn ihr euch zurückziehen wollt?

Ein Ort für euch allein

Kinder unter vier verstehen noch nicht, worum es geht. Wenn ihr kleine Kinder habt, müßt ihr einen Babysitter engagieren oder warten, bis sie schlafen. (Ja, ich weiß: Wenn man kleine Kinder hat, ist es schon schwer genug, ein Buch zu lesen, ganz zu schweigen davon, einen Rückzugsort zu visualisieren und einzurichten.) Wenn eure Kinder vier Jahre oder älter sind, dann macht sie langsam damit vertraut, daß ihr manchmal Ruhe braucht. Macht ihnen klar, daß *jeder* Zeit für sich braucht, die Eltern *und* die Kinder. Verwendet einen Wecker, das macht die Sache leichter. Sagt euren Kindern, wie lange ihr ungestört sein wollt. Fangt mit ein paar Minuten an. Fragt eure Kinder, was sie während dieser Zeit machen wollen, z. B. malen oder Musik hören. Stellt die Uhr auf fünf Minuten, und erklärt noch einmal, daß ihr allein sein wollt, bis der Wecker läutet. Wenn ein Kind vor Ablauf der fünf Minuten kommt, dann setzt euch zusammen, und besprecht das Thema »Ungestört sein wollen« ausführlicher.

Macht die Tür zu. Wenn eure Kinder zweieinhalb sind, könnt ihr ihnen langsam beibringen, daß sie klopfen sollen, wenn eure Tür geschlossen ist. Macht das auch bei ihrem Zimmer. Wenn die Tür geschlossen ist, wird angeklopft. Wenn eure Kinder schon lesen gelernt haben, könnt ihr auch ein Schild an eure Tür hängen, auf dem »Bitte nicht stören« steht. Wenn eure Tür sonst meist offensteht, lernen eure Kinder schnell, daß sie klopfen müssen, wenn sie geschlossen ist.

Erklärt euren Rückzugsort zur neutralen Zone

Das ist vielleicht das Schwierigste daran: Setzt euch zusammen, und besprecht, was »neutrale Zone« heißen soll. Stellt gemeinsam ein paar Regeln auf. Das macht die Sache leichter. Hier ein paar Tips:

Was heißt »neutrale Zone«? Heißt es, daß ihr hier nicht streiten wollt? Heißt es, daß die »heißen« Themen hier gemieden werden (Sex, Geld usw.)? Oder daß ihr sie nur bei einem »Ich höre dir zu« ansprechen wollt oder im Rahmen eines anderen Rituals?

Wollt ihr hier Zuflucht suchen, wenn ihr streitet? Oder nur, wenn zwischen euch alles im reinen ist?

Ein Ort für euch allein

Was macht ihr, wenn sich einer von euch wünscht, einen Streit in eurem Rückzugsort zu schlichten, und der andere seinen Ärger nicht so schnell begraben kann?

Was ist, wenn einer das Bedürfnis hat, sich zurückzuziehen, und der andere nicht mitkommt? Fangt ihr an zu streiten?

Vielleicht gelingt es euch, euren Rückzugsort mit so viel Liebe und Achtung zu erfüllen, daß es euch dort leichtfällt, eure Streitigkeiten beizulegen, z. B.: Ihr streitet zum hundertsten Mal über dasselbe Thema, und dein Partner schlägt vor, daß ihr euch an eurem Rückzugsort zusammenfindet. Ihr setzt euch ein paar Minuten schweigend hin, und nach einer Weile könnt ihr die Sache mit anderen Augen sehen. (Das ist mal wieder so ein schönes Beispiel, das wahrscheinlich besser zu einem Gandhi paßt als zu dir und mir. Versuchen sollten wir es aber trotzdem.)

Übrigens

Euer Rückzugsort, euer Heiligtum, euer Ort der Ruhe und der Zweisamkeit oder wie immer ihr ihn nennen wollt, kann alles sein, was *ihr* daraus macht. Vergegenwärtigt euch von Zeit zu Zeit, was dieser Ort für euch bedeutet (für euch *beide*), und was ihr dort erreichen wollt.

Idealerweise

Ideal ist es natürlich, wenn jedes Mitglied der Familie ein eigenes Zimmer hat. Wenn ihr darauf achtet, daß jeder sich zurückziehen und mit sich allein sein kann, erlebt ihr die Zeit, die ihr zusammen seid, um so angenehmer.

LITERATUR UND TIPS: Ein Ort für euch allein

Louden, Jennifer: *Tu dir gut! Das Wohlfühlbuch für Frauen.* Verlag Hermann Bauer, 1995. Mit einem Kapitel zum Thema »Einen Rückzugsort gestalten«, dem ihr weitere Anregungen entnehmen könnt.

Seiler, Susanne G.: *Oasen der Stille. Ein Führer zu 80 Zentren der Meditation in Deutschland, Österreich und der Schweiz.* Goldmann, 1993. Ein Buch, dem ihr Adressen von Klöstern und anderen Stätten entnehmen könnt, die euch einen Rückzug bieten, wenn ihr bei euch zu Hause keinen Rückzugsort einrichten könnt oder nach Anregungen sucht.

ACHTUNG, ROMANTISCHE VORSTELLUNGEN ODER: WEISST DU, WAS LIEBE IST?

IHR BRAUCHT:

Den Mut, einen Blick hinter eure Illusionen zu werfen.

Entspannende Musik, z. B.: *In Medicine River* von Coyote Oldman.

Dauer: 20 Minuten.

WANN . . . ?

- Wenn es dir schwerfällt, deinen Partner so zu sehen, wie er/sie wirklich ist.

- Wenn du nicht weißt, was der Unterschied zwischen Liebe und romantischen Vorstellungen ist.

- Wenn es nur dann Liebe ist, solange ihr Ritter und Prinzessin spielen könnt.

- Wenn du von deinem Partner oder der Beziehung schwer enttäuscht bist.

WORUM GEHT'S?

Was bedroht unsere Beziehungen am meisten? Die Illusionen, die wir haben. Unsere Sehnsucht nach Romantik wird unweigerlich enttäuscht, aber dadurch wird sie nur noch größer. Warum ist das so?

Weil wir – ohne es zu wissen – an eine Tradition anknüpfen, die im Mittelalter ihren Ursprung hat: die höfische Liebe. Aber dabei handelt es sich eigentlich um eine *spirituelle* Beziehung: Ein Ritter verliebte sich in eine Dame mit großer, verzehrender, ja heiliger Leidenschaft. Und weil er diese Dame so verehrte, vollbrachte er wahre Heldentaten. Er wuchs über sich hinaus. Er verehrte sie, wie man eine Gottheit verehrt. Aber Achtung: Ritter und Dame haben *nie* geheiratet, und sie haben ihre Leidenschaft auch nicht eingelöst. Sie haben sie geschürt, aber sie haben sie nie der Belastungsprobe des Alltags ausgesetzt (volle Babywindeln, schlechter Morgenatem, wenig Geld).

Tut euch gut! Das Wohlfühlbuch für Paare

Die höfische Liebe hat dem Leben des Adels einen Sinn verliehen. Sie hat ihm die Möglichkeit gegeben, sich mit etwas Höherem zu verbinden. Es war eine ekstatische Erfahrung. Auch heute sehnen wir uns nach einem solchen Hochgefühl, das unserem Leben einen Sinn verleiht. Im Mittelalter hat die höfische Liebe funktioniert, aber wir können sie nicht einfach übernehmen. Sie paßt nicht mehr in unsere moderne Welt. Allerdings haben wir nichts gefunden, was sie ersetzen könnte. Wir haben unbewußt die Ideale der höfischen Romantik übernommen, die Sehnsucht, durch Liebe Erfüllung zu finden, und wir versuchen, diese Sehnsucht in einer alltäglichen Beziehung zu verwirklichen. Und dann stellen wir verwundert fest, daß unser Partner unseren Erwartungen nicht entspricht, daß wir nicht wissen, was Liebe ist und was romantische Vorstellungen sind, und daß wir immer wieder vor der Frage stehen, ob wir zusammenbleiben oder unsere persönliche Erfüllung suchen sollen.

Achtung, romantische Vorstellungen oder: Weißt du, was Liebe ist?

Welche Worte verwenden wir, um die Liebe zu beschreiben? Sie hat uns »den Kopf verdreht«, wir sind »eins mit unserem Partner«, wir »himmeln ihn/sie an«, wir sind »im siebten Himmel«. *Wir versuchen, unsere spirituellen Bedürfnisse durch unsere Beziehung zu befriedigen.* Wir versuchen, mit Hilfe unserer menschlichen, weltlichen Beziehung mit dem Göttlichen in Kontakt zu kommen. Es gibt drei Gründe, warum das nicht funktioniert. Erstens: Uns ist nicht bewußt, wonach wir suchen. Zweitens: Wir sind nur Menschen, und wenn der Alltag uns beutelt, flüchten wir nur allzu gern in eine neue Beziehung. Dann erwacht in uns die Sehnsucht nach einer neuen Liebe, denn wir sehnen uns danach, wieder diesen Zauber und diese Ekstase zu erleben. Drittens: Es ist einfach unmöglich, denn wie Nathaniel Branden in *Liebe für ein ganzes Leben* sagt: »Kein anderer kann für uns denken, keiner kann für uns fühlen, keiner unser Leben für uns leben, *keiner unserem Leben einen Sinn geben. All das sind Dinge, die wir selbst tun müssen.* (Hervorhebung der Autorin.)« Die Liebe kann uns *helfen*, einen Sinn zu finden, sie kann ihn jedoch nicht ersetzen.

Das heißt nicht, daß wir unsere Sehnsucht nach der großen romantischen Liebe ad acta legen müssen. Bis über beide Ohren verliebt zu sein ist eine machtvolle Erfahrung, und sie berührt uns tief. Aber eines dürfen wir nicht tun: Wir dürfen von unserer Beziehung nicht zuviel verlangen. Wir können lernen, zwischen unserer *realen* Beziehung und unserer Sehnsucht nach Romantik zu unterscheiden, ohne daß dabei jenes Knistern verlorengeht, das unsere Liebe am Leben hält.

Achtung, romantische Vorstellungen oder: Weißt du, was Liebe ist?

WAS IHR FÜREINANDER TUN KÖNNT:

Was ist wahre Liebe?

Wie kannst du dich vor Illusionen schützen? Indem du dir bewußtmachst, was Liebe für dich heißt. Was hältst du von den folgenden Aussagen? Sind sie richtig oder falsch? Denk nicht lange nach. Sag nicht, was die Vernunft dir vorschreibt, sondern was du *fühlst*.

---

1 = Nein   2 = Manchmal   3 = Ja

PARTNER 1   PARTNER 2

_____   _____   Es gibt sie, die Liebe auf den ersten Blick. Wenn du dich auf den ersten Blick verliebst, dann bist du dem Mann oder der Frau deines Lebens begegnet.

_____   _____   Wenn man einander wirklich liebt, klappt es auch im Bett.

_____   _____   Eheschließungen sollten wie früher von Dritten arrangiert werden.

_____   _____   Die Liebe bleibt irgendwann auf der Strecke.

_____   _____   Wahre Liebe dauert bis ans Lebensende.

_____   _____   Unsere Liebe wächst, je länger wir zusammen sind.

_____   _____   Liebe tut weh.

_____   _____   Streiten ist gesund.

| 1 = Nein | 2 = Manchmal | 3 = Ja | Achtung, romantische Vorstellungen oder: Weißt du, was Liebe ist? |

_____ _____ Es gibt sie, die Liebe für ein ganzes Leben.

_____ _____ Jede Beziehung verliert irgendwann ihren Reiz.

_____ _____ Zusammenleben, bis daß der Tod uns scheidet? Unmöglich!

_____ _____ An der Beziehung arbeiten? Wenn wir wirklich zusammengehören, brauchen wir das nicht.

_____ _____ Zwei Menschen, die sich lieben, sollten in der Lage sein, einander alle Bedürfnisse zu befriedigen.

_____ _____ Ohne Romantik verliert jede Beziehung früher oder später ihren Reiz.

Geht eure Antworten gemeinsam durch. Was glaubst du? Was glaubt dein Partner? Wie wirkt sich das auf die Beziehung aus? Das ist kein leichtes Thema, und durch einen Test und ein Gespräch ändert sich nicht viel. Aber wahrscheinlich wird euch in den nächsten Tagen noch einiges bewußt, z. B. wie eure Ängste, eure Bedürfnisse und euer Verhalten gegenüber eurem Partner mit dem zusammenhängen, was ihr über Liebe denkt. Zum Beispiel: Du fürchtest dich vor Auseinandersetzungen. Dir ist soeben klargeworden, daß du der Meinung bist, daß alle Beziehungen früher oder später in die Brüche gehen. Vielleicht begreifst du jetzt, warum du dich so sehr vor Auseinandersetzungen fürchtest: weil du Angst hast, eure Beziehung sei gescheitert. Vielleicht kannst du diese Angst jetzt anders sehen: Sie beruht auf einer Überzeugung, die du ändern kannst. Versuch, der Sache auf den Grund zu gehen. Hab Geduld mit dir, und wundere dich nicht, wenn ihr wegen dieses Themas streitet. Wir sind sehr verletzlich, wenn es um unsere wunden Punkte geht. Versuch, deinem Partner bewußt und offen zu begegnen, was immer auch geschehen mag.

Siehe: *Die Kunst des Akzeptierens*. Das kann euch weiterhelfen.

Achtung, romantische Vorstellungen oder: Weißt du, was Liebe ist?

Was ist jenseits unserer Projektionen?

Wer ist der Mensch, mit dem du zusammenlebst? Wer verbirgt sich hinter deinen Projektionen? Die folgende Visualisierungsübung hilft dir, das herauszufinden. Sie wurde von Belleruth Naparstek angeregt. Er ist Therapeut und leitet Seminare.

Ihr braucht 20 Minuten Zeit und einen Ort, an dem ihr ungestört seid. Wenn ihr diese Übung gemeinsam macht, könnt ihr einander abwechselnd die Anleitung vorlesen. Lest langsam, und spielt entspannende Musik im Hintergrund.

> **Entspann dich**. Achte auf den Atem. Wo bist du verspannt? Atme dort hinein, und spür, wie gut das tut ... Dein Atem führt dich in dein Zentrum, dorthin, wo du offen und entspannt bist, sicher und frei.

(Wenn du die Übung deiner Partnerin vorliest, dann nimm im folgenden jeweils die maskuline Form.)

> Achte wieder auf den Atem, und denk an deine Partnerin. Denk an diese wunderbare Frau. Sieh ihr Bild vor Augen. Nimm sie wahr. Laß sie in dein Bewußtsein treten ... Sieh sie vor dir stehen. Welche Haltung nimmt sie ein? Wo ist sie? Was hat sie an? Spür, was sie spürt; begib dich selbst in diese Szene. Geh um sie herum, betrachte sie von allen Seiten ... Langsam lösen sich die Grenzen auf, und du trittst in ihr Bewußtsein ein. Laß es geschehen ... Spürst du Widerstände? Hast du Angst? Rede dir gut zu. Du kannst jetzt miterleben, was sie denkt und fühlt, du kannst mit ihr atmen und fühlen, wie es ist, in ihrer Haut zu stecken. Schau hinunter, und du siehst ihre Hände, ihre Füße, ihre Kleidung. Du fühlst, was in ihrem Herzen vorgeht ... Du spürst ihren Bauch ... die Rückenmuskeln und den Nacken. Du siehst mit ihren Augen. Du siehst die Welt, wie sie sie sieht. Du hörst mit ihren Ohren. Du atmest ihren Atem. Du fühlst, was *sie* fühlt ... Kannst du dich sehen, so wie sie dich sieht? Sieh dich mit ihren Augen. Wie siehst du aus? Wie wirkst du auf sie? ... Wie ist es, dich mit ihren Augen anzusehen? Sieh dich eine Zeitlang an, und atme ihren Atem. Kehr dann langsam zu dir zurück. Du spürst wieder deinen Körper, du kehrst in dein Bewußtsein zurück. Du bist wieder ganz bei dir, du atmest wieder deinen Atem. Du spürst die Füße, du spürst den Stuhl oder das Bett unter dir.

Wie ist es dir ergangen? Mach dir ein paar Notizen.

Sprich mit deinem Partner.

Achtung, romantische Vorstellungen oder: Weißt du, was Liebe ist?

Gute Freunde werden

Was hält Beziehungen zusammen? Die Zeitschrift *Psychologie heute* befragte 351 Paare, die 15 Jahre oder länger verheiratet sind. Die zwei meistgenannten Gründe waren: »Mein Partner ist mein bester Freund« und: »Ich mag ihn/sie als Mensch«. Wie oft ist jedoch das Gegenteil der Fall. Sind die Erwartungen, die wir an unseren Partner stellen, nicht sehr hochgeschraubt? Von unseren Freunden würden wir das nie verlangen! Habt ihr euch mal überlegt, wieviel toleranter ihr gegenüber euren Freunden seid? Wie wär's, wenn ihr versuchen würdet, gute Freunde zu sein, statt einander ständig an romantischen Vorstellungen zu messen?

Wenn du im Begriff bist, deinen Schatz zu kritisieren, dann überleg dir mal: »Würde ich das auch zu einem Freund oder einer Freundin sagen?« Und wenn du Forderungen stellst, solltest du dich fragen: »Würde ich das auch von einem Freund verlangen?«

Siehe: *Wenn euch der Anfang schwerfällt: Heute nehme ich dich so an, wie du bist*

«Was kann ich heute tun, um meine Partnerin wie eine gute Freundin zu behandeln?« Stell dir diese Frage jeden Morgen, eine Woche lang. Nimm die Antwort ernst, und handle entsprechend, auch wenn das, was du tust, dir komisch oder unbedeutend vorkommt.

Was könnt ihr tun, um euch wie Freunde zu behandeln? Schreibt 15 Dinge in euer Beziehungstagebuch. Wählt je fünf Punkte aus, die euch besonders gut gefallen. Schreibt sie auf ein Blatt Papier, dann habt ihr eine Liste von zehn Punkten, die euch hilft, eure Freundschaft zu vertiefen. Legt sie an einen Ort, wo ihr sie oft sehen könnt.

Siehe: *Euer Beziehungstagebuch*, wenn ihr mehr über das Thema »Brainstorming« wissen wollt.

Noch ein paar Tips

Glaubt nicht, daß ein paar Übungen genügen, eure Vorstellung von Liebe grundlegend zu verändern. Sie ist tief verwurzelt, und es ist ein langer Weg, bis wir lernen umzudenken. Robert Johnson, Therapeut und Autor, meint sogar, daß es die schwierigste Aufgabe ist, die man sich in

Achtung, romantische Vorstellungen oder: Weißt du, was Liebe ist?

unserer modernen westlichen Welt stellen kann – zumindest, was die Entwicklung des Bewußtseins anbelangt. Hier noch ein paar Anregungen:

Lest die Bücher, die ihr unter »Literatur und Tips« findet.

Wiederholt die Übungen in einem halben Jahr.

Filme, Popmusik und Medien tragen viel dazu bei, den Mythos von der großen Liebe aufrechtzuerhalten. Achtet mal bewußt darauf, und unterhaltet euch darüber. Wenn ihr wollt, könnt ihr diesem Thema ein Kapitel in eurem Beziehungstagebuch widmen.

»Was tut dieser Film, um unsere romantischen Illusionen zu nähren?« Wenn ihr euch diese Frage stellt, wird euer Fernsehabend plötzlich wieder spannend.

Was könnt ihr tun, um in eurem Leben mehr Sinn zu finden? Im Kapitel »Nahrung für die Seele« findet ihr mehr darüber.

Was könnt ihr tun, um euch von überzogenen Erwartungen zu befreien? Die Kapitel »Weg mit dem aufgestauten Ärger« und »Vergeben« helfen euch dabei.

Literatur und Tips:

Branden, Nathaniel: *Liebe für ein ganzes Leben. Psychologie der Zärtlichkeit.* Rowohlt, 1985.

Haule, John R.: *Heilige Verzauberung. Archetypen und Stadien der Romantischen Liebe.* Ansata, 1991. Eine Untersuchung über die transformierende Kraft der Liebe in Mythen, Literatur und Religion und im wirklichen Leben.

Johnson, Robert A.: *Traumvorstellung Liebe. Der Irrtum des Abendlandes.* Knaur, 1987. Johnson untersucht anhand der Geschichte von Tristan und Isolde, was wir uns unter romantischer Liebe vorstellen und welche Illusionen wir uns dabei machen.

Katz, Stan J./Liu, Aimee E.: *Im siebten Himmel ist die Luft so dünn. Vom Verliebtsein zur »großen Liebe«.* Goldmann, 1996.

Person, Ethel S.: *Dreams of Love and Fateful Encounters.* Penguin, 1988. Eine Analyse der Liebe. Ein fundiertes Buch.

Achtung, romantische Vorstellungen oder: Weißt du, was Liebe ist?

NAHRUNG FÜR DIE SEELE

IHR BRAUCHT:

Euer Beziehungstagebuch oder Papier und Stifte.

Dauer: 20 Minuten bis eine Stunde, vielleicht auch etwas länger.

Siehe: *Achtung, romantische Vorstellungen oder: Weißt du, was Liebe heißt?*

WANN . . . ?

- Wenn ihr das Bedürfnis habt, euch als Teil des großen Ganzen zu empfinden.

- Wenn ihr einen Machtkampf beenden wollt.

- Wenn euch die Vorstellung fasziniert, daß ihr eure Beziehung dazu nutzen könnt, dem Göttlichen zu begegnen.

WORUM GEHT'S?

Eure Beziehung kann eure spirituellen Bedürfnisse nicht befriedigen, aber sie kann euch den Weg weisen. *Es ist nicht die Beziehung, die unserem Leben einen Sinn verleiht, aber sie kann uns helfen, einen Sinn zu finden.* Oder anders ausgedrückt: Nicht euer Partner macht den Sinn des Lebens aus, aber die Erfahrungen, die ihr in der Beziehung sammelt, können euch helfen, einen Zugang zum Lebenssinn zu finden.

Unsere Beziehung fordert uns. Wir müssen unser Bestes geben: Sie fordert Liebe, Geduld und Mitgefühl. *Jeden Tag!* Unsere Beziehung konfrontiert uns mit unseren Schwächen und mit all den Dingen, die wir an uns selbst nicht leiden können. Die Liebe konfrontiert uns mit der Polarität des Erdenlebens in ihrer krassesten Form: Sie zeigt uns, daß wir einen Menschen, den wir lieben, zehn Minuten später hassen können. Sie zeigt uns auch, wie paradox das Leben ist: Je mehr wir einen Menschen lieben, desto mehr Freiheit müssen wir ihm lassen. Durch die Liebe lernen wir das Leben kennen, und wir erfahren, wonach sich unsere Seele sehnt.

WAS IHR TUN KÖNNT:

Nahrung für die Seele

Geh einmal in dich: Woran glaubst du?

Die folgenden Fragen helfen dir herauszufinden, woran du glaubst. Laß sie auf dich wirken. Laß sie dir eine Zeitlang durch den Kopf gehen. Was glaubst du in deinem Innersten? Vielleicht wird dir auch klar, daß du das eine oder andere neu formulieren möchtest.

Auch wenn ihr glaubt, eure spirituellen Bedürfnisse zu kennen, kann es sein, daß es Themen gibt, die euch nicht bewußt sind oder über die ihr noch nie gesprochen habt. Nutzt also die Chance.

Sprich alles aus, oder schreib alles auf, was dir zu diesen Fragen einfällt. Wenn du die Übung mündlich machst, halte nachher ein paar Notizen fest, die du deinem Partner zeigen kannst. Oder sprich deine Antworten auf Band.

Ich glaube, Gott (die Göttin, der Schöpfer, die Schöpferkraft) ist . . .

Ich glaube, meine Seele ist . . .

Mein Partner kann mein spirituelles Wachstum unterstützen, wenn er/sie . . .

Der Sinn meines Lebens ist . . .

An folgende religiöse Lehren, die ich als Kind kennenlernte, kann ich nicht mehr glauben: . . .

Diese Überzeugungen sind mir jetzt wichtig: . . .

Überzeugungen, die mir helfen, über Kummer und Verlust hinwegzukommen, sind: . . .

Das Gefühl, daß mein Leben einen Sinn hat, habe ich besonders, . . .

Siehe: Was die Natur euch geben kann: Fernab von allem − Eine Zeit des Rückzugs

Meine wichtigsten moralischen Grundsätze sind: . . .

Um meine spirituellen Bedürfnissen zu befriedigen, brauche ich . . .

Tut euch gut! Das Wohlfühlbuch für Paare

Nahrung für die Seele

Was unsere Seele braucht

Die Beziehung gibt uns also Gelegenheit, spirituell zu wachsen, aber sie kann unsere spirituellen Bedürfnisse nicht befriedigen. Die Beziehung bietet uns die Chance, unsere besten Fähigkeiten zu entwickeln, aber wir sollten auch andere Wege finden, unserem Leben einen Sinn zu verleihen. Der Psychologe Abraham Maslow sagt, daß wir erst erfahren müssen, was Wahrheit, Schönheit, Gerechtigkeit und Lebensfreude sind, um unser Leben als sinnvoll zu empfinden. Das kann ich nur unterstreichen.

In Helfen und sich helfen lassen; Ein gemütliches Zuhause; Was Musik bewirkt: Hausmusik und Gemeinsam kreativ sein: Das Innerste berühren findet ihr mehr zu diesem Thema.

Macht euch gemeinsam auf den Weg. Sucht euch eine andere Kirche, wenn ihr euch in der, die ihr kennt, nicht mehr zu Hause fühlt. Lest Bücher, die sich mit spirituellen Themen befassen: *Ein Kurs in Wundern* oder *Be here now* von Ram Dass, die Bibel, ein Buch zum Thema »Quantenphysik«. Beschäftigt euch mit Kunst und Musik. Lernt ein Instrument, oder malt gemeinsam. Steigt auf einen Berg, bleibt die ganze Nacht lang wach, und beobachtet die Sterne. Besucht einen Vortrag oder einen Kurs zum Thema »Spiritualität«. Oder setzt euch jeden Tag zur gleichen Zeit zusammen, und schweigt, atmet, betet oder meditiert. Regelmäßige Atemübungen und regelmäßiges Meditieren sind weit wirkungsvoller als Dinge, die ihr nur hin und wieder tut.

Eine höhere Bestimmung

Eure Beziehung hat eine höhere Bestimmung. Erstaunt euch das? Könnt ihr euch vorstellen, daß es in eurer Beziehung um mehr geht als um Geldverdienen, gegenseitigen Respekt und Kinder kriegen? Könnt ihr euch vorstellen, daß eure Beziehung zur Evolution der Menschheit beiträgt? Könnt ihr euch vorstellen, daß ihr euch nicht nur begegnet seid, weil ihr gern miteinander schlaft, sondern daß es da noch andere Gründe gibt?

Siehe: *Entspannen* und *Gemeinsam kreativ sein: Das Innerste berühren*

Jede Beziehung hat eine höhere Bestimmung. Was ist eure Bestimmung? Setzt euch zusammen, oder legt euch hin, **entspannt euch**, und stellt euch die Frage: »Warum sind wir zusammen? Was ist unsere höhere Bestimmung?« Was fällt euch dazu ein? Seht ihr Bilder oder Farben? Nehmt ihr Geräusche wahr? Laßt euch genügend Zeit. Was ist euch aufgefallen? Sprecht darüber, schreibt eine Geschichte, oder macht eine Collage.

262   *Tut euch gut! Das Wohlfühlbuch für Paare*

Wie sieht euer Leben aus? Welche Antwort gibt es für euch auf diese Frage? Fragt andere Paare (die offen dafür sind), was ihre höhere Bestimmung ist. Die Antworten sind natürlich individuell verschieden, und nur ihr beide wißt, was eure Antwort ist.

Der Beziehung Opfer bringen

Ohne Opfer geht es nicht. Doch wenn wir dem anderen zuliebe ein Opfer bringen, haben wir nicht selten das Gefühl, klein beizugeben oder den kürzeren zu ziehen. Wie wär's, wenn ihr einmal versuchen würdet, das Ganze so zu sehen wie der Mythologe Joseph Campbell. Er sagte, daß er nicht seiner Frau das Opfer bringt, sondern der Beziehung. Wenn du etwas anderes willst als dein Partner, dann gib nicht ihm oder ihr zuliebe nach, sondern tu es *für die Beziehung*.

Opfer sind etwas Heiliges. Ein Opfer bringen heißt, etwas herzugeben, an dem dir viel liegt. Wenn du auf deine Tennisstunde verzichtest und die Kinder abholst, damit deine Partnerin Squash spielen kann, und wenn du es mit dem Gefühl tust: »Es gibt noch etwas Drittes, außer ihr und mir: unsere Beziehung, und die braucht auch Zuwendung. Wenn ich auf meine Tennisstunde verzichte, tue ich es nicht ihr zuliebe, sondern ich tue es für unsere Beziehung«, dann hast du nicht das Gefühl, daß du der Dumme bist, sondern daß du etwas für deine spirituelle Entwicklung getan hast.

Wenn du mit dem Gefühl verzichtest, daß du dir dafür bald etwas zurückholen wirst («Gut, ich verzichte jetzt, aber dafür erwarte ich von dir . . .«), tust du dir nichts Gutes, denn früher oder später bekommst du das Gefühl, daß du der Familie nur noch Opfer bringst. Es funktioniert auch nicht, wenn immer nur derselbe gibt (z. B. die Frau). Der Beziehung Opfer bringen heißt nicht, Buch zu führen, wer wann auf was verzichtet, aber es heißt, daß ihr euch beide gleichermaßen angesprochen fühlt. Das Ganze ist Vertrauenssache.

Es gibt allerdings auch Grenzen. Wenn du deine Bedürfnisse vernachlässigst; wenn du mehr gibst, als du kannst; wenn du versuchst, deinen Partner zu beschwichtigen oder dir auf diese Weise Zuwendung zu

Nahrung für die Seele

Es ist etwas ganz Besonderes, wenn ihr euch diese Fragen während eines Retreats stellt. Siehe: *Was die Natur euch geben kann: Fernab von allem – Eine Zeit des Rückzugs*

Nahrung für die Seele

holen, dann gehst du zu weit. Opfer bringen heißt nicht, daß du den Heiligen spielen oder deine Gefühle unterdrücken sollst. Opfer bringen heißt für jeden etwas anderes, und es hängt natürlich auch von der jeweiligen Situation ab. Wie wär's, wenn du um der Beziehung willen mal darauf verzichten würdest, auf deinem Standpunkt zu beharren, deine Wünsche in den Vordergrund zu stellen und deinen Willen durchzusetzen?

Umarme deinen Schatten

Was stört dich an deinem Partner/deiner Partnerin am meisten? Die Dinge, die dich besonders ärgern, sind die Dinge, die du an dir selbst nicht leiden kannst.

Wenn sie dich das nächste Mal zur Weißglut bringt oder wenn du ihm am liebsten eine schmieren würdest, dann setz dich hin, und nimm ein paar tiefe Atemzüge. Egal wo du gerade bist. Atme, und stell dir die Frage: »Was erinnert mich dabei an mich selbst?« *Es kann gut sein, daß es eine Zeitlang dauert, bis eine Antwort kommt.* Nimm sie an, und zweifle nicht an ihr. Heiße diesen Aspekt deiner selbst willkommen. Nimm dich mit allen deinen Schwächen an, wenigstens ein paar Minuten lang. Danke deinem Partner, daß er/sie dir hilft, dich besser kennenzulernen.

Natürlich ist es nicht leicht, so zu reagieren, aber du kannst eine Menge daraus lernen.

Liebe kann alles transformieren

Wovor hast du Angst? Schreib alles auf: deine Ängste, deine Sorgen – alles, was dir schwer zu schaffen macht.

Sucht euch ein Plätzchen, an dem ihr euch geborgen fühlt, z. B. euren Rückzugsort. Setzt euch hin, und atmet. Wendet euch dann euren Ängsten zu. Lies eine Eintragung von deiner Liste vor, und mach eine Pause. Nehmt gemeinsam einen tiefen Atemzug, seht einander in die

Nahrung für die Seele

Augen, und stellt euch vor, wie diese Angst in Liebe eingehüllt wird – wie immer das auch aussehen mag. Dann bringt dein Partner seine Liebe verbal zum Ausdruck. *Laß alles gelten, was dein Partner sagt. Es hat eine tiefere Bedeutung.*

Jetzt kommt dein Partner dran. Geht so eure Listen durch, atmet, und hüllt eure Ängste in Liebe. Vielleicht bekommt ihr keine klaren Bilder, vielleicht verändern sich plötzlich die Ängste, vielleicht hört oder spürt ihr etwas. Was immer geschehen mag, es ist in Ordnung. Ein Beispiel:

PARTNER 1:
Ich habe Angst, daß ich zuwenig leiste.

(Pause, nehmt einen tiefen Atemzug, schaut einander in die Augen, und stellt euch vor, wie diese Angst in Liebe gehüllt wird.)

PARTNER 2:
Ich liebe deine Zweifel, denn sie helfen dir, dein Bestes zu geben und immer bereit zu sein.

PARTNER 1:
Ich habe Angst, daß ich es nie zu etwas bringen werde.

(Pause, nehmt einen tiefen Atemzug, schaut einander in die Augen, und stellt euch vor, wie diese Angst in Liebe gehüllt wird.)

PARTNER 2:
Ich liebe dich, so wie du bist. Ich bewundere den Erfolg, den du jetzt hast.

Liebe kann *alles* transformieren.

Nahrung für die Seele

Siehe: *Vergeben*

Nehmt eure Schwächen an

Es ist unmöglich, alles zu beherzigen, was hier geschrieben steht. Es ist unmöglich, den eigenen Idealen immer gerecht zu werden. Und wir sollten das auch nicht von uns erwarten. Wir müssen lernen zu vergeben, unserem Partner und uns selbst. Das fällt uns schwer – so schwer, daß ich diesem Thema ein eigenes Kapitel gewidmet habe.

LITERATUR UND TIPS:

Baldwin, Christina: *Das kreative Tagebuch. Tagebuchschreiben als Zwiesprache mit sich selbst.* Scherz, 1992. Eines meiner Lieblingsbücher! Eine wahre Wohltat.

Ein Kurs in Wundern. Greuthof, 1994. Ein faszinierendes Buch mit der Botschaft: Liebe ist Wahrheit, alles andere ist eine Illusion.

Miller, Ronald S.: *Handbuch der Neuen Spiritualität. Eine zusammenfassende Darstellung aller Strömungen des Neuen Bewußtseins.* Scherz, 1994. Hier findet ihr viele Anregungen, wie ihr Spiritualität in den Alltag integrieren könnt.

Miller, William A.: *Der Goldene Schatten. Vom Umgang mit den dunklen Seiten unserer Seele.* Hugendubel, 1995.

Sogyal Rinpoche: *Das tibetische Buch vom Leben und vom Sterben. Befreit leben im Bewußtsein der eigenen Vergänglichkeit.* Scherz, 1993. Ein Buch für alle, die sich für den tibetischen Buddhismus interessieren.

Steindl-Rast, David: *Die Achtsamkeit des Herzens. Ein Leben in Kontemplation.* Goldmann, 1992. Wie ihr euch dem Göttlichen nähern könnt, indem ihr euch dem Alltag öffnet.

Nahrung für die Seele

Welwood, John: *Ordinary Magic.* Shambhala, 1992. Eine Sammlung von Essays über Spiritualität im Alltag.

Woodman, Marion/Bly, Robert: *Facing the Shadow.* Sounds True Recording, Boulder, Colorado. Audiokassette. Geschichten, Gedichte und Kommentare zu Jungs Theorie des Schattens und seiner Rolle in dauerhaften Beziehungen.

Gemeinsam kreativ sein

Ihr braucht:

Papier zum Malen.

Zeichenstifte.

Buntstifte, Wasser-
farben usw.

Fingerfarben oder
Ton.

Sanfte, entspannende
Musik wie *Rosa-
mystica* von Therese
Schroeder-Sheker
oder inspirierende
Musik wie *Skeleton
Woman* von Flesh
and Bone.

Dauer: eine halbe
Stunde, eine Stunde
oder mehr.

Wann . . . ?

- Wenn ihr unausgeglichen seid, euch langweilt oder wenn euch danach zumute ist, den Kühlschrank leer zu essen.

- Wenn ihr das Bedürfnis habt, eure Beziehung besser kennenzulernen und sie darzustellen.

- Wenn ihr Gefühle zum Ausdruck bringen wollt, die man mit Worten nicht beschreiben kann.

Worum geht's?

Malen und nassen Ton kneten soll gut für die Beziehung sein? Das machen doch nur Kinder und Künstler. Wer nimmt sich denn für so etwas Zeit?

Es stimmt: Wir nehmen uns kaum Zeit für diese Dinge, aber sie würden uns so guttun. Beziehungen, die funktionieren, haben u. a. eines gemeinsam: die Partner spielen gern. Gemeinsam kreativ sein ist eine Möglichkeit. Schöpferisch tätig sein tut einfach gut: Es stärkt uns, es belebt uns, und es verleiht uns mehr Selbstbewußtsein.

Die Phantasie einsetzen, spielen, kreativ sein – diese Dinge helfen uns in vieler Hinsicht: Sie helfen uns, die Welt und unseren Partner neu zu sehen; sie zeigen uns neue Möglichkeiten, miteinander in Kontakt zu treten; sie geben uns die Chance, neue Erfahrungen zu sammeln; und sie haben schon viele Eltern und Kinder so manchen Regentag überstehen lassen. Gemeinsam kreativ sein macht Spaß, und es ist gut für die Beziehung.

(Und es ist auch eine schöne, sinnliche Erfahrung, wenn deine Finger durch feuchte Farben gleiten, wenn du mit den Händen nassen Ton berührst oder wenn du leuchtende Farben auf der glatten Oberfläche eines Zeichenblocks verteilst.)

Gemeinsam kreativ sein

Achtung: Es geht hier nicht um *Kunst*. Es geht nicht darum, schöne Bilder zu malen, es geht nicht um das Endprodukt, und es geht auch nicht darum, wer besser ist: Es geht darum, daß ihr einander besser kennenlernt. Versucht nicht, etwas Perfektes herzustellen. Es soll euch Freude bereiten. Macht ein Spiel daraus!

Was ihr füreinander tun könnt:

Die Welt des Staunens neu entdecken

Es tut uns gut zu staunen. Wir brauchen das Geheimnisvolle. Und es ist auch gut für die Beziehung: Es gibt unserer Liebe neue Kraft. Probiert es einmal aus.

Stellt einander täglich eine Woche lang die Frage: »Was würde geschehen, wenn . . .?« Was würde geschehen, wenn wir heute abend nicht fernsehen? Was würde geschehen, wenn wir nach Neuseeland ziehen? Was würde geschehen, wenn wir einen Spaziergang machen, statt auf diese Party zu gehen?

Spielt Kamera und Fotograf. Kamera, schließ deine Augen, und öffne sie erst wieder, wenn dein Partner den Auslöser (deine linke Schulter) berührt. Fotograf, du führst die Kamera, du stellst sie so auf, daß sie die Dinge aufnimmt, die du deinem Partner vor Augen führen möchtest. Was soll dein Partner so sehen, *als ob er/sie es noch nie gesehen hätte?* Wenn die Kamera in Position ist, dann drück den Auslöser (berühr die linke Schulter deines Partners). Kamera, öffne kurz die Augen, eine Sekunde lang, und nimm auf, was du gesehen hast. Euer Film hat zwölf oder vierundzwanzig Aufnahmen. – Wie war es, die Dinge so unvermittelt und so unvoreingenommen zu sehen? Wiederholt die Übung mit vertauschten Rollen. Ihr könnt sie auch im Urlaub machen. Es ist spannend, eine neue Gegend auf diese Art und Weise zu erkunden. Diese Übung hilft euch auch, eine neue Perspektive zu finden, wenn ihr in einer Krise steckt oder wenn ihr wegen einer Sache immer wieder streitet.

Siehe: *Wenn ihr in der Krise steckt*

Macht einen magischen Spaziergang. Zeigt einander Dinge, die euch zum Staunen bringen, die euch neugierig machen oder die euch gut gefallen. Seht das Blatt, das da am Wegrand liegt; seht die Pfütze, in der

Gemeinsam kreativ sein

sich der Himmel spiegelt. Seht euch diese Dinge genau an, sie sind eine kleine Welt für sich.

Malen statt Reden

Reden ist oft nicht genug. Dann brauchen wir andere Ausdrucksmittel, um uns einander mitzuteilen. Die folgende Übung habe ich von Shelly Van Loben Sels übernommen, einer wunderbaren Therapeutin aus Los Angeles.

In *Das tägliche Gespräch: Nonverbale Kommunikation* findet ihr mehr darüber, wie ihr ohne Worte kommunizieren könnt.

Legt Zeichenpapier und Stifte zurecht, legt entspannende Musik auf, und nehmt ein paar tiefe Atemzüge. Stellt oder setzt euch Seite an Seite. Eure Körper berühren sich. Einer fängt an und bringt irgendeine Linie zu Papier: eine Wellenlinie, eine gerade Linie, was auch immer. Der andere fügt etwas hinzu, wie eine Antwort im Gespräch. Macht das eine Zeitlang. Es gibt nur eine Regel: Knüpft an das an, was der andere gezeichnet hat.

Wie war das? Ist euch etwas klargeworden? Was war dein Thema? Worüber hat dein Partner/deine Partnerin »gesprochen«?

Ihr könnt diese Übung auch im Zusammenhang mit den Fragen machen, die ihr unter der Überschrift »Geh einmal in dich« in verschiedenen Kapiteln findet, oder wenn sich die Fronten in einer Diskussion verhärtet haben. Ihr könnt auch Öl- oder Wasserfarben nehmen, Buntstifte, Wachsmalkreide oder was immer ihr verwenden möchtet.

Bringt euren Ärger zu Papier

Siehe: *Konstruktive Auseinandersetzungen*

Wenn Rose und Virginia, zwei Filmemacherinnen, streiten, tun sie folgendes: Sie ziehen sich zurück und malen ihren Ärger und die Gefühle, die der Streit in ihnen ausgelöst hat. (Ihr braucht nicht viel vom Malen zu verstehen: Strichmännchen, Farbkleckse und Symbole reichen.) Wenn sich die Situation wieder entspannt hat, holen sie ihre Zeichnungen hervor. Sie helfen ihnen, über ihre Ängste zu sprechen und einander zu zeigen, wo sie verletzlich sind. Manchmal helfen ihnen diese Bilder auch, einen neuen Streit zum gleichen Thema rechtzeitig abzubiegen.

Gemeinsam kreativ sein

Das Innerste berühren

Ihr braucht zwei große Bögen Zeichenpapier und Stifte oder Wasserfarben eurer Wahl.

Malt einen großen Kreis, der das ganze Blatt ausfüllt. Sitzt schweigend beieinander, nehmt euch bei der Hand, **entspannt euch**, und stellt euch die Frage: »Wonach sehnt sich mein Partner im Innersten?« Sucht nicht nach einer Antwort, sondern laßt sie kommen. Laßt die Frage einfach auf euch wirken. Fangt an zu malen, wenn ihr soweit seid: Malt etwas in den Kreis hinein. Irgend etwas. Denkt nicht darüber nach. Laßt es einfach fließen – wie es auch aussehen mag. Denkt daran: Es geht hier nicht um Kunst. Euer Bild muß auch nichts Bestimmtes zum Ausdruck bringen. Wenn ihr fertig seid, könnt ihr ein paar Worte auf die Außenseite des Kreises schreiben, wenn ihr möchtet.

Legt eure Bilder nebeneinander. Seht sie euch ein paar Minuten an. Macht ein »Ich höre dir zu«, und sprecht darüber, was ihr in euren Bildern seht, in eurem eigenen und in dem eures Partners.

Siehe: *Wohltuende Berührungen* und *Nahrung für die Seele: Eine höhere Bestimmung*

Ihr könnt diese Übung mit einer Massage beginnen oder beenden. Das ist sehr angenehm.

Dein wunderbarer Körper

Diese Übung wurde von Adriana Diaz angeregt. Sie ist Künstlerin und leitet Kurse.

Nehmt euch eine Stunde Zeit, und sucht euch ein schönes Plätzchen, an dem ihr ungestört seid. Nehmt Fingerfarben, Ton oder andere Materialien mit, die ihr mit den Händen verarbeiten könnt. Der Raum, den ihr wählt, sollte zwei Kriterien erfüllen: daß ihr euch wohl fühlt, wenn ihr nackt seid, und daß ihr ungehindert mit Farben, Ton usw. arbeiten könnt. Ein altes Leintuch neben eurem Bett ist eine Möglichkeit.

Setzt euch einander gegenüber, nackt oder halbnackt, wie ihr euch am wohlsten fühlt. Seht einander an. Bleibt eine Zeitlang bei einer Körperstelle. Fangt oben an, betrachtet den Kopf und das Gesicht des Partners, und wandert langsam abwärts. Berührt einander mit dem kleinen Finger,

Tut euch gut! Das Wohlfühlbuch für Paare   271

Gemeinsam kreativ sein

mit der ganzen Hand, mit den Handgelenken. Probiert Verschiedenes. Wie fühlt sich die Haut deines Partners an? Spürst du die Knochen unter seiner Haut? Versenk dich in diesem Körper. Nimm seine Schönheit wahr. Achte auf Details: den Nacken, den Schwung der linken Schulter, den Nabel.

Nehmt euch sehr viel Zeit. Bestaunt das Wunder dieses Körpers. Wendet euch dann eurem Material zu. Bewegt euch langsam. Erkundet es mit euren Händen. Reibt es zwischen euren Fingern. Denkt daran, wie oft eure Hände diesen Körper schon berührt haben. Schließt die Augen. Gebt euch der Berührung hin. Laßt eure Hände forschen, laßt sie den Zusammenhang zwischen diesem Körper und den Farben, dem Ton und so weiter be-greifen. Denkt nicht darüber nach, was ihr da malt oder welche Form sich unter euren Fingern bildet. Konzentriert euch ganz auf das Gefühl. Ihr seid fertig, wenn ihr das Gefühl habt, daß ihr fertig seid.

Literatur und Tips:

Fincher, Susanne F.: *Mandala-Malen. Der Weg zum eigenen Zentrum.* Aurum, 1994. Wenn euch die Übung »Das Innerste berühren« gefallen hat, dann besorgt euch dieses Buch.

Diaz, Adriana: *Freeing the Creative Spirit.* HarperSanFrancisco, 1992. Kreative Meditationen, die sich auch für Paare eignen. Ein wunderbares Buch!

Goleman, Daniel/Kaufmann, Paul/Ray, Michael: *The Creative Spirit.* Dutton, 1992. Das Buch zur gleichnamigen Fernsehserie. Hier findet ihr zwar wenig zum Thema »Liebesbeziehungen«, aber um so mehr zu den Themen »business« und »Kinder«. Dieses Buch hat die Kamera-Übung inspiriert.

KRISEN, VERLUSTE UND ANDERE BELASTUNGSPROBEN

WANN . . . ?

- Bevor es zu einer Krise kommt.

- Am Todestag eines geliebten Menschen oder wenn sich ein anderes trauriges Ereignis jährt.

- Wenn es in deinem Leben größere Veränderungen gegeben hat und du darunter leidest.

WORUM GEHT'S?

Krisen und Verluste tun weh, aber es sind Zeiten, in denen wir am meisten wachsen. Es sind Zeiten, in denen unsere Fähigkeit, zu geben und den anderen zu unterstützen, gefordert wird. Es sind schwere Zeiten, aber wir können lernen, damit umzugehen.

Sie bleiben niemandem erspart: körperliche und seelische Schmerzen, die manchmal unerträglich sind, große Belastungsproben und immer wieder Krisen. So weh uns diese Dinge tun, sie geben uns auch eine Chance: Wir können lernen, mehr zu lieben und einander mehr zu geben.

WAS IHR FÜREINANDER TUN KÖNNT:

Wenn einer plötzlich schwer erkrankt

Natasha und Jono waren seit Jahren befreundet, und seit einem Jahr waren sie ein Paar, als Natasha plötzlich epileptische Anfälle bekam. Als die ersten Röntgenaufnahmen zeigten, daß »da was nicht in Ordnung ist«, sah Jono Natasha in die Augen und sagte: »Was immer auf dich zukommt, ich gehe diesen Weg mit dir.« Er wußte, was jetzt wichtig war:

IHR BRAUCHT:

Euren gemeinsamen Rückzugsort oder ein anderes Plätzchen, an dem ihr euch geborgen fühlt.

Papier und Stifte.

Dauer: zwei Minuten oder ein paar Stunden, je nachdem.

Tut euch gut! Das Wohlfühlbuch für Paare

Krisen, Verluste und andere Belastungsproben

nicht in Panik zu geraten und Natasha seine volle Unterstützung und das Gefühl zu geben, daß er zu ihr steht, was auch geschehen würde. Es war ein langer, harter Weg, bis die Ärzte endlich herausgefunden hatten, was Natasha fehlte, aber während dieser Zeit lernten die beiden, mit ihrer Angst und ihrem Schmerz umzugehen. Ihnen wurde klar, daß sie sich trotz allem um ihre eigenen Bedürfnisse kümmern mußten. Jono kümmerte sich auch weiterhin um seine Freunde, und er sprach mit seiner Familie über alles, was geschah. Natasha setzte sich zum Ziel, gesund zu werden, und sie wußte, daß sie sich selbst aktiv mit ihrer Krankheit und der Behandlung auseinandersetzen mußte: »Ich wußte, daß ich nicht alles Jono überlassen durfte. Natürlich gab es Zeiten, in denen ich mich nur bemuttern lassen wollte, aber mir war klar, daß ich selbst etwas dazu tun mußte, wenn ich je wieder gesund werden wollte.« Sie taten alles, damit die Last nicht nur an einem hing: Jeder war einmal der Starke, jeder durfte einmal schwach sein. Sie kümmerten sich abwechselnd um die alltäglichen Belange. Sie überlegten sich rechtzeitig, wer helfen könnte, falls Natasha nach der Operation Hilfe brauchen würde (eine private Krankenschwester, eine Haushaltshilfe, ein Familienmitglied). Auch nach der Operation nahm sich jeder Zeit für sich. Jono konnte sich mit Freunden treffen oder ins Kino gehen, und sie luden Freunde ein, die Natasha auf andere Gedanken bringen sollten. Und vor der Operation sorgten sie noch für eine Abwechslung: Sie fuhren ein paar Tage in Jonos Heimatstadt. Aber das Wichtigste von allem war: Sie versuchten, ihrer Gefühle Herr zu werden. Sie wollten sich nicht von Angst, Zorn oder Schmerz überwältigen lassen, und sie wollten sich auch nicht gegenseitig damit belasten.

Ich erzähle diese Geschichte, weil ich denke, daß diese beiden Menschen auf bewundernswerte Weise mit einer der härtesten Belastungsproben umgegangen sind: der schweren Erkrankung eines Partners, einer Erkrankung, die zum Tod oder zu einer Behinderung führen kann. Die folgenden Überlegungen verdanke ich Jono und Natashas Beispiel und ihrem Mut, sich ihrer Situation zu stellen. (P. S.: Natasha ist wieder völlig gesund geworden.)

Gut gerüstet sein

Ihr seid in der Lage, Krisen zu bewältigen. Macht euch das bewußt. Zieht euch an einen angenehmen Ort zurück, euren Rückzugsort oder an ein

Krisen, Verluste und andere Belastungsproben

anderes Plätzchen, an dem ihr euch geborgen fühlt, und sprecht darüber, welche Krisen und Belastungsproben ihr in der Vergangenheit bewältigt habt. Wie habt ihr euch gegenseitig unterstützt? Was hat euch geholfen? Was nicht? Was habt ihr falsch gemacht? Was wollt ihr in Zukunft anders machen? Legt euch eine Liste an. Wie könnt ihr einander helfen? Schreibt auch ein paar Gedanken auf, die euch Mut machen, wenn ihr in einer Krise steckt. Schreibt auf, was ihr jetzt tun könnt, um für den Notfall vorzusorgen: eine Lebensversicherung abschließen; ein Testament machen; euch einen langgehegten Wunsch erfüllen; euch mehr um eure Freunde kümmern, damit ihr sie guten Gewissens um Hilfe bitten könnt, wenn ihr sie braucht; mit anderen darüber sprechen, welche Vorkehrungen sie getroffen haben; einen Notgroschen ansparen usw.

Siehe: *Helfen und sich helfen lassen: Geh einmal in dich: Welche Unterstützung ist für dich da?*

Widmet diesem Thema einen Abschnitt in eurem Beziehungstagebuch.

Ein paar liebe Worte

Ein Paar berichtete mir folgendes: Sie schreiben ein paar positive, aufmunternde Worte auf kleine Karten oder selbsthaftende Zettel und verstecken sie. Der andere findet dann überraschend ein paar liebe Worte wie: »Ich bin stolz auf dich! Deine Arbeit ist ausgezeichnet. Du bist kreativ und machst deine Sache gut. Ich liebe dich.« Du kannst deinem Schatz auch schreiben, was du an ihm magst; du kannst ihm ein paar positive Worte an einem anstrengenden Tag mitgeben; du kannst ihm ein Zitat aufschreiben, das ihn inspiriert, oder ihm sagen, daß er dir gut gefällt usw. (Wenn wir in einer Krise stecken, vergessen wir, daß wir liebenswert und attraktiv sind.)

Siehe: *Mehr Spaß am Leben: Und vieles mehr*

Alles geht einmal vorüber

Denkt nicht nur an eure Schwierigkeiten. Nehmt euch etwas vor, auf das ihr euch freuen könnt, besonders wenn ihr lange getrennt seid oder wenn euch die Arbeit wenig Zeit füreinander läßt. Natasha und Jono (s. o.) planten eine Reise, um noch etwas anderes vor sich zu haben als die Gehirnoperation.

Nehmt eure Terminkalender, und setzt euch zusammen. Wann wird das, was euch jetzt zu schaffen macht, vorüber sein? Was könnt ihr tun, um das

Krisen, Verluste und andere Belastungsproben

zu feiern? Wie könnt ihr euch belohnen? Findet ein Symbol dafür: Malt ein Bild von eurem Traumhaus; schneidet die Beschreibung des tollen Urlaubs aus, den ihr gebucht habt; sucht euch ein Foto eines schönen Ausflugs raus, den ihr wiederholen wollt. Steckt die Skizze, die Beschreibung oder das Foto in einen Briefumschlag, und schreibt das Datum drauf. Legt den Briefumschlag an einen Ort, an dem ihr ihn immer wieder seht.

Wenn ihr kein genaues Datum wißt, dann schreibt ein paar Worte auf den Briefumschlag: »Wenn du dein Studium abgeschlossen hast«, »Nach der Operation«, »Wenn ich endlich versetzt werde«. Wenn ihr nicht wißt, wann die schwere Zeit vorbei ist, oder wenn das Ganze noch sehr lange dauert, dann überlegt euch, wie ihr euch zwischendurch belohnen könnt.

Entspannt euch

Atmet. Macht einander immer wieder darauf aufmerksam.

Siehe: *Eure Rhythmen sind nicht gleich: Wieder zueinanderfinden*

Nehmt euch vor dem Schlafengehen zehn Minuten Zeit, legt entspannende Musik auf, nehmt einander bei den Händen, und atmet. Stellt euch vor, daß ihr alles loslaßt, was euch zu schaffen macht.

Ihr könnt das auch im Freien tun: Legt euch auf den Boden, seht in die Sterne, und stellt euch vor, daß ihr eure Sorgen ausatmet. Das Universum nimmt sie auf und verwandelt sie in Licht.

Siehe: *Tu was für dich*

Je länger eure Krise dauert, desto wichtiger ist es, daß ihr eure eigenen Bedürfnisse beachtet. Fragt euch am Morgen nach dem Aufwachen: »Was kann ich heute für mich tun?« Und dann: »Was kann ich heute für meinen Partner tun?« Was fällt euch ein? Tut es, oder zumindest etwas, was damit zusammenhängt. Wenn du das Gefühl hast, daß du heute am liebsten deinen Schatz entführen und mit ihm den ganzen Tag im Schwimmbad verbringen würdest, dann tu es, wenn es geht. Wenn nicht, dann könnt ihr euch vielleicht in der Mittagspause an einem Teich in einem Park oder an einem Springbrunnen treffen.

Konzentriert euch auf die Gegenwart

Krisen, Verluste und andere Belastungsproben

Wenn wir von unserer Trauer, unserem Schmerz oder von einer Krankheit überwältigt werden, liegt das oft auch daran, daß wir zuviel an die Vergangenheit denken oder in die Zukunft projizieren. Helft einander, in der Gegenwart zu bleiben. Tut etwas, was den Körper fordert: Holz hacken oder den Fußboden schrubben. Vertagt größere Entscheidungen, wenn es möglich ist. Meditiert gemeinsam. Geht wandern, und spürt die Natur, die euch umgibt, mit allen euren Sinnen. Achtet auf Details, und erzählt einander, was euch auffällt.

Siehe: *Gemeinsam kreativ sein: Die Welt des Staunens neu entdecken*

Hilfe visualisieren

Manchmal kannst du deinem Partner helfen, manchmal nicht. Du kannst ihr nicht helfen, wenn sie operiert wird und du draußen wartest. Du kannst nichts für ihn tun, wenn er Depressionen hat und gerade mittendrin steckt. Du kannst nichts dagegen tun, wenn du weißt, daß dein Partner heute in der Arbeit leidet. Du kannst nicht direkt helfen, aber du kannst dem anderen Hilfe schicken, wenn du folgende Visualisierungsübung machst:

Such dir einen ruhigen Platz, an dem du fünf Minuten ungestört bist. **Entspann dich**, atme, laß alle Spannung los, und erwarte nichts Bestimmtes. Nimm die Bilder an, die kommen, und atme tief und rhythmisch.

Ruf dir ein Bild eines göttlichen Heilers vor Augen. Vielleicht denkst du an Gott, an Jesus Christus, an weißes Licht, die Göttin, einen Weisen oder erhältst irgendein anderes Bild. Nimm an, was kommt. Sieh den göttlichen Heiler in oder neben einem See, einem Fluß oder einem anderen Gewässer. Atme tief, und nimm die Liebe und die Heilkraft, die er ausstrahlt, wahr. Stell dir nun vor, daß er den Menschen, dem du helfen möchtest, in die Arme nimmt. Sieh, wie er ihn hält und tröstet. Sieh, wie der Schmerz, den der andere fühlt, sich langsam auflöst. Sieh, wie er aus dem Körper deines Partners fließt. Der göttliche Heiler hält ihn in den Armen, und du siehst, wie die Liebe, die er für deinen Partner fühlt – dieselbe Liebe, die auch du fühlst –, in dessen Herz fließt und den Schmerz, die Trauer oder die Krankheit langsam auflöst. Bleib bei diesem Bild, solange es sich gut anfühlt. Wünsch deinem Partner alles

In *Den Körper spüren: Die Energie zum Fließen bringen* findet ihr eine weitere wohltuende Visualisierungsübung.

Tut euch gut! Das Wohlfühlbuch für Paare

Krisen, Verluste und andere Belastungsproben

Gute, und danke dem göttlichen Heiler, wie immer du ihm danken möchtest.

LITERATUR UND TIPS:

In *Den Tag bewußt gestalten; Wenn euch alles zuviel wird* und *Anteil nehmen* findet ihr weitere Anregungen.

Becker, Wilhard/Becker, Kristin: *Füreinander begabt. Festhalten und loslassen in der Ehe.* Kreuz, 8. Aufl. 1993.

Borysenko, Joan: *Feuer in der Seele. Spiritueller Optimismus als Weg zu innerer Heilung.* Verlag Hermann Bauer, 1995. Wie ihr eine Krise als Chance nutzen könnt.

Dahlke, Rüdiger: *Lebenskrisen als Entwicklungschancen. Zeiten des Umbruchs und ihre Krankheitsbilder.* Bertelsmann, 1995.

Paladin, Lynda S.: *Ceremonies for Change.* Stillpoint, 1991. Rituale, die helfen, negative Erfahrungen zu transformieren.

LOSLASSEN

WANN . . . ?

- Wenn dein Kiefer schmerzt und deine Hände weh tun, weil du dich ängstlich an das Gewohnte klammerst.

- Wenn ihr euch gut versteht und einander *noch* näher kommen wollt.

- Wenn ihr einander mit mehr Vertrauen begegnen wollt.

- Wenn Nähe bei euch unweigerlich zu einem Streit führt.

WORUM GEHT'S?

Loslassen heißt, zu vertrauen, zu akzeptieren und die Maske abzulegen, hinter der wir uns im Alltag gern verstecken. Loslassen heißt, nicht perfekt zu sein, nicht herumzunörgeln und darauf zu vertrauen, daß dein Partner/deine Partnerin dich liebt und unterstützt. Es heißt, dir selbst zu vertrauen und mit dem Fluß zu schwimmen. Es heißt, daß du dich auch dann wohl fühlen und die Zeit, die du mit deinem Schatz verbringst, genießen kannst, wenn in deinem Leben *nicht* alles glattgeht. (Wann geht schon alles glatt?)

Glaubst du, daß etwas passiert, wenn du die Kontrolle aufgibst? Gibst du dich der Liebe hin, bis dein ganzer Körper vor Wonne bebt? Oder hält dich immer irgend etwas zurück? Wie oft erlaubst du dir, dich wohl zu fühlen? Wie oft vermiest du dir die schönen Stunden (indem du es dir einfach nicht gestattest, den Augenblick zu genießen, oder indem du wegen einer Kleinigkeit zu streiten anfängst)? Wie geht es euch, wenn in eurem Leben wirklich einmal alles »stimmt«?

Kannst du dir vorstellen, mehr zu vertrauen und deine Gefühle öfter zuzulassen? Wir fürchten uns davor, das Gewohnte hinter uns zu lassen – auch wenn es nur für wenige Minuten ist. Wir fürchten uns davor, uns ganz hinzugeben. Doch was könnte schöner sein, als dich deinem Partner

IHR BRAUCHT:

Entspannende Musik wie *Timeless Motion* von Daniel Kobialka.

Platz, um euch zu bewegen.

Papier und Stifte. Mut.

Dauer: 10, 20 oder 30 Minuten.

Tut euch gut! Das Wohlfühlbuch für Paare

Loslassen

zu zeigen, *wie du wirklich bist*, und so von ihm geliebt zu werden – statt daß er/sie deine Maske liebt: das schöne Gesicht, den erfolgreichen Geschäftsmann, den guten Liebhaber. Was heißt loslassen? Es heißt, im Hier und Jetzt zu sein, dich dem anderen anzuvertrauen und der zu sein, der du wirklich bist.

WAS IHR FÜREINANDER TUN KÖNNT:

In *Mehr Spaß am Leben* könnt ihr nachlesen, warum Spaß und Spiel so wichtig sind.

(Übrigens: Wenn wir lernen wollen, einander zu vertrauen, müssen wir die Angst ablegen, uns lächerlich zu machen.)

Laß dich fallen

Stell dich mit dem Rücken zu deinem Partner, schließ die Augen, entspann dich, und laß dich in seine/ihre Arme fallen. Nimm vorher ein paar tiefe Atemzüge. Was fühlst du, während du dich fallen läßt? Sag es laut, oder sag es in Gedanken. (Es laut zu sagen erfordert mehr Vertrauen.) Macht das beide ein paarmal, und sprecht dann darüber, wie diese Übung für euch war. Welche Gefühle hat sie in dir ausgelöst? Was fällt dir dazu ein? Ein Erlebnis oder eine Lebensanschauung, die du vertrittst? Diese Übung hilft euch auch, wenn ihr auf Distanz gegangen seid.

Laß dich führen

Siehe: *Was die Natur euch geben kann: Wandern macht Spaß*. Dort findet ihr weitere Übungen.

Nimm deinen Partner bei der Hand, und führ ihn durch das Haus. Seine Augen sind geschlossen. Geh dann mit ihm nach draußen, in eine Umgebung, die ihm weniger vertraut ist. Wie lange schafft er es, seine Augen zuzulassen? Sprecht darüber, wie es ist, zu führen und geführt zu werden. Ihr könnt diese Übung auch irgendwo in der Natur machen. Das ist besonders reizvoll.

Was hält dich zurück?

Nimm Papier und einen Stift, und ergänze die folgenden Sätze sooft du kannst (versuch es mindestens fünfmal pro Satz). Du kannst diese Übung

Loslassen

auch gemeinsam mit deinem Partner machen. Sagt oder schreibt *alles, was kommt*, so schnell wie möglich, ohne es zu bewerten oder euch zu kritisieren. Nehmt eure Widerstände an. Laßt nicht locker, auch wenn ihr das Gefühl habt, daß euch nichts mehr einfällt.

Es fällt mir schwer loszulassen, weil . . .

Ich klammere mich an . . .

Es fällt mir schwer, dir zu vertrauen, weil . . .

Könnt ihr darüber reden? Wir können uns nur dann von unseren Ängsten lösen, wenn wir sie kennenlernen. Und der nächste Schritt ist, über sie zu reden. Geht liebevoll miteinander um, und macht euch bitte niemals lustig über das, was euer Partner sagt.

Siehe: *Nahrung für die Seele*. Dort findet ihr eine Übung, wie ihr euch von euren Ängsten lösen könnt.

Laß deine Widerstände los

Warum fällt es uns so schwer, unsere Beziehung zu genießen? Warum erfreuen wir uns an den schönen Zeiten nicht viel mehr? Warum lassen wir die Lebensenergie nicht ungehindert durch uns fließen? Wir könnten glücklich sein, doch wir glauben nicht daran.

Wer kommt als erstes dran? Hol dir Papier und einen Stift, und leg dich hin. Dein Partner hat für leise, entspannende Musik gesorgt und führt dich durch die folgende Meditation.

Lies deinem Partner zunächst die Entspannungsübung in »Entspannen« vor. Lies langsam und bedächtig. Lies dann den folgenden Text:

Atme, und denk an einen schönen Augenblick zurück, den wir in letzter Zeit erlebt haben. Wann hast du dich mir nahe gefühlt? . . . Wann hast du dich geliebt gefühlt? . . . Sieh diesen Moment vor Augen. Denk auch an Einzelheiten . . . Ruf dir in Erinnerung, wie gut du dich gefühlt hast . . . Überlaß dich den Bildern, den Geräuschen, dem Gefühl der Nähe . . .

Gibt es da noch etwas außer diesen glücklichen Gefühlen? Negative Gedanken? Angst, daß etwas schiefgehen könnte? Selbstkritik? Hast

Loslassen

du an mir etwas auszusetzen? Vielleicht sind es auch gar keine konkreten Gedanken, sondern nur eine vage Ängstlichkeit und ein Gefühl der Spannung. Vielleicht spürst du, daß dich etwas zurückhält, daß du noch nicht ganz losläßt, daß du dich diesen schönen Gefühlen nicht wirklich überlassen kannst. Bleib einen Moment bei diesem Thema.

Konzentrier dich nun auf deinen Körper. Wo klammern sich diese negativen Gedanken und Gefühle fest? Nimm ein paar tiefe Atemzüge ... Wo fühlt sich dein Körper leblos an? Wo bist du verspannt? ... Tut dir etwas weh? ...

Stell dir vor, daß diese Körperstelle von einer Faust umschlossen wird. Diese Faust hält deinen Schmerz und deine negativen Gedanken fest. Sie verstärkt sie. Fühl die Spannung, fühl den Widerstand. Sie will nicht lockerlassen. Sie verhindert, daß du dich entspannen und den Moment genießen kannst. Einfach genießen. Sie verhindert, daß du dich geliebt und angenommen fühlst. Spürst du die Spannung, die von dieser Körperstelle ausgeht? Spürst du, wie du dich verkrampfst?

Nimm einen tiefen Atemzug, und fang an, in diese Faust hineinzuatmen. Die Spannung läßt ein bißchen nach. Spür, wie gut es tut, auch wenn du nur ein bißchen lockerläßt. Die Faust entspannt sich langsam. Nach und nach öffnen sich die Finger ... Du nimmst jetzt auch Gefühle wahr ... Du läßt sie kommen, du verdrängst sie nicht. Du läßt sie einfach zu. Du fühlst, wie dein Widerstand sich langsam auflöst, wie du weicher wirst und schließlich nachgibst.

Du atmest tief, du fühlst dich einfach wohl, du läßt es zu ... Vielleicht spürst du hier und da noch einen leichten Widerstand. Atme hinein, und erlaub dir, im Moment zu sein ... Du fühlst dich wohl und bist ganz entspannt ... Du kannst alles loslassen, was noch an Widerständen in dir ist. Du atmest, und du läßt sie los. Du läßt sie los und atmest. Du erlaubst dir, deine Gefühle wahrzunehmen, du gestattest dir, dich wohl zu fühlen ... Du spürst die Liebe, die du dir entgegenbringst, mir und allen, die du liebst. Du atmest und läßt alles los, was dich behindert ...

Umarmt einander. Vielleicht brauchst du ein paar Minuten, um zurückzukommen. Vielleicht möchtest du ein paar Notizen machen. Tauscht die Rollen, wenn ihr beide soweit seid.

Dem Leben vertrauen
Loslassen

Was tust du, wenn du dich deinem Partner nahe fühlst und plötzlich anfängst zuzumachen? Was kannst du tun, um dich dem Moment zu überlassen?

Sag dem anderen, was du fühlst. Verwende die Methode, die im Kapitel »Das tägliche Gespräch« beschrieben ist.

Vereinbart ein Zeichen, das besagt: »Ich spüre, daß ich auf dem Rückzug bin.« Verwende es, wenn es dir schwerfällt, dein Gefühl in Worte zu fassen. Verwendet dieses Zeichen, statt zu streiten, euch voneinander abzuwenden oder euch bedrängt bzw. alleingelassen zu fühlen. Überlegt gemeinsam, wann ihr euch zusammensetzen und reden wollt. Das hilft euch, die Dinge unmittelbar zu besprechen und euch nicht allein und vom anderen abgeschnitten zu fühlen.

Loslassen heißt vor allem eines: tief atmen. Wenn du dich in einem schönen Augenblick plötzlich verspannst, dann konzentrier dich auf den Atem. Atme tief in deinen Bauch hinein. Es kann sein, daß ein Gedanke oder ein Gefühl hochkommt. Sag es deinem Partner. Ihr müßt keine große Sache daraus machen: einfach atmen und sagen, was geschieht.

Hast du mit ihr gestritten, weil du Angst gehabt hast loszulassen? Sag es ihr. Wahrscheinlich könnt ihr jetzt darüber reden. Das heißt: Es ist nie zu spät. »Du, gestern habe ich mich dir so nahe gefühlt, doch dann habe ich plötzlich zugemacht. Deshalb habe ich das gesagt.«

LITERATUR UND TIPS:

Jampolsky, Gerald G./Cirincione, Diane V.: *Liebe ist die Antwort*. Goldmann, 1995. In Anlehnung an *Ein Kurs in Wundern* setzt sich dieses liebenswerte Buch mit den Problemen auseinander, die wir alle kennen.

Loslassen

Hendricks, Kathlyn/Hendricks, Gay: *Centering and the Art of Intimacy*. Simon and Schuster, 1985. Wenn es dir schwerfällt zu genießen.

Welwood, John: *Challenge of the Heart*. Shambhala, 1985. Eine Sammlung von Essays über verschiedene Aspekte von Liebe, Sexualität und Intimität. Mit dem Essay: »On Intimacy and Death« von Elizabeth K. Bugental.

WEG MIT DEM AUFGESTAUTEN ÄRGER

WANN . . . ?

- Wenn du einen nervösen Magen oder chronisch verspannte Schultern hast oder nachts nicht schlafen kannst.

- Wenn du dich über deinen Partner/deine Partnerin nur noch ärgerst.

- Wenn ihr zu den Übungen in diesem Buch keinen Zugang findet und auch sonst nicht wißt, was ihr füreinander tun könnt.

- Wenn ihr lange nicht miteinander geschlafen habt.

IHR BRAUCHT:

Das erste Mal etwa eine Stunde Zeit. Zehn Minuten, wenn ihr eurem Ärger regelmäßig Luft macht.

WORUM GEHT'S?

Was hindert euch daran, aufeinander zuzugehen? Es sind der Ärger und die Bitterkeit, die sich angesammelt haben. Es geht nicht allein euch so. Wir speichern alles: jede Enttäuschung, jedes unfreundliche Wort, jedes menschliche Versagen. Wir horten diese Dinge − ganz zu schweigen von den wirklichen Ausrutschern (die uns in der Erinnerung noch viel schlimmer erscheinen, als sie wirklich waren). Wir machen das so lange, bis wir überzeugt sind, daß unser Partner der schrecklichste Mensch auf Erden ist.

Unsere Verbitterung, der aufgestaute Ärger und der Haß, den wir schließlich spüren, hindern uns daran, uns auf die Beziehung einzulassen und offen aufeinander zuzugehen. Es gibt nur einen Ausweg: Wir müssen da einfach hindurch − durch unseren Ärger und durch unseren Schmerz. Es gibt nur diesen einen Weg. Wir müssen klären, was uns und was den Partner so verletzt hat, und wir müssen diesen Schmerz durchleben. Ihr könnt einander nicht vergeben, wenn ihr nicht durch euren Ärger und euren Haß gegangen seid. Und das heißt auch, darüber zu reden.

Mit einem Mal ist es nicht getan. *Wir finden täglich einen Anlaß, uns zu ärgern.* Die vielen kleinen Dinge, die wir zu ignorieren suchen, die

---

Tut euch gut! Das Wohlfühlbuch für Paare

285

Weg mit dem aufgestauten Ärger

großen, die wir nicht besprechen – es sammelt sich an, und schließlich hat sich so viel Wut aufgestaut, daß wir einander nicht mehr lieben können. Wenn ihr eure Beziehung lebendig halten wollt, müßt ihr euch regelmäßig mit eurem Ärger und eurer Wut auseinandersetzen. Am besten fangt ihr sofort an.

Was ihr füreinander tun könnt:

Warum ärgern wir uns eigentlich?

Ärger ist weder gut noch schlecht. Ärger ist eine Information, die du gespeichert hast, und sie beeinflußt dein Verhalten und deine Gefühle deinem Partner gegenüber.

Du entscheidest, ob du dich ärgerst oder nicht. Du entscheidest, wie du eine Situation auslegst. Du kannst denken, daß sie dich ignoriert, weil sie einen schweren Tag gehabt hat, oder du kannst denken, daß sie egoistisch ist und nur an sich und ihre Karriere denkt.

Keiner von euch beiden ist besser oder schlechter als der andere. Keiner ist ärmer dran oder mehr verletzt. *Wenn ihr das nicht akzeptieren könnt, wird sich nie etwas ändern.* Dann macht ihr auch die folgenden Übungen mit der falschen Einstellung: »Ich habe mehr Recht, verletzt zu sein als du, und ich werde es dir zeigen.«

Ihr könnt diese Übung (oder einen der drei Teile) regelmäßig machen. Vielleicht kommt ihr euch dumm vor, wenn ihr auch die Kleinigkeiten ansprecht, aber tut es trotzdem. Es hilft euch, euren Frust abzubauen, und das tut der Beziehung sehr gut.

Teil 1: Worüber hast du dich geärgert?

Jeder schreibt für sich zehn Dinge auf, über die er sich geärgert hat. Ergänzt den Satz: »Ich bin dir böse, weil . . .« Macht das allein. Wichtig ist, daß *jeder* zehn Dinge aufschreibt. (Ihr könnt euch auch auf eine andere Anzahl einigen. Wichtig ist nur, daß jeder die gleiche Anzahl hat.)

Weg mit dem aufgestauten Ärger

Setzt euch einander gegenüber, schließt die Augen, und atmet tief. Lest einander abwechselnd die Dinge vor, die ihr aufgeschrieben habt. Es ist egal, wer anfängt: »(Name), ich bin dir böse, weil . . .« Sprecht euch mit Namen an, das macht das Ganze noch wirkungsvoller. Nach einer kurzen Pause liest der andere eine Eintragung von seiner Liste vor. Dann kommt der erste wieder an die Reihe. Geht auf diese Weise eure beiden Listen durch.

Zum Beispiel:

Bob, ich bin dir böse, weil du soviel arbeitest.

Randy, ich bin dir böse, weil du mir nicht hilfst, das Haus in Schuß zu halten.

Bob, ich bin dir böse, weil du die Bürste immer liegen läßt. (Wir ärgern uns auch über »Kleinigkeiten«.)

Randy, ich bin sauer, wenn du mit mir sprichst, während ich telefoniere.

Umarmt einander, wenn ihr fertig seid, oder sagt einander etwas Positives. Auch wenn euch *nicht* danach zumute ist.

Wenn ihr diese Übung zum ersten Mal macht oder wenn ihr noch wütend seid, schließt gleich Teil 2 an.

Teil 2: Was dahintersteckt

Zieh dich zurück, lies deine Liste nochmals durch, und stell dir die Frage, welche Befürchtungen sich hinter deinen »Vorwürfen« verbergen. Ergänz den Satz: »Ich habe das Gefühl . . .«

Zum Beispiel: Hinter »Bob, ich bin dir böse, weil du soviel arbeitest« verbirgt sich »Bob, ich habe das Gefühl, daß dir deine Arbeit mehr bedeutet als ich«. Hinter »Randy, ich bin dir böse, weil du mir nicht hilfst, das Haus in Schuß zu halten« verbirgt sich »Randy, ich habe das Gefühl, daß unser gemeinsames Zuhause dir nicht besonders viel bedeutet«. Hinter »Bob, ich bin dir böse, weil du immer deine Bürste liegen läßt«,

Weg mit dem aufgestauten Ärger

verbirgt sich »Bob, ich habe das Gefühl, daß du auf meine Gefühle keine Rücksicht nimmst. Du weißt, daß es mir wichtig ist, daß du die Bürste an ihren Platz zurücklegst, aber du tust es einfach nicht.« Hinter »Randy, ich bin sauer, wenn du mit mir sprichst, während ich telefoniere« verbirgt sich »Randy, ich habe das Gefühl, daß dir dein Bedürfnis zu reden wichtiger ist als mein Bedürfnis, ungestört zu telefonieren«.

Setzt euch zusammen, wenn ihr soweit seid, und lest einander abwechselnd eure Befürchtungen vor. *Hört euch an, was euer Partner aufgeschrieben hat, ohne es zu kommentieren.* Es geht hier nicht darum, wer recht hat, es geht auch nicht um eure Ehre. Es geht darum, daß ihr einander wieder näherkommt.

Ihr könnt diesen Teil der Übung jederzeit wiederholen. Macht weiter mit Teil 3, wenn ihr die Übung zum erstenmal durchgeht.

Teil 3: »Das wirst du mir büßen«

Ergänzt den Satz: »Wenn du _____, will ich dich verletzen, indem ich _____« zehnmal. Wenn es dir schwerfällt, konkrete Anlässe zu finden, dann nimm nur den zweiten Teil des Satzes.

Zum Beispiel:

Wenn du zu weit links fährst, will ich dich verletzen, indem ich sage, daß du ein schlechter Fahrer bist.

Wenn du Fernsehen schaust, statt mit mir zu reden, will ich dich verletzen, indem ich früh zu Bett gehe und nicht mit dir schlafe.

Setzt euch zusammen, und lest einander vor, war ihr aufgeschrieben habt.

Wenn ihr diese Übung zum ersten Mal macht, dann schließt bitte noch eine der Übungen an, die ihr im Kapitel »Vergeben« findet. Das hilft euch, das Thema zu beenden. Oder sprecht darüber, wie diese Übung für euch war.

Literatur und Tips:

Weg mit dem aufgestauten Ärger

Bach, George/Wyden, Peter: *Streiten verbindet. Spielregeln für Liebe und Ehe.* Fischer, 13. Aufl. 1995.

Weiner-Davis, Michele: *Das Scheidungs-Vermeidungs-Programm.* Kabel, 1995. Eine große Hilfe für Betroffene.

Bugen, Larry A.: *Love and Renewal. A Couples Guide to Commitment.* New Harbinger Publications, 1990. Ein Buch, das euch hilft, mit Enttäuschungen fertig zu werden und eure Bedürfnisse zu befriedigen.

KONSTRUKTIVE AUSEINANDERSETZUNGEN

IHR BRAUCHT:

Einen Ort, an dem ihr eurer Wut laut-stark Ausdruck ver-leihen könnt.

Dauer: Wer weiß das im voraus? Manch-mal nur fünf heiße Minuten, manchmal Stunden.

WANN . . . ?

- Wenn es ein Thema gibt, über das ihr immer wieder streitet.

- Wenn ihr ein Problem nicht lösen könnt, weil ihr wütend aufeinander werdet und die Schuld beim anderen sucht.

- Wenn ihr eure Art zu streiten verletzend findet.

- Wenn ihr das Gefühl habt, Auseinandersetzungen könnten gut für die Beziehung sein, vorausgesetzt, ihr wüßtet, worauf ihr achten müßt.

WORUM GEHT'S?

Wenn dir die Wut den Hals zuschnürt, wenn du die Fäuste ballst, wenn du toben könntest – solche Momente können wertvoll für die Beziehung sein. Wenn du ihn am meisten haßt; wenn sie dir sagt, warum sie dich nicht ausstehen kann – das sind Momente, in denen eure Liebe reifen und sich vertiefen kann.

Tun wir nicht gut daran, uns um Frieden zu bemühen? Haben unsere Eltern uns nicht beigebracht, daß es sich nicht schickt, wenn wir wütend werden oder anderer Meinung sind? Wenn du eine Frau bist, hat man dich wahrscheinlich so erzogen, daß du dafür zu sorgen hast, daß es deinem Partner gutgeht – auch wenn du dich dabei verleugnen mußt. Und als Mann hat man dir wahrscheinlich beigebracht, daß *du* die Verant-wortung zu tragen hast und daß es deine Schuld ist, wenn deine Partnerin unzufrieden ist. *Ärger ist weder gut noch schlecht. Er* ist einfach. Wenn ihr streitet, dann heißt das nicht, daß eure Beziehung auseinandergeht, aber ihr müßt zwei Dinge lernen: *Ihr müßt lernen, konstruktiv zu streiten und euch auch dann nicht voneinander abzuwenden, wenn ihr wütend seid oder euer Partner seinem Ärger Luft macht.*

Konstruktiv zu streiten heißt, unserem Ärger Ausdruck zu verleihen, ohne unseren Partner schlechtzumachen, und es heißt, den Ärger unseres

Konstruktive Auseinandersetzungen

Partners anzunehmen und ihn weder zu relativieren, noch vor ihm wegzurennen. Es heißt, einander zuzuhören, ohne etwas zu bewerten und ohne das eigene Verhalten zu verteidigen. Es heißt, den Ärger deines Partners *gelten zu lassen*. Das tut dem anderen gut. Konstruktiv zu streiten heißt auch *einzusehen, daß man einen anderen Menschen nicht ändern oder über ihn bestimmen kann — auch nicht dadurch, daß man ihn mit seinem Zorn verfolgt.* Und das ist vielleicht das Wichtigste daran. Ärger und Auseinandersetzungen sind gut für die Beziehung, wenn wir zwei Dinge begreifen: daß wir nicht versuchen sollen, den anderen dazu zu bringen, das zu tun, was *wir* für richtig halten, und daß wir uns überlegen müssen, was wir selbst tun können, um etwas zu verändern. Das wirkt sich nicht nur positiv auf die Beziehung aus, es hilft uns auch, persönlich zu wachsen.

Übrigens: Vieles, was ich hier zum Thema »Wut und Ärger« sage, ist geprägt von dem, was ich von Harriet Goldhor Lerner, der Autorin von *Wohin mit meiner Wut?* und von Shelly Van Loben gelernt habe.

WAS IHR FÜREINANDER TUN KÖNNT:

Laß deinen Ärger raus, aber laß ihn nicht an deinem Partner aus

Wann wird Ärger zum Problem? Es gibt zwei Gründe. Erstens: wenn du ihn nicht zuläßt. Wenn du ihn ignorierst, beherrscht er dich. Probier es aus, wenn du dich das nächste Mal über deinen Partner ärgerst: *Spür deinen Ärger, aber laß ihn nicht an deinem Partner aus*. Das ist nämlich der zweite Grund, warum Ärger zum Problem wird: Wenn du ihn deinem Partner überschüttest, wenn du Gift und Galle spuckst, sagst du Dinge, die du besser für dich behalten würdest, und du verwundest deinen Partner. Wenn du deinen Partner mit Worten attackierst, kann das — so Harriet Goldhor Lerner — auch dazu dienen, »die alten Verhaltensregeln und -muster in einer Beziehung aufrechtzuerhalten, sie sogar zu zementieren und damit sicherzustellen, daß keine Veränderung eintritt. In unserer Erbitterung und unserem Zorn wenden wir oft unsere gesamte Energie für die — unproduktiven — Bemühungen auf, den anderen zu verändern — und versäumen darüber, unsere Kraft für die eigene Bewußtwerdung und den eigenen Veränderungsprozeß einzusetzen.« Unsere Beziehung leidet, wenn wir unseren Ärger an unserem Partner auslassen und wenn wir versuchen, den anderen zu ändern, statt uns selbst.

Konstruktive
Auseinandersetzungen

Also: Fühl deinen Ärger, aber laß ihn nicht an deinem Partner aus. Fühl deinen Ärger, aber benutz ihn nicht als Vorwand, dich zurückzuziehen. Sag deinem Partner: »Ich bin wütend (oder: ›verletzt‹ oder: ›Ich muß mit mir ins reine kommen‹). Ich möchte mit dir reden, aber ich muß jetzt erst einmal allein sein.« Zieh dich zurück, und laß deinen Ärger raus. Setz dich auf einen Stuhl, halte dich an den Kanten fest, und sag dir immer wieder: »Es ist in Ordnung, daß ich jetzt wütend bin. Es wird vorübergehen.« Oder stampf mit den Füßen auf, und laß ein lautes, langes »Ahh« heraus; oder leg eine wilde Platte auf, und tanz den Ärger heraus; oder mach wilde Geräusche; oder schrei in ein Kissen; oder atme tief, und zähl bis zehn, spür in dich hinein, und nimm alles wahr, was du jetzt fühlst. Geh joggen; geh Tennis spielen; schreib einen bösen Brief, und verbrenn ihn. Was du auch tust: Mach deinem Ärger Luft, bevor du darüber redest.

Ein paar gute Fragen

Wir können lernen, unseren Ärger, unsere Wut und unseren Schmerz zu nutzen. Wir können uns selbst besser kennenlernen, und wir können lernen, mehr Verantwortung zu übernehmen. Stell dir die Frage: »Sei ehrlich, warum ärgerst du dich jetzt?« Oft verbirgt sich hinter unserem Ärger etwas anderes. Was ist der wahre Grund? Wenn du ihn kennst, fällt es dir viel leichter, mit deinem Partner zu reden. »Ich bin wütend, weil du die Tür nicht eingehängt hast, obwohl ich dich darum gebeten habe«, ist eine Ebene. Mach eine kurze Pause, und frag dich, was dahintersteckt: »Sei ehrlich, warum ärgerst du dich wegen dieser Tür?« Vielleicht wird dir bewußt, daß du dich deshalb ärgerst, weil er nicht das getan hat, was *du* erwartet hast. Vielleicht hast du das Gefühl, daß ihm euer Heim nicht viel bedeutet oder daß er dich nicht wirklich liebt. Vielleicht erkennst du, daß du ihn dirigieren möchtest, daß du dich ungeliebt und unbeachtet fühlst und daß es von *dir* abhängt, ob du ihm wegen dieser Tür weiter böse bist. Das soll nicht heißen, daß dein Ärger nicht berechtigt ist. Bekomm keine Schuldgefühle. Ärger ist weder gut noch schlecht, aber wir können etwas daraus lernen.

Stell dir als nächstes die Frage: »Was möchte ich verändern, und was kann ich selbst dazu tun?« Was die Tür anbelangt, so möchtest du vielleicht das Gefühl loswerden, daß euer Haus nie fertig wird. Was kannst du also unternehmen? Wenn du etwas für die Beziehung tun willst, dann hör auf, von deinem Partner zu verlangen, daß er die Dinge regelt. Das heißt

Konstruktive
Auseinandersetzungen

nicht, daß du ihn nicht bitten kannst. Bitte ihn, warte eine Woche, und werde selbst aktiv, wenn bis dahin nichts geschehen ist: Häng sie selbst ein, laß einen Handwerker kommen, oder laß die Angelegenheit auf sich beruhen. Tu es, *ohne* spitze Bemerkungen zu machen (daß er sich *nie* um etwas kümmert) und ohne den Märtyrer zu spielen («Oh, mein Rücken. Das ist alles nur wegen dieser Tür»). Der kleine Unterschied: Du ergreifst die Initiative, damit es *dir* bessergeht und nicht, weil du deinen Partner ärgern oder verletzen möchtest.

Es kann sein, daß diese Fragen dir nicht weiterhelfen. Manchmal verstehen wir unsere Gefühle einfach nicht. Manchmal wissen wir nicht, was wir gern hätten. Sei nicht beunruhigt, wenn diese Fragen deine Gefühle noch mehr durcheinanderbringen. Steh zu ihnen. Lauf nicht weg. Laß dich nicht von deiner Wut beherrschen. Biete ihr die Stirn. Mach sie dir zunutze. Versuch, ruhiger zu werden. Denk daran, was Harriet Goldhor Lerner sagt: »Der einzige Mensch, den ich verändern und dessen Leben ich bestimmen kann, bin ich selbst.« Denk darüber nach, wenn du wieder wütend wirst.

Was einen Streit zu einer konstruktiven Auseinandersetzung macht

Lest und besprecht diesen Absatz vor eurem nächsten Streit. Ihr werdet euch nicht alles merken können. Ihr werdet auch nicht immer konstruktiv sein, wenn ihr streitet. Es ist ein langer Weg dorthin, und ihr werdet nie perfekt sein, aber ihr könnt eine Menge dabei lernen. Und es ist weit besser, so zu streiten als unfair oder unterhalb der Gürtellinie.

Macht aus, daß niemand den Raum verläßt, bis eure Auseinandersetzung für *beide* einen befriedigenden Punkt erreicht hat und bis ihr das Gefühl habt, daß ihr sie an dieser Stelle unterbrechen könnt.

Vereinbart, daß ihr nicht streitet, wenn ihr mit etwas anderem beschäftigt seid. Gewöhnt euch ab, im Auto zu streiten oder während ihr das Geschirr abwascht oder während der *Sportschau*. Nimm deinen Ärger wahr, und warte ab, bis sich eine günstige Gelegenheit ergibt, ihn anzusprechen. Solche Momente geben dir die Gelegenheit, deiner Beziehung ein Opfer zu bringen. Es verlangt einiges an Selbstbeherrschung, deine Emotionen zuzulassen und zu wissen, daß du erst später darüber reden

Siehe: *Nahrung für die Seele: Der Beziehung Opfer bringen*

Konstruktive Auseinandersetzungen

kannst. Aber es ist eines der wesentlichen Dinge, die wir lernen müssen, wenn unsere Beziehung reifen soll.

Versucht Formulierungen wie »immer«, »nie«, »du solltest«, »du mußt« und ähnliches zu meiden. Sprecht in der Ichform. Sagt Dinge wie: »*Ich* ärgere mich, daß du *manchmal* spät nach Hause kommst, wenn du dich mit Freunden triffst« und nicht: »*Du* kommst *immer* spät nach Hause, und du willst *nie* mit mir schlafen, und das *muß* sich alles ändern«.

Siehe: *Das tägliche Gespräch: Die Ich-Aussage*

Urteilt nicht, und verteidigt euch auch nicht – «Aber ich habe mich doch nur verspätet, weil . . .« oder »Du bist doch noch viel schlimmer« –, sonst droht euer Streit zu eskalieren.

Konstruktiv streiten heißt *nicht*, daß ihr Probleme lösen oder verhandeln sollt. Manchmal ergibt sich eine Lösung, aber darauf kommt es eigentlich nicht an. Es geht darum, eurem Ärger, eurem Schmerz und eurer Enttäuschung Luft zu machen – ohne den Partner anzugreifen und *ohne ihn ändern zu wollen*. Und es geht darum, zuzuhören und den Ärger deines Partners anzunehmen – und nicht darum, ihm diesen Ärger auszureden oder eine Patentlösung anzubieten.

Siehe: *Verhandeln* und *Was du wirklich brauchst*

Beginnt und beendet eure Auseinandersetzung mit ein paar positiven Worten: »Ich habe dich lieb, aber ich muß dir etwas sagen. Bitte hör mir zu.« Der andere kann sagen: »Ich hab dich lieb, und ich bin bereit, dir zuzuhören.« Und am Schluß: »Danke, daß du dir meinen Ärger angehört hast.« Und der andere: »Ich habe mir deinen Ärger angehört, ohne dich zu verurteilen und ohne dich deshalb abzulehnen.« – Wie schön, einen Streit mit diesen Worten zu beenden!

Laßt euren Partner sprechen, ohne zu unterbrechen. Der, der spricht, versucht seinen Ärger wirklich herauszulassen und *alles* zu sagen, was es zu sagen gibt. Wenn dein Partner nichts mehr sagt, dann frag noch einmal nach: »Hast du alles gesagt, was du auf dem Herzen hast?« Oder: »Möchtest du noch etwas sagen? Ich bin bereit, mir alles anzuhören.« Übrigens: Wenn du jetzt alles sagst, was dir auf der Seele liegt, heißt das nicht, daß das Thema ein für allemal erledigt ist. Wenn du das Bedürfnis hast, es später noch einmal auszusprechen, dann tu es.

Der andere hört zu und wiederholt das Wichtigste. Sonst nichts: *keine Vorwürfe, keine Verteidigungen, und versuch auch nicht, deinem Partner zu*

Konstruktive
Auseinandersetzungen

zeigen, daß du recht hast. Warte, bis du dran bist. Dann kannst du sagen, wie du die Dinge siehst. Denk jetzt auch nicht daran, was du entgegnen möchtest. Konzentrier dich ganz auf deinen Partner/deine Partnerin.

Atmet tief. Das hilft.

Ein Beispiel

Carlos und Martya streiten wegen des Geldes. Sie streiten oft über dieses Thema, doch es führt zu nichts, außer zu einer gereizten Atmosphäre.

MARTYA: Ich habe dich lieb, aber ich muß dir etwas sagen. Bitte hör mir zu.

CARLOS: Ich höre. Ich vertraue dir.

MARTYA: Ich ärgere mich, daß du unsere Buchhaltung nicht auf den neuesten Stand bringst. Ich möchte wissen, wo wir stehen. Ich möchte wissen, was wir ausgegeben haben. Ich bin verunsichert. Ich habe das Gefühl, daß du dich nicht um mich kümmerst und daß ich dir ausgeliefert bin.

CARLOS: Du bist verunsichert, weil unsere Buchhaltung nicht auf dem neuesten Stand ist.

MARTYA: Ja. Es macht mich krank, daß ich nicht weiß, ob ich es mir leisten kann, ein neues Buch zu kaufen, oder ob wir am Wochenende essen gehen können. Ich fühle mich hilflos, und ich habe Angst. Ich fühle mich abhängig wie ein kleines Kind.

CARLOS: Du hast das Gefühl, daß du kein Geld ausgeben darfst, weil du nicht weißt, wieviel wir bisher ausgegeben haben.

MARTYA: Ja. Und das belastet mich. Wenn ich mich nicht traue, etwas auszugeben, macht mir auch die Arbeit keinen Spaß. Ich habe wirklich genug davon!

CARLOS: Möchtest du noch etwas sagen? Ich bin bereit, mir alles anzuhören.

Konstruktive
Auseinandersetzungen

MARTYA: Ich will, daß sich das ändert. Danke, daß du mir zugehört hast. Ich hab dich lieb.

CARLOS: Ich habe dir zugehört, und ich bin froh darüber.

Jetzt ist Carlos an der Reihe:

CARLOS: Ich hab dich lieb, und jetzt möchte ich dir etwas sagen. Bitte hör mir zu.

MARTYA: Ich mag dich auch, und ich bin bereit, dir zuzuhören. Ich vertraue dir.

CARLOS: Ich habe das Gefühl, daß alles an mir hängt, die ganze Verantwortung, was unsere Buchhaltung betrifft. Aber du hast viel mehr Erfahrung in Geldangelegenheiten.

MARTYA: Du fühlst dich überfordert.

CARLOS: Nein. Ich habe das Gefühl, daß ich alles allein machen soll, und das will ich nicht.

MARTYA: Du hast das Gefühl, daß du allein für die Buchhaltung verantwortlich bist.

CARLOS: Ja. Buchhaltung ist nicht mein Fall, und ich habe das Gefühl, daß du mich unter Druck setzt, und das macht es nur noch schlimmer. Ich habe nicht gern mit Geld zu tun, und ich möchte, daß du mir hilfst.

MARTYA: Du hast das Gefühl, daß ich dich unter Druck setze, und du möchtest, daß ich dir helfe.

CARLOS: Ja, genau. Können wir morgen darüber reden, wie wir die Arbeit aufteilen können?

MARTYA: In Ordnung.

CARLOS: Danke, daß du mir zugehört hast. Ich hab dich lieb.

MARTYA: Ich habe dir zugehört, und ich bin froh darüber.

Konstruktive
Auseinandersetzungen

Mal wieder so ein schönes Beispiel. Ja, ich weiß. So glatt geht es in der Praxis nicht. Trotzdem sollten wir uns Mühe geben, konstruktiv zu streiten. Was ist, wenn es danebengeht? Du kannst am nächsten Tag zu deinem Partner gehen und sagen: »Unser Streit gestern abend war nicht so besonders. Sollen wir's noch mal versuchen?« Es tut deinem Partner einfach gut zu wissen, daß du dir Mühe gibst, ihn/sie besser zu verstehen.

Wie geht es weiter?

Was tut ihr nach einer solchen Auseinandersetzung? Ihr könnt eine der Übungen aus dem Kapitel »Vergeben« machen (wenn euch danach zumute ist), oder eine Übung aus »Verhandeln« (wenn das Thema noch nicht erledigt ist). Vielleicht wollt ihr auch einfach nur zusammensein. Oder allein.

Noch einmal in Kurzform

1. Mach deinem Ärger Luft, aber mach es allein. Frag dich selbst: »Sei ehrlich, warum ärgerst du dich jetzt?« und »Was möchte ich verändern, und was kann ich selbst dazu tun?«

2. Versuch nicht, deinen Partner zu verändern. Nutz deinen Ärger, und lern dich selbst und die Beziehung besser kennen.

3. Steh zu deinem Ärger, laß den Ärger deines Partners gelten, urteile nicht, atme tief, und rede in der Ichform.

4. Fangt mit ein paar liebevollen Worten an. Hört einander zu, ohne Kommentar und ohne zu überlegen, was ihr entgegnen wollt. Sagt am Ende wieder etwas Positives, und umarmt einander.

5. Macht eine Übung aus »Verhandeln« oder »Vergeben«, wenn das Thema noch nicht abgeschlossen ist.

Konstruktive
Auseinandersetzungen

Nichts aufstauen lassen

Je länger ihr wartet, bis ihr euren Frust und euren Ärger zum Ausdruck bringt, desto schwieriger wird es, konstruktiv zu streiten. Dann platzt euch wegen jeder Kleinigkeit der Kragen: Er sagt, daß ihm dein Haarschnitt nicht gefällt, und du wirfst ihm plötzlich vor, daß er dich an diesem einen Abend vor zehn Jahren sitzengelassen hat.

Wenn ihr Kleinkriege vermeiden wollt, müßt ihr lernen, *beim Thema zu bleiben, um das es geht.* Eines solltet ihr auf jeden Fall vermeiden: alte Streitigkeiten aufzuwärmen. Das fällt euch leichter, wenn ihr euren Ärger regelmäßig abbaut. Wenn du dich über etwas ärgerst, dann sprich darüber, sobald du ruhiger bist. Und trotzdem staut sich Wut auf. Ein guter Grund, die erste Übung aus »Weg mit dem aufgestauten Ärger« von Zeit zu Zeit zu wiederholen.

LITERATUR UND TIPS:

Lerner, Harriet Goldhor: *Wohin mit meiner Wut? Neue Beziehungsmuster für Frauen.* Fischer, 1995. Wie du lernen kannst, anders mit deiner Wut umzugehen als bisher. Ein wunderbares Buch, das für Frauen geschrieben wurde, aber auch Männern einiges zu bieten hat.

Tavris, Carol: *Wut. Das mißverständliche Gefühl.* dtv, 1995. Ein fundiertes Buch, das zu denken gibt.

Jordan, Drs./Paul, Margret: *From Conflict to Caring.* CompCare Publishers, 1989. Ein Arbeitsbuch, das euch hilft, negative Überzeugungen abzubauen.

VERGEBEN

WANN . . . ?

- Immer wenn ihr für mehr Liebe, Offenheit und Verständnis in eurer Beziehung sorgen wollt.

- Nach »Weg mit dem aufgestauten Ärger« oder »Konstruktive Auseinandersetzungen«.

- Wenn du dich deinem Partner nicht mehr öffnen kannst.

- Wenn ihr schon lange zusammen seid und sich vieles angesammelt hat, wovon ihr euch befreien wollt.

IHR BRAUCHT:

Sanfte, spirituelle Musik, z. B. Z von Marcey.

Papier und einen Stift.

Dauer: Die Meditation dauert eine Viertelstunde pro Person. Die schriftliche Übung dauert ebenfalls etwa eine Viertelstunde.

WORUM GEHT'S?

Vergeben »bedeutet ein Loslassen des schmerzvollen Grolls, der natürlicherweise zwischen unterschiedlichen Wunschmechanismen entstanden ist«, so Stephen Levine, Autor vieler Bücher zum Thema »Achtsamkeit«. Wenn wir vergeben, finden wir Frieden in unserem Inneren. Wir klammern uns nicht mehr an unsere Enttäuschung und an die Vorstellung, daß unser Partner schrecklich ist. Wenn wir vergeben, öffnen wir unser Herz und unsere Augen für den Menschen, mit dem wir zusammen sind. Vergeben bewirkt zweierlei: Wir vergeben uns und unserem Partner für die Verletzungen, die sich angesammelt haben, und wir werden offener und weicher und können jene unbestimmten Gefühle von Schuld und Schmerz loslassen, die in jedem von uns wohnen.

Vergeben heißt nicht, zu vergessen. Vergeben heißt, weder zu verdrängen und sich vor den Fernseher zu hängen, noch sich in hektische Aktivität zu flüchten. Es heißt auch nicht, deine Grenzen zu negieren und nicht mehr nein zu sagen. Vergeben heißt vor allem eines: einander so zu akzeptieren, wie wir sind – mit unseren unterschiedlichen Wünschen, Bedürfnissen und Charakterzügen. Bevor wir vergeben können, müssen wir uns jedoch mit unserem Ärger und unserem Schmerz auseinander-

Tut euch gut! Das Wohlfühlbuch für Paare

299

Vergeben

Siehe: *Verhandeln* und *Konstruktive Auseinandersetzungen*

setzen. Wir sollten nicht versuchen, unsere Gefühle hinter der Geste des Vergebens zu verstecken. Vergeben kann der erste oder letzte Schritt in einer Auseinandersetzung sein. Aber spielt bitte nicht den Märtyrer — ihr tut euch nur selbst weh.

Was ihr füreinander tun könnt:

»Ich vergebe dir«

Zieht euch an einen Ort zurück, an dem ihr euch geborgen fühlt, z. B. an euren Rückzugsort, und legt entspannende Musik auf. Lest einander abwechselnd den folgenden Text vor. Einer legt sich hin, der andere liest langsam und einfühlsam. Plazier das Buch so, daß du darin lesen kannst, ohne es festzuhalten. Du brauchst später deine Hände.

Lies deinem Partner die Übung im Kapitel »Entspannen« vor. Lies langsam, und laß ihm/ihr genügend Zeit, vor allem an den Stellen, an denen eine Pause vorgesehen ist (. . .). Lies dann den folgenden Text:

> Laß langsam ein Bild von mir entstehen. Es kann auch ein Gefühl sein oder irgend etwas, was dich an mich erinnert . . . Denk zurück an eine Gelegenheit, bei der ich dich verletzt oder enttäuscht habe, oder spür einfach den Ärger, die Wut oder den Schmerz, der sich in dir angesammelt hat . . . Es ist in Ordnung für mich. Erlaub dir, deinen Ärger, deine Wut und deinen Schmerz ganz bewußt zu spüren. (Mach 30 Sekunden Pause.)
>
> Konzentrier dich jetzt auf deinen Körper . . . Wo sitzt dieser Ärger? Wo sitzt dieser Schmerz? (Längere Pause.) Wo bist du verspannt? Wo läßt du nicht locker? Wo sitzt etwas fest? Denk nicht nach, spür in dich hinein. Wo ist eine solche Stelle? Leg deine Hand darauf.

Wenn dein Partner seine Hand auf eine Körperstelle legt, dann leg deine Hand auf seine.

> Ich lege meine Hand auf deine. Ich liebe und achte dich, und ich bitte dich, mir zu vergeben. Vergib mir für den Schmerz, den ich dir zugefügt habe, bewußt oder unbewußt, durch meine Worte, meine

Gedanken oder durch mein Handeln. Ich habe dich verletzt, und ich bitte dich, mir zu vergeben . . .

Deine Hand ruht auf der Hand deines Partner. Stell dir vor, daß warme, heilende Energie durch deine Hand in deinen Partner strömt und den Schmerz und die Spannung löst. Denk nicht darüber nach, was in ihm/ ihr vorgehen mag. Atme tief, und stell dir vor, wie du diese Energie aussendest.

Ich schicke dieser Körperstelle heilende, liebende Wärme, und mein Herz öffnet sich, und ich kann auch mir vergeben . . . Spür die Energie, die ich dir sende. Wir atmen gemeinsam, und wir öffnen unsere Herzen der Vergebung.

Du vergibst, und läßt alles los, was sich in dieser Körperstelle angesammelt hat: alle Verbitterung, allen Ärger, allen Schmerz. Du spürst nur noch Vergebung. Sie breitet sich in deinem ganzen Körper aus, und erlöst allen Schmerz, alle Spannung und alle negativen Gefühle, die sich dort abgelagert haben . . .

Wende dich nun deinen Emotionen zu, atme tief, und laß sie langsam los. Sprich dir in Gedanken wieder diese Worte vor: »Ich vergebe dir für den Schmerz, den du mir zugefügt hast, bewußt oder unbewußt, durch dein Handeln, durch deine Worte, durch deine Gedanken, durch alles, was du getan und was du nicht getan hast. Was du auch getan hast, ich vergebe dir. Ich vergebe dir.«

Nimm mich in den Frieden deines Herzens, nimm mich in die Wärme und die Anteilnahme, die du dort empfindest . . .

Spür, wie sich diese Körperstelle öffnet, spür wie sie sich weitet und von Licht erfüllt wird. Sie wird erfüllt vom Licht der Gnade. Dein ganzer Körper wird von diesem Licht erfüllt . . . Spür, wie die Liebe, die ich dir sende, durch deinen ganzen Körper fließt . . . (Mach hier ein lange Pause.)

Sag dir noch einmal: »Ich vergebe dir. Ich vergebe dir . . .«

Laß nun ein Bild von dir entstehen, wie immer es auch aussehen mag . . . Ruf dir Dinge ins Gedächtnis, deren du dich schuldig

Tut euch gut! Das Wohlfühlbuch für Paare

Vergeben

fühlst ... Dinge, die du bedauerst ... Dinge, für die du dich schämst ... Ruf dir alles in Erinnerung, was dich belastet. Fühl, wie hart dein Herz ist; hör die kritischen Stimmen, die dir sagen, daß du dich schämen sollst und daß du unausstehlich bist.

Wo in deinem Körper spürst du diese Schuldgefühle und diesen Schmerz? Wo fühlt sich dein Körper leblos an? Wo fühlst du dich blockiert? Wo sitzt dieser Schmerz? Leg deine Hand darauf. (Längere Pause.)

Leg deine Hand jetzt wieder sanft auf die Hand deines Partners, und stell dir vor, daß du Liebe und heilende Energie in diese Körperstelle sendest. Sieh, wie sie sich langsam im ganzen Körper ausbreitet.

Nimm einen tiefen Atemzug, und sag: »Ich vergebe dir.« Nenn dich mit Namen, und sag noch einmal: »Ich vergebe dir.«

Atme in diese Körperstelle. Spür meine Liebe. Spür, wie sie dich wärmt. Spür die Liebe, die du für dich empfindest. Ich öffne mein Herz, und ich vergebe dir. Ich liebe dich, und ich nehme dich an ... Fühl die Energie, die ich dir sende. Wir atmen gemeinsam, wir öffnen unsere Herzen der Vergebung.

Du vergibst und läßt alles los, was sich in dieser Körperstelle angesammelt hat: alle Verbitterung, allen Ärger, allen Schmerz. Du spürst nur noch Vergebung. Sie breitet sich in deinem ganzen Körper aus und erlöst allen Schmerz, alle Spannung und alle negativen Gefühle, die sich dort abgelagert haben ...

Wende dich nun deinen Emotionen zu, atme tief, und laß sie langsam los. Sprich dich mit Namen an, und sag dir immer wieder: »Ich vergebe dir. Ich vergebe dir. Ich vergebe dir.«

Geh in den Frieden deines Herzens, tauch in die Wärme und die Anteilnahme ein, die du dort empfindest ...

Und langsam spürst du einen sanften, warmen Regen. Er wäscht dich rein. Es riecht nach Frühling, und der Regen badet deine Haut. Er dringt in deinen Körper und wäscht alle Stellen rein, an denen noch alte Emotionen und Vorbehalte kleben. Er löst sie, er befreit sie, und

Vergeben

du fühlst dich immer leichter. Schließlich spürst du den Regen auch in deinem Herzen. Du nennst deinen Namen, und sagst: »_____, ich vergebe dir.«

Wenn du Widerstände spürst, wenn du dich verurteilst oder wenn eine Stimme in deinem Inneren sagt, daß du es nicht verdienst, dir zu vergeben, dann fühl, wie der sanfte Regen, der auf dich niedergeht, diese harte Stimme besänftigt. Er befreit sie, er badet dich in Vergebung. Geh in dein Herz. Fühl die Wärme und die Liebe, die nur eines will: daß es dir gutgeht. Sieh dich als kleines Kind. Laß dich von der Güte und der Gnade umhüllen, die in dir wohnen. Du wirst geheilt! In dir wohnt Vergebung, und sie wartet darauf, daß du in dein Herz zurückkehrst. Nimm diese Liebe an! Gestatte dir, glücklich zu sein, glücklicher, als du seit langem warst.

Langsam läßt der Regen nach. Du fühlst dich gereinigt und erneuert. Dein Herz ist weit und offen, mein Herz ist weit und offen, und unsere Herzen sind einander zugetan und voll Vergebung.

Laß deinem Partner genügend Zeit zurückzukommen. Tauscht die Rollen, wenn ihr soweit seid. Jetzt bist du an der Reihe.

Vergebung in schriftlicher Form

Diese Übung ist einfacher und pragmatischer. Mach sie allein. Sie spricht in erster Linie deine rationale Seite an. Du kannst sie regelmäßig machen, das ist ein gutes Training. Du kannst sie auch verwenden, wenn du einem Angehörigen oder einem Freund vergeben willst. Wir können im übrigen auch Verstorbenen vergeben.

Nimm ein Blatt Papier, und schreib als Überschrift:

«Ich vergebe _____ für _____. Ich spreche dich und mich frei von aller Schuld.«

Am besten wiederholst du jedesmal den ganzen Satz. Wofür möchtest du dem anderen vergeben? Die Wiederholung hilft dir, dich auch an Kleinigkeiten zu erinnern. (Nichts ist zu unbedeutend. Niemand sieht diesen

Vergeben

Zettel außer dir.) Die Wiederholung macht die Übung zu einem kleinen Ritual.

Nimm ein neues Blatt Papier, und schreib als Überschrift:

«Ich vergebe mir für _____. Ich spreche mich frei von aller Schuld.»

Wofür möchtest du dir vergeben? Schreib jedesmal den ganzen Satz. Schreib alles auf, auch die kleinen Dinge. Hör für fünf bis zehn Minuten nicht auf zu schreiben. Laß deine Gefühle zu. Halte nichts zurück. Kommen dir die Tränen? Laß sie raus. Laß deinen Gefühlen freien Lauf.

Was tust du mit diesen beiden Zetteln? Wenn du möchtest, kannst du sie verbrennen oder sie in einen Luftballon stecken, ihn aufblasen und fliegen lassen oder sie in kleine Stücke reißen und in der Toilette herunterspülen. Du kannst sie auch vergraben oder sie ganz klein zerreißen und ein paar Fetzen in einen See, einen Fluß oder ins Meer werfen. Vielleicht hast du nachher Lust, ein Bad zu nehmen oder dich zu duschen. Das ist ein schöner Abschluß.

LITERATUR UND TIPS:

Andrews, Frank: *Lieben statt verletzen. Liebe geben – Liebe erhalten*. Erd, 1993. 144 Übungen, die euch helfen, liebevoller miteinander umzugehen.

Levine, Stephen: *Geleitete Meditation. Orientierung und Heilung*. Context, 1995. Eine Sammlung von Meditationen für jeden Tag. Von diesem Buch wurde die Meditation im Kapitel »Vergeben« angeregt und einige andere Meditationen, die ihr hier findet.

Naparstek, Belleruth: *For People Working on Their Relationships*. Sounds True Recording, Boulder, CO. Audiokassette. Eine Kassette mit großer Wirkung. Belleruths Übungen sind sehr heilsam und entspannend.

VERHANDELN

WANN . . . ?

- Wenn ihr versucht habt, konstruktiv zu streiten, aber die Fronten immer noch verhärtet sind.

- Wenn ihr nicht wißt, was *Kompromisse* sind.

- Wenn du zu viele Kompromisse machst und deine Bedürfnisse vernachlässigst.

WORUM GEHT'S?

Verhandeln ist die Kunst, Kompromisse zu schließen. Verhandeln heißt, einander zuzuhören und eine Lösung zu suchen, die eure Wünsche und Bedürfnisse so gut wie möglich unter einen Hut bringt. Was tut ihr, wenn ihr nicht einer Meinung seid? Menschen, die einander gleichgestellt sind, reden miteinander, sie schließen Kompromisse, und sie sind bereit, einander entgegenzukommen. Manipulieren, auf die Tränendrüse drücken oder sich zurückziehen heißt, daß du dich unterlegen fühlst. Und wenn du versuchst, deinen Partner einzuschüchtern oder wenn du ihn herablassend behandelst, hältst du dich für überlegen. *Gleichberechtigte verhandeln,* und das wirkt sich positiv auf die Beziehung aus: Nur so kann eure Beziehung zu einer gesunden, dauerhaften und glücklichen Partnerschaft werden.

Gleichberechtigt sein heißt nehmen *und* geben, und es heißt, immer wieder Kompromisse schließen. Am Anfang ist es euch wahrscheinlich leichtgefallen, die Wünsche und Bedürfnisse des anderen zu respektieren. Da wolltet ihr nur eines: einander glücklich machen. Aber mit der Zeit hat sich vieles angesammelt: Machtkämpfe, unbefriedigte Bedürfnisse, aufgestauter Ärger. Eure Bereitschaft, aufeinander einzugehen, hat gelitten. Und darum geht es hier: diese Bereitschaft wiederherzustellen – ohne eure eigenen Bedürfnisse zu negieren. Und das ist es, was man unter »verhandeln« versteht.

IHR BRAUCHT:

Euren gemeinsamen Rückzugsort oder einen anderen Ort, an dem ihr euch geborgen fühlt.

Papier und Stifte.

Dauer: zehn Minuten oder länger.

Tut euch gut! Das Wohlfühlbuch für Paare

Verhandeln

In diesem Kapitel findet ihr Techniken, die euch helfen, zähem Streit ein Ende zu bereiten und einander wieder mit Vertrauen zu begegnen. Die einen sind eher spielerisch, die anderen eher sachlicher Natur. Ihr könnt sie abwechselnd verwenden oder bei der Methode bleiben, die euch am meisten zusagt. Es gibt viele Wege, aber eines sollte euer Ziel sein: daß ihr beide das Gefühl habt, geliebt, angenommen und beachtet zu werden.

Siehe: *Konstruktive Auseinandersetzungen* und *Weg mit dem aufgestauten Ärger*

Achtung: Bevor ihr Kompromisse schließt, müßt ihr euch zunächst mit eurem Ärger auseinandersetzen. Sonst nutzt alles nichts. Wenn ihr wütend aufeinander seid, dann führt als erstes einen konstruktiven Streit. Wenn sich Vorbehalte angesammelt haben, dann macht zunächst die Übungen, die ihr im Kapitel »Weg mit dem aufgestauten Ärger« findet. Erst danach könnt ihr wirklich Kompromisse schließen.

WAS IHR FÜREINANDER TUN KÖNNT:

Fünf Punkte

Punkt 1: Unterscheidet zwischen der Person und dem Problem. Das fällt Partnern natürlich besonders schwer, denn wenn wir enttäuscht, verletzt oder verärgert sind, glauben wir, daß der andere uns nicht mehr liebt. Wenn ihr an eure Auseinandersetzungen zurückdenkt, könnt ihr euch sicher nur an wenige Details erinnern, aber wahrscheinlich wißt ihr noch genau, wie ihr euch gefühlt habt, nämlich nicht geliebt, nicht angenommen, nicht beachtet.

Siehe: *Das tägliche Gespräch: Offen und ehrlich sein*

Zeigt einander eure Zuneigung, bevor ihr anfangt zu verhandeln: Nennt fünf Dinge, die ihr aneinander schätzt. Macht die Meditation aus dem Kapitel »Anteil nehmen«. Fragt euch: »Wie geht es meinem Partner/meiner Partnerin?«, oder versichert einander, daß ihr trotzdem zueinandersteht («Ich liebe dich trotz allem.«) Und das Wichtigste von allem ist: Vertraut darauf, daß euer Partner euch nichts Böses will.

Punkt 2: Was ist das Problem? Benennt es klar und deutlich. Verwendet die Spiegeltechnik, und einigt euch darauf, welches Thema zur Debatte steht. *Laßt nicht locker, bis ihr einer Meinung seid.* Einer fängt an: Sag mit ein paar *kurzen* Worten, was in deinen Augen das Problem ist. Dein Partner wiederholt, was du gesagt hast. Wenn du das Gefühl hast, daß er/sie dich

Verhandeln

nicht verstanden hat, dann sag es noch einmal. Dein Partner wiederholt. Macht das so lange, bis ihr beide das Gefühl habt zu wissen, was der andere wirklich meint. Die Spiegeltechnik braucht ihr nur am Anfang bzw. immer dann, wenn ihr das Gefühl habt, daß ihr einander nicht versteht.

Das Ganze hört sich wahrscheinlich ziemlich kompliziert an, aber diese Technik hilft euch, Mißverständnisse auszuräumen, die es euch erschweren, einen Kompromiß zu finden.

Punkt 3: Fragt euch, was ihr braucht, um euch geliebt zu fühlen, und schafft eine Atmosphäre, in der ihr beide die Gewinner seid. Hör auf zu denken, daß *du* recht hast, und frag den anderen statt dessen: »Was wünschst du dir, was du derzeit nicht bekommst? Was gibt dir das Gefühl, wirklich geliebt zu werden?«

Und als nächstes: »Was kann ich dazu beitragen?«

Verhandle nicht mit dem Gefühl, daß du gewinnen möchtest. Es geht hier nicht um ein Geschäft, es geht um Liebe. Wenn du gewinnst, verliert dein Partner, und das heißt, daß eure Beziehung leidet. Versucht, *beide* zu gewinnen, dann habt ihr mehr davon.

Punkt 4: Achtet auf Fairneß. Verhandelt möglichst fair, dann fühlt sich niemand übervorteilt, wenn er mehr nachgibt oder weniger bekommt.

Was ihr vermeiden solltet: *manipulieren* (ihr könnt nett zueinander sein, aber es ist unfair, den anderen zu umschmeicheln, Sex ins Spiel zu bringen oder so zu tun, als ob du schwächer wärst, als du wirklich bist) und *bestrafen* (Drohungen, Gewalt und Liebesentzug sind weit schlimmer für die Beziehung, als wenn ihr mit den Eltern zusammenwohnt).

Punkt 5: Faßt einen klaren Entschluß. Einigt euch auf eine klare Formulierung, und schreibt sie in euer Beziehungstagebuch oder dorthin, wo ihr eurem guten Vorsatz oft begegnet. Das ist wichtig, denn oft streiten wir, weil wir nicht wissen, was eigentlich beschlossen wurde. *Schreibt es also auf!*

Mal wieder so ein schönes Beispiel: Jody und Sue verhandeln über das Thema »Einkaufen gehen«. Sie haben schon oft über dieses Thema gestritten. Sie

Verhandeln

treffen sich an ihrem gemeinsamen Rückzugsort. Am Vortag haben sie einen konstruktiven Streit geführt und ihrem Ärger Luft gemacht. Sie setzen sich einander gegenüber und nehmen ein paar tiefe Atemzüge.

SUE: Du weißt, ich liebe dich, und ich möchte, daß wir eine Lösung finden.

JODY: Ich liebe dich auch. Ich vertraue dir, und ich bin sicher, daß wir eine Lösung finden.

SUE: Was ist das Problem?

JODY: Ich sehe die Sache so: Du vergißt, einkaufen zu gehen, und dann ist nichts im Kühlschrank, und ich bin sauer.

SUE: (Wiederholt:) Jody, du siehst das Problem folgendermaßen: Ich vergesse einzukaufen, es ist nichts im Kühlschrank, und du ärgerst dich.

JODY: Ja, genau.

SUE: (Beschreibt das Problem aus ihrer Sicht:) Aus meiner Sicht sieht das Problem so aus: Ich habe zuviel zu tun, um jede Woche einzukaufen, und ich finde, du könntest mir helfen, d. h., du könntest einkaufen gehen, wenn ich keine Zeit habe.

JODY: Du siehst das Problem so: Du hast zuviel Arbeit, um jede Woche einzukaufen, und du findest, ich sollte einkaufen gehen.

SUE: Ich finde, du solltest es mir gelegentlich abnehmen.

JODY: (Versucht es noch einmal:) Du siehst das Problem folgendermaßen: Du hast zuviel Arbeit, um jede Woche einkaufen zu gehen, und du findest, ich könnte hin und wieder gehen.

SUE: Das ist richtig.

JODY: Was wünschst du dir, was du derzeit nicht bekommst? Was gibt dir das Gefühl, wirklich geliebt zu werden?

SUE: Ich hätte gern das Gefühl, daß du die Dinge, die ich tue, schätzt.

Verhandeln

Auch die Male, die ich es schaffe, einzukaufen. Ich möchte es nicht unter Zwang tun, ich möchte es aus freien Stücken tun.

JODY: Wie kann ich dir dabei helfen?

SUE: Sag mir öfter, daß du für meine Hilfe dankbar bist. Vielleicht sollten wir uns jeden Sonntag zusammensetzen und unsere Terminkalender durchgehen und sagen, wer in der nächsten Woche was erledigt. Wir sollten einfach flexibler sein.

JODY: Das klingt nicht schlecht, aber jetzt möchte ich noch etwas sagen. Bitte hör mir zu.

SUE: In Ordnung. Was wünschst du dir, was du derzeit nicht bekommst? Was gibt dir das Gefühl, wirklich geliebt zu werden?

JODY: Ich möchte, daß du siehst, wieviel ich arbeite. Ich ärgere mich einfach, wenn du mir nicht hilfst. Ich möchte, daß du mich verstehst und daß du meine Arbeit schätzt. Und ich brauche mehr Zeit für mich.

SUE: Was kann ich dazu beitragen?

JODY: Wenn wir die Arbeit jede Woche neu verteilen, dann will ich, daß du deinen Teil erledigst, ohne daß ich dich daran erinnern muß. Ich will nicht nörgeln, aber ich will auch nicht enttäuscht werden. Ich möchte spüren, daß dir etwas an unserer Beziehung liegt, und ich möchte, daß du sonntags öfter von dir aus sagst, daß es Zeit für unseren neuen Plan ist.

SUE: Das kann ich gern tun.

JODY: Was beschließen wir also?

SUE: Wir setzen uns jeden Sonntagabend zusammen und beschließen, wer in der nächsten Woche welche Arbeiten übernimmt. Wir kümmern uns beide darum, daß diese Treffen zustandekommen, und jeder ist für seinen Teil der Arbeit allein verantwortlich. Und wir zeigen einander stärker, daß wir die Arbeit des anderen zu schätzen wissen.

JODY: (Wiederholt das, was Sue gesagt hat, und schreibt es auf.)

Verhandeln

SUE: Ich liebe dich, und ich vertraue darauf, daß wir uns an unseren Beschluß halten.

JODY: Ich bin froh, daß wir das besprochen haben und daß du mein Anliegen ernst genommen hast.

Ihr könnt euer Gespräch auch anders führen, aber vielen Paaren hilft es, wenn sie sich zunächst an ein gewisses Schema halten. Sonst fangt ihr womöglich wieder an zu streiten.

Wie wichtig ist dir das?

Siehe: *Was du wirklich brauchst: Kompromisse schließen*. Dort findet ihr Anregungen, die euch weiterhelfen, wenn euch diese Übung schwerfällt.

Freunde von mir tun folgendes: Wenn sie verschiedener Meinung sind, überlegt sich jeder, wie wichtig ihm die Sache ist, und gibt ihr eine entsprechende Punktzahl. Die höhere Punktzahl entscheidet. (Sie haben eine Skala von eins bis zehn, und sie versuchen, ehrlich zu sein.) Sie führen nicht Buch, wer wie oft seinen Willen »durchsetzt«, und sie versuchen auch nicht, dieses System zu ihren Gunsten auszunutzen. Manchmal schließen sie zur Einstimmung die Augen und stellen sich in Gedanken die Frage: »Wie wichtig ist mir diese Sache im Moment?«

Abwechselnd ausprobieren

Diese Methode kann euch weiterhelfen, wenn ein Streit schon chronisch ist oder wenn ihr keine Lösung findet. Sie hilft euch auch, wenn ihr euch nicht einig seid, was ihr euren Kindern erlauben und was ihr ihnen verbieten sollt. Ihr könnt sehen, was geschieht, wenn ihr dem anderen seinen Willen laßt, aber ihr braucht eure Position deshalb nicht aufzugeben.

Die Methode ist sehr einfach: Wenn ihr verschiedener Meinung seid, dann teilt die Woche auf. Am Montag, Mittwoch und Freitag ist dein Partner dran. An diesen Tagen hat er/sie das Sagen, und du mischst dich auch nicht ein. Statt wie sonst zu widersprechen, versuchst du herauszufinden, was der andere eigentlich will. An deinen Tagen – Dienstag, Donnerstag und Samstag – macht ihr das Ganze umgekehrt. Du machst die Dinge so, wie du sie für richtig hältst, und dein Schatz sieht sich die Sache an. Und was tut ihr am Sonntag? Setzt euch zu einem »Ich höre dir zu« zusammen, und besprecht, was ihr daraus gelernt habt.

Macht ein Ritual daraus

Macht ein Ritual daraus, dann fällt es euch wahrscheinlich leichter zu verhandeln. Wählt euch einen Ort – bei euch zu Hause, in einem Restaurant, in einem Park –, an dem ihr euch bewußt entgegenkommt und bereit seid, eure Position auch mal zu hinterfragen. Ihr könnt euch auch Symbole suchen, die eure Position zum Ausdruck bringen. Symbole sagen oft mehr als Worte. Evan Imber-Black und Janine Roberts erzählen von einem Paar, das sich ein Brettspiel ausgedacht hat, das ihnen helfen soll, ihre Meinungsunterschiede darzustellen und darüber zu verhandeln. Schon beim Entwerfen dieses Spiels haben sie vieles dazugelernt. Auch Schach und andere strategische Spiele können euch helfen, euren Ärger abzubauen und vieles anders zu sehen als bisher.

LITERATUR UND TIPS:

Imber-Black, Evan/Roberts, Janine/Whiting, Richard A.: *Rituale. Rituale in Familien und Familientherapie*. Carl-Auer-Systeme, 1995. Eine Untersuchung zeitgenössischer Rituale, mit guten Anregungen, wie wir unsere eigenen Ritualen neu beleben können.

Young-Eisendraht, Polly: *Du bist ganz anders, als ich dachte. Den Partner wirklich lieben lernen*. Knaur, 1993. Ein Buch zum Thema »Was uns in Beziehungen erwartet«. Sehr hilfreich.

Betcher, William/Macauley, Robie: *Seven Basic Quarrels of Marriage*. Villard Books, 1990. Eine genaue Untersuchung der sieben häufigsten Streitpunkte.

WENN IHR IN DER KRISE STECKT

IHR BRAUCHT:

Dinge, die euch auf andere Gedanken bringen: Gummibärchen, Comic-Hefte, ein Jahrmarkt, Minigolf.

Einen Spiegel, in dem ihr euch ganz sehen könnt.

Dauer: eine Minute oder solange ihr braucht, um das Leben wieder schön zu finden.

WANN . . . ?

- Wenn alles nur noch öde und grau ist.

- Wenn es dir egal ist, was ihr aus eurer Freizeit macht.

- Wenn du deinen Partner kaum noch wahrnimmst, weil er/sie schon zum Inventar gehört.

- Wenn euch nichts mehr Freude macht und ihr nur noch im gleichen alten Trott dahinlebt.

WORUM GEHT'S?

Ihr steckt in einer Krise. Das kann ganz plötzlich geschehen. Eines Morgens wachst du auf, siehst deinen Liebsten/deine Liebste an und spürst, daß du festgefahren bist. Die unmißverständlichen Symptome: Alles schaut so grau aus; du fühlst dich wie gelähmt; das Essen schmeckt nicht mehr, und wenn du dir überlegst, was du gestern gefrühstückt hast, kannst du dich beim besten Willen nicht erinnern.

Das ist eine Krise.

Wie konnte das geschehen? Ihr habt die angenehmen Seiten des Lebens schon viel zu lange mißachtet. Ihr habt euch von der täglichen Routine − die ihr euch geschaffen habt, um euch in einer Welt, die nicht sehr sicher ist, ein Gefühl der Sicherheit zu schaffen − lähmen lassen. Ihr habt eure Bedürfnisse vernachlässigt und eure innere Stimme ignoriert. Oder es gibt ein ernsteres Problem in eurer Beziehung, dem ihr, um des lieben Friedens willen, aus dem Weg gegangen seid.

Was könnt ihr tun, um aus der Krise herauszukommen? Sorgt für mehr Abwechslung, das hilft in den meisten Fällen. Leben heißt Veränderung. Leben heißt, Neues zu entdecken. Leben heißt, zu lernen und Erfahrun-

312   *Tut euch gut! Das Wohlfühlbuch für Paare*

gen zu sammeln. Sorgt dafür, daß sich in eurem Leben wieder etwas tut. Auch *kleine* Veränderungen können viel bewirken: mehr Energie, mehr Lebensfreude, mehr Leidenschaft, mehr Liebe für den Partner, dein Leben oder deinen Job. (Ihr müßt nicht unbedingt euer Haus verkaufen, in den Süden ziehen und einen Surfbrettverleih eröffnen.) Kleine Veränderungen helfen uns sogar, mit größeren Problemen fertig zu werden, denn wir lernen, vieles anders zu sehen als bisher.

Wenn ihr in der Krise steckt

Was ihr tun könnt:

Nimm die Sache selbst in die Hand

Wir stellen uns gern vor, daß etwas Außergewöhnliches geschieht, was unser Leben und unsere Beziehung wieder interessant macht: daß wir sechs Richtige im Lotto haben, daß unser Liebster uns in einen Traumurlaub entführt oder einfach nur, daß wir nach Hause kommen und die Kinder schon im Bett sind, daß leise Musik spielt und das Essen schon auf dem Tisch steht. Diese schönen Träume haben eines gemeinsam: *Ein anderer* soll uns zu Hilfe kommen. Aber darauf kannst du lange warten. *Wir können uns nur selbst helfen.* Wir neigen dazu, unseren Partner verantwortlich zu machen, wir warten darauf, daß er/sie die Dinge in die Hand nimmt, aber das macht alles nur noch schlimmer. Das heißt natürlich *nicht*, daß alles nur an dir liegt und daß du eure Beziehung im Alleingang retten mußt. Es gehören immer zwei dazu. Aber trotzdem bist du für dein Leben selbst verantwortlich. (Schon wieder!) Du kannst nur an *deinem* Leben etwas ändern und hoffen, daß dein Partner sich ein gutes Beispiel daran nimmt.

Siehe: *Tu was für dich*

Nehmt euch nicht zuviel vor

Versucht, *jeden Tag* etwas zu verändern, z. B.:

Räumt euren Fernseher beiseite. Fernsehen ist Gift, wenn ihr in einer Krise steckt. Stellt das Gerät in einen Schrank, zieht den Stecker aus der Dose, oder arrangiert die Möbel so um, daß ihr euch den Hals verrenken müßt, wenn ihr den Kasten trotzdem einschaltet.

Wenn ihr in der Krise steckt

Ihr habt wahrscheinlich bestimmte Fernsehgewohnheiten. Schaltet ihr den Fernseher ein, wenn ihr zu Abend eßt, und seht ihr euch dann »so nebenbei« noch die nächste Sendung an (bis Mitternacht)? Macht Schluß damit! Eßt auf dem Balkon, setzt euch eine halbe Stunde in den Garten, und unterhaltet euch. Dann könnt ihr fernsehen, wenn ihr es überhaupt noch wollt. Schlaft erst miteinander, und seht euch dann den Fernsehkrimi an.

Tauscht einen Abend, einen Tag oder eine Stunde lang die Rollen. Tut alles, was der andere für gewöhnlich tut. Versucht, in euren Partner hineinzuschlüpfen und herauszufinden, wie er/sie das Leben sieht.

In Nahrung für die Seele und Einander besser kennenlernen findet ihr ein paar interessante Fragen, über die ihr sprechen könnt.

Sprecht über etwas anderes als über Arbeit, Kinder oder das Abendessen. Lest gemeinsam einen interessanten Zeitungsartikel oder eine Kurzgeschichte, und sprecht darüber. Redet über Politik. Sprecht über Weltanschauliches.

Siehe: Den Tag bewußt gestalten: Den Abend bewußt genießen

Brecht aus der Routine aus: Fahrt in ein Drive-in-Kino, und nehmt eine Pizza mit. Trefft euch nach der Arbeit nicht zu Hause, sondern in einem Park zu einem Picknick, in einem Museum, um Kultur zu tanken, oder an einem markanten Punkt in der Natur. Oder legt Musik auf, wenn ihr nach Hause kommt, und tanzt, bevor ihr das Abendessen richtet.

In Mehr Spaß am Leben findet ihr weitere lustige Anregungen.

Stellt euch einander gegenüber, geht ein wenig in die Knie, die Füße stehen schulterbreit. Seht einander in die Augen, legt die Hände auf den Bauch, wippt auf und ab, und stoßt bei jedem Mal ein »Ha« hervor. Wippt stärker in den Knien, haltet euren Blickkontakt, und sagt so lange »Ha«, bis ihr lachen müßt. Lacht eine Minute. Wirklich eine ganze Minute. Nicht schummeln!

Den Tag bewußt gestalten bietet euch weitere Tips.

Tauscht eure Betten.

Mal was anderes

Eßt im Stehen, kocht oben ohne. Eßt etwas, was ihr sonst um diese Tageszeit nie essen würdet: Spaghetti zum Frühstück und Honigbrote und Bananenmilch zum Abendessen.

Handelt spontan. Zieht die Schuhe aus, und klettert in einen Springbrunnen, wenn euch danach zumute ist. Nehmt den Mantel, und geht in ein

Wenn ihr in der Krise steckt

Restaurant, wenn das Abendessen euch nicht schmeckt. Uns kommen die verrücktesten Ideen, aber wir haben gelernt, sie zu verdrängen. Horcht in euch hinein, und folgt euren Impulsen.

Macht eine Wasser-, Torten- oder Rasierschaumschlacht in eurer Küche. Nackt. Macht erst *sehr* viel später sauber, immer noch nackt. Wenn ihr Kinder habt, könnt ihr sie mit einbeziehen. Angezogen, wenn ihr wollt.

Legt eine Plastikfolie auf den Teppich, ölt euch ein (jetzt solltet ihr auf jeden Fall nackt sein), und macht einen Ringkampf.

Liebt euch woanders als im Bett: in einem Aufzug, in der Natur, in eurem Garten, nach Dienstschluß im Büro oder während der Mittagspause bei verschlossener Tür (das geht natürlich nicht in einem Großraumbüro).

In *Erotische Genüsse* und *Was die Natur euch geben kann: Liebe unter freiem Himmel* findet ihr weitere Anregungen.

Wenn ihr das nächste Mal zusammen unterwegs seid – auch wenn ihr nur lästige Besorgungen macht –, dann flüstert einander ein paar aufregende Dinge ins Ohr. Lebt eure Phantasien aus, wenn ihr nach Hause kommt.

Geh ohne Unterwäsche ins Büro, ruf deinen Schatz zu Mittag an, und sag es ihr. Oder legt euch ausgeflippte Unterwäsche zu, und tragt sie an einem ganz normalen Arbeitstag: seidene Boxer-Shorts mit kleinen Pudeln, einen Lederbody oder so.

Die Freizeit neu gestalten

Geht ihr freitags abends *immer* essen? Oder laßt ihr *immer* eine Pizza kommen, die ihr bei einem Video verspeist? Dann geht mal das Wagnis ein, und *tut etwas anderes*, etwas Spontanes, ohne euch Gedanken zu machen, ob ihr einen Parkplatz kriegt oder ob ihr an der Kinokasse Schlange stehen müßt. Probiert mal etwas Neues aus, und macht einander keine Vorwürfe, wenn es ein paar Pannen geben sollte. Probiert das Restaurant aus, an dem ihr schon so oft vorbeigefahren seid; geht spazieren, wenn es dunkel ist; macht einen Überraschungsbesuch bei lieben Freunden; oder stellt ein Zelt im Garten auf, und übernachtet dort mit euren Kindern. Macht mal was anderes.

Siehe: *Was tun, wenn euch nichts Konstruktives einfällt?* für weitere Anregungen.

Tut euch gut! Das Wohlfühlbuch für Paare

Wenn ihr in der Krise steckt

Macht regelmäßig Urlaub

Wir brauchen regelmäßig Urlaub. Auch wenn es nur ein paar Stunden sind. Die Einstellung ist das Wesentliche. Laßt es euch gutgehen, und genießt eure Zweisamkeit, am besten außer Haus. Viele Paare, die mir geschrieben haben, schwören auf den Wochenendurlaub. Öfter mal ein schönes Wochenende, und die Beziehung erwacht zu neuem Leben, besonders wenn ihr Kinder habt. Du sagst, ihr habt zuwenig Geld und drei kleine Kinder? Macht Urlaub, wenn sie schlafen. Die Buchautorin Anne Mayer empfiehlt folgendes: Legt euch hin, wenn eure Kinder schlafen gehen, stellt den Wecker so, daß ihr eine Stunde vor den Kindern aufwacht, und nutzt diese Zeit für euch.

Wie wär's mit einem Risiko?

«Wie geht es dir in unserer Beziehung?« oder: »Was würdest du an unserer Beziehung ändern?« Schlag deinem Partner/deiner Partnerin vor, zu diesem Thema ein »Ich höre dir zu« zu machen.

Setzt euch mit jemandem in Verbindung, den ihr lange nicht gesehen habt, oder schließt eine neue Bekanntschaft. Nehmt das Risiko auf euch, und macht den ersten Schritt. Zeigt eurer Familie oder euren besten Freuden, daß euch viel an ihnen liegt. Schreibt ihnen einen Brief, und sagt es ihnen.

In *Die Kunst des Akzeptierens* und *Loslassen* findet ihr mehr zum Thema »Etwas riskieren«.

Stellt euch nackt vor einen Spiegel, in dem ihr euch ganz sehen könnt. Sag deinem Schatz, was du an seinem/ihrem Körper magst. Sag auch, was dich an deinem Körper stört. Nehmt euch gegenseitig eure Zweifel. (Das erfordert natürlich einigen Mut.)

Wenn ihr keinen Ausweg seht

Ben und Sophie aus Chicago haben festgestellt, daß sie manchmal deshalb in der Krise stecken, weil sie einem emotionalen Konflikt ausweichen. Sie haben auch herausgefunden, daß sie solche Konflikte oft nicht sofort thematisieren können, sondern daß sie warten müssen, bis sich genügend Frust angesammelt hat. Erst dann bekommen sie die Energie, sich dem Problem zu stellen. Doch dieses Warten kann sehr schmerzhaft sein. Was

Wenn ihr in der Krise steckt

könnt ihr tun, wenn ihr aus eurer Krise heraus wollt, aber nicht die Kraft habt? Keine leichte Frage. Vielleicht hilft euch folgendes:

Besorgt euch ein paar mit Schaumstoff gefüllte Nackenrollen und schlagt aufeinander ein (ihr könnt auch euer Kopfkissen nehmen – wichtig ist, daß ihr euch nicht verletzt damit); springt auf und nieder, und stoßt jedesmal ein lautes »Ha« hervor. Laßt euch von jemandem massieren, der sich darauf versteht, blockierte Emotionen freizusetzen. Atmet gemeinsam. Konzentriert euch einen Tag lang auf die positiven Seiten eurer Beziehung. Versucht, in Kontakt mit eurer Energie zu kommen. Dann gewinnt ihr an Mut, eurem Problem die Stirn zu bieten, und auch an Weitblick. Was euch weiterhilft: Versichert einander, daß eure Beziehung wegen dieser Sache nicht in die Brüche geht.

Auf lange Sicht

Schmiedet gemeinsame Pläne. Dann kehrt auch die Energie zurück. Sucht euch ein Ziel: euer Schlafzimmer neu anzustreichen, ein paar Blumen auf eurem Balkon zu pflanzen, James Joyce zu lesen, an einem 10-km-Lauf teilzunehmen, eine Sonnenterasse anzulegen oder Geld für einen schönen Urlaub anzusparen.

Lynn und Grant aus Oregon haben mir geschrieben: »Wir sind zehn Jahre verheiratet, und bisher sind wir ohne Beziehungskrise durchgekommen. Aber wir tun etwas dafür: Wir setzen uns täglich oder zumindest einmal in der Woche zu einem Gedankenaustausch zusammen ... Uns ist klargeworden, wie wichtig es ist, gemeinsame Ziele zu verfolgen. Es sorgt für Abwechslung und dafür, daß wir lebendig bleiben und uns weiterentwickeln.«

Mehr dazu in: *Eure persönliche Vision*

Was ist der Grund für eure Apathie? Kann es sein, daß ihr Problemen in eurer Beziehung aus dem Weg geht? Dann solltet ihr euch an einen Therapeuten wenden. Sylvia Weishaus ist Therapeutin, sie unterrichtet an der *University of Judaism*, und sie ist seit mehr als 40 Jahren verheiratet. Sie sagt: »Das Beste, was Paare für ihre Beziehung tun könnten, wäre, sich regelmäßig einer Art psychischem Check-up zu unterziehen. Sie sollten sich nicht scheuen, zu einem Psychotherapeuten zu gehen. Es ist nichts dabei, Hilfe in Anspruch zu nehmen, wenn wir ein Problem haben.« Natürlich wirkt eine Therapie viel schneller, wenn ihr sie früh genug

Tut euch gut! Das Wohlfühlbuch für Paare

Wenn ihr in der Krise steckt

Siehe: *Was tun, wenn euch nichts Konstruktives einfällt?: Etwas für die Beziehung tun*

beginnt, am besten, *bevor* es zu einer Krise kommt. Wenn ihr wartet, bis ihr wirklich in der Krise steckt, macht ihr es euch nur schwerer. Setzt euch früh genug mit euren Problemen auseinander. Das ist gut für die Beziehung, und es beugt Krisen vor. Es kann gut sein, daß ihr ein Problem, das euch schon seit Jahren zu schaffen macht, schon in wenigen Sitzungen beheben könnt – wenn ihr euch an einen guten Paartherapeuten wendet. »Wir gehen alle zwei Jahre zu einer medizinischen Generaluntersuchung, warum nicht auch alle drei Jahre zu einem Therapeuten?« Therapeuten sind nicht billig, aber essen gehen kostet auch etwas – und nach einem Gespräch mit einem Therapeuten fühlt ihr euch wahrscheinlich sehr viel wohler. Es gibt übrigens Alternativen zu teuren Einzeltherapien, z. B. Gruppentherapie.

Bring dich auf andere Gedanken

Manchmal ist gar nicht die Beziehung schuld, daß wir in einer Krise stecken, sondern ein Mangel an persönlicher Energie und Lebensfreude. Wenn meine Arbeit schlecht vorangeht, bekomme ich plötzlich das Gefühl, daß mein ganzes Leben sinnlos ist. Bringt euch auf andere Gedanken, wenn es bei euch kriselt. Eure Beziehung erhält dadurch neuen Schwung.

Wovon träumst du schon seit langem? Geh der Sache nach. Was hast du dir immer schon gewünscht? Erfüll dir diesen Wunsch, oder mach zumindest einen ersten Schritt.

Siehe: *Tu was für dich*

Fühlst du dich für alles und jeden verantwortlich? Denk auch mal an dich, z. B. heute. Viele Frauen haben mir geschrieben, daß sie Beziehungskrisen dazu nutzen, etwas für sich selbst zu tun. Sie versuchen, unabhängiger zu werden. Sie nehmen sich mehr Zeit für sich und kümmern sich um ihre eigenen Bedürfnisse, statt sich ängstlich zu fragen, ob ihre Beziehung vielleicht gescheitert sei.

Ändere deinen Tagesablauf. Park in einer anderen Straße; geh in der Mittagspause allein essen; genieße die Natur auf einem Spaziergang; steh eine Stunde früher auf; leg dich eine Stunde später schlafen.

Siehe: *Helfen und sich helfen lassen: Eigene Freunde*

Ruf eine Freundin an, die du seit langem nicht gesehen hast. Mach einen Freund ausfindig, den du aus den Augen verloren hast.

Wenn ihr in der Krise steckt

Veranstalte einen Frauen- bzw. einen Männerabend.

Miete übers Wochenende eine Hütte in den Bergen. Allein. Setz dich mit deinen Zielen auseinander; lies ein gutes Buch, und laß dich inspirieren; iß, worauf du Lust hast und wann du Hunger hast. Du kannst auch die erste Hälfte dieses Wochenendes allein verbringen, und die zweite mit deinem Partner (und euren Kindern, wenn ihr welche habt).

Zen und die Kunst, Krisen als sinnvoll anzusehen

Freunde haben mir geschrieben: »Wir lieben unsere Krisen. Sie sind unsere besten Freunde. Sie sagen uns, wer wir sind und was wir lernen sollen.« Was wäre das Leben ohne Krisen? Was dem einen als Katastrophe erscheint, sieht der andere als Weg.

Obwohl das nicht ganz ernstgemeint ist, ist etwas Wahres dran. Überlegt euch mal: »Was ist gut an unserer Krise? Was können wir daraus lernen? Was wollen wir verändern? Was ist der Grund für diese Krise?« Tretet einen Schritt zurück, und überlegt euch, ob es da gewisse Muster gibt. Ist eure Krise jahreszeitbedingt? Kommt es immer dann zu einer Krise, wenn ihr in der Arbeit überlastet seid? Seht ihr irgendwelche Muster?

In *Das Wechselspiel von Nähe und Distanz: Nähe und Distanz im Wechsel* findet ihr mehr darüber, wie ihr solche Muster erkennen könnt.

Das Leben unterliegt gewissen Rhythmen, und wir müssen die Tiefs annehmen, wenn wir die schönen Zeiten bewußt erleben und genießen wollen. Manchmal gibt es nur eine Lösung: die Krise zu akzeptieren. Manchmal ist es sogar gut, den alten Trott noch zu verstärken und jeden Abend denselben Bademantel anzuziehen, jeden Abend dasselbe Abendessen einzunehmen, jeden Freitagabend in dasselbe Restaurant zu gehen, einen Monat lang in derselben Stellung miteinander zu schlafen und nur noch das Nötigste zu reden. Tut es, aber tut es ganz *bewußt*.

Nehmt das Ganze nicht so ernst

Viele Paare, die mir geschrieben haben, sind der Meinung: »Angst und Ärger sind pure Energieverschwendung. Irgendwann laßt ihr die Krise hinter euch. Sagt euch immer wieder, daß Beziehungen Höhen und Tiefen haben, und laßt die Krisen Krisen sein.«

Tut euch gut! Das Wohlfühlbuch für Paare

Wenn ihr in der Krise steckt

LITERATUR UND TIPS:

Blum, Ralph: *Runen. Anleitung für den Gebrauch und die Interpretation der Gemeingermanischen Runenreihe.* Hugendubel, 1991. Ein Buch zum Thema »Runenbefragung«. Auch eine Möglichkeit, aus einer Krise rauszukommen.

Grey, John/Meyer, Bonney: *Gute Karten für die Liebe. Ein inspirierendes Karten-Set für Klarheit, Glück und Erfüllung in Beziehungen und Partnerschaften.* Windpferd, 1995.

HELFEN UND SICH HELFEN LASSEN

WANN...?

- Wenn ihr eure Beziehung oder euer Leben frustrierend findet.

- Wenn ihr euch einsam und alleingelassen fühlt.

- Wenn ihr euch als Teil einer Gemeinschaft fühlen wollt.

- Wenn ihr so viel Liebe, Erfolg und Selbstbewußtsein habt, daß ihr mit anderen Menschen teilen wollt.

IHR BRAUCHT:

Menschen oder Organisationen, denen ihr helfen könnt.

Dauer: zwei Minuten, um einen Scheck auszufüllen, einen Tag oder länger.

WORUM GEHT'S?

Ihr seid nicht allein auf dieser Welt. Ihr habt einen Freundeskreis, ihr habt Familie, ihr habt Nachbarn und Kollegen, ihr lebt in einer bestimmten Gegend, ihr lebt in einer Welt, die sich ständig wandelt. Wir werden von vielem beeinflußt: von dem, was sich um uns tut, von unserem Verhältnis zu Freunden und Verwandten und nicht zuletzt vom Weltgeschehen. Wenn wir Anteil daran nehmen, was um uns herum geschieht, wenn wir anderen helfen, dann helfen wir uns selbst: Wir schaffen ein Klima der gegenseitigen Unterstützung, und wir geben unserem Leben mehr Sinn.

In einer Gemeinschaft zu leben heißt auch, zu geben. Geben bereichert. Geben ist gesund. Neuere Untersuchungen haben gezeigt, daß Geben sich tatsächlich positiv auf unseren Gesundheitszustand auswirkt. Und eine Langzeitstudie der *University of Michigan* hat erbracht, daß die Sterberate unter Männern, die sich einmal pro Woche als freiwillige Helfer betätigen, nur halb so hoch ist wie unter anderen Männern in der gleichen Altersgruppe. Wenn wir anderen helfen, bekommt unser Leben einen neuen Sinn, und wir lernen, die Dinge mehr zu schätzen. Es gibt sogar so etwas wie ein Helfer-«High». Helfen könnt ihr auch als Paar. Es bereichert die Beziehung. Ihr lernt, einander wieder mehr zu schätzen, und eure persönlichen Probleme bekommen einen anderen Stellenwert.

Tut euch gut! Das Wohlfühlbuch für Paare

Helfen und sich helfen lassen

Wenn wir Teil einer Gemeinschaft sind, bekommen wir das Gefühl, daß wir uns auf andere verlassen können, und wir fühlen uns nicht mehr allein auf unseren Partner angewiesen. In unserer Gesellschaft wird sehr viel Wert auf Unabhängigkeit gelegt – so viel, daß wir übersehen, daß wir Teil eines größeren Gefüges sind. Und das belastet unsere Beziehung. Probiert es einmal aus: Tut etwas für andere, und laßt euch überraschen.

WAS IHR FÜR EUCH UND FÜR ANDERE TUN KÖNNT:

Es tut gut zu helfen

Siehe: *Wenn ihr in der Krise steckt: Auf lange Sicht*. Dort findet ihr mehr zum Thema »Therapie«.

Wir alle wissen, was das ist: Es gibt Tage, Wochen, ja Monate, in denen uns die Liebe abhanden kommt. Dann fühlen wir uns einsam und gelähmt, und wir wissen nicht, wie es weitergehen soll. Warum ist das so? Das hat viele Gründe, unter anderem den, daß unsere Beziehungen bestimmten Zyklen unterliegen. Manchmal hilft uns nur noch eine Therapie, aber in den meisten Fällen können wir uns selbst helfen, z. B. indem wir anderen helfen.

Ist es egoistisch, wenn wir anderen helfen, weil wir uns selbst helfen wollen? Ich glaube nicht. Wir haben ein ehrliches Motiv, und es erscheint mir besser, als wenn wir es nur deshalb tun, weil wir Steuern sparen wollen. Und noch etwas: Wenn wir uns im klaren sind, warum wir helfen, unterliegen wir auch nicht so leicht dem sog. Helfersyndrom. (Meine Schwägerin benennt es etwas liebevoller. Sie spricht von ihrem »Mutter-Teresa-Komplex«.)

Fangt klein an: Pflückt Blumen, und legt sie Freunden oder einem Nachbarn vor die Tür; schmiert ein paar Brote, und verteilt sie an Obdachlose; füllt gemeinsam einen Scheck aus, und schickt ihn einer Hilfsorganisation; ladet ältere Nachbarn zum Essen ein; tut euch mit Leuten aus der Nachbarschaft zusammen, und organisiert eine Nachbarschaftshilfe; tretet *Amnesty International* bei, und schreibt jeden Monat ein paar Briefe; gebt kostenlos Nachhilfeunterricht; bietet einem Austauschstudenten preiswert eine Unterkunft an; geht in ein Stehcafé, und zahlt die Zeche für die zehn Personen, die nach euch kommen; sucht euch

Helfen und sich helfen lassen

irgendeinen Namen aus dem Telefonbuch, schreibt diesem Menschen einen lieben Brief, und bittet ihn, auch einen solchen Brief zu schreiben.

Habt ihr keine Zeit wegen eurer Kinder? Ihr könnt die Kinder einbeziehen. Sucht euch etwas Passendes. Das ist eine prima Gelegenheit, ihre soziale Ader zu fördern. Übernimm ein Projekt an ihrer Schule, und bring der ganzen Klasse einen Sport bei; werde Gruppenleiter bei den Pfadfindern. Oder mach etwas mit der Familie: Besorgt euch Müllsäcke und Gummihandschuhe, geht an einem Sonntagmorgen in den Wald, und sammelt Müll ein. Bittet eure Kinder, Kleider und Spielzeug auszumustern, und bringt die Sachen gemeinsam in ein Waisenhaus; meldet euch bei einer Umweltorganisation, und helft ehrenamtlich im Büro; backt gemeinsam einen Kuchen, und bringt ihn in eine Polizeistation (oder schenkt ihn eurem Briefträger); setzt euch zusammen, und besprecht, was ihr für die Umwelt tun könnt.

Egal wofür ihr euch entscheidet, wichtig ist, daß es euch beide gleichermaßen interessiert. Wenn du nur mitmachst, um deinen Schatz nicht zu enttäuschen, ist das Ganze nur halb so wirkungsvoll.

Geh einmal in dich: Welche Unterstützung ist für dich da?

Habt ihr Freunde, auf die ihr euch verlassen könnt? Das entlastet die Beziehung. Geht die folgenden Sätze und Fragen gemeinsam durch:

Von einem Freund wünsche ich mir ...

Was ich mir an Unterstützung wünschen würde: ...

Was ich an dem, was wir derzeit an Unterstützung bekommen, sehr schätze, ist ...

Wenn ich mir deine Freundschaften ansehe, versteh ich nicht ...

Von unseren gemeinsamen Freunden wünsche ich mir ...

Wie geht es dir, wenn jemand etwas für dich tut?

Helfen und sich helfen lassen

Mit wem trefft ihr euch, wenn ihr etwas Nettes unternehmen wollt? Trefft ihr euch immer nur mit Paaren? Warum?

Denkt zurück an eine Situation, in der ihr auf Hilfe angewiesen wart. Habt ihr sie bekommen? Ist es euch schwergefallen, darum zu bitten? Was hat nicht funktioniert?

Was tut ihr, wenn ihr kurzfristig Hilfe braucht: einen Babysitter, jemanden, der euch zum Flughafen bringt, jemanden, der den Hund füttert, wenn ihr unterwegs seid? An wen könnt ihr euch wenden?

Habt ihr einen guten Steuerberater, einen guten Anwalt, einen guten Blumenhändler, ein gutes Reisebüro? Oder seid ihr unzufrieden?

Wer hält den Kontakt zu euren Freunden aufrecht? Ist das so in Ordnung für euch beide?

Hat deine Partnerin einen guten Freund? Hat dein Partner eine gute Freundin? Wie geht es euch damit? Schreibt die Namen auf, und sprecht über eure Freunde bzw. Freundinnen.

Siehe: *Zeit zu zweit: Macht euch einen Zeitplan*. Dort findet ihr mehr zum Thema »Gemeinsamer Kalender«.

Wo hättet ihr gern mehr Unterstützung? Überlegt euch zwei Punkte, und überlegt euch auch, was ihr unternehmen könnt, um Hilfe zu bekommen. Macht euch entsprechende Notizen in eurem gemeinsamen Kalender, z. B. neue Babysitter zu einem Vorstellungsgespräch einladen, die neuen Nachbarn zum Abendessen bitten, am Freitag abend auf diese Party gehen und neue Leute kennenlernen.

Eigene Freunde

Wir brauchen Freunde. Wir haben Bedürfnisse, die unser Partner nicht befriedigt (Basketball spielen, über Bücher reden, wandern gehen), und wir brauchen Menschen, mit denen wir diese Dinge tun können. Aber leider gibt es da verschiedene Probleme. Die beiden häufigsten: Viele Männer haben keine nahen Freunde, und sie verlassen sich zu sehr auf ihre Partnerin. Viele Frauen neigen dazu, Probleme, über die sie eigentlich mit ihrem Partner reden sollten, mit Außenstehenden zu besprechen.

Helfen und sich helfen lassen

Was du als Mann beachten solltest: Robert Pasick, Psychologe und Autor des Buches *Im Tiefschlaf der Gefühle* sagt, daß »die Wiederaufnahme einer Beziehung zu alten Freunden und das Eingehen und Erhalten neuer Freundschaften ein wichtiger Bestandteil männlicher Entwicklung und Reife ist. . . . Einige kürzlich veröffentlichte Studien haben gezeigt, daß Menschen, die enge Freunde haben, eine größere Chance besitzen, einen Herzinfarkt zu überleben, und seltener an Krebs und schweren Infektionskrankheiten erkranken.« Und er fährt fort: »Wenn ein Mann keine engen männlichen Freunde hat, neigt er häufig dazu, übermäßig von der Frau in seinem Leben abhängig zu sein, die er oft als seinen besten Freund betrachtet. Das bedeutet jedoch eine ungeheure Belastung für ihre Beziehung.«

Freundschaften zwischen Männern können schwierig sein. Konkurrenzgefühle, Neid, Rivalität, ein Mangel an Vorbildern, die Angst, als »schwul« zu gelten, Zeitmangel, unangenehme Erinnerungen an Männer, denen sie sich unterlegen fühlten (z. B. im Sport) – all das macht es Männern schwer, Freundschaft mit einem anderen Mann zu schließen. Vielleicht hilft es dir zu wissen, daß es auch anderen so geht. Vielleicht verleiht es dir mehr Mut. Pasick schlägt vor:

Nimm Kontakt zu einem alten Freund auf. Tu nicht so, als ob in deinem Leben alles klappt. Spiel nicht den Überlegenen. Schlag vor, daß ihr euch öfter trefft. Macht etwas aus.

Nimm das Risiko auf dich: Unternimm etwas mit einem Freund, lade ihn zum Essen ein, und sag ihm ganz direkt, daß dir an eurer Freundschaft etwas liegt und daß du sie gern vertiefen würdest.

Freundschaften brauchen Pflege. Denk an den Geburtstag deiner Freunde. Ruf sie ab und zu mal an. Halte dich an Abmachungen, und hilf ihnen, wenn sie dich um etwas bitten.

Du kannst dich auch nach einer Männergruppe umsehen. Es gibt ein paar recht ausgeflippte, aber es gibt auch andere, z. B. Gruppen, die von einem Therapeuten geleitet werden. Natürlich kostet das etwas. Oder sieh dich nach einer Selbsthilfegruppe um. Aushänge findest du in Kirchen, in Zentren für persönliches Wachstum, oder erkundige dich bei einer einschlägigen Organisation. Wenn du keine Lust auf eine Gruppe hast, kannst du dich auch einmal im Monat mit einem oder zwei guten Freunden treffen, Schach spielen oder joggen gehen *und* reden.

Helfen und sich helfen lassen

Übrigens: Wenn du mit einem Mann gut Freund bist, heißt das nicht, daß sich auch eure Frauen bzw. Freundinnen verstehen. Erwartet nicht zuviel. Das kann eure neue Freundschaft belasten oder sogar behindern. Schließlich sollt ihr ja selbst für Nähe sorgen. Es ist wichtig, eigene Freunde zu haben. Sehr wichtig.

Was du als Frau beachten solltest: Frauen fällt es nicht schwer, Freundschaften zu pflegen, aber wir machen oft den Fehler, mit unserer besten Freundin, mit unserer Mutter oder unserer Schwester über Beziehungsangelegenheiten zu sprechen, die wir nur oder zuerst mit unserem Partner besprechen sollten. Hier gibt es eine einfache Regel: Was du deinem Partner nicht erzählst, solltest du auch keinem Außenstehenden erzählen. Freunde sind sehr wichtig, aber sie sind kein Ersatz für ein offenes Gespräch zwischen dir und deinem Partner. Etwas anderes ist es, wenn ihr euch als *Paar* an Freunde, die Familie oder ein Mentorpaar wendet. Konflikte gibt es dann, wenn du die Probleme nicht in der Beziehung thematisierst, sondern nach außen trägst.

Hilfe annehmen

Haben eure Eltern euch beigebracht, daß ihr andere nicht um Hilfe bitten sollt – höchstens Verwandte? (Oder nicht einmal sie?) Auch wenn das nicht der Fall ist, fällt es uns oft schwer, jemanden um Hilfe zu bitten, vor allem, wenn es uns nicht gutgeht, wenn wir unsere Stelle verloren haben oder wenn wir länger krank sind. Wir glauben, daß es von Schwäche zeugt, wenn wir um Hilfe bitten. Wir haben Angst, uns abhängig zu machen. Wir fürchten, daß wir dem anderen etwas schuldig sind. Aber sind wir nicht furchtbar einsam, wenn wir nicht nach außen gehen und auch niemanden an uns heranlassen?

Ein Paar, das euch zur Seite steht

Gibt es ein Paar, dessen Beziehung ihr bewundert? Wenn ihr wollt, könnt ihr die beiden fragen, ob sie euch bei Beziehungsproblemen zur Seite stehen wollen. Laßt sie eure Paten sein. Lernt von ihnen. Wir nutzen die Erfahrung Älterer viel zuwenig. Wenn ihr ein Problem habt, dann wendet euch an euer Mentorpaar. Fragt die beiden, was sie euch raten würden. Ruft sie auch an, wenn ihr Probleme mit den Kindern habt. Das kann sehr erleichtern.

Helfen und sich helfen lassen

Gefällt euch die Idee? Oder würdet ihr das *nie* tun, weil ihr eure Angelegenheiten für euch behalten wollt? Genau das ist es, was Beziehungen so sehr belastet: dieser Rückzug, dieser Mangel an Beziehungen zu anderen Menschen. Ich glaube, das ist auch der Grund, warum die Familie in Gefahr ist: Wir glauben, alles im Alleingang bewältigen zu müssen. (Übrigens: Ein Mentorpaar ist billiger als ein Therapeut.)

Eine Gruppe voller Unterstützung

Sylvia Weishaus hat mir von einer Gruppe von Paaren erzählt, die seit 25 Jahren existiert. Sie sagt: »Der Zusammenhalt in dieser Gruppe sorgt dafür, daß sich niemand isoliert fühlt. Und keines der Paare, die an dieser Gruppe teilnehmen, hat sich scheiden lassen, denn die freundschaftliche Unterstützung, die sie einander geben, wirkt sich auch positiv auf ihre Ehen aus.« Klingt das nicht vielversprechend? Vielleicht habt ihr Lust, eine Gruppe zu gründen. Trefft euch einmal im Monat, macht euch einen netten Abend, und unterstützt einander. Fragt ihr euch, wer sich dafür die Zeit nimmt? Kennt ihr niemanden, der daran Interesse haben könnte? Das ist nicht weiter schlimm. Ihr könnt neue Paare kennenlernen. Macht einen Aushang in einem Café in eurer Nähe, in einer öffentlichen Organisation, oder gebt eine Zeitungsannonce auf. Ihr könnt euch auch erkundigen, ob es nicht in eurer Nähe bereits eine solche Gruppe gibt.

Siehe: *Literatur und Tips*

Was tut ihr, wenn sich eine Gruppe zusammengefunden hat? Laßt die Gruppe selbst entscheiden. Nehmt euch nicht zuviel vor, trefft euch nicht zu oft, und sorgt dafür, daß sich *jeder* für die Gruppe und ihren Fortbestand verantwortlich fühlt. Dann wird es schon werden.

Helfen und sich helfen lassen

LITERATUR UND TIPS:

Kast, Verena: *Die beste Freundin. Was Frauen aneinander haben.* Kreuz, 1. Aufl. 1994.

Meiser, Hans Ch. (Hrsg.): *Freundschaft. Freunde schaffen und behalten.* Fischer, 1995.

Pasick, Robert S.: *Im Tiefschlaf der Gefühle. Wenn Männlichkeit zur Fessel wird – Wege aus der Selbstblockade.* Herder, 1993. Ein Buch, das Mut verleiht.

Wiedemann, Hans G.: *Plädoyer für Männer-Freundschaft.* Kreuz, 1992.

EURE PERSÖNLICHE VISION

WANN . . . ?

- Wenn ihr von eurer Zukunft nur eine sehr vage Vorstellung habt.

- Bevor ihr heiratet, zusammenzieht oder auf eine andere Art und Weise eure Verbundenheit zum Ausdruck bringt.

- An eurem Hochzeitstag.

- Vor jeder größeren Veränderung: wenn ihr (oder einer von euch beiden) umzieht, wenn ihr den Job wechseln oder ein Baby haben wollt.

WORUM GEHT'S?

Es geht um eure Zukunft. Was ist eure Vision vom Leben? Wißt ihr, was ihr wollt? Wißt ihr, was ihr euch von der Beziehung wünscht? Ihr könnt eure Wünsche nur verwirklichen, wenn ihr eure Träume und Phantasien miteinander teilt. Entwerft eure persönliche Vision. Das geschieht intuitiv und spielerisch, und es ist gut für die Beziehung. Es geht nicht um konkrete Ziele. Visionen helfen euch, daß ihr euch auf spiritueller und emotionaler Ebene begegnet, und sie geben eurem Unterbewußten die Gelegenheit, sich zu Wort zu melden.

Ihr werdet auch in Zukunft eigene Wünsche und Ziele haben. Aber ihr könnt eines ganz bewußt tun: Ein Bild von dem entwerfen, was ihr von eurer *gemeinsamen* Zukunft wollt, ohne eure Individualität deshalb preiszugeben.

IHR BRAUCHT:

Euer Beziehungstagebuch oder Papier und Stifte.

Zeitschriften, die ihr zerschneiden könnt.

Pappkarton, auf den ihr Bilder kleben könnt.

Buntstifte, Textmarker, Wachsmalkreide – was ihr bei der Hand habt, was nicht viel kostet, was ihr verwenden wollt.

Entspannende Musik, z. B. *Deep Breakfast* von Ray Lynch.

Dauer: eine Stunde oder mehr.

Tut euch gut! Das Wohlfühlbuch für Paare

Eure persönliche Vision

WAS IHR FÜREINANDER TUN KÖNNT:

Die Zukunft visualisieren

Lies deinem Partner/deiner Partnerin die folgende Visualisierungsübung vor. Der andere **entspannt** sich. Lies langsam, und laß genügend Pausen (besonders dort, wo welche vorgesehen sind). Sorgt dafür, daß ihr ungestört seid, und legt entspannende Musik auf. Das hilft beim Visualisieren.

Lies deinem Partner zunächst die Entspannungsübung im Kapitel »Entspannen« vor. Lies dann den folgenden Text:

Ich liebe dich. Du fühlst dich hier in diesem Zimmer sicher. Du gehst jetzt auf eine Reise, auf der du wichtige Informationen über unsere Beziehung erhalten wirst. Konzentrier dich wieder auf den Atem ... Stell dir vor, du gehst an einem hohen Zaun entlang ... Streck die Hand aus, und berühr ihn. Wie fühlt er sich an?

Nach einer Weile gelangst du zu einer Tür. Sie ist sehr groß. Du bemerkst, daß du einen Schlüssel in der Hand hältst. Du kannst die Tür öffnen, wenn du möchtest. Auf der anderen Seite erwartet dich deine Vision von unserer Beziehung. Nimm noch einen tiefen Atemzug, schließ die Tür auf, und trete ein.

Du siehst, wie wir unseren Tag beginnen. Laß dir Zeit, und beobachte, was wir tun ... Wo leben wir? In einem Haus? In einer Wohnung? Wie sieht das Schlafzimmer aus? Das Badezimmer? Die Küche? ... Wie kommunizieren wir? ... Machen wir eine spirituelle Übung? ... Was tun wir füreinander? Achte auf die kleinen Gesten der Liebe ... Wer macht das Frühstück? Wer räumt den Tisch ab? Was haben wir sonst noch zu erledigen? ... Gibt es Konflikte? Wie gehen wir damit um? Laß dir Zeit, und genieß die vielen schönen Dinge, die du siehst ... Wie fühlst du dich? ...

Nimm wieder einen tiefen Atemzug, und visualisiere den Arbeitstag ... Sehen wir uns? Sprechen wir miteinander? Arbeiten wir gemeinsam? ... Wie ist der Rhythmus unseres idealen Tages? ... Was tun wir? Wonach riecht es in unserem Leben? ... Wie unterscheidet sich dieser Tag von unserem gewohnten Alltag? ... Essen wir gemeinsam zu Mittag? Wie schmeckt es dir? Wie gehen wir mit

Eure persönliche Vision

Streß und mit Problemen um? ... Mach dir keine Gedanken, ob du dir alles merken kannst. Du wirst dich erinnern.

Wie ist es, wenn wir nach Hause kommen? ... Wie begrüßen wir einander? Was sagen wir? Tun wir etwas, was uns Spaß macht? Nimmst du einen Geruch wahr? ... Einen Geschmack? ... Oder eine Berührung? Ist jemand außer uns dabei? Laß dir Zeit, und beobachte, wie dieser Teil des Tages verläuft ...

Stell dir jetzt den Abend vor ... Nimm den Geruch des Essens wahr, schmeck es auf der Zunge ... Hörst du Musik? ... Laß dir Zeit, und schmeck, hör, riech, und berühr diesen Abend.

Wenn du möchtest, kannst du visualisieren, wie dieser Tag zu Ende geht. Wie sagen wir uns »Gute Nacht«? Schlafen wir miteinander? Wie fühlt es sich an? Ist es anders als sonst? Wie schlafen wir in dieser Nacht? Laß diese Bilder auf dich wirken, und nimm sie mit zurück.

Wenn du Lust hast, kannst du noch weiter visualisieren. Vielleicht siehst du die Lösung für ein Problem, das uns schon seit längerem beschäftigt ... Oder wie wir beide uns als Eltern gut ergänzen können ... Oder deinen Traumurlaub ... Nimm die schönen Bilder an, die dein Unterbewußtes dir schicken möchte ... Laß dir genügend Zeit ...

Irgendwann bemerkst du, daß du wieder vor der Tür stehst. Du kannst hierher zurückkommen, sooft du magst. Schließ die Tür hinter dir. Achte wieder auf den Atem, und kehr in diesen Raum zurück. Ich liebe dich.

Laß deinem Partner genügend Zeit zurückzukommen. Es wird ein paar Minuten dauern. Bitte deinen Schatz, alles aufzuschreiben, was er/sie gesehen hat. Leg Papier und einen Stift bereit. Die folgenden Fragen können dabei helfen:

Was hat dir am besten gefallen?

Hat dich etwas überrascht?

Was möchtest du in dein jetziges Leben integrieren?

Eure persönliche Vision

Wie kann ich dir dabei helfen?

Jetzt bist du an der Reihe.

Die Vision sichtbar machen

(Diese Übung müßt ihr nicht gleich an die Visualisierung anschließen.)

Was ist eure *gemeinsame* Vision? Wie lassen sich eure persönlichen Visionen zu einer zusammenfügen? Verleiht ihr Ausdruck. Macht sie sichtbar. Holt dazu alte Zeitschriften und Malutensilien.

Sorgt für eine gute Atmosphäre: Kerzen, Musik, ein Gläschen Wein und keine Störungen. Was ist eure persönliche Vision vom Leben? Lest einander vor, was ihr aufgeschrieben habt.

Blättert dann in den Zeitschriften, und schneidet Bilder aus, die euch an eure Vision oder an die eures Partners erinnern. Ihr könnt auch etwas malen.

Wenn ihr genügend Material gesammelt habt, dann fertigt eine Collage aus Bildern, Zeichnungen, Symbolen, Texten und Farbe an. Gebt eurer *derzeitigen gemeinsamen Vision vom Leben* einen Ausdruck. *Derzeitig* heißt, daß eure Vision sich ändern kann. *Gemeinsam* heißt, daß diese Vision nicht unbedingt eure individuellen Ziele und Pläne beinhaltet, sondern die, die ihr als Paar habt. *Vision* heißt, sich etwas vorzustellen. Und *Leben* heißt, daß es um einen langen Zeitraum geht.

Ihr werdet also ein paar Kompromisse schließen müssen. Hast du gesehen, daß ihr jeden Morgen im Bett frühstückt, und deine Partnerin, daß ihr den Tag mit Yogaübungen beginnt? Ihr könnt beide Vorstellungen übernehmen: einen Morgen Frühstück im Bett, am anderen Morgen Yoga. Oder: zuerst Yoga und dann Frühstück. Was macht ihr mit den Bildern, die euch persönlich gut gefallen, aber eurem Partner nicht? Klebt sie auf ein extra Blatt Papier. Diese Collage erinnert euch an eure Wünsche und Ziele. Sie kann euch zu einem Zeichen werden.

Denkt nicht darüber nach, ob das, was ihr da macht, Kunst ist oder ob ihr talentiert seid. Das ist völlig nebensächlich. Wichtig ist nur eines: daß ihr

Eure persönliche Vision

gemeinsam ein Symbol schafft, das eure Zukunft, das eure *Möglichkeiten* widerspiegelt. Sprecht miteinander, wenn ihr fertig seid. Was fällt euch auf? Was seht ihr in eurer Collage? Die Arbeit wird euch auf viele Ideen bringen. Nehmt euch vor, gleich morgen eine davon zu verwirklichen. Hängt oder stellt eure Collage an einen Ort, an dem ihr sie oft seht. Sie erinnert euch daran, wie schön euer Leben ist *und* werden wird.

Verleiht euren Wünschen Ausdruck

Manchmal habt ihr vielleicht Lust, einem bestimmten Wunsch oder einer Vorstellung Ausdruck zu verleihen. Macht aus, wann ihr euch zusammensetzen wollt, und trefft entsprechende Vorbereitungen. Träumt ihr davon, ein Haus zu bauen? Dann besorgt euch ein paar einschlägige Zeitschriften, geht in die Bibliothek, und leiht euch Heimwerker- und Einrichtungsbücher aus, bestellt chinesisches Essen, und überlegt, wie euer Traumhaus aussehen soll. Macht euch Notizen.

Ihr könnt das auch zu anderen Themen machen: Urlaub, Lebensstil, Beruf, Umzug oder einfach nur ein Wochenende zu Hause.

Was könnt ihr tun, um eure Phantasie zu wecken? Besorgt euch Dinge, die euch inspirieren; setzt euch zu einem »Ich höre dir zu« zusammen, und sprecht über eure Träume. Schreibt eine Visualisierung nieder, die auf euch persönlich zugeschnitten ist. Oder legt eine schöne Musik auf, entspannt euch, visualisiert euer Traumhaus, und sprecht, malt und schreibt darüber. Nutzt eure Imagination: Lernt einander besser kennen, und festigt eure Liebe.

LITERATUR UND TIPS:

Gerber, Uwe: *Glück haben – Glück machen. Entwürfe für ein sinnerfülltes Leben.* Quell, 1991.

Jung, C. G.: *Von Sinn und Wahn-Sinn. Einsichten und Weisheiten,* hrsg. v. Franz Alt. Walter, 3. Aufl. 1991.

Eure persönliche Vision

Bolles, Richard: *How to Find Your Mission in Life*. Ten Speed Press, 1991. Ein wohltuendes Buch mit praktischen Anregungen.

Bennett, Hal Zina/Sparrows, Susan L.: *Follow Your Bliss*. Avon, 1990. Ein äußerst »dichtes« Buch.

EUER EIGENES WOHLFÜHLBUCH

WANN . . . ?

- Wenn ihr die Ideen, die euch angesprochen haben, schon alle ausprobiert habt.

- Wenn ihr eure nähere Umgebung besser kennenlernen wollt.

- Wenn ihr euren Partner/eure Partnerin überraschen wollt.

- Wenn ihr mehr darüber wissen wollt, was eurer Beziehung guttut.

WORUM GEHT'S?

Ein Wohlfühlbuch für Paare ist ein Buch, das euch auf Ideen bringt, was ihr füreinander und für eure Beziehung tun könnt. Als ich *Tu dir gut! Das Wohlfühlbuch für Frauen* beendet hatte, ist mir eines klargeworden: Nicht ich bin die Expertin, *ihr* seid die Experten. Ihr wißt selbst am besten, was ihr braucht. Es gibt nur ein Problem: Im akuten Fall, wenn wir dringend etwas für uns oder für die Beziehung tun sollten, dann fällt uns oft nichts ein. Deshalb sollten wir unsere Ideen beizeiten niederschreiben. Schreibt auf, was euch Freude macht und was ihr vermeiden wollt. Schreibt über eure Wünsche und Bedürfnisse. Schreibt euer eigenes Wohlfühlbuch, das Buch, das *euch* entspricht: der Gegend, in der ihr wohnt, euren Hobbys, eurem Alter und der Tatsache, ob ihr Kinder habt oder nicht. Und das Wichtigste an allem ist: daß *ihr* euch überlegt, was ihr braucht, um euch wohl zu fühlen.

WAS IHR TUN KÖNNT:

Ideen sammeln — Teil 1

Wo schreibt ihr eure Ideen auf? Ihr könnt den hinteren Teil eures Beziehungstagebuchs reservieren oder euch ein neues Buch zulegen

IHR BRAUCHT:

Euer Beziehungstagebuch, ein weiteres Buch, einen Ordner — was immer ihr nehmen wollt.

Stifte.

Informationsmaterial: das Branchenbuch, Reiseführer, Prospekte über eure Gegend.

Dauer: ein paar Minuten, um euer Buch anzulegen, und von Zeit zu Zeit ein paar Minuten, um neue Ideen hinzuzufügen.

Tut euch gut! Das Wohlfühlbuch für Paare

Euer eigenes Wohlfühlbuch

(z. B. ein einfaches, fest eingebundenes Notizbuch, wie man es in jedem Schreibwarengeschäft bekommt). Tut das vor allem dann, wenn ihr jedes Jahr ein neues Beziehungstagebuch beginnen wollt. Habt ihr vor, Artikel oder Zeitungsausschnitte zu sammeln? Dann könnt ihr euch auch einen Ordner mit verschiedenen Themenbereichen anlegen: Ausflugsziele, Restaurants, Neues entdecken, Traumreisen, Geschenke usw. Es gibt auch Mappen aus Karton, die in Fächer unterteilt sind. Oder vielleicht ist euch eine schöne bunte Kiste lieber, in der ihr auch eine Schere deponieren könnt.

Denkt euch ein System aus, das man gut ausbauen kann. Wenn euer System nicht funktioniert, dann probiert einfach ein anderes.

So konkret wie möglich

Wie oft sehnen wir uns nach mehr Nähe, nach einem kleinen oder einem großen Abenteuer oder einfach nur danach, die Zeit, die wir zusammen sind, anders zu gestalten als sonst. Und wie oft fällt uns gerade dann nichts ein. Darum sollten die Anregungen, die ihr sammelt, so konkret wie möglich sein. Vage Ideen wie »Essen gehen« werden euch nicht weiterhelfen. Ihr braucht genaue Angaben, z. B.: »Sparpreis-Menü im Fischrestaurant, donnerstags zwischen 17.30 und 19.00 Uhr. Besonders toll bei Sonnenuntergang.«

Ideen sammeln – Teil 2

Wendet euch an das örtliche Fremdenverkehrsbüro, und bittet, euch Informationen über Sehenswürdigkeiten und Veranstaltungen in eurer näheren Umgebung zuzuschicken.

Geht in eine Buchhandlung, und besorgt euch Bücher über eure Gegend. Vielleicht findet ihr sogar eine Buchhandlung, die auf dieses Thema oder auf Reiseliteratur spezialisiert ist. Gute Nachschlagewerke sind unbezahlbar. Campingführer, Wanderkarten, Restaurantführer und Bücher oder Broschüren zum Thema »Ausflüge und Unternehmungen mit Kindern« können euer Leben sehr bereichern. Markiert die Stellen, die euch wichtig sind, mit einem selbstklebenden Zettel, macht euch Notizen an den Rand, oder fotokopiert die Seite, die euch interessiert, und legt sie in euren Ordner.

Euer eigenes Wohlfühlbuch

Beantwortet die folgenden Fragen: »Wo will ich schon seit langem hin?«, »Wo bin ich seit diesem Ausflug in der dritten Klasse nicht mehr gewesen?«, »Wo war ich mit der Jugendgruppe?« Es gibt überall etwas zu entdecken, auch in eurer Nähe. Meine Großmutter wohnt schon fast ihr ganzes Leben in der Nähe von Bedford, Indiana, aber bis vor kurzem hat sie nicht gewußt, daß es dort die »Blauen Höhlen« gibt. Wir sind auf sie ganz zufällig gestoßen.

Blättert im Branchenbuch. Schaut euch nach Touristenattraktionen um, nach Veranstaltern, die romantische Ausflüge anbieten, nach ausgefallenen Lokalen usw. Laßt euch auf Ideen bringen.

Auch Zeitungen und Zeitschriften sind gute Quellen – wenn ihr Zeit habt, sie zu lesen. Nehmt euch alle 14 Tage Zeit, blättert sie durch, und schneidet aus, was euch interessiert. Seht euch auch die lokalen Anzeigenblätter an. Hier erfahrt ihr mehr darüber, was in eurer näheren Umgebung angeboten wird.

Veranstaltet eine Party zum Thema »Ein eigenes Wohlfühlbuch verfassen«. Erklärt den Gästen, wie das zu verstehen ist, schlagt vor, daß jeder eine Kleinigkeit zu essen mitbringt, und macht ein Brainstorming. Laßt eurer Phantasie freien Lauf, und denkt nicht darüber nach, ob eure Ideen »realistisch« sind oder nicht. Einer schreibt mit, fotokopiert das Ganze und verschickt die Listen an die Teilnehmer. Überlegt euch ein paar Fragen, die euch den Einstieg leichter machen, z. B.: »Unternehmungen am Samstagabend«, »Geburtstagsgeschenke«, »Preiswerte, romantische Quartiere für einen Wochenendausflug«, »Was macht Spaß und kostet wenig Geld?« Ladet nicht nur Paare ein oder »Beziehungsexperten«. Gute Ideen können auch von Kindern, Großeltern oder Singles kommen.

Wenn euch das nächste Mal auf einer Party der Gesprächsstoff ausgeht, dann fragt die anderen doch einfach, was sie gern unternehmen, was sie tun, um ihre Beziehung in Schwung zu halten, und wie sie sich ihre Liebe zueinander zeigen.

Erklärt eine Woche zur Ideenwoche, und versucht, während dieser Woche möglichst viele neue Ideen zu sammeln. Setzt euch am Ende der Woche zusammen, und erzählt einander, was euch eingefallen ist. Der, der die meisten Ideen hat, darf entscheiden, was ihr aus dem Rest des Abends macht.

Euer eigenes
Wohlfühlbuch

Es macht Spaß, an eurem Wohlfühlbuch zu arbeiten. Wenn ihr das nächste Mal gelangweilt seid oder nicht recht wißt, wie ihr die Zeit, die ihr für euch habt, verbringen sollt, dann setzt euch eine Stunde, einen Abend oder einen Samstagmorgen zusammen, und erweitert euer Wohlfühlbuch.

Habt ihr Kinder? Dann solltet ihr auch überlegen, was ihr als Familie unternehmen könnt. Überlegt euch gleichzeitig, wo ihr die Kinder lassen könnt, wenn ihr als Paar allein sein wollt. Das kann euch das Leben leichter machen.

Nicht lockerlassen

Schreibt auf, wo es euch gefallen hat und was ihr beim nächsten Mal anders machen würdet. Wenn ihr in einer netten Frühstückspension übernachtet und in der Nähe ein noch schöneres Quartier entdeckt habt, dann schreibt euch die Adresse auf. Vielleicht reist ihr später einmal hin.

Übrigens: Wir verändern uns, und unsere Beziehung ändert sich ebenfalls. Daher gibt es in eurem Wohlfühlbuch ständig etwas zu ergänzen oder zu streichen. Ihr könnt euch einmal im Jahr zusammensetzen und es überarbeiten – zu einer bestimmten Jahreszeit, vor eurem Hochzeitstag usw. Tragt euch den Termin in eurem gemeinsamen Kalender ein.

Siehe: *Zeit zu zweit* und *Feste feiern: Hochzeitstage*

LITERATUR UND TIPS:

Blatner, Adam/Blatner, Allee: *The Art of Play*. Human Science Press, 1988. Für alle, die ihre Phantasie und ihre Spontaneität fördern wollen. Hier findet ihr auch Anregungen für euer persönliches Wohlfühlbuch.

Noch ein paar abschliessende Worte

Dieses Buch hat uns sehr geholfen. Es hat uns geholfen, die Welt des Staunens wiederzuentdecken und unsere Beziehung neu zu schätzen. Es hat uns geholfen, uns wieder auf die Beziehung zu besinnen und sie bewußt zu leben, wenn möglich jeden Tag. Mir ist klargeworden, daß eine Beziehung nie einfach, aber immer ungemein bereichernd ist. Ich habe gelernt, an unserer Beziehung zu arbeiten und so daran zu arbeiten, daß es mir Freude macht. Ich habe auch gelernt, andere Beziehungen mehr zu schätzen: die Ehe meiner Eltern, die schon seit über 30 Jahren verheiratet sind, und die Beziehungen anderer Bekannter, die sich gut verstehen.

Die Arbeit an diesem Buch hat mir bewußtgemacht, wer der größte Feind der Liebe ist: schale Bequemlichkeit. Und sie hat mir auch gezeigt, was wir dagegen unternehmen können. Wenn wir den Mut aufbringen, uns aus alten Mustern zu befreien, wenn wir es schaffen, den Fernseher abzuschalten und unsere Arbeit nicht immer an die erste Stelle zu setzen, und wenn wir statt dessen unserem Partner mehr Beachtung schenken, dann ändert sich etwas: Unsere Beziehung erwacht zu neuem Leben, und wir fühlen wieder, was es heißt, ein Paar zu sein.

Ich wünsche euch Geduld, um hingebungsvoll zu lieben; Mut, um unerschütterlich zu lieben; Kraft, um bewußt zu lieben, und den Sinn, das alles freudig zu tun.

Bitte laßt mich wissen, ob dieses Buch euch weiterhilft, was in euren Augen fehlt und was ihr tut, um eure Beziehung lebendig zu erhalten. Ich schicke euch auch gern Informationen über meine Seminare und über Erlebnisreisen. Ich wünsche euch viel Glück und alles Gute!

Meine Adresse:

Jennifer Louden
P. O. Box 3584
Santa Barbara, California 93130
USA

Von Jennifer Louden ist im Verlag Hermann Bauer erschienen

TU DIR GUT!

Das Wohlfühlbuch für Frauen

7. Aufl., 249 Seiten, kartoniert, ISBN 3-7626-0497-5

Dieses Buch richtet sich an all jene Frauen, die dazu erzogen worden sind, an sich selbst zuletzt zu denken; die stets Rücksicht auf die Bedürfnisse anderer nehmen, sich kümmern und sorgen und dabei ihre eigenen Wünsche verdrängen.

Ein solches Aufopfern nützt weder den Frauen, noch den Menschen ihrer Umgebung. Aus vollem Herzen geben und wahrhaft fürsorglich sein kann nur, wer auch selbst Zuwendung bekommt, wer sich auch seiner eigenen Wünsche und Bedürfnisse annimmt.

Die Autorin zeigt, wieviel Kraft Sie aus der Befriedigung der eigenen Bedürfnisse − seien sie geistiger, emotionaler oder körperlicher Art − schöpfen können. In 51 Kapiteln finden sich eine Fülle praktischer Tips, neuer Verhaltensstrategien, Rituale, Meditationen zum Atemschöpfen und Sich-selbst-Besinnen. Schon beim Lesen werden Sie fröhlich, wohlgelaunt und bekommen neue Lust aufs Leben!

In Vorbereitung:

Wohlfühlbuch für Schwangere

Wohlfühlmusik für Frauen

Verlag Hermann Bauer · Freiburg im Breisgau